复旦卓越·连锁经营管理系列

Chain Operation Management Series

殷延海 焦 刚 主编

互联网+物流配送

复旦大学出版社

编 委 会

主　　编　殷延海　焦　刚

编辑团队　张广存　徐为明　刘　欣　朱巧妮
　　　　　　李　清　狄　蓉　赵　嫚　陈　赐
　　　　　　黄　渊　戴书珍　潘永刚　张　磊

资源库网址：http://yyh.redyue.org/

前言 FOREWORD

在当前社会经济不断快速发展的影响下,互联网技术发展势头越来越迅猛。"互联网+"已经逐渐成为互联网发展过程中的一种新形态、新模式,"互联网+"是互联网与各个传统行业之间的有效结合。"互联网+"在当前的各个行业领域当中,都被广泛应用,利用互联网的信息通信技术,将传统行业的有机业务进行有效的融合,将两者的优势特点充分发挥出来。这种形势已经成为当前各个行业的发展潮流,利用互联网的优势资源,将传统行业的积极性和推广能力从根本上调动起来,并且发挥其自身的影响和作用,能够取得非常良好的成效。"互联网+"的理念已经融入各个行业当中,比如互联网+餐饮、互联网+旅游等。

互联网对物流行业有很大的冲击,引领行业变化。在PC时代,解决的是信息不对称的问题,货找车或者是车找货,车货不匹配造成整个生态响应速度慢,物流成本非常高。在移动时代,速度与效率备受关注,但由于物流与营销模式不匹配,导致物流成本较高。在物联网时代,其实关注的是资源的匹配,物流服务和用户需求的资源不匹配会造成很多资源的浪费。

这意味着物流市场的机遇在于找到一套能够解决资源匹配的问题方法,能够将真正有效的资源用到真正的服务上,这样会产生极大的效益。在后期有很多互联网的模式出来,包括点对点的专线、点对点的城市配送、仓配一体、最后一公里服务,甚至智能车辆匹配、自主抢单、四方平台等,其实都希望寻找一种方法解决资源不匹配的问题。

随着"互联网+"与物流的不断结合,将加速实现我国物流产业的转型,在不断壮大的物流市场中,物流产业内的分工也将越来越精细,物流产业发展的制度环境将日趋规范。

同时,借助互联网还将整合更多资源,可以预见的是互联网+物流将与智能制造、金融相结合,产生更高的附加值,而充分利用互联网、物联网打造全新的物流模式则会成为企业"群雄逐鹿"的重要对策。

本书的研究重点正是在新形势下如何开展互联网+物流配送系统建设,做好物流转型发展的充分准备,希望能给企业带来有益的帮助。

本书共分10章,每章核心内容如下:

第1章介绍了互联网+物流配送概述,包括互联网+物流配送的产生与优势、互联网+物流配送的发展机遇等。

第2章论述了配送中心规划与布局,包括配送中心的含义、配送中心规模的设计方法、配送中心内部布局的方法等。

第3章介绍了物流配送运营管理,主要介绍了物流配送服务的内涵与分类、物流配送运营模式,以及不同模式下物流配送的优劣势等。

第4章介绍了互联网+仓储作业管理,包括互联网+在物流仓储作业管理中的应用、互联网+存货管理模式、存货重点分类管理技术、互联网+公共仓储管理、云仓模式运营特点和对物流行业的影响等。

第5章分析了互联网+物流平台,主要内容有物流平台的兴起与发展、互联网+城市配送平台的运营模式、跨境电商的业务模式与业务流程。

第6章介绍了互联网+共同配送,主要内容有共同配送的兴起与特点、共同配送的运营模式、互联网+时代下共同配送体系的建设、互联网+物流共同配送平台等。

第7章介绍了互联网+智慧物流,主要内容有智慧物流的含义与特征、智慧物流的发展机遇、智慧物流的整体框架、物流自动化的概念和作用、常见的物流自动化的设备等。

第8章介绍了互联网+供应链管理,主要内容有基于供应链的物流配送网络设计、物流配送网络设计的方法等。

第9章介绍了互联网+物流配送信息管理,主要内容有物流配送的新技术、物联网在智慧物流配送体系的应用、智能配送系统的设计、开发以及主要的智能配送信息系统、物流配送可视化的发展及关键技术等。

第10章介绍了物流配送成本管理与绩效考核,主要内容有物流配送成本的含义、建立物流配送绩效评价体系的原则、物流配送绩效评价体系的设计要求、物流配送的评价要素、物流配送绩效评估的内容、物流配送绩效评估KPI方法等。

本书各章开头有学习目标介绍,各章节中有物流实战案例,每章结尾有本章案例和本章思考题,可以帮助读者加深对本章知识的理解和掌握。

本书的编写分工：殷延海编写第2、4、6、10章，朱巧妮编写第1章，焦刚、狄蓉编写第3章，李清编写第5章，张广存编写第7章，徐为明编写第8章，刘欣编写第9章。全书由殷延海统稿。

本书在编写过程中借鉴了国内外一些专家学者的学术观点和最新研究成果，并对很多企业的实际案例进行了整理和应用。在整理企业案例过程中得到了上海益嘉物流有限公司、上海新跃物流管理有限公司、京东物流、顺丰速运集团(上海)速运有限公司、上海点觉信息技术有限公司、上海发网供应链管理有限公司、上海能运物流有限公司、物流沙龙等企业领导的大力支持，在此向他们表示深深的谢意和敬意。

本书主要用途：
- 大专院校的物流、电商、营销等类课程的辅助教材；
- 培训机构参考用书；
- 企业内训用参考教材；
- 企业对外宣传用参考资料。

本书是学生学习企业物流配送管理方法、技能的重要渠道。它对于学生学习和掌握互联网＋背景下物流配送管理的基本思想、研究问题的方法、理论联系实际的方法都起着开阔思想、激发探索和创新精神、提高素质的重要作用。它不仅能让学生学习先进的物流配送管理理论，而且能使学生掌握物流配送的实践技能和操作方法。

购买本书的读者通过扫描本书内封上的二维码，填写相关资料，绑定手机号码，将自动升级成为物流资源网的会员，会员可以浏览或试用网上的资源，包括本书的PPT、案例、企业视频、题库、物流教学软件等内容。

由于编者水平有限，疏漏之处敬请各位读者和专家批评指正。

目 录

第一章 互联网+物流配送概述 ... 1
第一节 物流配送的含义 ... 1
第二节 互联网+物流配送的含义 ... 7
第三节 互联网+物流配送的发展前景 ... 13
案例 1-1 菜鸟驿站的诞生 ... 21
思考题 ... 23

第二章 配送中心规划与布局 ... 24
第一节 配送中心概述 ... 24
第二节 配送中心的整体规划 ... 33
第三节 配送中心规模的确定 ... 40
物流实战 2-1 ... 44
物流实战 2-2 ... 45
第四节 配送中心内部布局设计 ... 46
物流实战 2-3 利用SLP法进行物流设施布局设计 ... 51
物流实战 2-4 利用动线法进行流通加工设备布局 ... 56
第五节 配送中心收发货站台的设计 ... 58
物流实战 2-5 进货车位数计算 ... 60
物流实战 2-6 确定收发货站台数量 ... 61
案例 2-1 现代配送中心的价值 ... 61
案例 2-2 德国的物流 ... 63
思考题 ... 66

第三章 物流配送运营管理 ... 67
第一节 物流配送服务概述 ... 67

第二节　物流配送运营模式 …… 70
第三节　互联网＋物流配送的模式 …… 80
第四节　互联网＋物流配送模式的优化策略 …… 88
　　案例3-1　能运物流的汽车主机厂/总成厂入厂物流解决方案 …… 91
　　案例3-2　顺丰速运公司的运营模式 …… 93
思考题 …… 97

第四章　互联网＋仓储作业管理 …… 98
第一节　互联网＋在物流仓储作业管理中的应用 …… 98
第二节　仓储存货管理 …… 100
第三节　仓储存货管理技术 …… 104
　　物流实战4-1 …… 107
第四节　仓储订单作业流程 …… 111
第五节　商品入库作业 …… 117
第六节　商品拣货与出库管理 …… 121
第七节　互联网＋公共仓储 …… 131
第八节　云仓模式 …… 135
　　案例4-1　发网的云供应链服务 …… 142
思考题 …… 146

第五章　互联网＋物流平台 …… 148
第一节　物流平台概述 …… 148
第二节　互联网＋城市配送平台 …… 156
　　物流实战5-1　闪送 …… 158
　　物流实战5-2　天地汇供应链管理有限公司 …… 160
　　物流实战5-3　云鸟配送 …… 163
　　物流实战5-4　易货嘀 …… 166
　　物流实战5-5　唯捷城配 …… 168
第三节　跨境电商平台 …… 169
　　物流实战5-6　洋码头的跨境电商 …… 171
　　案例5-1　物流汇的智慧物流平台 …… 175
　　案例5-2　益海嘉里的全渠道物流平台 …… 177

思考题 ·· 184

第六章　互联网＋共同配送 ·· 185
　第一节　共同配送概述 ·· 185
　第二节　共同配送的运营模式 ·· 188
　　物流实战 6-1　7-11 便利店的共同配送模式 ···························· 194
　第三节　新物流与共同配送 ··· 197
　　物流实战 6-2　沛县快递共同配送模式的实践 ·························· 203
　第四节　互联网＋时代下共同配送体系的建设 ·························· 205
　第五节　互联网＋物流共同配送平台 ·· 209
　　物流实战 6-3　京东到家 ·· 211
　　物流实战 6-4　码上配冷链平台 ·· 212
　　物流实战 6-5　大参林连锁药店的共同配送 ····························· 214
　第六节　互联网＋托盘共用系统 ·· 216
　　案例 6-1　招商路凯的托盘循环共用 ······································ 222
　思考题 ·· 229

第七章　互联网＋智慧物流 ·· 230
　第一节　智慧物流的兴起 ··· 230
　第二节　智慧物流的整体框架 ··· 238
　第三节　物流自动化 ··· 243
　第四节　物流自动化设备 ··· 244
　　物流实战 7-1　苏宁物流 AGV 黑科技落子济南 ······················· 245
　　物流实战 7-2　京东无人机物流——构建"天地一体"智慧物流体系
　　　　　　　　 ·· 250
　　物流实战 7-3　智能快递柜，有效解决末端配送难题 ················· 254
　　案例 7-1　智慧物流的探索者——普洛斯 ······························· 256
　思考题 ·· 266

第八章　互联网＋供应链管理 ·· 267
　第一节　互联网时代供应链管理的新思维 ································· 267
　第二节　互联网＋试点供应链的变革 ·· 269

物流实战 8-1　安徽省六安瓜片茶业股份有限公司的供应链变革
　　　　　　　　　　　　　　　　　　　　　　　　　　　　270
　　物流实战 8-2　高梵羽绒服的供应链变革 271
　第三节　供应链物流配送网络 274
　第四节　物流配送网络设计方案的选择 289
　　案例 8-1　新零售下供应链优化与物流升级的实践 292
　　案例 8-2　艾尔科（ALKO）公司的供应链物流配送管理 297
　　案例 8-3　京东无界零售下的供应链创新 303
　思考题 306

第九章　互联网＋物流配送信息管理 307
　第一节　互联网＋物流配送新技术 307
　第二节　物联网在智慧配送体系中的应用 312
　第三节　智能配送系统 317
　第四节　物流配送可视化 323
　　物流实战 9-1　易流运输过程透明管理系统 328
　　案例 9-1　智慧物流可视化在烟草行业的应用 331
　思考题 343

第十章　物流配送成本管理与绩效考核 344
　第一节　物流配送成本概述 344
　第二节　物流配送成本的构成 345
　第三节　物流配送成本核算方法 351
　第四节　影响物流配送成本的因素 355
　第五节　物流配送成本的定价方式 361
　第六节　降低物流配送成本的策略 363
　第七节　物流配送绩效评估 368
　第八节　物流配送绩效评估的内容 372
　第九节　物流配送绩效评估 KPI 方法 375
　　案例 10-1　某连锁企业对第三方物流服务商的管理和考核制度 387
　　案例 10-2　配送车辆成本控制与绩效考核 389
　思考题 391

第一章　互联网＋物流配送概述

> **学习目标**
> 1. 物流配送的含义与物流配送的分类
> 2. 互联网＋物流配送的产生与优势
> 3. 互联网＋物流配送的发展机遇与前景

第一节　物流配送的含义

《物流术语国家标准》中指出,物流配送是:"在经济合理区域范围内,根据用户的要求,对物品进行拣选、加工、包装、分割、组配等作业,并按时送达指定地点的物流活动。"

一、物流配送的要素

(一) 备货

备货是物流配送的准备工作和基础工作,备货工作包括筹集货源、订货或购货、集货、进货及有关的质量检查、结算、交接等。配送的优势之一就是可以集中用户的需求进行一定规模的备货。备货是决定配送成败的初期工作,如果备货成本太高,会大大降低物流配送的效益。

(二) 储存

物流配送中的储存有储备及暂存两种形态。

配送储备是按一定时期的配送经营要求,形成的对配送的资源保证。这种类型的储备数量较大,储备结构也较完善,视货源及到货情况,可以有计划地确定周转储备及保险储备的结构及数量。配送的储备保证有时在配送中心附近单独设库解决。

另一种储存形态是暂存,是具体执行日配送时,按分拣配货要求,在理货场地所做的少量储存准备。由于总体储存效益取决于储存总量,所以这部分暂存数量只会对工作方便与否造成影响,而不会影响储存的总效益,因而在数量上控制并不严格。

(三) 分拣及配货

分拣及配货是完善送货、支持送货的准备性工作,是不同配送企业在送货时进行竞争和提高自身经济效益的必然延伸,所以也可以说是送货向高级形式发展的必然要求。分拣及配货会大大提高送货服务水平,所以分拣及配货是决定整个物流配送系统水平的关键要素。

(四) 配装

在单个用户配送数量不能达到车辆的有效载运负荷时,就存在如何集中不同用户的配送货物,进行搭配装载以充分利用运能、运力的问题,这就需要配装;和一般送货不同之处在于,通过配装送货可以大大提高送货水平及降低送货成本。

(五) 配送运输

配送运输属于运输中的末端运输、支线运输,和一般运输形态主要区别在于:配送运输是较短距离、较小规模、额度较高的运输形式,一般使用汽车做运输工具。与干线运输的另一个区别是,配送运输的路线选择问题是一般干线运输所没有的,干线运输的干线是唯一的运输线,而配送运输由于配送用户多,一般城市交通路线又较复杂,如何组合成最佳路线,如何使配装和路线有效搭配等,是配送运输的特点,也是难度较大的工作。

(六) 送达服务

配好的货运输到用户还不算配送工作的完结,这是因为送达货和用户接货往往还会出现不协调,使配送前功尽弃。因此,要圆满地实现运到之货的移交,并有效地、方便地处理相关手续并完成结算,还应讲究卸货地点、卸货方式等。送达服务也是配送独具的特殊性。

(七) 配送加工

在配送中,配送加工这一功能要素不具有普遍性,但是往往是有重要作用的功能要素。主要原因是通过配送加工,可以大大提高用户的满意程度。配送加工是流通加工的一种,但配送加工有它不同于一般流通加工的特点,即配送加工一般只取决于用户要求,其加工的目的较为单一。

二、物流配送的形式

按配送商品种类与数量划分:多品种、少批量配送;少品种、大批量配送;成套配送。

按配送时间及数量划分:定时配送;定量配送;定时定量配送;定时定量定点

配送;即时配送。

按配送地点与组织者划分:配送中心配送;配送点配送;仓库配送;商店配送;生产企业配送。

按配送的服务对象划分:企业对企业的配送;企业内部配送;企业对消费者的配送。

其他配送形式:共同型配送;一体化配送;高频率、小批量配送。

三、物流配送的网络及规划

物流配送网络是配送过程中相互联系的组织与设施的集合。它的最终目的是为了使最终顾客满意,从而实现整个供应链的价值,并增强供应链的能力。销售配送网络是整个供应链的末端,属于末端物流,是最接近客户,直接影响客户满意度,并能快速掌握市场变动的一个环节。

配送网络规划内容有以下四个方面。

(一)配送结构

确定物品从生产区域到消费区域的空间转移过程中移动(运输)和静止(中转集运、换装、分拣、库存、包装等)的控制策略与组织方式。配送结构决定了不同层次的节点在整个配送网络中承担的任务是不同的。功能不同,其设施条件也必然存在一定的区别。

(二)配送中心选址

根据在某一指定或不定的配送区域内,各需求点已给定的条件,选择配送设施的数量和最佳位置,使配送设施的运作成本及运输成本降到最低。选址决策涉及的影响因素非常多,其中运输成本和效率是配送设施选址决策中要考虑的重要因素。

(三)配送线路选择

这是整个配送网络优化的关键环节。合理确定配送路线就是用最少的动力,走最短的里程,花最少的费用,经最少的环节,以最快的速度把货物运至用户手中。合理规划配送路线对配送成本的影响要比一般运输大得多,所以必须在全面计划的基础上,制定高效的运输路线,选择合理的运输方式和运输工具。

(四)运输优化

运输优化主要包括运输方式和商品搭载的优化。在配送中心常将生产商送来的商品,按类别、品种分门别类地存放到指定位置。进行配送时为了充分利用载货车辆的容量和提高运输效率,配送中心常把一条送货线路上不同用户的货物组合,配装在同一辆载货车上,这样不但能降低送货成本,而且可以减少交通流量,改变交通拥挤状况。

四、物流配送的分类

（一）按照货物所有者分类

1. 制造贸易企业

（1）以第三方物流配送为主。随着经济的发展和社会分工的细化，第三方物流企业成为现代物流的主要形式，其物流配送职能专业化，交易程序简单，企业集中优势资源专注于核心业务，有助于资源优化配置，减低成本，提升效率。同时，第三方物流企业将商品配送网络扩展到社区，标志着城市商贸物流配送体系的完善和服务水平的提高，也有助于零距离接触顾客，及时根据顾客要求完善配送服务水平。

（2）协同性和计划性加强。早期的物流配送，大多是企业单干，运输资源利用率较低，且不同配送企业存在交错运输，造成交通拥堵，虽然符合顾客意愿，但配送企业计划性不强，比较被动。随着城市经济发展，现代商贸物流应从区域整体出发，制定全面细致的计划，合理调整配送资源和路线，不断提高服务水平。

（3）基于现代技术和方法，适应电子商务发展。由于业务量扩展和计算机技术发展，城市商贸物流配送可以应用 EDI 系统进行信息传递，运用计算机软件辅助进货、配货和选址，还可以将计算机技术与其他自动化装置操作结合。同时，由于互联网的迅速发展和电子商务安全技术的完备，城市商贸物流配送与电子商务日益融合。

（4）应用先进的系统模式，改进物流供应链。随着信息化技术的迅速发展，高新技术设备在物流供应链管理方面应用更方便，管理功能更完善。同时，物流经营组织结构从金字塔式的组织结构转变为网络化，形成更为科学的物流系统模式，管理得到优化，成本得到降低，服务得到改善。

2. 批发商

批发商型配送中心是由批发商或代理商所成立的配送中心，是以批发商为主体的配送中心。批发是物品从制造者到消费者手中之间的传统流通环节之一，一般是按部门或物品类别的不同，把每个制造厂的物品集中起来，然后以单一品种或搭配向消费地的零售商进行配送。这种配送中心的物品来自各个制造商，它所进行的一项重要的活动是对物品进行汇总和再销售，而它的全部进货和出货都是由社会配送的，社会化程度高。

3. 连锁商贸企业

（1）自营模式为主导。随着连锁零售业的快速发展，各大连锁企业纷纷建立起自有配送中心。随着经济的快速发展，各大连锁超市的门店数量也随之高速增长，目前形成的格局为配送中心众多但偏小，其中自营模式为主导。

（2）配送要求与配送效率不匹配。连锁零售超市进货频率频繁，要求配送速度快，标准化程度高，同时对整个流程需要较高水准的监控。目前零售业连锁超市销售的商品的品种繁多，涉及食品、日用品、家居装饰等，决定了对配送的要求高。如对于冷冻食品在运输和仓储过程中要有严格的卫生和保温措施——食品冷链物流。据统计，上海的超市的冷链商品占销售额的20%以上。由于供应商的实力和地区不同，导致供应商所能提供的配送服务有所不同，很多服务都不能达到超市的需求。我国第三方物流企业水平参差不齐，物流配送的整体水平偏低。所以，超市也难以选择到比较适合的第三方物流企业，从而导致选择第三方物流配送模式的超市很少，物流配送的标准也不高。总之，不论供应商直接配送模式还是第三方物流模式，因企业实力与配送服务水平偏低，致使配送效果大多不尽如人意。

（二）按照配送距离分类

1. 城市配送

以城市范围为配送范围的配送中心，由于城市范围一般处于汽车运输的经济里程，这种配送中心可直接配送到最终用户，且采用汽车进行配送。所以，这种配送中心往往和零售经营相结合，由于运距短，反应能力强。因而，从事多品种、少批量、多用户的配送较有优势。我国已建的"北京食品配送中心"就属于这种类型。

城市配送是物流链条中最后一公里的配送，在整个供应链环节内起着极为重要的起承作用，但是大部分城市对货车进城区域和时间都有严格的限制，不过从城市配送的本身而言，发展趋势非常强劲，国家在政策层面上也给予了极大的关注和鼎力的支持。

城市配送分类有四种模式。

（1）自营配送模式。某些大型生产企业和连锁经营企业创建自营配送中心完全是为本企业的生产经营提供配送服务。选择自营配送模式有两个基础：一是规模基础，即企业自身物流具有一定量的规模，完全可以满足配送中心建设发展需要；二是价值基础，即企业自营配送，是将配送创造的价值提升到了企业的战略高度予以确定和发展。

（2）外包配送模式。外包配送模式也就是社会化、专业化的物流配送模式，通过为一定市场范围的企业提供物流配送服务而获取盈利和自我发展的物流配送组织形式。

（3）综合配送模式。综合配送模式是指企业以供应链管理为指导思想，全面系统地优化和整合企业内外部物流资源、物流业务流程和管理流程，对生产、流通过程中的各个环节实现全方位综合配送，充分提高产品在制造、流通过程的时空效应，并为此而形成的高效运行的物流配送模式。

(4)协同配送模式。协同配送是指在城市里,为使物流合理化,在几个有定期运货需求的合作下,由一个卡车运输业者使用一个运输系统进行的配送。协同配送也就是把过去按不同货主、不同商品分别进行的配送,改为不区分货主和商品集中运货的"货物及配送的集约化"。

2. 全国配送

(1)西部地区发展现代物流业的主要优势依托资源优势,西部地区具有较强大的物流需求。近年来,依托丰富的绿色农畜产品和煤炭、电力、绒毛、稀土、石油化工、有色金属等资源,借助西部地区一批有实力的大中型企业集团和上市公司走出去,请进来,积极参与国际国内的竞争与合作,经济社会发展态势良好。经济的持续高涨带动了消费品流通市场的大发展和逐年庞大的外需贸易,形成了强大的物流需求。由于外生环境的不断变化和企业自身经营管理素质的提高,使得企业对物流环境的改善变得尤为迫切,现代物流业发展已经提上议程。专业的第三方物流服务已是其必然选择,这为物流业的发展提供了广阔的空间。西部大开发战略的实施以及中国加入WTO为西部地区物流业的发展奠定了政策基础和发展规则。

(2)在全球经济一体化的大趋势下,一方面内陆地区需要有效的国际物流运作带来的国际贸易机会,另一方面我国国际物流业发展也急于开拓内陆市场。中部地区面对我国经济由东向西梯度推进、世界性产业转移由我国沿海向内陆延伸的重要战略机遇,既是东部地区谋求发展的腹地,又是西部地区开放的前沿,随着中部地区具有口岸功能的国际物流园区的建设,东进西出的大物流格局已逐步形成,在此形势下,依托国际物流园区国际物流的运作使各国(地区)物流系统相互链接,真正发挥桥头堡与国际物流服务中心作用,为中部地区敞开了一条通往国际市场的便捷通道,进而带动整个中部地区经济的发展,其意义深远。

(三)按照配送货物数量多少分类

1. 单件流

单件流是指产品以一个单件或一个批次来流动,"单件"是指最适合的批量大小,即造就最低总成本的批量。单件流是准时化生产的核心,是解决在制品的秘方,是消除浪费的最好方法。

单件流生产方式的优点:(1)生产周期短;(2)在制品少;(3)场地占用少;(4)灵活性大;(5)避免批量质量缺陷。

2. 批量流

传统批量流生产方式,各道作业工序之间相互独立及批量化生产,各工序的作业人员在加工出来的产品积累到一定数量后才运送到下道工序,此种做法必然导致工序间出现大量的在制品,导致生产物料流转混乱,生产组织难度加大,批量质量问题风险加大,生产周期拉长。

传统批量生产常见现象：不良品多、搬运多、动作浪费、在制品多、移动率低、机动性小、交期长、场地大、管理难。常见结果：高成本、低品质、低利润、反应慢、竞争力低、少创新。

3. 整车流

在整个汽车产业链中，整车物流属于销售物流的主要组成部分，它是指从车辆组装完成后，通过使用各种运输工具运往各分销商，最终到达消费者手中的整个过程。整车物流按其标的物设计和技术不同可以分为商用车物流、乘用车物流、工程车物流、特种车物流等；按其标的物使用年限特性可分为二手车物流、商品车物流、古董车物流等。

目前，我国整车物流的模式按照所采取的运输方式，主要有公路运输整车物流、铁路运输整车物流、水路运输整车物流。公路运输整车物流主要是通过使用大型拖挂车装载整车进行长途运转，其主要特点是灵活、快速。铁路运输整车物流具有较大的规模经济性。

第二节 互联网＋物流配送的含义

"互联网＋"理念的提出最早见于 2012 年，由易观国际董事长于扬提出。不过，当时这一概念并未被广泛关注。2015 年 3 月，腾讯公司 CEO 马化腾在全国两会提交了对"互联网＋"在推动经济社会创新发展方面的议案，该议案取得了广泛关注。2015 年 3 月 5 日，在政府工作报告中，李克强总理首次提出和阐述"互联网＋"行动计划。从"互联网＋"概念来看，"互联网＋"代表的不仅是一种新的经济形态，同时是一种新的生产模式。在生产要素配置中，互联网具有优化和集成作用，将其创新成果与经济社会各领域相融合，有利于促进实体经济创新力及生产力的提升，使经济发展进入以互联网为基础，以大数据各项能力为手段的新形态。简单来说，"互联网＋"所指的即为"互联网＋各个传统行业"，借助信息化手段，各传统行业在互联网这一平台上完成融合、优化和转型，进而延伸并创造出新的业态。在"互联网＋"理念中，"互联网"并非核心，"＋"后面的因素才是"互联网＋"的核心。将"＋"后面的因素带入到物流行业中，通过"互联网＋"展开业态创新与模式创新，会给物流行业带来极大的冲击，同时也会给物流服务的发展内容以及前进方向带来较大程度的影响，对物流可持续发展具有重要意义。

一、互联网＋物流配送的产生过程

2015 年 3 月，腾讯公司 CEO 马化腾在全国两会对"互联网＋"在推动经济社

会创新发展方面的议案进行提交,该议案取得了广泛关注。

2015年7月4日,国务院印发的《关于积极推进"互联网+"行动的指导意见》提出的"互联网"高效物流,明确要求"加快推进货运车联网与物流园区、仓储设施、配送网点等信息互联,促进人员、货源、车源等信息高效匹配,有效降低货车空驶率,提高配送效率"。

2016年4月21日,国务院办公厅发布了《关于深入实施"互联网+流通"行动计划的意见》,"互联网+流通"正在成为大众创业、万众创新最具活力的领域,成为经济社会实现创新、协调、绿色、开放、共享发展的重要途径。实施"互联网+流通"行动计划,有利于推进流通创新发展,推动实体商业转型升级,拓展消费新领域,促进创业就业,增强经济发展新动能。

二、电子商务中的物流配送的含义

物流配送定位在为电子商务的客户提供服务,根据电子商务的特点,对整个物流配送体系实行统一的信息管理和调度,按照用户订货要求,在物流基地进行理货工作,并将配好的货物送交收货人的一种物流方式。这一先进的、优化的流通方式对流通企业提高服务质量、降低物流成本、优化社会库存配置,从而提高企业的经济效益及社会效益具有重要意义,配送作为现代物流的一种有效的组织方式,代表了现代市场营销的主方向,因而得以迅速发展。

以网络为基础的电子商务催化着传统物流配送的革命。回顾配送的发展历程,可以说经历了三次革命。初期阶段就是送物上门。为了改善经营效率,国内许多商家广泛采用了把货送到买主手中,这是商务的第一次革命。第二次物流革命是伴随着电子商务的出现而产生的,这是一次脱胎换骨的变化,不仅影响到物流配送本身,也影响到上下游的各体系,包括供应商、消费者。第三次物流革命就是物流配送的信息化及网络技术的广泛应用所带来的种种影响,这些影响是有益的,将使物流配送更有效率。我们称这些影响为物流配送的第三次革命。

电子商务中的物流配送是指物流配送企业采用网络化的计算机技术和现代化的硬件设备、软件系统及先进的管理手段,针对社会需求,严格地、守信用地按用户的订货要求,进行一系列的分类、编配、整理、分工、配货等理货工作,定时、定点、定量地交给没有范围限度的各类用户,满足其对商品的需求,也就是信息化、现代化、社会化的物流配送,可以说是一种新型的物流配送。

电子商务下的物流配送定义:"物流配送企业采用网络化的计算机技术和现代化的硬件设备、软件系统和先进的管理手段,针对社会需求,严格地按用户的订货要求,进行一系列理、配货工作,按时、按量地送交没有范围限度的各类用户,以满足其对商品的需求。"

三、互联网＋物流配送的优势

在电子商务时代,信息化、现代化、社会化的新型物流配送有十三个优势。

(一)"互联网＋"时代的物流避免同质化,注重个性化的服务

在"互联网＋"环境下,互联网商业呈现出 O2O 个性化体验和 C2B 个性化定制的发展趋势,而物流业也应当紧跟"互联网＋"时代的潮流,积极注重个性化服务,避免物流业的同质化。具体来说,物流业不仅要对物流现场的服务进行把握,还应积极利用社交媒体、移动终端等线上渠道,让用户进行线上的个性化服务体验,保证线上与线下服务的一致性。物流企业对客户介入得越深,个性化服务特征也就越鲜明,所得到的收益也就越大。这种合作的直接结果是:成本控制的理想化以及生产利润和效率的最大化。通过这种个性化的服务来提升客户满意度,在细微之处为客户带来贴心的体验,以此来促进物流业在"互联网＋"环境下的发展。例如,建立在线客服平台,采用视频、语音等多种转换形式为客户答疑,实现 $7×24$ 小时在线服务及订单跟踪服务,提升客户黏性,扩展客户群。

(二)物流各项功能利用"互联网＋"转型升级

"互联网＋"在与物流的各项资源结合中,不仅使物品快速"流动",而且还可提升物流功能,在商品正常流动中尽量做到少动或者不动。这句话似乎和物流的本质是冲突的,实则不然,在正常商品运转流通中,如果商品"动"得较为频繁,势必造成商品的外包装破损或整个商品的损坏。因此,我们要加强商品的少动且流动,将商品在运转流通体系中减少装卸搬运,并使其功能转型升级。

(三)社会资源和物流资源利用"互联网＋"实现优化配置

互联网将以最快的速度提供企业最新准确的物流信息,实现社会资源和物流资源的优化配置。利用互联网信息平台将社会各项资源和物流资源相结合。自动化和智能化物流趋势加快了社会资源和物流资源的优化配置进度。虚拟的仓库发展和应用促使未来的社会资源会越来越共享和便利。

(四)利用"互联网＋"使物流成本降低

物流成本比较难以计算和掌控,乃至于出现了很多学说,如黑大陆学说、冰山一角学说等,其实就是其成本和利润之间的关系比较复杂。这里我们讲成本,就不得不提到效益背反定律。在物流的效益背反定律中我们清楚知道物流本身是一种服务,服务的宗旨是不断地提高服务质量和优化服务。但是,这一宗旨也决定了如果要提高服务质量势必要追加投资和成本,而且物流的服务质量需要物流各功能优化来实现,如果其中一个子系统成本的降低必须考虑另一个子系统的成本追加,或者其服务质量的降低在整个物流过程中无论哪个子系统的成本降低,都不能意味着物流总成本一定能够降低。要想做到在提高服务质量的同时还能

够降低物流成本,物流企业必须通过互联网和计算机信息技术来协调物流各子系统之间的相互协调和高效运作。

(五) 物流配送反应速度快

在电子商务下,新型物流配送服务提供者对上游、下游的物流配送需求的反应速度越来越快,前置时间越来越短,配送时间越来越短,物流配送速度越来越快,商品周转次数越来越多。

(六) 物流配送功能集成化

新型物流配送着重于将物流与供应链的其他环节进行集成,包括物流渠道与商流渠道的集成、物流渠道之间的集成、物流功能的集成、物流环节与制造环节的集成等。

(七) 物流配送服务系列化

在电子商务下,新型物流配送除强调物流配送服务功能的恰当定位与完善化、系列化,除了传统的储存、运输、包装、流通加工等服务外,还在外延上扩展至市场调查与预测、采购及订单处理、向下延伸至物流配送咨询、物流配送方案的选择与规划、库存控制策略建议、货款回收与结算、教育培训等增值服务,这在内涵上提高了以上服务对决策的支持作用。

(八) 物流配送作业规范化

电子商务下的新型物流配送强调功能作业流程、作业、运作的标准化和程序化,使复杂的作业变成简单的易于推广与考核的运作。物流配送目标系统化。新型物流配送从系统角度统筹规划一个公司整体的各种物流配送活动,处理好物流配送活动与商流活动及公司目标之间、物流配送活动与物流配送活动之间的关系,不求单个活动的最优化,但求整体活动的最优化。

(九) 物流配送手段现代化

电子商务下的新型物流配送使用先进的技术、设备与管理为销售提供服务,生产、流通、销售的规模越大、范围越广,物流配送技术、设备及管理越现代化。

(十) 物流配送组织网络化

为了保证对产品促销提供快速、全方位的物流支持,新型物流配送要有完善、健全的物流配送网络体系,网络上点与点之间的物流配送活动保持系统性、一致性,这样可以保证整个物流配送网络有最优的库存总水平及库存分布,运输与配送快捷、机动,既能铺开又能收拢。分散的物流配送单体只有形成网络才能满足现代生产与流通的需要。

(十一) 物流配送经营市场化

新型物流配送的具体经营采用市场机制,无论是企业自己组织物流配送,还是委托社会化物流配送企业承担物流配送任务,都以"服务—成本"的最佳配合为目标。

(十二)物流配送流程自动化

物流配送流程自动化是指运送规格标准、仓储货、货箱排列装卸、搬运等按照自动化标准作业、商品按照最佳配送路线等。

(十三)物流配送管理法制化

宏观上,要有健全的法规、制度和规则;微观上,新型物流配送企业要依法办事,按章行事。

物流配送是流通部门联结生产和消费,使时间和场所产生效益的设施,提高物流配送的运作效率是降低流通成本的关键所在。物流配送又是一项复杂的科学系统工程,涉及生产、批发、电子商务、配送和消费者的整体结构,运作类型也形形色色。考察传统物流配送中的运作类型,对我们设计新型物流配送中心的模式具有重要的借鉴作用。

四、互联网+物流配送的劣势

从当前我国物流发展来看,依然存在一些比较普遍的问题,影响着互联网+物流配送的全面实现。

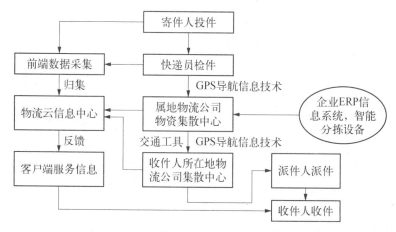

图 1-1 以"互联网+"为基础的物流发展模式

(一)物流成本较高,发展方式粗放

在传统物流商业模式中,从货主到收件人之间需要经历四个环节,即物流商、运营商以及信息部和司机。整个发货与收货过程中经历的环节较多,在信息方面不够透明、渠道方面不够通畅、物流速度方面较慢,各个参与者的成本会随之叠加起来。与发达国家相比,我国物流成本在GDP中所占比重较高。我国物流发展方式还比较粗放,资源、能源、土地等均表现出较高的消耗指数,且无效运输与不合理运输情况严重,超载、超速所导致的物流事故广见报端。受地方经济发展不同的影响,我国中西部物流发展程度与东部地区相比差距较大,这种结构性的不同,导致我国物流发展难以形成规模效应,也影响了物流成本。其中,在物流总成本中,运输费用就已经达到50%左右,远远高出发达国家,这种原因主要与我国物流交通运输体系不完善有关。我国物流业当前发展表现出分散、独自发展的趋势,这也是其发展方式粗放的一种表现。造成其分散、独自发展的原因主要在于我国物流当前还没有完全形成综合交通运输体系,各种运输方式还没有形成合理分工与有效衔接,运输方式之间存在信息不共享的问题,物流设施标准化程度不高,较难通用。

（二）创新能力不强,专业化人才欠缺

当前物流企业在研发方面的投入还不多,创新动力不足,不管在商业模式创新、技术创新,还是组织及管理创新上,都比较滞后,且对新兴物流方式、技术等的创新与应用积极性和主动性不高,缺乏创新活力,还没有进入以创新引领物流发展的阶段,物流行业在创新链条中还处于末端。另一方面,我国物流业在专业化人才方面也比较欠缺。为降低人力资源成本,很多物流企业招聘的员工大多为非专业类人员,不仅物流专业性水平较低,且计算机技术水平较低,物流服务专业能力较低,从根本上制约了我国物流产业的发展。

（三）网络化建设滞后,物流交接效率低

在网络化建设上,我国很多物流企业投入不够,还处于建设初级阶段,受网络化建设滞后的影响,我国物流行业网络化建设各方面都不够成熟。从物流体系运作过程来看,物流项目单一问题比较明显,仓储管理、搬运以及运输依然处于主导地位,物流运作习惯依然比较传统,在物流服务方面缺乏综合性思想和意识,这些都导致第三方物流优势难以发挥。物流链条所涉及的环节较多,虽然大部分物流企业都已经建立了信息化系统,但在系统功能上的使用还比较有限,中间环节过多,物流交接效率较低。

（四）供应链不通畅,与相关行业联动不足

相对其他企业,物流企业在整个运作、发展过程中的核心与骨架即为供应链。从物流企业当前供应链情况可以看出,在建设方面普遍缺乏一体化思维,系统化服务不健全。在电子商务影响下,物流与各个行业都形成了紧密联系,且与200多个国家和地区构建了贸易联系。与这种发展势头不相称的是,我国物流当前尚未形成有效的全球物流业供应链体系,与各个行业的联动不足,物流国际市场份额不高,供应链不通畅问题已经成为制约物流业发展,影响物流业国际竞争力的重要瓶颈。在"互联网+"环境下,物流供应链建设必须树立全局性思维,促进功能、空间、时间一体化，才能提升物流供应链效率。物流可持续发展战略下"互联网＋物流"服务发展对策在不断发展的社会环境与不断进步的技术环境下，传统"投入高、效益低、科技落后"的物流服务模式已经难以适应社会对物流业服务的要求，需要利用"互联网＋物流"的新技术、新思维来推动物流业的可持续发展。

第三节　互联网＋物流配送的发展前景

一、互联网＋物流配送的发展机遇

（一）新零售趋势下，新的物流模式

未来的商业是虚拟商业＋实体商业的结合体系，是流量＋场景体验＋交易＋物流＋供应链＋支付＋金融＋大数据……融为一体的新商业生态。未来将没有电商，只有新零售，新零售是将用户与产品研发直接拉近，供应链发生全面的变革，当然物流服务需求也进行了全面的革新。

1. 新零售的商业特征

（1）新零售的一切运营以消费者（用户）为中心：用户聚合的粉丝经济驱动新型供应链模式。

（2）新零售交易全渠道化：多渠道交易，线上、线下、社交电商、社群经济、社区体验全面融合。

（3）新零售消费是场景化的重构：从"场—货—人"到"人—货—场"。

（4）新零售推动供应链运营C2B模式：粉丝经济的用户需求驱动，工厂农场定制化，渠道扁平化，快物流网络，大数据驱动，以人工智能为支撑。

2. 新零售驱动下的物流变革

（1）品牌方（甲方）对物流的需求：新零售、线上线下全渠道时代，品牌方需要快速相应的敏捷物流，多批次、少批量、敏捷快物流。大部分将走干线＋末端云仓（门店）集散配送＋最后一公里物流是O2O的众包。

（2）干线物流的需求：干线物流不再是渠道压货模式，而是渠道有效用户订单驱动的直发模式，部分快消品是末端库存补货模式。新零售业态下的干线物流，是工厂直发消费者目的地城市物流，未来快速专线物流是有不错的市场机会。货源的模式是零担、大包裹为主，干线将不是第三方物流的整车模式，也不是集约化的小包裹快递模式。

（3）快递和城市配送物流的变革：快递企业应该大力重视城市配送市场，否则城市配送企业与干线的集散结合过后，快递的业务会大量的缩水。城市配送企

业的业务将分为两类：

——集散中心 to B(社区店、商圈门店、专门店)；

——集散中心 to C(类似传统快递和宅配业务)。

(4) 最后一公里物流的商业价值：新零售时代的最后一公里已经把物流和社区商业有机地整合,最后一公里会有两个变革,即一个整合与一个升级。整合是末端物流配送的整合,升级是由物流服务衍生出来的社区商业服务,包括微电商＋微店商的整合。

(5) 公路港未来的趋势：新零售时代的公路港,更多体现的越库(Cross Docking)和集约整合,体现的是枢纽的价值。以消费者集散地为核心的公路港、空港是一个不错的发展方向,同时二三线城市的集散才是应该重点布局的。一线城市基本没有意义,存货型园区公路港也没有太大的价值,未来没有多少产业链会把大量的库存放在中转园区。

(6) 供应链金融、物流大数据服务的变革：金融和数据永远是孪生的兄弟,没有数据就根本没有金融的价值,没有金融和商业,数据就是一堆数据。新零售时代的智能物流,一切数据都会在云端,各大物流企业不是拼的物流资产,而是拼的数据资产,因为物流资产可以众包、可以融资租赁,而物流的大数据价值,金融的价值,将是新零售时代的核心竞争力。特别要说明的是,传统的物流企业的首席信息官现在日子都不好过了,未来是数据驱动的时代,对物流数据和信息化是全面的变革,首席信息官将面临全面的换血。

(7) 新零售环境下,如何评估一个物流企业的价值？

A. 谁距离用户越近,越有商业价值,新零售时代最后价值在于末端物流的最后一公里。因为,这里聚合了重要的用户商业价值。

B. 谁沉淀的物流运营数据越多,谁就具有更大的商业价值,比如物流卡车司机运营数据,未来就具有更大的价值。

C. 谁提供供应链运营的增值服务越多,上下游对你的依赖性越高,谁就将控制住未来的产业链商业。

未来一个物流企业的价值,不是资产越多越好,而是运营能力越强越好,资产是不是你的不重要,谁能把资产发挥最大的效能,这个很重要。

新零售,给中国物流行业带来了全新的商业机会。

(二) 最后一公里的商业机会呈多样化

最后一公里是蕴含巨大商业机会的领域,最后一公里商业的定义是：

(1) 最后一公里是物流；

(2) 最后一百米是服务；

(3) 最后一米是面对面的有温度、有黏度、有信任度的社交关系。

最后一公里末端是社区微电商运营的重要商业平台,这个平台要打破传统思维,一定要有互联网新商业思维。一手做物流的整合集约,一手做新商业模式的探索,打造全新的社区创业生态。

百度外卖、饿了么、美团、京东到家的不少地区也在依托最后一公里送餐的骑士平台,开始试水原产地直供模式,这种模式对最后一公里的传统服务关系做了全新的升级,值得借鉴。

(三)县域及农村物流的商机初显

县域经济是未来经济发展的新增长点,县域经济承担了工业品下乡+农产品进城的关键枢纽环节。

1. 县域及农村物流的商机特点

(1)县域物流的流量是多频少量的流量,根本不适合物流企业自建物流体系。

(2)县域物流企业缺乏运营团队,如果从一线城市派遣没有人愿意去,而且成本非常高。

(3)县域物流不是一家物流的流量,是多家物流企业都需要流量,前端的商业整合决定了后端的物流服务的集约。

(4)地方政策环境的差异,也是县域物流发展的重要挑战。

县域物流是机遇和挑战共存,未来县域+农村的消费人口达9亿多,伴随着互联网的发展,农村互联网消费将全面爆发,商流通了,物流不通,一切交易都不能成为闭环,所以很多有远见的物流企业开始布局无人机农村物流体系了。

2. 发展县域物流的策略

(1)定位商业:县域物流要抓住农产品进城、工业品下乡的商业入口,有这个基础,才好运营,也就是物流上游的甲方资源。

(2)迎合政策:国家农村电商战略,定位在新零售+新流通,流通的政策是有扶持的,这个时候谁能制定好发展策略,谁就获得扶持的机会。

(3)升级模式:做成共享经济下的县域物流创业平台,特别是返乡快递员、返乡大学生、返乡军人,联合创业打造县域物流平台,非常有价值。

(4)借力资源:县域物流离不开物流集散,一定要有中转的物流体系,涉及物流系统+物流系统集成+物流设备的体系。这个需求可以和物流系统+物流设备方面联合打造全新的集约模式。

(四)新型城市配送:云仓共配+新能源+融资租赁+共享经济+人人创业

传统商超城市配送、快递城市配送、落地配做城市配送……这些都是过去的城市配送模式了。伴随着新零售、共享经济、新能源汽车、融资租赁的发展,下一代的城市配送的商业模式将是:云仓共配+新能源+融资租赁+共享经济+人人创业。

1. 社区云仓

社区云仓,即城市网格化的末端仓(社区云仓、商圈云仓);云仓不是大量存货仓,而是区域集散枢纽。

2. 同城共配

城市公路港、空港等货物中转集散后,下一步就是同城共配到可视化共享的云仓,未来的城市配送将从集散的核心城市枢纽配送到社区云仓,而不是从存货仓提货。

3. 新能源汽车

未来的城市配送100千米范围内使用新能源汽车将会是常态化。

4. 共享经济

国内的诸多城市配送的"互联网+物流"平台企业,现在正处于洗牌时期,未来这个领域可能会被新能源汽车的抢占,特别是拿到政府政策的。

5. 融资租赁

城市新能源汽车的融资租赁模式,是一个创新的探索,未来城市配送的新能源汽车可能不是司机的,而是由第三方平台公司+融资租赁公司联合运营的。

6. 人人创业

未来的城市配送,将出现一帮年轻的司机创业的模式,在平台公司负责城市线路的运营调度。

(五)跨境物流与供应链的商机

未来几年的跨境电商,将进入爆发期。

1. 需求

中国消费者跨境海外直采越来越成为主流,化妆品、母婴童用品、服装与箱包等高附加值的产品已经成为年轻的互联网人群的刚需。

2. 交易容易、交付难

互联网经济的主体电子商务,交易完全移动化,非常便捷,但交付的挑战就很大了,海外直采后的跨境物流、保税、报关、商检、国内干线物流、城市配送……漫长的物流过程成为发展的软肋。

3. 跨境物流平台的商机

谁能提前布局整合,打造一套快速的跨境物流体系,谁将获得巨大的商机,特别是一线城市的跨境物流自贸区打造一体化的物流供应链服务,未来将具备独有的商业机会。

(六)物流培训及人才孵化的商机

人才是驱动中国物流发展的根本,也是阻碍中国物流发展的重要因素。

1. 中国物流人才培训和教育面临的困境

（1）教材及教学内容陈旧；

（2）教学方式老套；

（3）学生的实践能力弱，随着互联网的发展，不少学生通过互联网在尝试学习外界的知识和案例，但学校大环境不转型，这是最大的问题。

2. 互联网给物流行业的培训和人才孵化带来的商机

"互联网＋物流培训孵化"不是单一地把内容搬到网上，也不是老师通过互联网快速学习后教给学生。更多的应该是思考应用与实践相结合。

（1）教学内容的变革：从传统的理论教学转向案例式的教学，随时随地把中国物流行业发生的新闻、案例、商业模式、技术创新、模式创新等全面汇总到教学内容中，通过这些内容来解读物流管理、物流技术、物流工程中的内涵。

（2）教学方式的变革：在互联网时代，应用型学科的教学方法，应该将企业与高校有机结合起来，物流企业运营管理层成为学校的指导老师，将课堂和现场有机结合起来，不仅提高了学生的实践，也带动了企业定向培养人才，毕业后直接进入岗位。

（3）教学创新的思考：研究小组式的教学是一个不错的方式，学校和企业针对管理和运营，特别是技术领域，可以联合打造研究小组，鼓励具有实践性的创新。

（4）拆掉大学校园的墙：鼓励学生与具有价值的社会平台或机构建立密切联系，拆掉大学校园的墙，这个校园的"墙"不是物理的墙，是思维的墙。让学生思维与社会的信息、资源的平台多接触，拓展不同的思维，让拓展开思维的同学，到课堂上进行分享。让学生参与外围机构的各种活动，在拓宽视野的同时，让学生看到物流行业的社会价值和从业信心。

新零售、智能物流、大数据、共享经济、小而美、剩者为王、创业孵化、生态之争……无论中国物流怎么发展，一定要看准行业上游的发展趋势，行业上游的发展趋势又是与互联网经济转型升级密切相关的。所以，今天的物流从业者一定要盯准行业发展趋势，快速卡位。

未来的商业，不是一个企业的竞争，也不是一个产业链之争，是生态之争，谁是生态的架构者、驱动者、运营者，谁就将是最大的受益者。

二、互联网＋物流配送的发展前景

我国的电商物流企业是伴随着互联网和电商发展起来的。以"互联网＋"模式发展物流产业，既可解决电商发展的物流短板，也将在更深层次上实现互联网和传统物流的融合，从而提升电商企业和物流企业的竞争力。在电商物流中，用户体验是评价物流能力的重要指标。在"互联网+"时代,消费者可以通过供应链推动生产制造,提升自身的用户体验,这一过程即"C2B"。

互联网和物流业的深度融合,供应链上的各种信息网络化,使得商品和服务变得可视化,消费者多元化、个性化的需求可以反过来推动供应链物流服务的创新,供应链对市场变化的反应灵敏度得以提升。要想实现整个物流供应链信息化,就需要对物流各运作环节进行信息化改造。

"互联网+"是互联网不断发展的新形态、新业态,是知识社会创新的推动下互联网的形态演进以及社会发展的新形态。"互联网+"理念通俗来说是利用信息通信技术以及互联网平台,让互联网与传统行业进行深度融合,充分发挥互联网在生产要素配置中的优化和继承作用,将互联网的创新成果融合于社会各领域之中。"互联网+电商物流"是指借助移动互联网、云计算、大数据、物联网等先进技术和理念,将互联网技术与电商物流进行有效的渗透与融合,优化物流的运作过程,创新物流模式与物流服务产品,不断地满足企业与客户的需求,使物流服务更加人性化以及智能化。

(一)差异化竞争

当前,国内物流企业非常多,竞争激烈,这样的市场环境下,差异化的竞争是十分有必要的。为了在众多的物流企业中脱颖而出,物流企业需要进行更优质的服务并提供与其他物流公司有一定差异的物流服务。当前的市场情况显示,大多数的物流公司仅仅提供简单的运输服务,对时间和在途损失都没有有效的措施,由此产生的矛盾不在少数。当前,顺丰之所以在行业内部发展相对较好,就是因为其在运输时不会不断地转送,速度上较其他物流有明显的优势,同时顺丰速递在服务质量上也有一定的优势,这是差异化竞争的一种表现形式;而京东自营快递推出"211"限时达,也是从送货速度出发进行的一种差异化建设。

(二)产业融合

产业融合已经具备了成熟的时机和条件,信息技术创新为物流产业融合发展提供了内在的驱动力。同时,物流本身未来可能不再是物流企业盈利的主要途径,而从物流延伸出来的其他业态将有可能成为物流行业进行盈利的主要模式。运用互联网思维,学会物流+其他行业+数据处理的有机融合,相关的行业有金融服务业、IT服务业、设备制造业、咨询业等。不同行业的企业相互渗透,以资本作为纽带,业务边界和市场不断扩展,形成更大的空间和时间范围的货物、资金、信息的流动和存贮,形成新的市场结构。应该从企业层面,提升物流服务价值认知、增强资源整合能力、增强信任机制、增强物流服务社会化的程度。

(三)营销模式变为精准营销

由于"互联网+"的提出,在云联网思维的启发下,智能物流开始不断突破效率边际。在当前这样的大数据时代,精准营销成为一个炙手可热的词。正如我们在浏览网页时,网页会根据我们的浏览历史判断我们的浏览偏好,为我们提供一些定制化的网页信息。物流企业也应引进这一模式,而且对于物流企业而言,企业可以和其客户进行交流,做出更好的定制化的营销。物流企业借助于云联网、大数据进行订单预测、策略优化,能够较为准确地对订单生产规模、地点以及物流路径进行预测。

(四) 从以往的被动服务转向主动服务模式

C2B 个性化定制消费以及后来 O2O 的体验,都是互联网行业发展的一个方向,而物流行业是这一模式实现的关键。物流 O2O 将是线上线下连接的桥梁,使得线上线下商品之间流通、协同。O2O 条件下的物流公司的服务不再是对线下物流现场的服务,还需要注重社交媒体、移动端、PC 端等线上渠道体验的营造,并通过人性化、优质、便捷的服务使用户进行体验,实现线上线下一致、优质的服务体验,这也是物流 O2O 战略的重点内容。物流业应转变服务心态,从被动服务变为主动支持,通过信息技术的使用建立相应的物流数据库,尽量实现信息传递的实时化,促进物流行业的信息化和网络化。正如京东在其发展过程中所设计的"异常天气自动提示"的服务,也就是系统会根据订单地区,在客户查询订单时表示出相应的异常天气提示,这一服务可以让客户轻松地得知自己的订单是否受到了天气影响,使得客户对自己的收件时间有了一个明确的了解。这一主动服务模式的转变,于细微处为用户提供了更为贴心的服务,也使得京东自营物流的服务与其他快递有了一定的差异。

(五) 物流行业设计新的物流组织以及运作模式

因为物流过程是一个接力的过程,传统模式下物流行业存在严重的信息不对称情况。而互联网环境下,物流信息有了对称的可能性。随着大数据不断发展,物流社会化的应用开始出现。亚马逊甚至设计出了出租车顺路送货的服务,这一模式整合运输公司、个体司机以及客户资源,使社会资源得以优化配置。在运输环节以及仓储环节,机器人的研发也是进一步发展的方向。更加智能的机器人可以更大限度地解放人力资源,使得物流行业的运作模式有进一步的改进。

(六) "互联网+物流配送"将催生全国大物流的格局

当前,各个物流企业独自发展,其物流信息也是在自己的网站上才可以进行查询。使得客户在使用时,必须知道自己的商品是哪个公司承运,才可以进行查询,而这一问题将在"互联网+"的格局下得到进一步的改善。由于物流信息网可以使得物流信息实现资讯整合,实现物流信息的交换和资源共享。运输货源信息、车源信息等资讯服务的共享使得物流企业可以进行合作,做出运输资源与待运货主最佳配对、散货拼箱、专线服务等物流信息服务。未来几年,随着高铁、大型高速船舶、绿色航空、新能源汽车、智能交通、仓储、现代化科学技术等在物流领域的推广和应用,互联网、移动互联、大数据、云计算将与物流业深度融合,使物流更加"智慧化""智能化",这些都会对物流行业升级带来促进。

(七)"自营＋平台"类将成为主流

跨境电商企业核心竞争力是超高的产品质量、一流的物流服务水平、绝对的价格优势和细致的售后服务。无疑"自营＋平台"这一发展模式可以完美实现上述要求。未来跨境电子商务市场竞争将越来越激烈,而这便要求企业拥有比其他竞争对手更低的成本。"自营＋平台"模式可以让企业拥有有关上游供应商和下游消费者更多信息,从而可以在更好地满足消费者需求的同时,通过控制上游供应商来降低运营成本,提高竞争力。

随着大数据、云计算、移动互联网、物联网等技术与物流行业的深入融合,智能物流的核心条件已经逐渐成熟,物流产业发展进入新阶段。通过智能物流实现用户、物流服务主体、物流利益相关者等物流服务提供和需求者的连接,使服务及物流要素在线化和数据化,推动物流资源的优化配置和服务创新。智能物流可以完成纵向、横向以及端到端集成。首先,纵向集成是物流企业内部从底层到上层的集成,即物流装备设施到物流执行系统,以及物流决策分析系统的集成。纵向集成实现物流操作流程、物流运作管理、物流决策的集成,并可以实时共享信息;其次,横向集成指的是供应链上的上游企业、下游用户以及其他第三方服务提供商的集成,参与方信息、流程的集成,可以实现供应链的可视化、协同化、实时化,该集成为各利益相关主体共同创造价值提供运作和技术基础;再次,端到端的集成是用户服务需求、物流服务主张、用户参与物流服务解决方案设计、物流服务具体实施过程、物流服务绩效评价、创造价值利益分配等诸多环节全过程的集成,实现了物流服务整个生命周期的集成,实现了信息、知识、服务、交易、结算、评价全流程的集成,创造出了更多的物流服务价值。

例如,以菜鸟物流为例来说明。在智能骨干网中,大家耳熟能详的快递业务在阿里内部称之为"地网"——一张遍布中国的超大规模物流基础设施网络,调动起港口、公路、机场的运输潜力,24 小时可送达的物流网。与之相对应的是"天网",即阿里巴巴内部用互联网形式对仓储物流服务进行数据化管理的系统。因此,在菜鸟网络的平台中,各方资源、信息和数据是共通的,而由此产生的聚合效应,才是菜鸟网络真正的威力。

有人举例说,以往北京到长沙圆通只有 1 个航班,错过了只能等第二天。但是,在阿里的骨干网络中,各家快递公司竞标,十家快递公司就可能错开成 10 个航班。陆运的话,可能原来北京到长沙两城之间每家快递每天有两趟车,但在资源整合后,也许每隔一个小时就能有一趟车。同时,以往每家公司在晚上 9 点之后会收到十几票,单独派送的成本比较高,而未来包裹集中起来可能就有一两百票,完全可以支撑某些快递或区域派送公司以较低运费,开通类似夜晚派送服务。

这样就会形成可随时下单、随时发货、随时转运、甚至随时派件的优势。货物在仓储的等待时间也完全可以大幅度缩短。这也正如马云所言,菜鸟物流网成长起来后可能会影响所有快递公司今天的商业模式,以前我们认为对的东西可能不对了,因为它完全基于互联网思考——开垦利用阿里系内的大数据,包括合作的第三方物流公司的数据等。

案例1-1 菜鸟驿站的诞生

淘宝2010年"双十一"爆仓使得第三方快递行业规模小、效率低、服务差、信息水平滞后等问题充分暴露。恰在此时,京东的自营物流与仓配一体模式就开始显示出巨大的竞争优势。同在2010年,京东推出"211限时达",将电商用户体验门槛提到了一个新的高度。饱受快递差评之苦的阿里,此时有相当大的危机感。

阿里一直以来依赖的第三方快递模式和京东的"统仓统配"模式的主要差别在于运输距离与时间分配模式差异。京东的"统仓统配"又称供应链模式,终极目标和方案是把商品提前放到离消费者最近的地方,然后以各种方式最快地送给消费者。

因此,一件货物只需要运输两次,第一次是从厂家到京东的中转仓,第二次是从中转仓直达用户。前者是在用户下单之前就已经完成,而后者是下单之后开始运输,这中间的时间尽量短,以节省仓储成本(行业内一般不超过21天)。理论上只要中转仓分布合理,就能够实现24小时抵达全国主要城市。那么,关键就在于,采取怎样的分仓逻辑(如区域分仓、季节性分仓和活动分仓等),如何配货能够使线路用时最短、效率最高、成本最低、体验最好。

要实现这种模式,需要做到三点:第一是多级分仓体系;第二是整合仓储资源;第三是沉淀大数据,引导商品提前向离消费者最近的地方流动。这种模式需要将一部分物流成本转嫁给厂商(经销商),由厂商(经销商)出资提前将货物发到中转仓,集约化处理使得单件货品的运输成本可以随着规模扩大而摊薄,但是这种成本通常是小型商户和个体卖家难以承担的。

相比之下,第三方快递模式则完全是点对点的,因其本身就是最初建立在淘宝的C2C平台上的一种机制。货物可能从厂商仓库,从第三方仓库,甚至个体卖家家中等任意一点发货,在这种情况下很难预测货物的需求和配送路线,因此不适合统仓统配模式,而是需要进入快递公司的网络中进行流转。不同的快递公司网点分布和线路有一定的差异,为了提升效率或者降低成本,运输路线之间会出

现一定的回转、浪费或者错误,造成用户体验较差,但当快递公司规模较大时,这种模式可以保证较低的成本。

两种模式一开始并没有优劣之分。但是,2008年B2C平台天猫商城成立,相较于1999年建立起来C2C的淘宝,电商环境以及用户需求发生了很大的改变,物流效率和服务同样需要阿里做出反应和改进。

尝试以平台化策略来做"统仓统配"模式,遇到挑战

2011年1月份,阿里对外发布了自己的"大物流计划",并推出了"物流宝"和阿里仓储。在国内主要城市建立核心配送中心,以结盟的形式将仓储、快递、软件等物流企业组成服务联盟,提供一站式的电子商务物流配送外包解决方案。可以理解为,这将是一个覆盖了B2C和C2C仓配、干线、快递的巨大网络,而且是用社会化资源统筹调配来实现的。

这一阶段的物流尝试,显示出大物流战略不得不面临的三个核心挑战。

(1) 平台能力暂时无法应对极其复杂的业务场景:从底层技术架构上,当时的阿里巴巴还不能很好满足"众多卖家(品牌商/制造商)、众多物流商(3PL)、海量(SKU)商品、海量(逻辑)仓库、海量(网上)订单"几个要素相乘得出的极度多样性、复杂性的"业务交易处理"场景的管理需要。京东以3C、大电器起家,以标准件为主,而淘宝和天猫以非标准件为主,其仓配和运输的难度要远远大于京东。而且,这种处理难度放眼全球也没有可参照的标杆。

(2) 平台型企业与封闭链条的管理模式存在着天然的差异:平台型企业如要追求规模的膨胀和活力,不得不面临"失控"的风险。但是,社会化协同绝不等于社会化松散的合作。物流服务必须要有确定性,就必须要有非常紧密的流程,需要有SOP,再加上数据的有效结合,才能有确定性。有标准就意味着控制。在物流方面,最初定位的"数据驱动型"的业务思路是缺乏控制力的。阿里物流宝面临的第一问题,就是难以实现与众多企业、物流商种类各异的内部ERP系统实现互联互通、可视化、透明化的基本(控制)要求。不管阿里如何描绘电商效率、用户体验的美好前景,而全国性的快递公司,大都更期望通过自己的网络,完整、自主地完成业务,唯恐成为"哑管道"和纯粹的"搬运工",不愿意对其完全开放。商家则由于有不同的销售渠道(京东、淘宝等)也不可能把自己的供应链管理全盘交给阿里。

(3) 需要重新架构利益分配机制:阿里要追求端到端的业务流程掌控、和同行相比的毛利优势、业务峰值时的客户体验,与快递行业的利益诉求会出现一定的差异。阿里曾想到以股权的方式绑定合作,但是阿里要求的"排他性"协议,必然受到快递公司的强力反弹。快递公司普遍担心的是,利润增长空间主要来自中间的转运网络和干线运输效率提升,而这一部分将来如果被阿里拿走,对快递公司的业绩提升将是极大挑战。

菜鸟横空出世：物流战略升级，欲再造宏大平台

阿里物流宝和大仓储计划进行了2年，除了低调地与政府对接在全国拿地建仓以外，物流宝也在不断磨合，对物流运输、配送环节逐渐提升掌控力。特别是2012年上线的天猫超市充当了试验田，并经过了2012年"双十一"的检验。随后，"菜鸟网络科技有限公司"与2013年5月在深圳前海注册，由阿里巴巴集团、银泰集团、复星集团、富春集团、顺丰、申通、圆通、中通、韵达等9家企业组成。"中国智能骨干网（CSN）"项目正式启动。2016年5月6日，菜鸟网络宣布完成A轮融资，金额100亿元人民币，投资方GIC新加坡政府投资公司、淡马锡、Khazanah、春华资本。目前阿里巴巴拥有47%的股权。

思考题

1. 物流配送的要素有哪些？
2. 互联网＋物流配送的产生原因有哪些？
3. 互联网＋物流配送的优势与劣势有哪些？
4. 互联网＋物流配送的未来发展机遇如何？

第二章 配送中心规划与布局

学习目标

1. 配送中心的含义,配送中心与仓库的区别
2. 配送中心的功能
3. 掌握配送中心规模的确定方法
4. 掌握配送中心内部布局的设计方法
5. 掌握配送中心收发货站台的设计方法

第一节 配送中心概述

配送中心的规划、建立与运营在企业的物流系统中起着举足轻重的作用。配送中心是提高企业组织化程度、实现集约化经营、实现流通现代化的有利形势。

一、配送中心的含义

从配送中心是开展商品配送及其相关业务的场所这个角度来看,一个完整的配送中心在内部结构方面首先要有基本的硬件设施,如足够的场地和仓库;其次,还需要有保障配送中心内各项活动有效运作的各种设备;最后,配送中心还须具备进行现代化管理的计算机软、硬件。

所谓配送中心,是指"汇集连锁门店的要货信息,进行采购,从供应商手中接受多种、大量商品,进行储存保管、配货、分拣、流通加工、信息处理,把按各门店需求配齐的商品,以令人满意的服务,迅速、及时、准确、安全、低成本地进行配送的物流设施"。

对配送中心可以从以下角度进一步来认识:

(1) 配送中心的"配送"工作是其主要、独特的工作,是全部由配送中心完成的。

(2) 配送中心为了实现配送,要进行必要货物储备。

(3) 配送中心可以按一定的配送辐射范围完全自行承担送货,也可以利用社会运输企业完成送货。配送中心是配送的组织者。

(4) 配送中心利用配送信息网络实现其配送活动,将配送活动与销售或供应等经营活动的相结合,因而它不是单纯的物流配送活动。

(5) 在配送中心中,为了能更好地进行送货的组织,必须采取零星集货、批量进货等种种资源搜集工作和对货物的分拣、配备等工作,因此它具有集货中心、分货中心的职能。为了更有效地配送,配送中心往往还有比较强的流通加工能力。配送中心实际上是集货中心、分货中心、加工中心功能的综合。

(6) 配送中心是"现代流通设施",在这个流通设施中,以现代装备和工艺为基础,不但处理商流,而且处理物流,是兼有商流、物流全功能的流通设施。由此可见,配送中心是从供应者手中接收多种大量的货物,进行倒装、分类、保管、流通加工和情报处理等作业,然后按照众多需要者的订货要求备齐货物,针对特定用户,以令人满意的服务水平进行配送的设施。

(7) 配送中心是在物流领域中社会分工、专业分工进一步细化的产物。配送中心现在不但要承担起到物流结点的功能,还要起到衔接不同运输方式和不同规模的运输职能。

二、配送中心与仓库的区别

仓库被看成是社会物资的"蓄水池",是储存和保管货物的总称,是专门保管货物的场所,功能比较单一。配送中心则被称作"现代化的物流据点"或"流通设施",功能很多,包括采购、进货、储存、流通加工、装卸搬运、订单处理、分拣配货、发货、送货等。配送中心是一种全新的物流据点,在物流系统中发挥越来越重要的作用。

表 2-1 配送中心与仓库的区别

内　　容	仓　　库	配　送　中　心
性　　质	辅助门	盈利部门
领导部门	采购、生产、销售部门	物流部门
储存周期	长	短
盈利方式	储存	周转
功　　能	物资保管	功能齐全
作业目的	保证商品质量	提高物流效率、降低成本

续表

内　　容	仓　　库	配　送　中　心
反应速度	慢	快
空间占用	保管空间	保管一部分、其他一部分
布局设计	平面摆放、通路少	按流程设计、货架立体摆放、严格场所管理
信　　息	信息不一致	信息准确
作　　业	基本手工作业	信息系统支持下的自动化、智能化和省力化

三、配送中心的功能

配送中心的设立主要是为了实现物流中的配送行为,因此配送中心是位于物流节点上,专门从事货物配送活动的经营组织或经营实体。配送中心的核心任务就是将货物送到需要的客户。围绕这一核心,配送中心除了配送外,还必须进行一系列的收集信息、订货、储存等项活动。配送中心内基本上集中了所有的物流功能。

作为现代物流方式和优化销售体制手段的配送中心,是一种多功能、集约化的物流据点。配送中心通常应具备以下十项功能。

(一) 集货功能

为了满足门店"多品种、小批量"的要货和消费者要求在任何时间都能买到所需的商品,配送中心必须从众多的供应商那里按需要的品种较大批量地进货,以备齐所需商品,此项工作称为集货。

配送中心的集货功能如图 2-1 所示,原来供应商 A、B、C 分别将商品送至目标门店,现在通过配送中心接收供应商送到某一特定门店的商品,然后把它们整合成单一的一次运输,其好处就是能减少运输费,同时减少门店收货时的拥挤现象。

图 2-1　配送中心的集货、整理功能

(二) 整理分类

大多数供应商是对多个门店送货,这些门店可以同属于一个企业,也可以分属于不同企业。在没有配送中心的情况下,供应商只能小批量装载,分别将商品运至指定门店。如果有配送中心,就可以在这里将商品分类整理成个别的订货,并安排当地的运输部门负责递送至门店(如图 2-1 所示)。由于长途输送转移的是大批量的装运,供应商的运输成本相对较低,商品的进价也可以降低,同时对于大量运输的跟踪也不太困难。

流通型的配送中心在这方面体现的功能更明显。目前,许多零售店广泛地采用交叉站台作业来快速补充快速转移的商店存货。在这种情况下,配送中心先接受多个供应商整车运来的货物;然后按门店地点进行分配;接着,商品被放置在去特定门店的托盘上;最后,通过配载,达到了车辆的合理容积,这些商品就运送到门店去。在整个过程中,商品交叉穿行过配送中心。于是,配送中心的经济利益体现在从供应商到配送中心的满载运输,以及配送中心到门店及客户的满载运输。对于流通型的配送中心,其经济利益更加明显,由于商品不需要存储,还降低了商品在配送中心的搬运和储存成本。此外,由于所有的车辆都进行了充分装载,更有效地利用了站台设施,使站台利用率达到了最大程度。

(三)运输和配送功能

配送中心需要自己拥有或租赁一定规模的运输工具,具有竞争优势的配送中心不只是一个点,而是一个覆盖全国的网络,因此配送中心首先应该负责为客户选择满足客户需要的运输方式,然后具体组织网络内部的运输作业,在规定的时间内将客户的商品运抵目的地。除了在交货点交货需要客户配合外,整个运输过程,包括最后的市内配送都应由配送中心负责组织,以尽可能方便客户。

所谓配送,是按客户的订货要求,在物流据点进行分货、配货作业,并将配好的商品送交收货人。

与运输相比,配送通常是在商品集结地——物流据点,完全按照客户对商品种类、规格、品种搭配、数量、时间、送货地点等各项要求,进行分拣、配货、集装、合装整车、车辆调度、路线安排的优化等一系列工作,再运送给客户的一种特殊的送货形式。配送有着不同于传统送货的现代特征。它不单是送货,在活动内容中还有"分货""配货""配车"等项工作,必须有发达的商品经济和现代的交通运输工具和经营管理水平;配送是分货、配货、送货等活动的有机结合体,同时还和订货系统紧密相连,这就必须依赖现代信息的作用,使配送系统得以建立和完善,变成为一种现代营销方式。

(四)储存功能

利用配送中心的储存功能,可有效地组织货源,调节商品的生产与消费、进货与销售之间的时间差。

配送中心要有仓储设施,但客户需要的不是在配送中心储存商品,而是要通过仓储环节保证市场分销活动的开展,同时尽可能降低库存占压的资金,减少储存成本。因此,配送中心需要配备高效率的分拣、传送、储存、拣选设备。

(五) 装卸搬运功能

这是为了加快商品在配送中心的流通速度必须具备的功能。配送中心应该配备专业化的装载、卸载、提升、运送、码垛等装卸搬运机械,以提高装卸搬运作业效率,减少作业对商品造成的损毁。

(六) 拣选功能

在品种繁多的库存中,根据门店的订货单,将所需品种、规格的商品,按要货量挑选出来,并集中在一起,这种作业称为拣选。

商品的拣选工作在现代物流中占有重要地位。这是因为现代化配送中心要求迅速、及时、正确无误地把订货商品送到门店。规模较大的配送中心往往是门店数和商品的种类十分繁多,如百货批发商的配送中心的商品品种可达十几万种,门店遍及全国,甚至世界各地;客户要货的批量又十分零星(有的甚至要开箱拆零);要货时间十分紧迫,必须限期送到;总的配送量又很大。在这种情况下,货物的拣选已成为一项复杂而繁重的作业,商品的拣选技术也成为现在物流技术发展的一个亮点。

(七) 包装功能

配送中心的包装作业目的不是要改变商品的销售包装,而在于通过对销售包装进行组合、拼配、加固,形成适于物流和配送的组合包装单元。

(八) 流通加工功能

流通加工是物品在从生产领域向消费领域流动的过程中,为了促进销售、维护产品质量和提高物流效率,而对物品进行的加工。例如,以往所有商品均由批发商、制造商向商店直送,店内的验货工作极其繁重,操作人员要花大量时间来验货、交接。有了配送中心,可以把验货工作集中转移给配送中心承担。又如,配送中心可根据各商店的不同需求,按照销售批量大小,直接进行集配分货;可拆包分装、开箱拆零,在配送中心供应零售商的商品中,有一部分十分零星而且品种繁多,需拆箱组配后再拼箱。

流通加工的主要目的是方便生产或销售,配送中心常常与固定的制造商或分销商进行长期合作,为制造商或分销商完成一定的加工作业。配送中心必须具备的基本加工职能有贴标签、制作并粘贴条形码等。

(九) 信息处理功能

配送中心有相当完整的信息处理系统,能有效地为整个流通过程的控制、决策和运转提供依据。

无论在集货、储存、拣选、流通加工、分拣、配送等一系列物流环节的控制方面，还是在物流管理和费用、成本、结算方面，均可实现信息共享。而且，配送中心与销售商店建立信息直接交流，可及时得到商店的销售信息，有利于合理组织货源，控制最佳库存。同时，还可将销售和库存信息迅速、及时地反馈给制造商，以指导商品生产计划的安排。配送中心成了整个流通过程的信息中枢。

（十）增值功能

1. 结算功能

配送中心的结算功能是配送中心对物流功能的一种延伸。配送中心的结算不仅仅只是物流费用的结算，在从事代理、配送的情况下，配送中心还要替货主向收货人结算货款等。

2. 需求预测功能

配送中心经常负责根据配送中心商品进货、出货信息来预测未来一段时间内的商品进出库量，进而可有效预测市场对商品的需求量。

3. 物流系统设计咨询功能

配送中心要充当货主的物流专家，因而必须为货主设计物流系统，代替货主选择和评价运输商、仓储商及其他物流服务供应商。国内有些专业配送公司正在进行这项尝试，这是一项增加价值、增加公共配送中心的竞争力的服务。

4. 物流教育与培训功能

配送中心的运作需要货主的支持与理解，通过向货主提供物流培训服务，可以培养货主与配送中心经营管理者的认同感，可以提高货主的物流管理水平，可以将配送中心经营管理者的要求传达给货主，也便于确立物流作业标准。

功能是靠设计而来的，每个配送中心集合都不会完全一样，有的配送中心可能只提供基本功能中的部分功能，但这些功能特别强大，这是完全可以的。要确定配送中心的核心功能和辅助功能，辅助功能可能会使配送中心不一定只做物流，还可能做商流、信息流、资金流。

因此，在设计配送中心功能时需要创新。随着信息技术在世界范围的普遍应用，物流成为制约商品流通的真正瓶颈，现代配送中心应该更多地考虑如何提供增值性物流服务，这些增值性物流服务是配送中心基本功能的合理延伸，其作用主要是加快物流过程，降低物流成本，提高物流作业效率，增加物流的透明度等。提供增值性服务是现代配送中心赢得竞争优势的必要条件。

四、配送中心的类型

为了深化及细化地认识配送中心，就要对配送中心做出适当的划分。总结、归纳国内外配送中心的建设与营运情况,可以把配送中心分成许多种类。

(一)从经营主体的角度划分

1. 厂商主导型配送中心

对于规模较大、实力雄厚的特大型生产厂家来说,通过配送中心的设立,形成具有特色的产供销一体化的经营体制,以此来增强市场竞争能力,保持市场占有率。建立以配送中心为核心的物流系统,有利于缩短物流距离,减少中间环节,将产品在最短的时间内以较低的物流成本推向市场,在维持产品的低价格水平的基础上,获得较高的收益。通常,家用电器、汽车、化妆品、食品等厂家多采取这种形式。

2. 批发商主导型配送中心

批发主导型配送中心是指由批发企业为主体建立的配送中心。配送中心作为批发商从厂家购进商品,向零售企业,如连锁零售企业的配送中心或店铺直接配送商品的物流基地。为满足零售商日益高度化的需求,批发商必须在订货周期、送货时间等方面不断加以改进,提高服务水平。为了强化批发为零售服务的职能,有的批发企业成立了自由连锁集团。在了解零售店铺经营需求的基础上,采取多种措施支持零售店铺的运营。例如,通过分析零售店铺在经营中遇到的困难及准备采取的对策,归纳出零售商对批发商的要求,即完备的物流功能、低廉的进货价格、商品品种齐全、及时提供信息、销售预测准确等。

3. 零售商主导型配送中心

它是以零售商为主建立的面向终端用户或门店的配送中心。这是指零售企业为了减少流通环节,降低物流成本,把来自不同进货者的货物在配送中心集中分拣、加工等,然后按其所属的店铺进行计划配送。一些大型连锁零售企业依靠连锁经营的规模效益,降低物流成本,而支持连锁经营系统的是现代化的后勤保障系统——配送中心。

4. 物流企业主导型配送中心

由物流企业建设的面向货主企业提供配送服务的配送中心。其服务对象一般比较固定,物流企业在与货主企业签订长期物流服务合同的基础上,代理企业开展配送业务,属于第三方服务形态。物流企业提供的不仅是设施和保管、配送等作业服务,而且为货主企业提供物流信息系统和配送管理系统,并对配送系统的运营负责。

5. 共同型配送中心

这是指用来开展共同配送的配送中心。共同配送是为了实现物流活动的效率化,有两个或两个以上的企业相互协作,共同开展配送活动的一种形式。共同型配送中心一般是由规模比较小的批发业或专业物流企业共同设立的。通过共同开展配送活动,可以解决诸如车辆装载效率低下,资金短缺无法建设配送中心以及配送中心设施利用率低等问题。为多个连锁店提供配送服务的配送中心也可以看作是共同型配送中心。

(二)按服务对象划分

1. 面向最终消费者的配送中心

在商物分离的交易模式下,消费者在店铺看样品挑选购买后,商品由配送中心直接送达到消费者手中。一般来说,家具、大型电器等商品适合这种配送方式。

2. 面向制造企业的配送中心

根据制造企业的生产需要,将生产所需的原材料或零部件,按照生产计划调度的安排,送达到企业的仓库或直接送到生产现场。这种类型的配送中心承担了生产企业大部分原材料或零部件的供应工作,减少了企业的物流作业活动,也为企业实现零库存经营提供了物流条件。

3. 面向零售商的配送中心

这是指配送中心按照零售店铺的订货要求,将各种商品备齐后送达到零售店铺,包括为连锁店服务的配送中心和为百货店服务的配送中心等。

(三)按配送物品的种类划分

由于商品的种类、特性多种多样,配送的特点也就各有不同,由此产生了不同类型的配送中心,如日用品配送中心、食品配送中心、生鲜品配送中心、化妆品配送中心、医药品配送中心、图书配送中心、服饰配送中心、电子产品配送中心、农产品配送中心等。

(四)按配送的层次和范围划分

1. 中央配送中心

该类配送中心主要位于制造商的生产基地,辐射范围广,面向下游的区域配送中心或直接面向客户服务。这种配送中心的特点与我国物流术语标准中"物流中心"定义的内容比较接近,因此也可以把中央配送中心称为"物流中心"。

2. 区域配送中心

这是一类辐射能力较强,活动范围较大,可以跨省、跨市进行配送活动的配送中心。区域配送中心主要接收上游厂商或中央配送中心送来的货物,然后转运到下游的城市配送中心、仓库或直接配送给客户。制造商、分销商或零售商通常会将自己的销售市场进行划分,然后根据一定的条件设立若干区域配送中心。

区域配送中心一般经营规模较大,设施设备齐全,配送的货物批量大而批次相对少,在实践中为完善服务,虽然也从事零星分散的配送,但不是其主要业务。

3. 城市配送中心

该类配送中心是向城市范围内的用户提供门到门的配送服务。由于在城市范围内，货物的运输距离短，大型载重汽车又受到城市道路通行的限制，因此配送中心在组织送货时，一般使用中小型厢式货车居多，更多地体现了"小批量""多批次""高频度"的服务特点。城市配送中心的服务对象主要是市内的生产企业、零售商或连锁店铺，因此其辐射能力不太强，一般通过与区域配送中心联成网络的方式运作。

（五）按配送中心的功能划分

1. 专业型配送中心

专业型配送中心大体上有两个含义。一是配送对象、配送技术是属于某一专业范畴。在某一专业范畴对具有一定综合性、专业性的多种物资进行配送，如多数制造业的销售配送中心。专业配送中心第二个含义是，它属于以配送为专业化职能，基本不从事经营的服务型配送中心。

2. 柔性型配送中心

柔性型配送中心在某种程度上是和专业配送中心对立的一种配送中心类型。这种配送中心不向固定化、专业化方向发展，而向能随时变化、对用户要求有很强适应性、不固定供需关系、不断发展配送用户，并向改变配送用户的方向发展。

3. 供应型配送中心

专门为某个或某些用户（例如联营商店、联合公司、生产企业等）组织物料和商品等供应的配送中心。例如，专门为大型连锁超级市场组织商品供应的配送中心、向汽车整装厂供应零件和组件的零件配送中心，以及向炼钢厂和发电厂配送原料的配送中心，均属于供应型配送中心。

4. 销售型配送中心

以销售经营为目的，以配送为手段的配送中心。建立销售配送中心大体有三种类型：一种是生产企业为将本身产品直接销售给消费者的配送中心；另一种是流通企业作为本身经营的一种方式，建立配送中心以扩大销售；第三种是流通企业和生产企业联合的协作性配送中心。

5. 储存型配送中心

这是有很强储存功能的配送中心。一般来讲，在买方市场下，企业成品销售需要有较大库存支持，其配送中心可能有较强储存功能；在卖方市场下，企业原材料、零部件供应需要有较大库存支持，这种供应配送中心也有较强的储存功能。大范围配送的配送中心，需要有较大库存，也可能是储存型配送中心。我国目前拟建的配送中心，都采用集中库存形式，库存量较大，多为储存型。

配送中心采用集中库存方式,可以将大量采购的商品储存在这里,而各个工厂或店铺不再保有库存,根据生产和销售的需要,由配送中心及时组织配送。这种将分散库存变为集中库存的做法有利于降低库存水平,提高库存周转率。

6. 流通型配送中心

流通型配送中心基本上没有长期储存功能,仅以暂存或随进随出方式进行配货、送货。商品在这里停留的时间非常短,商品途经配送中心的目的是为了将大批量的商品分解为小批量的商品,将不同种类的商品组合在一起,满足店铺多品种、小批量订货的要求;通过集中与分散的结合,减少运输次数,提高运输效率以及理货作业效率等。配送中心具备高效率的商品检验、拣选以及订单处理等理货和信息处理能力,作业的自动化程度比较高,信息系统也比较发达。

7. 加工型配送中心

加工型配送中心以加工产品为主,因此在其配送作业流程中,储存作业和加工作业居主导地位。

由于流通加工多为单品种、大批量产品的加工作业,并且是按照用户的要求安排的,因此对于加工型配送中心,虽然进货量比较大,但是分类、分拣工作量并不太大。此外,加工的产品品种较少(指在某一个加工中心内加工的产品品种),一般都不单独设立拣选、配货等环节。通常,加工好的产品(特别是生产资料产品)可直接运到按用户要求划定的货位区内,并且要进行包装、配货。

第二节 配送中心的整体规划

配送中心的整体规划设计,可以分成计划准备阶段、系统规划设计阶段、方案评估阶段及细部规划设计阶段四个阶段,如图 2-2 所示。

一、计划准备阶段

(一)制定规划目标

必须明确制定配送中心未来的功能与营运目标,以利于资料的收集与后续规划需要。营运目标应该包括以下六个方面。

(1) 新营运方式的制定,如新增营运项目、扩大服务的地理范围、缩短补货时间,新的营运指标应该根据公司的新的营运策略重新制定。

(2) 计划预期时间表,包括配送中心何时开始正式运作,计划应适时排定,将来规划时应遵照日程逐步进行。

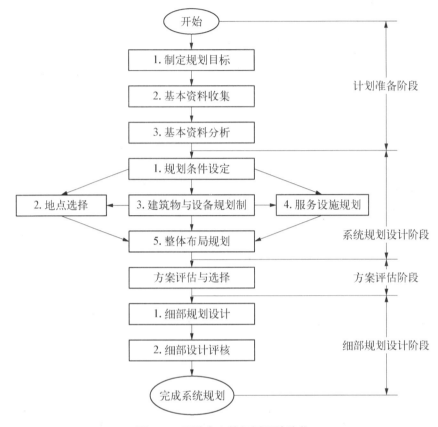

图 2-2 配送中心的规划设计阶段

（3）计划预定的投资预算，投资预算在每个计划中是非常重要的考虑因素，规划设计时，必须在可应用的投资预算内完成。

（4）最大营运量：配送中心每日的最大吞吐量、最大存放量，必须作为设计配送中心时的基准。

（5）人力运用策略：未来配送中心成立时，各部门所需的人员数，以评定用人成本，并评估自动化的程度，以决定未来的作业方式。

（6）使用年限：根据预定使用年限可以选用适当的建筑材料，并计算出每年的折旧等。

（二）收集基本资料

收集资料的目的在于把握现状，根据掌握的资料，认识企业现有的物流状况。需要收集的信息包括物流网络、信息网络、物流设备、人力资源、作业成本、投资效率、作业流程与前置时间的资料。其中，物流网络资料是指与配送中心有关的物流网点及服务区域、服务水准有关的资料。所有资料内容如表2-2所示。

表2-2 基本资料内容

项 目	内 容
物流网络资料	● 服务网点：包括转运站、仓库、零售点，全在地图上予以标明。 ● 服务水准：可根据区域、路线或顾客来区分，并分别调查现有服务水准，包括交货期、缺货率、送达时间等。
信息网络资料	● 电脑在各物流网点的配置，并标明各层次电脑服务范围、连线、即时传输数据的能力，同时表明何处仍处于没有连线仍然使用电话或电传的状况。 ● 库存登录及货品移送在信息网络中的登录程序。 ● 接单、紧急配送的频度及处理方法。
物流设备资料	● 配送中心内部设备，如拖车、堆高机、吊车、货柜。 ● 输配送工具，如大货车、小货车等，同时也要根据个别的路线、地区分析各种运输工具的便利性、确实性、迅速性、安全性、经济性和可靠性。
人力资源资料	人员配置情况，可以从配送中心的组织配置图获得，要对现有的员工、教育程度、年龄、性别有充分了解。
作业成本资料	● 土地成本：租金、地价税等。 ● 建筑物：折旧费、保险费、修缮费、租金等。 ● 设备、工具：折旧费、租金、保养费等。 ● 其他：水电煤气费、通信费、外包费、燃料费、盘损费、人事费、员工交通费等。
投资效率资料	土地、建筑物、设备等的利用率。
物流量	● 商品的种类、数量：包括商品特性、装运状态、装运尺寸、进出货频率、尖峰流量等。 ● 库存：包括库存量、库存金额、周转率、库存期限、规则变动情况、不规则变动情况、季节变动情况、容积模式。
作业流程与前置时间	要以顾客角度为标准来看交货期，作业流程及其所需要时间大概可以分为： ● 由请购到供应商交货上架的时间； ● 顾客下单到拣货完成的时间； ● 上配送车辆到货品上顾客货架的时间。

（三）基本资料分析

基本资料分析包括现状分析、与同行业比较分析。目的在于分析物流系统现状，发现问题。具体分析内容如表2-3所示。

表 2-3 基本资料分析

分类	分析项目	具体分析的内容
现状分析	与商品品质有关的分析	环境：温度、湿度、光、酸、尘埃等，确定需要改善的环境条件。 搬运状况：震动、相撞、压力、加速等，分析如何改善搬运方法，减少搬运次数。
	交货的快速性分析	对交货期分析，把从接单开始到交货为止的详细时刻表记录下来，检查时间耗费在哪一段上，作业瓶颈发生在何处，以便提出改善方案。
	手续的简便性分析	信息交换的方法与手段： ● 配送时使用的备忘录、传票、IC卡、符号识别卡等。 ● 电话、电传订货的传票、表单、表格。 ● 电脑是否连线、即时处理还是批量处理。 ● 交货是否有交货的记录表。 输配送的手段和方法： ● 自用货车还是营业用货车。 ● 路线货运、回头车情况。 搬运容器： ● 是否使用一贯的栈板、标准化容器。 ● 栈板、容器的回收比率。 ● 是否使用笼车。 ● 是否协助回收油桶、空瓶、空篮。
与同行业比较	实体条件的比较	● 竞争公司的物流网点的配置及其服务区域。 ● 配送中心内部的比较，包括空间大小、容积、设备、建设时期等。 ● 对配送中心所处地理位置的交通状况的比较，是否具有输配送的便利性，包括道路网是否位于服务范围的地理中心或交通中心等。 ● 信息网络的比较，含连线、即时性与信息服务内容等。 ● 建筑与用地是否有扩张性，建筑物本身的安全性、方便性等。
	软件的比较	● 最小配送单位量的限制。 ● 接单的受理时间及紧急处理的比较。 ● 受理退货的各种条件。 ● 流通加工的深度与广度。 ● 交货指定时刻与容许延缓的程度。 ● 输配送人员对交货条件的熟悉程度。
	企业形象的比较	● 配送中心建筑物的外观与周边环境的景观设计。 ● 配送中心内部及设备颜色的调和度考虑。 ● 工作人员的服装仪容、语言文明情况的比较。 ● 大众传媒刊载次数与评价。

二、系统规划设计阶段

(一) 规划条件设定

经过对现状问题的分析及与同业的比较后,已经充分掌握原有物流系统的弱点,就可以设定新的配送中心的规划条件。一般新的配送中心的规划,分为以下五项课题:

(1) 增加营运能量,能量的扩充不一定是全面的增加设备或空间,主要是打破瓶颈;

(2) 服务水准的提升,这需要软、硬件人员的全面的配合,也需要整个物流系统的变更与整合;

(3) 为了解决人力缺乏,应积极进行合理化、省力化,或设备自动化、电脑化;

(4) 为了应付多品种、小批量、多频率的物流环境,应规划设置弹性化、智能型的物流系统;

(5) 配合企业的营运策略,扩增配送中心的功能,或增建配送中心。

(二) 地点选择

在选择配送中心地点时,必须考虑配送中心的计划规模,其限制条件如表 2-4 所示。

表 2-4 配送中心地点选择限制条件

限制条件	具体内容
土地	面积与使用限制条件
储存物品的性质	● 危险品、环境污染物质管制规定。 ● 防温、防湿、气密性的作业成本。
竞争条件,即影响服务水准、营运成本的条件	● 与供应商及顾客的距离。 ● 交通便利性:包括配送中心与交通网的距离、附近交通是否顺畅、周围道路的宽度等。 ● 土地成本:各地地价不同,影响土地租金或税款金额,因而会影响营运成本。
基础条件	● 劳动力是否充足?招聘是否容易?上班条件如何? ● 基础建设如水电、道路、电讯设施、排水系统是否完备? ● 电脑系统的软、硬件支援是否充分?
自然条件	考虑设置配送中心的气候、温湿度、风向、地震、地质等。
行政条件	当地政府的行政效率、产业政策与奖励优惠措施等。

(三) 服务设施的规划

服务设施是指支援配送中心作业系统连续运作的设施,除了配送中心所需要的动力间、配电室、设备维修间、器材室外,配送中心规划时,还应注意以下各种设施的规划:空调设备、安全管理、通信设备、搬运设备停放区、办公室及其他员工活动场所的规划。

空调设备是温度、湿度管理的基础,也是被储存商品,如食品、药品、高级电子零件等在配送中心储存时品质是否可以维持良好的必要条件之一。此外,现代化的配送中心讲求舒适的工作环境,也很重视空调设备。设备规划时应考虑:

(1) 商品本身对温度湿度的需求;
(2) 流通加工、自动化、照明等设备的发热量;
(3) 作业人数的多少;
(4) 个别场所的不同需求;
(5) 空调设备具有分区调整的功能;
(6) 使用快速卷帘门、风门、塑胶门帘等防止冷气外泄,以节约能源。

安全管理应包括软硬件的配合,软件人员、车辆进出的管理,必须有一定的核准程序与放行标准;硬件则应考虑设置自动监视系统及自动警报系统,以补充监视人力不足,贵重物品宜集中保管以减少自动监视设备的投资。

在通信设备方面,由于配送中心与外界的联系颇为频繁,包括与顾客的双向沟通、与配送车队的联络等,因此通信设备的装置,对配送中心作业品质的影响很大。在装置通信设备时,除了通话量的考虑外,还应考虑资料的传送量,及将来电脑与通信结合和无线电通信等趋势。

搬运设备是配送中心经常使用的工具,数量颇大,若没有充足的停放场所,容易产生管理与安全上的问题,因此规划配送中心时,应考虑搬运设备的形式与数量,并给予充分空间,同时也应考虑搬运设备的充电场所及维护保养空间。

在办公室及其他员工活动场所的规划方面要注意:

(1) 办公室人均占地面积为 5—6 平方米,如果把复印机、电脑、保险库、保管料架等都考虑进去,人均占地面积为 12 平方米。

(2) 电脑室的地板是高架地板,可以防止磁干扰而且地板下较容易配线;同时也要考虑空调、照明及强光的遮掩等。再把电脑、周边设备的修理、配线的空间考虑进来,则一个工作站为 5—6 平方米。

(3) 规划更衣室要注意设置带锁的衣柜,且地板能够装设备地毯或是木头地板,在换衣服时不会弄脏。

(4) 餐厅是员工的休息场所,桌椅用具最好能使用比家里更好的。人均使用空间为 1—1.5 平方米。

(5) 规划会议室时,为了使音响效果与空调效果更好,可考虑在地上铺设地毯,天花板也要考虑使用能使音响效果好的材料。

(6) 接待室的空间大小为 15—20 平方米。地板上铺设地毯、摆设沙发、摆设衣架等。

此外,还要考虑休息室。一般女性在 30 人以上,男性在 50 人以上,就要设置休息室了,当然也有与员工餐厅共用的休息室以减少费用。最后,还要把厕所的设置考虑进去。

(四) 整体布置设计

这主要是估算各作业区域的大小,包括进货区、储存区、拣货区、出货区等,并按照各作业区域的作业关系,来决定各区的摆设位置。

由于配送中心内部的设计与经营直接与商品的结构的性质有关,所以每一种商品都应该按照年度的销售量、需求的稳定性、重量、容积以及包装等进行分析。此外,还要确定商品通过配送中心进出的总规模、总容积以及订货处理的平均重量等。这些数据提供了必要信息,用以确定配送中心的空间、设计和布局、搬运设备、作业程序以及作业控制等方面的要求。

三、方案评估阶段

方案评估阶段中主要是做方案的评估与选择。通常,一般的规划都有备选方案,完成后应该根据原规划的基本方针,以及原规划的基准,如预算、可能完成的期限、效益等来评估,并选择最佳方案。最常用的评估法是计算各方案的投资金额以及经济效益,以数字作为选择的基础(如表 2-5 所示)。

表 2-5　方案评估表

费		用	原配送中心	第一案	第二案	第三案
配送中心	设备成本	土地 所有 资本利息(低价)				
		资本利息(时价)				
		固定资产税				
		土地 租借 地上权利资本利息				
		建筑 所有 租地费				
		资本利息				
		固定资产税				
		折旧税				
		火灾保险费				

续表

费用				原配送中心	第一案	第二案	第三案
配送中心	设备成本	建筑	租借	押金的资本利息			
				房屋租金			
		设备		资本利息			
				折旧费			
				火灾保险费			
		设备成本合计(A)					
	营运成本	人工费					
		修缮费					
		水电、煤气、冷暖费					
		商品火灾保险费					
		杂费					
		营运成本合计(B)					
	自家仓库成本合计(A+B)=C						
委托配送营业中心	仓库费						
	其他费用						
	营业仓库成本合计(D)						
比较(C-D)							
房间容积							
每单位空间的投资额							
累计作业人员							

配送中心的规划千头万绪,各方面的考虑也要很周密,真正进行规划时,应采用团队作业方式,由管理、建筑、机电、信息、物流等各方面的人才组成,互相取长补短。在规划过程中,应按照规划进程进行,以保证质量。

第三节 配送中心规模的确定

配送中心规模主要取决于仓库面积的大小,而配送中心仓库所需面积是根据商品储存量、货物品种、保管期限以及商品堆垛高度、仓容定额等因素确定的。此外，为了便于进行装卸、分拣和搬运作业，还要考虑为此部分作业所准备的面积，以及通道面积、行政生活区、辅助作业区所占的面积等。

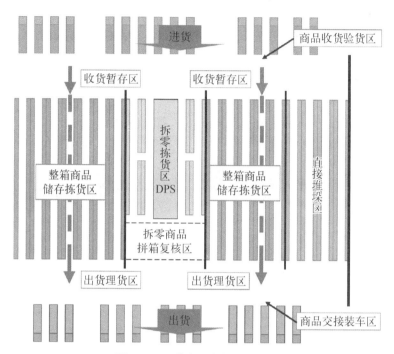

图 2-3　配送中心内部结构示意

一、配送中心平面布局的基本原则

（一）利于作业优化

配送中心作业优化是指提高作业的连续性，实现一次性作业，减少装卸搬运次数，缩短搬运距离，减少的搬运环节；使配送中心完成一定的任务所发生的装卸搬运量最少。同时，还要注意各作业场所和生产车间之间的业务联系和信息传递。封闭式独立运营管理，保证配送中心仓库的安全。

（二）单一的物流流向，保持直线作业

避免迂回逆向作业，强调唯一的物流出口和唯一的物流入口，便于监控和管理。

（三）最大限度地利用平面和空间

（四）节省建设投资

配送中心的延伸型设施——供电、供水、通信等设施对基建投资和运行费用

的影响都很大,所以应该尽可能集中布置。

(五) 便于储存保管

提高物品保管质量。

(六) 保管在同一区域的货物必须具有互容性

当货物的性质互相有影响或相互有抵触时,不能在相同的区域内保存。

(七) 保管条件不同的货物不能混存

如温湿度等保管条件不同,不宜将它们放在一起,因为在同一个保管空间内,同时满足两个或多个保管条件的成本是非常高的,也是不实际的。

(八) 作业手段不同的货物不能混存

当在同一保管空间内,物体的体积和重量相差悬殊时,将严重影响该区域作业所配置的设备利用率,同时也增加了作业的复杂性和作业难度。

(九) 灭火措施不同的货物不能混存

灭火方法不同的货物放在一起,不仅会使安全隐患增加,也增加了火灾控制和扑救的难度和危险性。

二、确定配送中心面积的步骤

(一) 确定配送中心仓库商品总储存量

根据商品需要量和库存控制方法,确定各种商品的储存数量以及总商品储存量。

(二) 计算年度商品平均储存量

根据各类商品的出入库频率计算商品的平均周转次数,计算商品的平均储存量。年度平均储存量可按下式计算:

$$q = Q/t$$

式中,q:年度商品平均储存量;Q:年度商品储存总量;t:商品平均周转次数。

(三) 计算商品所需的储存空间

根据年度商品平均储存量、平均仓容占用系数计算储存空间需要量。仓容占用系数是指单位重量或单位金额的商品所占的储存空间,与各类商品的容重有关。储存空间需要量的计算公式为:

$$P = q \times r$$

式中,P:储存空间需要量;q:年度商品平均储存量;r:平均仓容占用系数。

（四）配送中心仓库储存面积的计算

在储存空间确定的条件下，配送中心仓储面积的大小取决于商品的堆码高度。利用下列公式可以计算配送中心仓库的储存面积。即

$$S = P/H$$

式中，S：仓库储存面积；P：储存空间需要量；H：商品平均堆码高度。

（五）计算配送中心仓库的实际面积

配送中心仓库的实际面积是库房实际可供使用的面积，不包括楼梯、柱子等部分所占用的面积。仓库面积利用系数是仓库储存面积与仓库实际面积的百分比，根据面积利用系数和仓库的储存面积可以计算出仓库的实际面积 Ss。

$$Ss = S/km$$

式中，Ss：仓库实际面积；S：仓库储存面积；km：仓库面积利用系数。

三、配送中心设施面积的确定

设施面积是按作业量计算的，根据经验确定的单位面积作业量为：

保管设施：1 吨/平方米

处理货物的其他设施：0.2 吨/平方米

假如每日处理货物 50 吨的小规模配送中心，其面积计算如表 2-6 所示。

表 2-6 设施面积计算表

序号	设施名称	每日作业量（吨）	单位面积作业量（吨/平方米）	设施面积（平方米）
1	收货场	25	0.2	125
2	验收场	(25)	收货场兼	
3	分类场	15	0.2	75
4	保管场	35	1.0	35
5	流通加工场	2.5	0.2	12.5
6	特殊商品存放场	2.5	0.2	12.5
7	配送场	25	0.2	12.5
8	办公室			30
	合计			415

注：本表所列处理货物量为入库量 25 吨，出库量 25 吨，仓库经常储备定为 7 天的需要量（5 吨/日）。

按上述方法计算出的各项设施的面积,以及它们之间的相互位置加以组合,则可制定出配送中心内部结构的基本设计方案。

上述设计顺序,是确定配置方案的主要因素,也是一种理论设计方法。因而,还要根据其他条件加以详细地研究、设计。

另外,配送中心的作业,不可能像在工厂的作业过程那样明确划分,往往一些设施是兼用的,只用理论方法无法解决所有问题。所以,采用科学方法所确定的设计方案,还要听取现场工作者的意见,根据实际情况研究、修正后才能确定出最优的设计方案。

四、配送中心货架区面积设计

针对可入货架的装载容器,依据所选托盘和货架,依次计算托盘数、货位数、层板数、货架数,然后结合存储设施设备相关参数确定的货架放置宽度、运输通道宽度、拣选通道宽度,并依据库房建设预留地确定货架与通道的长度。最终将货架面积与通道面积求总得到总货架区面积。货架组数的计算公式:

$$N = Q/(P \times L \times 2)$$

式中,N:重量型货架规划组数;Q:货物存放总量;P:单位托盘存放货物的量;L:规划货架的层数。

物流实战 2-1

某物流中心欲规划 5 层的重量型普通货架,其存储的货品的类型和平均存放量如下表所示,求所需货架组数。

表 2-7 货品类型与平均有效量

货 物 类 型	平均库存量	每托盘库存量
1 类	20 000	100
2 类	35 000	50
3 类	12 000	60

根据公式:$N = Q/(P \times L \times 2)$

其货架需求组数:$= 20\,000/100 \times 5 \times 2 + 35\,000/50 \times 5 \times 2 + 12\,000/60 \times 5 \times 2$

$= 20 + 70 + 20$

$= 110(组)$

物流实战 2-2

（一）背景介绍

南方物流中心拟存储 A、B 两类货物，包装尺寸(长×宽×高)分别为 500×280×180 毫米和 400×300×205 毫米，采用在 1 200×1 000×150 毫米标准托盘上堆码，每个托盘高度不超过 900 毫米。两类货物最高库存量分别是 19 200 件和 7 500 件，采用选取式重型货架堆码，货架每一货格存放两个托盘货物。作业叉车为电动堆垛叉车，提升高度为 3 524 毫米，直角堆垛最小通道宽度为 2 235 毫米。

（二）案例要求

1. 确定 A、B 两类货物共需要的托盘数量；
2. 确定货格的单元尺寸；
3. 确定货架层数和排数；
4. 确定叉车货架作业单元面积；
5. 设计货架区面积。
6. 确定货架的排数。

（三）案例分析参考

1. 计算 A、B 两类货物所需的托盘数量。

托盘装码问题

对 A 类货物，1 200×1 000 毫米托盘每层可放 8 件(不超出托盘尺寸)，可堆层数为(900−150)/180＝4.17(层)，取整即 4 层，故每托盘可堆垛 32 件。库存量折合托盘为 19 200/32＝600(托盘)。

同理对 B 类货物，每托盘可堆垛 30 件，共需 250 托盘。

所以，A、B 共需 850 托盘。

2. 确定货格单元尺寸

因每货格放 2 托盘，按托盘货架尺寸要求，确定货格尺寸为：

长：2 750 毫米(其中 50 为货架立柱平行通道方向的宽度)

深：1 000 毫米

高：1 100 毫米(含横梁高度)。

3. 确定货架层数

为了叉车的作业安全，叉车的提升高度高于最高的货架横梁高度不低于 200 毫米。由叉车的提升高度 3 524 毫米，有(3 524−200)/1 100＝3(层)，因此可确定货架层数为 4 层，含地面层。

4. 确定叉车货架作业单元及面积

叉车两面作业,确定叉车货架作业单元。该单元共有16个托盘。长度为两个托盘宽加上一个托盘间隙和2个托盘与立柱间隙,再加一个立柱宽度,即L=1.2×2+0.1+0.1×2+0.08=2.78(米),取2.8米。

深度为两排货架深度+背空间隙100毫米+叉车直角堆垛最小通道宽度,即D=1×2+0.1+2.235=4.335(米),取4.4米。

则叉车货架作业单元面积S1=2.8×4.4=12.3(平方米)。

5. 确定货架区面积

由总托盘数除以叉车货架作业单元得所需单元数,再乘单元面积即可得货架区面积(包括作业通道面积),即

单元数=850/16=53.125(个),取不小于的整数得54个。

故面积S=54×S1=54×12.3=664.2(平方米)。

6. 确定货架排数

货架总长和排数与具体的面积形状有关。新建仓库则可以此作为确定仓库大体形状的基础。

本例54个单元,假设按6×9得货架长9个单元,即长9×2.8+0.08=25.3(米),共6个巷道,12排货架,深6×4.4=26.4(米)。深度比长度大,不符合货架最好沿长方度方向布置的原则。可考虑用4巷道,取4×14=56(米),此时长度为39.3米,深度为17.6米。

第四节 配送中心内部布局设计

配送中心的设施分为内部设施和外部设施。配送中心的内部设施一般是由信息中心与仓库构成。信息中心起着汇集信息并对配送中心进行管理的作用。仓库根据各部分不同的功能又可分为不同的作业区。配送中心外部设施主要有停车场和配送中心内道路等。

一、配送中心作业流程规划

配送中心的主要活动是订货、进货、发货、仓储、订单拣货和配送作业。有的配送中心还要进行流通加工,如贴标、包装等作业;当有退货作业时,还要进行退货品的分类、保管和退回等作业。

其一般作业流程如图2-4所示。

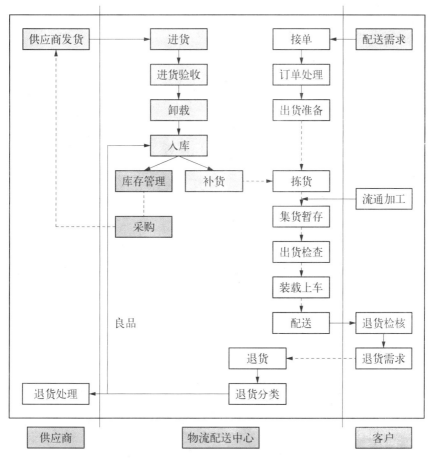

图 2-4　配送中心作业流程

一、配送中心内部设施与设备

（一）信息中心

信息中心指挥和管理着整个配送中心，它是配送中心的中枢神经。它的功能是：对外负责收集和汇总各种信息，包括门店的销售、订货信息，以及与部分直接供应商联网的信息，并根据这些信息做出相应的决策；对内负责协调、组织各种活动，指挥调度各部门的人员，共同完成配送任务。信息中心一般是和办公室结合在一起的。

（二）收货区

在这个作业区内，工作人员须完成接收货物的任务和货物入库之前的准备工作,如卸货、检验等。因货物在接货区停留的时间不太长,并处于流动状态,因此接货区的面积相对来说都不算太大。它的主要设施有验货用的电脑、验货场区和卸货工具。

(三) 储存区

储存区也称保管区,在这个作业区里分类储存着验收后的货物。储存区一般分为暂时储存区和常规储存区。由于货物需要在这个区域内停留一段时间,并要占据一定位置,因此相对而言,储存区所占的面积比较大。在储存区一般都建有专用的仓库,并配置各种设备,其中包括各种货架、叉车、起堆机等起重设备。从位置上看,有的储存区与接货区联在一起,有的与接货区分开。

(四) 理货区

理货区是配送中心人员进行拣货和配货作业的场所。其面积大小因超市的类型不同而异。一般来说,拣选货和配货工作量大的配送中心,其理货区面积较大。如负责对便利店进行配送的配送中心,按便利店的特点要求不但要对货物进行拆零,还要完成向多家门店以少批量、多批次的方式进行配送,所以这样的配送中心的拣货和配货区域的面积较大。

与其他作业区一样,在理货区内也配置着许多专用设备和设施。如果是以人工完成拣选任务的,一般有手推货车、货架等。如果采用自动拣选装置,其设施包括重力式货架、皮带机、传送装置、自动分拣装置、升降机等。

(五) 配装区

由于种种原因,有些分拣出来并配备好的货物不能立即发送,而是需要集中在某一场所等待统一发货,这种放置和处理待发货物的场所就是配装区。在配装区内,工作人员要根据每个门店的位置、货物数量进行分放、配车和选择以单独装运还是以混载同运。

因在配装区内货物停留时间不长,所以货位所占的面积不大,配装区的面积比存储区小得多。

要注意的是,有一些配送中心的配装区与发货区合在一起,称为分类区,因此,配装作业常融合于其他相关的工序中。

此外,因配装作业主要是分放货物、组配货物和安排车辆等,因此在这个作业区除了配装计算工具和小型装卸机械、运输工具以外,没有什么特殊的大型专用设备。

(六) 发货区

发货区是工作人员将组配好的货物装车外运的作业区域。

(七) 加工区

有些配送中心要对鲜活食品进行配送,因此配送中心在结构上除了设置一般性的作业区外,还设有配送货物加工区。在这个区域内对收进的牛鲜食品进行加工,如对蔬菜去除老叶、清洗等,对鱼类食品进行剖腹、去鱼鳞等,如果超市以经营生鲜食品为主,则配送中心的加工区域所占面积较大。

配送中心物流及结构示意如图 2-5 所示。

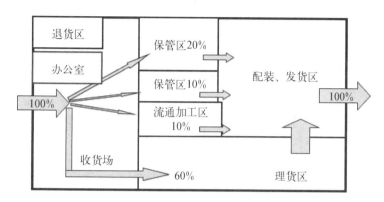

图 2-5　配送中心物流及结构示意

三、利用 SLP 法合理布置配送中心设备

(一) 系统布置设计法 SLP 的含义

系统布置设计方法 SLP(Systematic Layout Planning)常应用于工厂的设计布局,在配送中心布局上也具有一定的适应性,是一种久负盛名的经典方法。

(二) 系统布置设计法 SLP 的步骤

对于某些类型的流通加工设备布置问题,设备之间的流量实际上不可能得到,有时不易提示的定性因素对布置决策起了决定性作用。在这种情况下,可以使用系统布置设计方法。

SLP 方法一般包含四个步骤:

(1) 建立一个相关图,表示各部门的密切程度,相关图类似于车间之间的物流图;

(2) 相关图要用试算法进行调整,直到得到满意方案为止;

(3) 根据建筑的容积来合理地安排各个部门;

(4) 为了便于对布置方案进行评价,系统布置设计也要对方案进行量化。根据密切程度的不同赋予权重,然后试验不同的布置方案,最后选择得分最高的布置方案。

系统布置设计法的步骤具体内容如图 2-6 所示。

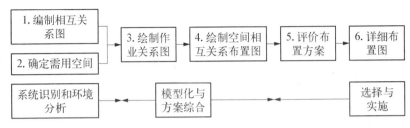

图 2-6 系统布置设计法 SLP 的步骤图

（三）动线型 SLP 法与传统 SLP 法的异同

动线型 SLP 法与传统 SLP 法相比存在以下三点不同。

（1）设计基于的基础数据和背景资料不同。传统 SLP 法的设计基于 P（产品）、Q（产量）、R（工艺过程）、S（辅助部门）、T（时间）5 个基本要素。动线型 SLP 法主要依赖于 E（接收的订单）、I（种类）、Q（数量）、R（流程）、S（辅助部门和物流服务水平）、T（时间安排）、C（建造预算）等要素。现代企业已从原来的推动式生产转为拉动式生产，故需要根据未来可能的订单或已接收的订单进行布置设计，与传统 SLP 中基于生产计划的布置设计有着本质的区别。

（2）在程序上有所改变。针对现代企业的特点，在传统 SLP 法的程序模式上，加入了设施布置类型的确定、详细布置设计及动线分析阶段。在动线型 SLP 法中，我们首先强调设施布置类型的确定。确定了布置类型，才能确定作业单位及作业单位间的相互关系；其次，评出可选布置方案后，我们建议重复使用综合关系法，对各作业区内部进行详细布置设计；然后，进行动线分析，将空间的布置设计和物料搬运系统相协调，因为设施布置设计只有通过完善的搬运系统才能显示出其合理性。

（3）在动线型 SLP 中我们更强调设施布置设计的柔性。柔性是指系统适应环境变化或输入条件变化的能力。对于现代企业的设施布置设计来说，其柔性体现在能够根据业务的繁忙程度，及时对现代企业的设施布置进行调整。

一般来说，现代企业布置设计的柔性、弹性可以从布置设计、建筑技术、机械制造等多方面考虑采取多种措施来实现。

（四）物流相关图

根据路线将物流强度从大到小列出，按作业单位对物流的强度划分等级，一般采用著名的 A、E、I、O、U 等级，其中一般 A 占总作业单位的 10%，E 占 20%，O 占 40%，U 级代表相互之间无物流量的作业单位。

（五）SLP 相关图技术

1. 非物流关系分析

物流分析所得到的是定量的相互关系，但各作业单位之间还存在着其他的关系,所以在分析作业单位相互关系时,除了物流关系外,还要考虑非物流关系,这一般不能用定量的方法得到,还需要一些定性的方法,这里相关图的格子不但要表示两两之间的密切程度等级,还要加上评级的理由。非物流关系一般包括 A、E、I、O、U、X 六个级别。具体等级见表 2-8 所示。

表 2-8 作业单位相互关系等级

符 号	A	E	I	O	U	X
意 义	绝对重要	特别重要	重要	一般	不重要	禁止
颜 色	红色	橘黄	绿色	蓝色	无色	棕色
量化值	4	3	2	1	0	−1
线条数	4条	3条	2条	1条	无	1条折线
比例(%)	2—5	3—10	5—15	10—25	45—80	根据需要

2. 综合相关图

综合考虑物流和非物流关系,要确定两种关系的相对重要性,一般用相互重要性的比值来表示,比值一般不应超过 1∶3—3∶1。如果比值大于 3∶1,意味着物流关系占主导地位,只考虑物流关系即可;当小于 1∶3 时,非物流关系占主导地位,只考虑非物流关系。所以,在实际情况下根据两者的相对重要性来确定。

3. Tompkins 关系表技术

(1) 先将相关图转化为关系工作表;

(2) 将每个作业单位制作出一个相同面积的拼块,得到拼块图;

(3) 将拼块图转化为面积图。

规则:A 级关系要边靠边放,E 级关系至少角靠角,X 级关系不能靠边也不能靠角。

4. 面积图

面积图主要考虑两个问题:一是将前面分析的各作业单位面积需求汇总,根据场地的要求,确定建筑的基本形状;二是在此形状上按各作业单位的面积需求进行分配,结合布置图,作出有面积的块状布置图。

 物流实战 2-3　利用 SLP 法进行物流设施布局设计

1. 案例背景

某新建配送中心需要对商品进行流通加工,该中心有 5 个加工部门,日常加工的零件主要有3种：A、B、C，其工艺路径及日平均加工量如表2-9所示(1—5分别表示5个部门)。

表2-9 工艺流程及日平均加工量

序号	工艺流程	日加工量(个)	每件重量(千克)
A	1-2-5	20	2
B	1-2-4-5	50	1
C	1-3-2-5	30	0.5

5个部门所需要的面积如表2-10所示。

表2-10 5个部门所需面积

部门	1	2	3	4	5
面积(平方米)	10	20	20	30	10

2. 案例要求，请利用系统布置规划SLP方法做以下设计

(1) 列出加工工艺从至表。

(2) 分析物流强度。

(3) 制作物流强度分析表。

(4) 绘制部门关系图。

(5) 绘制线性关系图。

(6) 绘制空间关系图。

(7) 为该中心设计一个合理的设备布局图。

3. 案例分析参考

(1) 列出加工工艺从至表，见表2-11。

表2-11 加工工艺从至表

从至	1	2	3	4	5
1	—	40+50	15	0	0
2	0	—	0	50	40+15
3	0	15	—	0	0
4	0	0	0	—	50
5	0	0	0	0	—

(2) 分析物流强度。

表 2-12 物流强度等级划分表

物流强度等级	符　号	物流路线比例(%)	承担物流量比例(%)
超高物流强度	A(4)	10	40
特高物流强度	E(3)	20	30
较大物流强度	I(2)	30	20
一般物流强度	O(1)	40	10
可忽略搬运	U(0)		

(3) 物流强度分析表(由从至表得出)。

表 2-13 物流量等级划分(用符号 A、E、I、O、U 表示)

物流量等级	物流量(吨)	加工工艺流程
A	80—100	1—2
E	60—80	无
I	40—60	2—4、2—5
O	0—40	3—2、4—5
U	0	1—4、1—5、3—4、3—5

(4) 部门关系图。

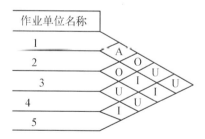

表 2-14 关 系 表

从至	1	2	3	4	5
A	2				
E					

续表

从至	1	2	3	4	5
I		4,5		2,5	2,4
O	3	3	1,2		
U					

(5) 线性关系图(见图2-7)。

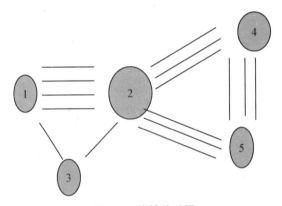

图2-7 线性关系图

(6) 空间关系图(见图2-8)。

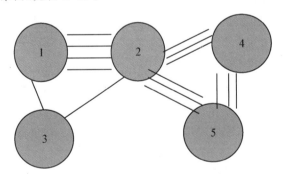

图2-8 空间关系图

(7) 最终布置图(见图2-9)。

由表2-10知,5个部门所需厂房面积如下表所示。

部 门	1	2	3	4	5
面积(平方米)	10	20	20	30	10

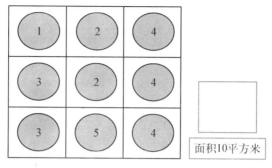

图 2-9　最终布置图

四、利用动线布局法进行物流设施布局

(一) 物流动线的含义

物流动线是作业流程与物理场所相结合形成的空间关系，充分体现了功能区之间的物流关系，功能区的布局是根据具体的物流动线的类型把各个功能区按照一定的顺序进行的空间布局。

物流动线的选择必须结合配送中心周边环境、自身条件和各种物流动线的特性综合考虑。

物流动线的常见类型包括 I 型（如图 2-10 所示）、L 型（如图 2-11 所示）、

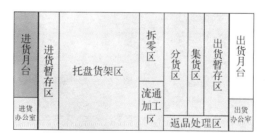

图 2-10　I 型物流动线

图 2-11　L 型物流动线

U 型(如图 2-12 所示)、S 型(如图 2-13 所示)等。

图 2-12　U 型物流动线

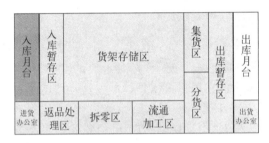

图 2-13　S 型物流动线

(二) 影响物流动线选择的因素

(1) 规划地块本身的大小和形状。

(2) 货种、订单分布及拣选方式。

(3) 货物的装卸方式。

(4) 配送中心内部运作的实际情况对物流动线的选择也有较大影响。

(三) 物流动线优化

物流动线优化遵循的基本原则是"不迂回、不交叉",其中不迂回的含义是防止无效搬运,不交叉是为了避免动线冲突,搬运过程带来不安全的隐患。严格意义上的动线最佳化,需要通过行走距离最小原则进行精细的计算,但是由于以上方法过于复杂,且常常受限制于缺乏数据来源,实际操作中往往根据货物整体的进出货特性选择合适的动线模式。

物流实战 2-4　利用动线法进行流通加工设备布局

1. 案例背景

某物流中心的流通加工业务需要六台加工设备,统一布置在物流中心。根据商品的流通加工工艺路线,统计出了商品在 6 台设备之间每月的移动次数,如表 2-15 所示。

表 2-15 设备间每月平均移动次数矩阵表

从一至	设备 1	设备 2	设备 3	设备 4	设备 5	设备 6
设备 1		207	408	51	32	170
设备 2	206		42	180	51	20
设备 3	390	104		85	20	10
设备 4	10	411	52		31	58
设备 5	116	61	90	305		40
设备 6	32	85	73	104	380	

设备间每次的搬运成本,如表 2-16 所示。

表 2-16 设备间搬运成本矩阵表

从一至	设备 1	设备 2	设备 3	设备 4	设备 5	设备 6
设备 1		0.10	0.10	0.11	0.10	0.11
设备 2	0.13		0.11	0.10	0.10	0.10
设备 3	0.10	0.10		0.10	0.10	0.11
设备 4	0.13	0.10	0.10		0.10	0.11
设备 5	0.10	0.12	0.11	0.15		0.10
设备 6	0.10	0.10	0.11	0.10	0.10	

2. 案例要求

请根据上述数据通过计算确定 6 台设备在物流中心的最佳布置方案。

第一步:算出设备间每月搬运成本矩阵,如表 2-17 所示。

表 2-17 设备间每月搬运成本矩阵

从一至	设备 1	设备 2	设备 3	设备 4	设备 5	设备 6
设备 1		20.7	40.8	5.61	3.2	18.7
设备 2	26.78		4.62	18	5.1	2
设备 3	39	10.4		8.5	2	1.1
设备 4	1.3	41.1	5.2		3.1	6.38
设备 5	11.6	7.32	9.9	45.75		4
设备 6	3.2	8.5	8.03	10.4	38	

第二步：再沿对角线把对称的成本元素相加，得到两台设备间的每月总搬运成本表。如表2-18所示。

表2-18　两台设备间的每月总搬运成本

从—至	设备1	设备2	设备3	设备4	设备5	设备6
设备1		47.48①	79.8①	6.91	14.8	21.9
设备2			15.02	59.1②	12.42	10.5
设备3				13.7	11.9	9.13
设备4					48.85③	16.78
设备5						42⑤
设备6						

第三步：按照设备间搬运成本越大，设备布置应该越近的原则，进行设备布置，如图2-14所示。

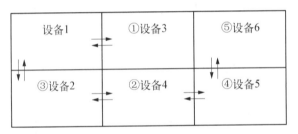

图2-14　设备布置图

第五节　配送中心收发货站台的设计

一、进出货平台的宽度设计

进货时一般要经过拆装、理货、检查与暂存等作业，在进出货平台上应留有一定的空间作为缓冲区。进货平台需要有连接设备相配合，连接设备有两种，一种是活动连接设备，另一种是固定连接设备；在暂存区和连接设备之间还要配置一定宽度的出入通道。

活动连接设备：需要宽度 $s=1—2.5$ 米；
固定连接设备：需要宽度 $s=1.5—3.5$ 米；

出入通道 $r=2.5—4$ 米(人力搬运);

则：进出货平台宽度 $w=s+r$。

二、进出货平台布置形式

内围式：将站台围在一定空间内,其安全性最高,有利于防止风雨侵袭和冷暖气外泄,但造价较高。

齐平式：站台与仓库外缘齐平,整个站台仍在库内受到保护,能有效避免资源浪费,造价也较低,是采用最为广泛的形式。

开放式：站台完全突出于库房,站台上的货物不受到保护,也容易引起冷暖气外泄,安全性较低。

图 2-15 展示了三种不同站台布置形式

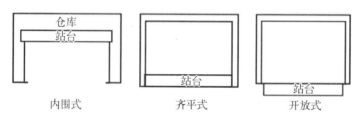

图 2-15　进出货站台布置形式

三、进出货平台的设计形式

这有两种形式：直线形和锯齿形。见图 2-16。

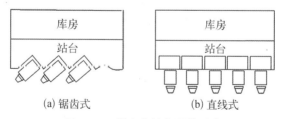

图 2-16　进出货站台设计形式

（一）锯齿形

锯齿形的优点在于占用仓库内部空间较小,但车辆回旋空间纵深较深,外部空间需求较大,见图 2-16a。

（二）直线形

直线形的优点在于车辆回旋空间纵深较浅但占用仓库内部空间较大。见图 2-16b。

四、进货车位数计算

设计收发货站台时应考虑的因素很多,主要有以下四个方面:

(1) 为了减少装卸搬运环节,实现省力化作业,配送中心通常采用与车厢等高的站台。

(2) 多数站台在车位前设置机动升降或斜坡板,以适应不同高度的卡车。卡车停靠时,尾部就位,方可进行装卸作业。

(3) 站台前的场地均标划白色车位线,一般配送车辆为4吨车,每个车位宽3米、长6米;而厂商送货多为10吨车,每个车位宽3米、长11米。

(4) 站台车位数的确定应与商品的吞吐量适应。

因进货车位设计系统包含很多随机因素,故模拟系统运行的结果也是随机的,须反复多次运行,经统计分析才能得出较为可信的结论。在配送中心里,车道与停靠车位大多合为一体,道路总宽度在25米以上。

 物流实战 2-5 进货车位数计算

1. 案例背景

进货时间以每天2小时计算,根据配送中心的规模,设进货车台数N和卸货时间如表2-19所示。

表 2-19

	进货车台数			卸货时间(分钟)		
	11 t	4 t	2 t	11 t	4 t	2 t
托盘进货	$N_1=2$	$N_2=4$	—	托盘进货	20	10	—
散装进货	$N_3=2$	$N_4=4$	$N_6=1$	散装进货	60	30	20

2. 案例要求

设进货峰值系数为1.7,要求在3小时内必须将进货车卸货完毕,计算所需车位数M为多少?

3. 案例分析参考

$$M = (20N_1 + 10N_2 + 60N_3 + 30N_4 + 20N_5) \times 1.7 \div (60 \times 2)$$
$$= (20 \times 2 + 10 \times 4 + 60 \times 2 + 30 \times 4 + 20 \times 1) \times 1.7 \div (60 \times 2)$$
$$= 340 \times 1.7 \div 120$$
$$= 4.8 \approx 5 \text{ 个车位}$$

物流实战 2-6 确定收发货站台数量

1. 案例背景

某配送中心每年处理货物 8 000 000 箱,其中 60% 的进货由卡车运输,而 90% 的出货由卡车运输。配送中心每周工作 5 天,每天 2 班,对于进货卡车,卸货速度是 300 箱/小时,而出货上货的速度是 200 箱/小时,进出货卡车满载都是 600 箱,考虑到进出货并不均匀,设计加上 20% 的安全系数。

2. 案例要求

为配送中心确定合理的收发货站台数量。

3. 案例分析参考

第一步:确定进货需求。
(1) 年卡车进货量:8 000 000×60%=4 800 000(箱)
(2) 年进货卡车次数:4 800 000/600=8 000(次)
(3) 每辆卡车的卸货作业时间:600/300=2(小时)
(4) 年总进货卡车次数所需作业时间:8 000×2=16 000(小时)

第二步:确定出货需求。
(1) 年卡车出货量:8 000 000×90%=7 200 000(箱)
(2) 年出货卡车次数:7 200 000/600=12 000(次)
(3) 每辆卡车的上货作业时间:600/200=3(小时)
(4) 年总进货卡车次数所需作业时间:12 000×3=36 000(小时)

第三步:计算总作业时间。
进出货合计作业时间:16 000+36 000=52 000(小时)
加上 20% 的安全系数为 52 000×(1+20%)=62 400(小时)

第四步:核算每年工作时数。
52×5×8×2=4 160(小时)

第五步:确定需要的收发货台数。
62 400/4 160=15(个)

案例 2-1 现代配送中心的价值

配送中心可视为供应厂商与需求者之间的转运中心,该转运中心除具备传统的转运、仓储与运输规模经济外,在商业现代化过程中,业已成为一集订货处理、仓储管理、检货、流通加工、配送、寻找客源、咨询服务等功能于一身的信息拥有者。

上海迅达配送中心是一家专为连锁便利店进行日用品配送的公司,其功用可用图 2-17 说明。

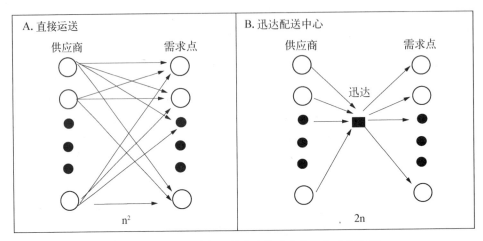

图 2-17　直接运送与配送中心的成本线路与功用比较

假设供应点与需求点各有 n 点,若直接运送,则需有 n^2 个线路,才能完全联系双方。若透过配送中心,则仅需 $2n$ 个节线,但需负担配送中心的设置成本与营运成本。假设线路数代表一种成本,则直接送货的线路数将呈几何级数增加;而设立配送中心的线路数仅呈算数级数增加,n 愈大,双方差距愈大。由图 2-17A 来看,各厂商要自备人员、司机与仓库等直接成本,也因配送次数的增加造成受货顾客的作业负担,导致整体资源的浪费与庞大的社会成本。如果由图 2-17B 透过配送中心的中介、转运功能,不仅减少厂商的直接配送成本,也减少顾客的受货次数。因此,可使社会资源更能有效利用。

配送中心可达成三项重要的功能:

(1) 减少交易的次数;

(2) 在制造商与顾客间搭起一座桥梁,使顾客从商品中得到更多的满足;

(3) 使交易程序成为一种惯例,标准化的程序能使厂商通路更有效率。

因此,配送中心正是为降低物流成本,支持后勤服务所应运而生的,其目的就在于降低成本与创造顾客服务价值。

据统计,在专业的配送下,连锁便利店的缺货率已由原先的 15% 降至千分之六,若以配送成本来看,以往由厂商个别送货,平均送货成本占出货金额的 6%—7%,现在则已降至 3.5%—4%。

根据相关调查资料显示,以配送中心的配送成本(含运输、存货及仓库建造等成本)为基准 100,则供货商自行配送为 190,传统多层级的通路为 250,以 25 家供货商配送 250 家超市为例指出,若由供货商自行配送,共需 60—70 个仓库点与大小型货车约 440 辆;而若由配送中心配送,则仅需大货车 150 辆。若以 3 个生产工厂、100 家经销点为例估算,若由各工厂直接配送各经销点再销售,运输与存货成本共需 4 700 万元。若是先集中某一仓库再配送各经销点,则仅需 1 090 万元。由此可以看出,配送中心的运输与仓储效率都比供货商自行配送更高,整体运销成本自然就较低。

案例思考题:
1. 何谓配送中心?
2. 配送中心有哪些功能?

案例 2-2　德国的物流

物流是德国最具专业性的核心领域之一,德国物流行业就业人数为 285 万人,年营业额超过 2 300 亿欧元,按照市场交易量计算,物流业是德国继汽车制造业与贸易业之后的第三大行业。工业和贸易业的物流部门占该行业总成交量的一半以上,物流服务提供商占据了另外的 50%。

近些年,德国作为世界最高效的物流地而声名显赫。德国位于欧洲大陆的中心,因此与国际贸易的融合度很高,且在国际贸易货物运输中发挥着过境国的作用,这就意味着供应链管理和物流在德国经济中具有特殊意义。

物流早已成为德国日常生活这个大摩天轮中不可缺少的一个齿轮。例如,从实践层面上讲,物流能够确保如下事项的顺利进行:

(1) 在德国几乎任何地方都能获得必需的重要药品,并在一个小时之内重新补足库存;

(2) 能够准确无误地在 4 个小时内为一个汽车厂供应一大装配 1 200 辆汽车所需的 35 万个安装零件;

(3) 生鲜品按数量、按计划、按温度控制要求,完美地在正确的时间、正确的地点出现在超市的货架上;

(4) 在德国,有将近 6 万名零售商会定期收到多温区冷藏车同时交付的非冷却产品、生鲜品以及深冻产品;

(5) 每天有 8 万名携带行李的旅客在法兰克福机场转机,甚至有些乘客的转机时间只有 45 分钟。

德国境内有 35 家物流园区(又称货运村 Freight Village),构成了一个紧密连接的货运村网络。社会物流活动主要集中在这些物流园区之间和物流园区内部进行，呈现出高度的组织化、集聚化和集约化特征。

1. 集聚效应

在德国基本上一个城市或经济区域只设立一家综合性的物流园区，集聚效应明显。如德国最大的物流园区——不莱梅货运村，1987年初始运营时只有5家物流企业，如今已经集聚了190多家物流企业，并吸引了50多家生产型企业在周边进驻。园区就业人数多达8 000人，占不莱梅市总人口的1.6%。作为港口"延伸的手臂"，不莱梅港70%的货物要通过不莱梅货运村集散。同时，不莱梅货运村也定位为不莱梅市的专属物流功能区，承担着本地区物流集中投资、集约运营、集聚发展的职能。

2. 功能定位

除了配套某一产业的专业性物流园区外，德国的物流园区大多定位为综合性，在有限的建设面积上实现物流功能多样化是其提高效率、降低成本的一个重要理念。

德国的物流园区主要功能有三个方面。

(1) 多式联运功能(Intermodality)。多式联运是德国物流园区最显著的一个功能。他们强调至少有两种以上的运输方式，选址尽量处于公路、铁路、水路运输的交叉点上，以实现多种运输方式的有效衔接。在运输方式上350千米以内侧重于公路运输，更长距离适用于铁路运输，大宗货物则倾向于内河运输。物流园区多建有完备的吊装、转运等多式联运基础设施，对于此类设施，如铁路吊装设施，政府有一定的财政补贴，但要求提供完全开放的公共服务，不得具有排他性。

(2) 集货(Consolidation)和转运(Cross Docking)功能。德国物流园区内部和物流园区之间的物流作业呈现出高度的组织化和协同化，从而使物流集聚的优势直接转化为物流成本的降低和碳排放的减少。德国正在探讨一个"超级卡车"项目，通过加大加挂卡车车厢，进一步提高长途运输的装载量，降低成本。物流园区还发挥着区域间物流节点和区域内分拨中心的作用，通过地区之间的转运和运输方式的转换，变"多点多头"之间跨区域的运输为"园区到园区"之间的跨区域运输，进一步提高了物流过程的规模化和共同化。园区内普遍配置桥式集装箱和甩挂运输设施，转运系统高效便捷，成本优势明显。

(3) 城市物流功能。德国物流园区在规划时十分注重城市物流功能的定位，旨在将配送系统和物流作业从人口密集的城区分离出来，集中在物流园区集散，以降低城市交通总量，减少碳排放和噪声污染，并实现24小时作业，物流园区与城市之间通过小型货车实现物流配送。

3. 公共服务

德国物流园区一般设立发展公司，为进驻企业组织公共服务。基本的公共服务包括场地出租、多式联运和转运节点、物流基础设施使用等。另外,组织进驻洗车、加油、餐厅等服务站为物流企业提供配套服务。物流园区非常注重园区内企业的协同合作,如组织进驻企业集中采购设备、燃油、保险等,组织进驻企业员工技能培训,以降低单位成本。

4. 网络联盟

德国物流园区网络化特征明显。所有货运村都是DGG(德国物流园区协会)的成员,各货运村在DGG的协调下统一标准、协同运作。德国前20大物流公司如DHL、德迅、辛克等均在各货运村投资,依托物流园区形成自身的网络。实力较弱的物流企业无力在各园区投资的组建联盟进驻物流园区,实行跨园区之间的业务协同。

德国物流协会成立于1978年,是一个独立的非营利性、荣誉性组织。它为工业、贸易和服务业的高级物流专家与科学家提供了一个平台,学生和年轻的从业者们也在德国物流协会中发挥着非常重要的作用,他们在德国不同的地区组成了特别的学生分会。今天,德国物流协会会员人数已经超过了一万名。

从组织的项目、出版物及一般性活动等信息可以看出,德国物流协会促进了专业人士之间的互动,促进了跨部门、面向未来的物流概念的形成。此外,协会还积极地在德国之外进行发展,已经分别在中国的河北、北京、上海建立了三个分部。

德国物流协会强大的区域性网络为很多地方进行专业思想与实际经验交流提供了平台。德国物流协会通过每年组织的三百多个地区性、全国性、世界性重大活动项目,为物流从业人员之间进行相互沟通提供了理想的场所。德国物流协会就是一个整体性物流理念的代名词,为工业、贸易和服务业的物流与供应链管理专家提供服务。

协会总部与所属会员、企业、团体以及科学界、政治界、媒体界保持着密切的联系。协会不莱梅基地不仅进行会员管理,还为地区分会的各项工作提供支持。协会总部团队会规划和组织重大的全国性活动,如每年10月在德国柏林召开的国际供应链大会等,此外,每年4月的德国供应链日也是由德国物流协会发起和支持的。

德国物流协会组织的最为大型、也最为重要的年度活动就是国际供应链大会。2013年,德国物流协会在柏林组织了第30次会议,大约3 200名来自世界各地(包括中国)的参与者在这个年度物流界盛会上汇聚一堂。

德国物流协会校园项目(BVL Campus)是德国物流协会针对物流领域未来人才培训与发展提供的培训项目,这是一个充满活力、鼓励终生学习的项目。该项目总部位于德国北部城市不莱梅。

德国物流协会校园项目提供了广泛的教育机会,涉及供应链管理和物流、运输、海关行政管理、外贸和国际商务等多个方面的培训,其课程涵盖从初级职业培训到继续教育,再到在职人员的压缩课程。德国物流协会校园项目的所有领域都一贯追求实际动手能力的培养,该项目与众多物流服务、工业和贸易领域的企业合作伙伴保持着密切联系。

思考题

1. 通过企业调查,试讨论配送中心和传统仓库有哪些区别。
2. 现代配送中心的功能有哪些?
3. 确定配送中心规模时要掌握哪些必需的数据资料?
4. 在设计配送中心进出货平台时应注意哪些事项?
5. 什么是物流动线?物流动线常见的类型有哪些?

第三章　物流配送运营管理

学习目标

1. 物流配送服务的内涵与分类
2. 物流配送运营模式以及不同模式下物流配送的优劣势
3. 电商物流"最后一公里"配送模式的发展趋势
4. 基于便利店的电子商务物流配送模式
5. 基于互联网的同城配送车货匹配模式
6. 互联网＋物流配送模式的优化策略

第一节　物流配送服务概述

一、物流配送服务的含义

物流配送服务是指对客户商品利用可能性的物流配送保证。从接收顾客订单开始到将商品送到顾客手中为止所发生的所有配送服务活动,可使交易的产品或服务实现增值。企业的存在就是为了满足顾客某方面的需要,为顾客提供产品和服务,而物流配送是保证企业能有效提供优质服务的基础。物流配送服务是指在一种交通混乱的状态中,将少量的物品送交给众多的客户、事务繁杂的服务作业,其本质是更好地满足顾客需求,即保证顾客需要的商品在顾客要求的时间内准时送达,配送服务能达到顾客所要求的水平等。

如今面对日益激烈的竞争和消费者价值取向的多元化,企业管理者已发现加强物流配送管理、改进顾客服务是创造持久竞争优势的有效手段。

二、物流配送服务的分类

根据经营形式、配送主体、种类、时间数量、配送专业化程度等的不同,配送可以划分为多种形式。

(一)按照配送的经营形式分类

1. 销售配送

销售配送主体是销售企业,或销售企业进行的促销型配送。这种配送的对象一般是不固定的,客户大多也不固定,配送对象和客户取决于市场的占有情况,因此配送的随机性较强。

2. 供应配送

供应配送是客户为了自己的需要采取的配送方式,它往往是由客户或客户集团组建成的配送据点,集中组织大批量进货,然后向本企业或集团内若干下属企业配送。商业中的连锁商店广泛采取这种方式。这种方式可以提高供应水平和供应能力,可以通过大批量进货取得价格折扣的优惠,达到降低供应成本的目的。

3. 销售供应一体化配送

销售供应一体化配送方式是销售企业在销售产品的同时,对于那些基本固定的客户及基本确定的配送产品执行有计划的供应。销售者同时又是客户的供应代理人。这种配送有利于形成稳定的供需关系,有利于采取先进的计划与供应技术,有利于形成和保持流通渠道的稳定性。

4. 代存代供配送

代存代供配送是客户将属于自己的货物委托配送企业代存、代供,或委托代订,然后组织对本身的配送。这种配送的特点是货物所有权不发生变化,所发生的只是货物的位置转移,配送企业仅从代存、代供中收取代理收益,大多不能直接获得商业经营利润。

(二)按照配送主体进行分类

1. 配送中心配送

配送中心配送的组织者是专职从事配送、业务的配送中心。配送中心配送的数量大,种类多,半径大,能力强,可以承担企业生产用物资的配送及向商店补充性配送等。它是配送的主体形式,但由于需要大规模的配套设施,投资较大,且一旦建成机动性较差,因此也有一定的局限性。

2. 商店配送

商店配送的组织者是商业或物资经营网点,主要承担零售业务,规模一般不大,但经营品种齐全,容易组织配送。商店配送实力有限,但网点多,配送半径小,比较机动灵活,可承担生产企业非主要生产用物资的配送,是配送中心配送的辅助及补充形式。

3. 仓库配送

仓库配送是以一般仓库为据点进行配送的形式,在仓库保持原有功能前提下,增加配送功能。仓库配送规模较小,专业化程度低,但可以利用仓库的原有资源而不需大量投资,上马较快。

4. 生产企业配送

生产企业配送的组织者是生产企业,尤其是进行多品种生产的企业,可以直接由企业配送,而无须再将产品发运到配送中心进行中转配送。由于避免了一次物流的中转,因此具有一定的优势,但无法像配送中心那样依靠产品凑整运输取得成本优势。

(三) 按照配送的种类和数量进行分类

1. 少品种大批量配送

少品种大批量配送适用于对单独一个或几个品种的物品具有持久的、较大的需求的客户。由于这种配送品种单一、数量多,可以实行整车运输,且多采用直送方式,有利于车辆满载和采用人车辆运送,通常配送成本较低。

2. 多品种少批量配送

多品种少批量配送适用于客户所需的物品数量不大、品种较多的情况。因此,在配送时要按客户的要求,将所需的各种物品配备齐全,凑整装车后由配送节点送达客户。这种配送模式对配货作业的水平要求较高,所需设备较复杂。

3. 配套成套配送

配套成套种配送的特点是客户所需的物品是成套的。为满足企业的生产需要,按其生产进度,将所需的各种零配件、部件全部配齐,定时送入各自生产线的不同环节进行产品装配。这种配送模式,虽然客户需求的品种较多,但相互之间有一定的比例关系,规律性较强。

(四) 按照配送时间和数量进行分类

1. 定时配送

定时配送是按规定的时间间隔进行配送,如数日或数时配送一次,每次配送的品种、数量可按计划执行,也可以在配送之前以商定的联络方式通知配送时间和数量。定时配送有以下三种具体形式。

一是小时配,即接到配送订货要求 1 小时内将货物送达。适用于一般消费者突发的个性化配送需求,也经常用作应急的配送方式。

二是日配,即接到订货要求 24 小时之内将货物送达。日配是定时配送中较为广泛采用的方式,可使用户获得在实际需要的前半天得到送货服务的保障,基本上无须保持库存。

三是准时配送方式,即按照双方协议时间,准时将货物配送到用户的一种方式。这种方式比日配方式更为精密,可实现零库存,适用于装配型、重复、大量生产的企业用户,往往是一对一的配送。

2. 定量配送

定量配送是指按规定的批量在一个指定时间范围内进行配送。由于配送数量固定，备货较为简单，可以通过与客户协商，按托盘、集装箱及车辆的装载能力确定配送数量，以此提高配送效率。

3. 定时定量配送

定时定量配送方式是按照规定的配送时间和规定的配送数量送达，兼有定时配送和定量配送的特点，要求配送企业有较高的管理水平和对市场较强的适应能力。

4. 定时定路线配送

定时定路线配送是在规定的运行路线上制定到达时间表，按运行时间表进行配送，客户可按规定路线和规定时间接货，或提出其他配送要求。这是一种提高运输效率，降低运输成本的方式。对客户而言，也可有计划地安排接货工作。

5. 即时配送

即时配送可以不预先固定配送数量、时间及路线，完全按客户提出的配送时间和数量随时进行配送，它是一种灵活性很高的应急配送方式。采用这种配送方式的货物，客户可以实现保险储备为零的零库存，即以即时配送代替了保险储备，但这种配送方式的费用一般较高，管理和运作难度较大。

（五）按照配送专业化程度进行分类

1. 综合配送

综合配送的特点是配送的商品种类较多，且来源渠道不同；但在同一个配送据点中组织对客户的配送作业，因此综合性强。同时，由于综合性配送的特点，决定了它可以减少客户为组织所需全部商品进货的负担，特别是多头进货造成的成本提高，这样只须通过配送企业的集货作业，便可以解决客户对多种商品的需求。

2. 专业配送

专业配送指按产品性质、形状的不同适当划分专业领域的配送方式。其重要优势在于可以根据专业的共同要求来优化配送设施，优选配送机械及配送车辆，制定适用性强的工艺流程等，从而提高配送各环节的工作效率。

第二节　物流配送运营模式

物流配送模式是指构成配送活动的诸多要素组合形态以及其诸要素运动的标准形式，根据经济发展需要并根据配送对象性质、特点以及工艺流程的不同而相对固定的配送规律。配送运营模式的分类有两种形式：一种是按配送的物品来划分,即划分为生产资料与生活资料的配送;另一种是按配送承担者来划分,即划分自营配送模式、第三方配送模式、物流联盟模式、最后一公里配送模式。

一、按照配送物品划分的配送模式

(一) 生产资料产品配送模式

生产资料是劳动手段和劳动对象的总称。在管理运作中,人们常常把生产资料分成两大类:工业品生产资料和农产品生产资料。这里所指的生产资料是指用于满足工作、交通、基本建设等需要的工业品生产资料,其中包括各种原料、材料、燃料、机电设备等。

一般来说,生产资料的消费量都比较大,从而运输量也比较大。从物流的角度看,有些生产资料是以散装或裸露方式流转的(如煤炭、水泥、木材等产品);有些则是以捆装和集装方式流转的(如金属材料、机电产品等);有些产品是经过初加工以后才供应给消费者使用(如木方、配煤、型煤等);也有些产品直接进入消费领域,中间不经过初加工过程。由于产品的性质和消费情况各异,其配送模式也迥然不同。

(二) 化工产品的配送模式

这是特殊产品(指生产资料产品)配送的典型模式。化工产品的种类繁多,有些产品无毒无害,有些产品则有毒有害。这里所指的化工产品是指单位时间内消耗大、有毒、有腐蚀性和有一定危险的化工产品,其中包括硫酸、盐酸、磷酸、烧碱、纯碱、树脂等。上述化工产品的共同特点是:活性强,不同种类的产品不能混装、混存,其装载运输和储存须使用特制的容器、设备和设施。

如上所述,很多用于工业生产的化工产品系有毒、有害物,因此配送这类物资须配备专用的设施和设备(储存和运输设备)。此外,化工产品的配送只适宜由专业生产企业(化工企业)和专业流通企业(化轻公司)来组织。因用户不宜过多储存有毒、有害、有危险的物资,故采用定点、定量配送方式供货和计划配送方式供货是化工产品配送的主要运作形式。

(三) 生活资料产品配送模式

生活资料是用来满足人们生活需要的劳动产品,它包括供人类吃、穿、用的各种食品、饮料、衣物、用具和各种杂品。生活资料的品种、规格较之生产资料更为复杂,其需求变化也比生产资料要快,因此生活资料的配送不但必须安排分拣、配货和配装等工艺(或工序),而且其作业难度也比较大。此外,就生活资料中的食品而言,有保鲜、保质期和卫生等质量要求,根据这一特点,一部分生活资料的配送流程中也包含加工工序。

1. 日用小杂品配送模式

日用小杂品主要是如下几类产品:小百货(包括服装、鞋帽、日用品等),小机

电产品(如家用电器、仪器仪表和电工产品、轴承及小五金)、图书和其他印刷品、无毒无害的化工产品和其他杂品。这类产品的共同特点是：有确定的包装，可以集装、混装和混载，产品的尺寸不大，可以成批存放在没有单元货格的现代化仓库中。

2. 食品配送模式

食品的种类很多，其形状各异，又都有保质、保鲜期。鲜菜、鲜果、鲜肉和水产品等保质期短的货物配送经常选用上述包含有加工工序的食品配送模式。就加工工序的作业内容而言，主要有：分装货物(将大包装改成小包装)、货物分级等，去杂质(如蔬菜去根、鱼类去头和内脏)、配制半成品等。食品配送特别要强调速度和保质。据此，在物流实践中，一般都采用定时配送、即时配送等形式向用户供货。

二、按配送承担者划分的配送模式

(一) 自营配送

自营配送模式是当前生产流通或综合性企业(集团)所广泛采用的一种配送模式。企业(集团)通过独立组建配送中心，实现内部各部门、厂、店的物品供应的配送，在满足企业(集团)内部生产材料供应、产品外销、零售场店供货和区域外市场拓展等企业自身需求方面发挥了重要作用。这是目前国内生产、流通或综合性企业(集团)所广泛采用的一种物流模式。企业(集团)通过独立组建物流中心，实现对企业内部各部门、场、店的物品供应。

企业物流配送的各个环节由企业自身筹建并组织管理，实现对企业内部及外部货物配送的模式。这种模式有利于企业供应、生产和销售的一体化作业，系统化程度相对较高，既可满足企业内部原材料、半成品及成品的配送需要，又可满足企业对外进行市场拓展的需求。其不足之处表现在，企业为建立配送体系的投资规模将会大大增加，在企业配送规模较小时，配送的成本和费用也相对较高。

一般而言，采取自营性配送模式的企业大都是规模较大的集团公司。有代表性的是连锁企业的配送，其基本上都是通过组建自己的配送系统来完成企业的配送业务，包括对内部各场、店的配送和对企业外部顾客的配送。大大小小的连锁公司或集团基本上都是通过组建自己的配送中心，来完成对内部各场、店的统一采购、统一配送和统一结算的。较典型的企业(集团)自营型模式，就是连锁企业的物流配送。大大小小的连锁公司或集团(比如北京华联、沃尔玛、麦德龙等)基本上都是通过组建自己的物流中心，来完成对内部各场、店的统一采购、统一配送和统一结算的。

自营配送模式这种物流模式中糅合了传统的"自给自足"的"小农意识"，形成了新型的"大而全""小而全",造成了新的资源浪费。显然,这种模式还不能适应电子商务时代对物流的要求。就目前来看,在满足企业(集团)内部生产材料供应、产品外销、零售厂店供货或区域外市场拓展等企业自身需求方面却发挥了作用。

1. 自营配送的优势

自建物流速度快,时效性好。专业化的物流配送,增强了用户体验,加强了产品的持续购买力;能掌握物流服务的主控权,控制整个流程,使物流有效、有序进行;能实现对产品质量的有效监控,进而维护品牌形象、消费者口碑以及提升消费者忠诚度;有利于合理分配资源,提升商品库存周转速度以及运营效率,进而加速企业资金的流动。

(1)企业对供应链各个环节有较强的控制能力,易于与生产和其他业务环节密切配合,全力服务于本企业的经营管理,确保企业能够获得长期稳定的利润。对于竞争激烈的产业,企业自营物流配送模式有利于企业对供应和分销渠道的控制。

(2)可以合理地规划管理流程,提高物流作业效率,减少流通费用。对于规模较大、产品单一的企业而言,自营物流可以使物流与资金流、信息流、商流结合得更加紧密,从而大大提高物流作业乃至全方位的工作效率。

(3)可以使原材料和零配件采购、配送以及生产支持从战略上一体化,实现准时采购,增加批次,减少批量,调控库存,减少资金占用,成本降低,从而实现零库存、零距离和零营运资本。

(4)反应快速、灵活,企业自营物流配送模式由于整个物流体系属于企业内部的一个组成部分,与企业经营部门关系密切,以服务于本企业的生产经营为主要目标,能够更好地满足企业在物流业务上的时间、空间要求,特别是要求物流配送较频繁的企业,自建物流能更快速、灵活地满足企业要求。

2. 自营配送的劣势

自建物流的建设和运营需要巨大的资本投入,且只有企业达到一定规模才能实现规模效益,降低配送成本,但是会让企业柔性不强;随着自建物流体系的不断扩大,企业面临着资源配置、运营风险、成本、物流消耗以及维护等问题;同时,庞大的物流体系需要强大而专业的物流管理能力、高素质的物流团队。自建物流这种资产的运转方式,使得资金被沉淀在固定资产上,资金无法实现高效周转。

(1)一次性投资大,成本较高。

虽然企业自营配送模式具有自身的优势,但由于物流体系涉及运输、仓储、包装等多个环节,建立物流系统的一次性投资较大,占用资金较多,对于资金有限的企业来说,物流系统建设投资是一个很大的负担。企业自营配送模式一般只服务于自身,依据企业自身物流量的大小而建立。单个企业的物流量一般较小,企业物流系统的规模也较小,这就导致物流成本较高。

(2)规模较小的企业所开展的自营配送模式规模有限,物流配送的专业化程度较低。

(3)对于规模不大的企业而言,其产品数量有限,采用自营配送模式,不能形成规模效应:一方面,导致物流成本过高,产品在市场上的竞争能力下降;另一方面,由于规模有限,物流配送的专业化程度低,不能满足企业的需要。

(4)企业配送效率低下,管理难以控制。

对于绝大多数企业而言,物流部门只是企业的一个后勤部门,物流活动也并非为企业所擅长。在这种情况下,企业自营配送模式就等于迫使企业从事不擅长的业务活动,企业的管理人员往往需要花费过多的时间、精力和资源去从事辅助性的工作,结果是辅助性的工作没有抓起来,关键性业务也无法发挥出其核心作用。

(二)第三方物流模式

第三方物流(Third-party Logistics,简称 3PL,也简称 TPL)的概念源自管理学中的 Out-sourcing,意指企业动态地配置自身和其他企业的功能和服务,利用外部的资源为企业内部的生产经营服务;将 Out-sourcing 引入物流管理领域,就产生了第三方物流的概念。所谓第三方物流是指生产经营企业为集中精力搞好主业,把原来属于自己处理的物流活动,以合同方式委托给专业物流服务企业,同时通过信息系统与物流企业保持密切联系,以达到对物流全程管理和控制的一种物流运作与管理方式。第三方物流又称合同制物流。3PL 既不属于第一方,也不属于第二方,而是通过与第一方或第二方的合作来提供其专业化的物流服务,它不拥有商品,不参与商品的买卖,而是为客户提供以合同为约束、以结盟为基础的、系列化、个性化、信息化的物流代理服务。最常见的 3PL 服务包括设计物流系统、EDI 能力、报表管理、货物集运、选择承运人、货代人、海关代理、信息管理、仓储、咨询、运费支付、运费谈判等。

第三方物流是在物流渠道中由中间商提供的服务,中间商以合同的形式在一定期限内,提供企业所需的全部或部分物流服务。第三方物流提供者是一个为外部客户管理、控制和提供物流服务作业的公司,他们并不在产品供应链占有一席之地,仅是第三方,但通过提供一整套物流活动来服务于产品供应链。

现代意义上的第三方物流是一个有 10—15 年历史的行业。在美国,第三方物流业被认为尚处于产品生命周期的发展期;在欧洲,尤其在英国,普遍认为第三方物流市场有一定的成熟程度。欧洲目前使用第三方物流服务的比例约为 76%,美国约为 58%,且其需求仍在增长。研究表明,欧洲 24%和美国 33%的非第三方物流服务用户正积极考虑使用第三方物流服务;欧洲62%和美国72%的第三方物流服务用户认为他们有可能在3年内增加对第三方物流服务的运用。一些行业观察家已对市场的规模做出估计,整个美国第三方物流业有相当于4 200亿美元的市场规模,欧洲最近的潜在物流市场的规模估计约为9 500亿美元。

由此可见,全世界的第三方物流市场具有潜力大、渐进性和高增长率的特征。这种状况使第三方物流业拥有大量服务提供者,大多数第三方物流服务公司是从传统的"内物流"业为起点而发展起来的,如仓储业、运输业、空运、海运、货运代理和企业内的物流部等,他们根据顾客的不同需要,通过提供各具特色的服务取得成功。美国目前有几百家第三方物流供应商,其中大多数公司开始时并不是第三方物流服务公司,而是逐渐发展进入该行业的。第三方物流的服务内容现在大都集中于传统意义上的运输、仓储范畴之内,运输、仓储企业对这些服务内容有着比较深刻的理解,对每个单项的服务内容都有一定的经验,关键是如何将这些单项的服务内容有机地组合起来,提供物流运输的整体方案。

随着第三方物流在实践过程中的发展,以下三点值得注意。

第一,物流业务的范围不断扩大。商业机构和各大公司面对日趋激烈的竞争不得不将主要精力放在核心业务上,将运输、仓储等相关业务环节交由更专业的物流企业进行操作,以求节约和高效。物流企业为提高服务质量,也在不断拓宽业务范围,提供配套服务。

第二,很多成功的物流企业根据第一方、第二方的谈判条款,分析比较自理的操作成本和代理费用,灵活运用自理和代理两种方式,提供客户定制的物流服务。

第三,物流产业的发展潜力巨大,具有广阔的发展前景。

1. 第三方配送模式的优势

第三方物流在物流配送方面专业化程度较高,经验丰富,配送范围较广,能够有效地帮助企业节省物流成本投入,降低投资风险,企业能够将更多的精力致力于发展其自身核心业务,从而提高管理与运行效率。

(1) 由于企业采用了第三方配送,这样就将全部精力放在核心业务上。

任何一个企业它的资源都不是无限大的,不可能把业务的方方面面都考虑得十分周全。为了使企业的资源可以得到最大化利用,可以使企业发展得更好,就需要企业对于自身情况进行评估,把资源都投入在自己核心业务中,而将自己不擅长、不熟悉的物流等辅助事务委托给专业的第三方物流公司进行操作。

(2) 企业通过采用新的技术,用信息交换库存,使得公司的成本降低。

在当今的社会,信息技术得到不断的发展,专业性强的第三方物流公司可以通过更新、更高超的技术不断加强和完善自身的物流硬件和软件设施。相对一个普通的制造公司而言,他们本身并不具备第一时间更新自己物流资源或技术的能力,因此对于各个零售商不断变化的配送和信息技术需求,他们不能及时给予支持和满足。相反,对于第三方物流公司来讲,因为他们拥有了先进的技术和设备,所以可以很快地对零售商的这些需求做出反应,而且他们还能满足企业潜在顾客的需求,从而使企业能够顺利获得零售商的青睐。

（3）企业通过减少在固定资产方面的投入,使得企业资本周转速度加快。

由于第三方物流公司自身具备了先进的物流硬件和软件设施,企业之所以选择与第三方物流公司合作,就是可以将他们在物流方面的投资降低下来,为企业减轻资金的负担,可以让企业的资金周转更加灵活快速。

（4）第三方配送提供的客户服务是灵活多样的,因此可以不断地为顾客创造更多的价值。

首先以原材料供应商为例,因为这随时需要有一个地区仓库,用来满足原材料需求客户快速货源补给的需求,这时,原材料供应商可以通过与第三方配送公司签署协议选择他们的仓储服务。这样不会发生由于在建造新设施或长期租赁时占用了大量的资金,从而使得经营灵活性上受到极大限制的情况。再来说说最终产品供应商,因为他们只能给最终客户提供有限的那么几项服务,如果想要为顾客带来更多的附加价值,选择第三方配送提供的灵活多样的服务是最佳方案,这样最终使得顾客对企业的满意度不断增强。

（5）从提高企业经营效率角度出发,采取第三方配送方式是非常有必要的。

首先,就像前面第一条优势所讲,采用第三方配送方式可以让企业将自己的全部精力和资源配送放到自身的核心业务上;其次,第三方配送企业拥有更加丰富的物流配送经验,可以带动企业的物流水平随着一起不断提高;再次,由于第三方物流企业不仅仅只为一家企业提供物流服务,因此其必须具备更加宽广的视野,这样便可以根据每个企业不同的情况为企业提供更加灵活多样的服务。

2. 第三方配送模式的劣势

这主要包括:第三方物流配送时效性和快递信息化程度较低,服务欠佳,行业各自为战;商家无法全程监控货物的运送,无法保证货物送达时间与效率,而货物配送受制于第三方物流,其发展水平对企业效益、用户体验度以及持续购买力会产生影响;同时三方配送需要代收款,再通过一定的支付方式给电商企业,从而使得企业资金周转率降低,不利于电商企业的经营。

（1）企业不能获得直接控制物流职能的权利。

在企业将物流配送交予第三方物流公司之后,企业就应该明白他们现在不能直接掌握产品物流情况。假如与第三方配送出现意见分歧时,就有可能完全不能控制商品的物流配送情况,这样就会造成企业的客户服务水平进一步降低。另一方面,由于外部服务商的存在,当企业内部出现问题时,不知道责任应该归谁负责,企业内部相互推卸责任,使得企业的运行效率降低。

(2) 企业不确定是否可以一直保持很高的顾客服务质量,对于维护与顾客的长期友好关系很不利。

由于某些生产企业是利用第三方来帮助他们进行产品的配送与售后服务的,这样他们就没法直接接触到客户,非常不利于他们建立长期稳定而又密切的客户关系。

由于采用第三方配送,使得企业的客户信息被泄漏的可能性将大大提高。

(3) 如果第三方配送企业经营出现问题了,有可能会殃及企业自身的经营。

由于与第三方配送建立的是一种长期合作的关系,如果它在经营方面出现了异常,就可能波及企业的经营,但是如果想要和第三方配送企业解除合作关系,就可能会有一笔不小的费用产生,因为想要建立一份稳定的合作关系需要一段很长的磨合时间。

(三) 共同配送模式

共同配送模式(Common Delivery),指多个客户联合起来共同由一个第三方物流服务公司来提供配送服务。它是在配送中心的统一计划、统一调度下展开的。其实质是通过作业活动的规模化降低作业成本,提高物流资源的利用效率,并采取多种方式,进行横向联合、集约协调、求同存异以及效益共享。

1. 共同配送模式的优势分析

(1) 物流共同化发展才促进了共同配送这个概念的产生,使得物流活动分工与协作不断增多,物流结构得到不断的完善和调整,物流资源得到优化配置。现今许多国家正是看到了它的这些优势所在,因此都在积极向企业推行这种配送组织形式。目前,有两种新的共同配送方式比较受到大家的青睐:第一,将很多家用户联合在一起共同设立一个接货点和货物处置地,充分集中人力和物力开展配送业务;第二,多家配送企业之间通过相互交叉利用他们的配送中心和机械设备,实现企业的配送业务。

(2) 由于共同配送使得企业的配送资源得到更好的配置,使得配送企业功能上的不足得到更好的弥补。这样企业的配送能力得到了提高。企业配送的规模扩大了,但是配送成本却降低了。

2. 共同配送模式的劣势分析

(1) 配送货物繁杂,客户要求不一致,难以管理。

因为配送货物的种类多种多样,并且每一样货物都有自己的特点,因此对于配送也有自己不同的要求,这样就对共同配送提出很高的要求,使得它的难度被加大了。

(2) 运作主体多元化,主管人员管理协调存在困难。

在规模、商圈、客户、经营意识等方面,各个企业都有自己的认知和理解,因此他们之间就会存在了很大的差距,这样共同配送就很难协调组织。毕竟每个货主对于货物的配送时间、配送地点、货物配送安全、配送数量都有不同的规定,因此就很难将这些要素统一规整起来。

(3) 共同配送的利益分配和资源调度方面的问题重重。

由于货主之间对于利益分配问题都有自己的想法和考虑,因此矛盾就随之产生了。但是,共同配送的利益是在各货主之间进行分配的,而由于每个货主的客观标准不统一,这样就不可能做到真正的公平、合理的分配。

(4) 在共同配送中,商业机密非常容易被泄露。

由于有些货主出于对自己商业秘密的保护不愿参加活动,因此就有可能造成各个经营主体的商业秘密在共同配送中被泄露出去。

(四) 物流联盟配送模式

利益是物流联盟产生的最根本原因。企业之间有共享的利益是物流联盟形成的基础。物流市场及其利润空间是巨大的。在西方发达国家物流成本占GDP的10%左右,而我国物流成本占15%—20%,如此大的市场与我国物流产业的效率低下形成鲜明的对比,生产运输企业通过物流或供应链的方式形成联盟有利于提高企业的物流效率,实现物流效益的最大化。

中小企业为了提高物流服务水平,通过联盟方式解决自身能力的不足。近年来随着人们消费水平的提高,零售业得到了迅猛的发展,这给物流业带来了发展机遇的同时,也带来了新的挑战。因物流发展水平的长期落后,如物流设备、技术落后,资金不足,按行政条块划分物流区域等,很多企业尤其是中小企业不能一下子适应新的需求,于是通过联盟的方式来解决这个矛盾。国际互联网技术的广泛应用使跨地区的物流企业联盟成为可能。由于信息高速公路的建成,使得世界距离大大缩短,异地物流企业利用网络也可以实现信息资源共享,为联盟提供了有利的条件。

物流联盟是介于独立的企业与市场交易关系之间的一种组织形态,是企业间由于自身某些方面发展的需要而形成的相对稳定的、长期的契约关系。物流联盟是以物流为合作基础的企业战略联盟,它是指两个或多个企业之间,为了实现自己物流战略目标,通过各种协议、契约而结成的优势互补、风险共担、利益共享的松散型网络组织。

在现代物流中,是否组建物流联盟,作为企业物流战略的决策之一,其重要性是不言而喻的。在我国,物流水平还处于初级阶段,组建联盟便显得尤为重要。我国物流企业面临跨国物流公司的竞争压力,通过物流联盟形式来应对。中国加入WTO,这给国外的投资商带来无限的商机,面对如此强劲的竞争对手,我国的物流企业只有结成联盟,通过各个行业和从事各环节业务的企业之间的联合,实现物流供应链全过程的有机融合,通过多家企业的共同努力来抵御国外大型物流企业的入侵,形成一个强大的力量,才有可能立于不败之地。

大型企业为了保持其核心竞争力,通过物流联盟方式把物流外包给一个或几个第三方物流公司。如英国的 Laura Ashley 是一家时装和家具零售商和批发商,从1953年的一个以家庭为基础的商业企业发展到在全球28个国家有540个专卖店的企业。

1. 物流联盟的优势

(1) 从建立物流联盟安排的角度看,物流联盟的建立最明显的效果就是在物流合作伙伴之间减少了相关交易费用。由于物流合作伙伴之间经常沟通与合作,可使得搜寻交易对象信息方面的费用大为降低;提供个性化的物流服务建立起来的相互信任与承诺,可减少各种履约的风险;一般物流契约的签约时间较长,可通过协商来减少在服务过程中产生的冲突。

(2) 从构建物流联盟的过程看,联盟企业可以寻找合适的合作伙伴,能够有效地维持物流联盟的稳定性。双方出于自身的利益选择有效的长期合作是最优策略,进而双方可以充分依靠建立联盟机制协调形成的内部环境,减少交易的不确定性和交易频率,降低交易费用,实现共同利益最大化。

(3) 从建立物流联盟的绩效看,一个稳定、长期的合作会激励双方把共同的利润做大,获得稳定的利润率。从物流发展的角度看,物流联盟是企业与专业物流服务商建立的一种现代物流合作形式。在物流联盟中,随着物流组织的发展,供应链中的联系会进一步加深,同时也会通过协作加深用户的物流需求,双方开展持续、诚信的合作,可以相互学到对方的优点如技术优势、丰富的经验等。

2. 物流联盟的劣势

物流联盟涉及多方企业,其中某一企业的退出会对其他企业的行为决策产生一定的影响,从而影响整个联盟的稳定性;横向联盟需要大量的商业企业加盟,会产生库存的积压,配送方式难以达成共同的标准,若遇到损失,责任难以认定,容易产生矛盾与间隙。

(1) 主导权问题。物流企业都有自己完整的仓储、信息网络等,将其整合并非易事,主导权问题一直是合作各方争论不休的话题。

(2) 联盟稳定性问题。联盟方式是基于供应链一体管理的基础形成的,即从原材料到产品生产、销售、服务形成一条龙的合作关系。垂直一体化联盟能够按照最终客户的要求为其提供最大价值的同时,可以实现一定程度上的整体利益最大化,但各个合作伙伴未必都能获得自身最大收益,这就会影响合作的稳定性,在合作方式上难以达成一致,也不利于联盟稳定性。在整个供应链上,不可能每个环节都能同时达到利益最大化,因此打击了一些企业的积极性,使它们有随时退出联盟的可能。

(3)配送方式标准化、格式化、集成化也是物流联盟面临的一个重大问题。

横向联盟需要大量的商业企业加盟,会产生库存的积压,配送方式难以达成共同的标准,若遇到损失,责任难以认定,容易产生矛盾与间隙。由于市场经济条件下的激烈竞争,为了占据市场的领导地位,供应链应成为一个动态的网络结构,以适应市场变化、柔性、速度、革新、知识的需要,不能适应供应链需求的企业将从中淘汰,并从外部选择优秀的企业进入供应链。利用项目为中心,由各个物流企业进行合作,形成一个联盟。这种联盟方式只限于一个具体的项目,使联盟成员之间合作的范围不广泛,优势不太明显。

第三节　互联网+物流配送的模式

一、电商物流"最后一公里"配送模式

最后一公里配送是指客户通过电子商务途径购物后,购买的物品被配送到配送点后,从一个分拣中心,通过一定的运输工具,将货物送到客户手中,实现门到门的服务。配送的"最后一公里"并不是真正的一公里,是指从物流分拣中心到客户手中这一段距离,通过运输工具,将货物送至客户手中的过程。由于属于短距离,俗话称之为一公里配送。这一短距离配送,是整个物流环节的末端环节,也是唯一一个直接和客户面对面接触的环节,意义重大。

目前,网络购物的飞速发展与物流配送的滞后已经严重不匹配,后者已成为电子商务发展的最大瓶颈。每逢年节,京东商城的投诉量总是直线上升,而多数投诉都指定同一个问题——送货太慢。和京东一样,当当、卓越也时常遇到这样的问题,遇到大量货品集中配送的时候,物流便难免堵塞。

作为整个电子商务行业的"最后一公里",我国电子商务行业的发展很大程度上成为过去数年内快递业发展的重要刺激因素。以申通为例,快递公司负责寻找货源和城际间的运输服务,而各地区的派送方则是加盟到申通体系中的快递公司。城际间的配送批量大、频次低,便于成本的控制,而地区内的配送由于顾客对及时性的要求不断提高,只能小批量、高频次的配送,使得地区内配送成本居高不下。另外,网上购物客户群体对物流费用的敏感度较高,使得成本不易向下游转嫁。时至今日,淘宝、当当等电子商务平台已经成为快递公司最大的客户。快递业因成本压力而选择快递费用上涨,势必影响电子商务的快速发展。

(一) 现状

目前快递送货是我国电商物流的主要配送模式,电商的高速发展使得快递行业业务量激增。电商交易量的巨大增加对电子商务物流提出了极高的要求。虽然我国的快递物流业经过多年发展已经初具规模,但是目前仍然无法满足电子商务交易的需要。这就造成了当前我国电子商务与电子商务物流"最后一公里"配送不协调的尴尬局面。

(二) 现存模式

1. 送货上门模式

送货上门模式即快递员按照客户要求的时间和地点直接送货上门,客户足不出户就可以收到快递。目前我国电子商务物流主要采用这种模式,直接送货上门的形式也体现出了电子商务的便利性特点。

2. 自助提货模式

自提服务主要是通过集中投递、客户自助提货的形式来完成"最后一公里"的配送。传统的送货上门模式存在如顾客电话没有及时接通、顾客为了等快递不能出门、上班时无法收取快递、出差在外无人代收快递、个人隐私被泄露等问题,自提模式可以有效避免这些问题。自提模式对于提升顾客体验有着明显的优势,在许多国家和地区已发展得较为成熟,但在我国还需要进一步推广。根据提货点实现形式的不同,分为两种:一是与便民店合作,二是建立专门的提货点。

(1) 与便民店合作。

与便民店合作是把便民店(比如小区物业室、写字楼保卫处、各种便利店、药店、校园代理点等)作为货物代收点,组成物流的"最后一公里"配送环节,从而实现货物的集中接收与责任归属。顾客可以利用休闲时间到附近的便民店提取货物。

(2) 建立专门的提货点。电商与便民门店合作推出自提服务存在难以管理等问题,因此部分电商企业开始建立自己的提货点。电商企业通常在人流密集的地方(社区、学校或商务楼等)附近建立专门的提货点,货物到达指定的提货点后,客户可以在方便或约定的时间到提货点提取货物。建立专门的提货点与第一种方式类似,也是以集中投递、自助提货的方式来完成"最后一公里"配送,但与前者不同的是,这里的提货点是专门建立的,工作人员为企业自有人员,易于管理,且重视服务,很大程度上提高了客户的满意度,增强了配送时间的灵活性。目前,京东、苏宁易购、国美在线和当当主要采用这种方式。

(三) 最后一公里配送模式的发展趋势

1. 智能快递柜模式

智能快递柜模式是目前大多数小区、写字楼都具备的一种接受包裹的模式。这种快递柜提供 24 小时快递代收货及临时寄存服务,打通快递业最后 100 米,通过智能柜代收服务积累用户数据,目前已经拥有派件收费、超期收费、寄件收费、广告业务收费四种商业模式。比较知名的快递柜公司有速递易、丰巢、易泊、富友等,其中速递易是规模最大的快递柜第三方公司。

优点:24小时自由存取,最大化地满足消费者对时间自由度的需求,还可以减少配送员的等待时间、节省沟通环节、提高配送效率、降低物流成本、节省人力成本。

缺点:占用空间大,存储空间有限,存储量有限,对于长、大、异形的包裹无能为力。对于包裹量大的校园来说,无法满足。自提柜成本高,后期维护修理费用不容忽视。

适用场所:居民小区、写字楼等。

2. 代收模式

代收模式是一种专门提供包裹代收服务的商业平台,通过为客户提供包裹代收,收取一定的代收费用,例如国内最大的第三方代收货平台:收货宝,从代收货开始,逐渐延伸到代寄、退货等所有包裹服务,为用户提供快递管家服务,并向网点引流。现已在北京、上海、广州、深圳四个一线城市的社区布局了10 000多个服务网点。除此之外,电商平台中的菜鸟驿站、阿里巴巴校园邮局、京东自提点、国美自提点也属于自营的代收模式。

优点:存取方便,人工服务易于沟通,业务种类多,可以满足客户不同需求,可存放各种异形包裹。

缺点:运营成本高,房租、人力成本等占用很大部分。

适用场所:社区、校园、商业广场等。

3. 直营便利店合作模式

直营便利店合作模式是快递公司通过与连锁店合作,通过加盟设点,利用连锁店成熟的社区网点,在连锁店增加包裹自提与代收服务。例如,顺风速递与成都红旗连锁合作,在其连锁店开展顺风速递的代收与代发业务,目前顺风速递的代办网点已经几乎覆盖成都主城区的所有社区。

优点:存取方便,人工服务易于沟通,自提时间与店铺营业时间一致,方便了白天上班的业主,对于连连锁店也是一种延伸发展的好模式。

缺点:合作成本较高,连锁店的代办费用不低,对于空间有限的连锁店,要腾出一定的空间存放包裹,的确有难度,同时连锁店员工的工作量加大,工资成本也是一笔支出,利润较低的快递公司能否合作成功也未必。

适用场所:社区。

4. 社区店加盟模式

社区杂货店一般都是个体经营的小店,其本身盈利模式比较简单,通过与社区杂货店合作,在每一单的快递收入上与店主分成。社区杂货店往往是夫妻店,没有连锁店那么多的经营规则,比较自由,通过社区业主的自提行为,还能为自己的小店带来一定的人流量,顺带销售店里的其他商品,因此合作起来比较容易,但是只有长期经营的社区杂货店才有这样的优势。

优点:存取方便,业务办理快捷方便,社区店老板积极性较高,对于本店的经营发展也有促进作用,自提时间与店铺营业时间一致,方便了白天上班的业主。

缺点:合作存在一定风险,社区杂货店要选择长期经营口碑好的店,对于新社区有一定难度,如果店主为了盈利收取的寄件费用较高,会导致客户流失。

适用场所:社区。

5. 物业服务模式

物业服务模式,就是物业公司直接向业主提供快递包裹的代收与代发服务,物业公司通过深挖社区商业,在社区开办商品零售业务,同时提供包裹的代收与代发服务。快递公司与物业零售平台合作,通过利润分成达成共识。例如,万科物业在全国社区最新推出的服务模式:万科幸福驿站,该驿站作为线下平台,优质商家提供产品和服务,贯通"住这儿"线上平台,同时依靠自身多年积累的社区管家服务,深入挖掘社区商业,形成服务社区业主的O2O闭环,开启全新的居住式消费体验,目前幸福驿站已经布局万科的每一个小区。这种驿站有别于与直营店合作的模式,因为物业更注重为业主服务,通过与快递合作,不仅可以增加零售店的利润,同时发挥自身优势为业主服务,更好地巩固社会关系。

优点:这是快递公司与物业双赢的模式,因为最开始也是快递把包裹放在物业,帮忙派发,但是随着包裹业务越来越多,物业怕担责任,也就不再提供免费的包裹代收服务了。这种模式既方便了业主,也方便了快递公司,同时物业也有一定收益。

缺点:对于规模较小的物业和社区,物业公司无能力开办零售店,也不愿意承担包裹的代收业务,快递公司的合作存在一定困难。

适用场所:居民小区。

总的来说,"最后一公里"配送意义重大,不仅是电子商务企业成败的关键,也是对电商消费者极其重要的一个物流活动。"最后一公里"配送服务是电商面对客户的唯一方式。负责"最后一公里"配送服务的第三方物流无法完成电商或产品的品牌传播和货物售后服务等工作。由于客户个性化的需求,例如,以旧换新的上门服务都是依靠"最后一公里"来实现的。客户满意度很大程度上取决于这个环节的质量和效率。

"最后一公里"配送服务可实现增值效益。服务中积累的数据,蕴含着客户端的丰富资源,能够积累出基于数据采购、信息管理等极有价值的东西,对于前端市场预测,提供有力的支撑。"最后一公里"配送,使得整个物流由被动转向主动分析客户信息,挖掘出隐藏价值,对客户提出个性化服务。由于直接的客户接触,企业的形象、价值文化等都能够通过"最后一公里"配送服务进行传播,达到增值效益。

只有做好"最后一公里"配送,电商企业才能真正快速发展,整个物流过程才可以称得上通畅,才能获得客户满意。

二、基于便利店的电子商务物流配送模式

(一) 物流配送模型的业务分析

根据以上对于连锁便利店和移动互联网的分析,可设计出移动互联网下基于便利店的电子商务物流配送解决方案的业务模型,如图 3-1 所示。

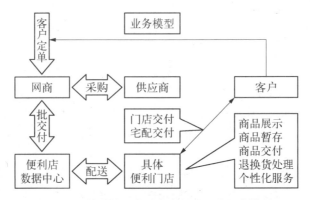

图 3-1 基于便利店的电商物流配送业务模型

移动互联网用户使用移动智能终端设备进行随时随地的电子商务下单,用户可选择支付宝、微信、电子银行等移动支付手段,或到便利店取货时进行现金或银行卡支付。

由第三方物流进行全国性整体性物流配送,再由便利店物流中心进行小区域局部精准化、高标准配送。客户按时或暂时寄存于便利店,也可以让便利店进行二次精准配送,即送货上门或重新投放,激励消费者到最近的便利店自提货物。

这其中包含便利店通过海报、宣传册、互动电子显示屏进行网络零售商以及自营网店商品信息宣传,并配以少量的实物以增强顾客实际感知度,还包括对网购商品的退换、维修等售后服务功能。

(二) 物流配送的营运平台

便利店可以利用灰色聚类法、莱利模型、哈夫模型、阿普波姆模型等众多

网点选址模型,对各连锁便利店进行选址,并对物流园区型、物流中心型、物流节点型进行分类和布局,充分利用便利店的前店后库型设计进行集货、配货、配送业务,以求既精准满足顾客需求,又服务于自身便利店的物流营运管理集配网络。

(三)便利店服务于电子商务的优势

1. 分部网络的广泛性和针对性

便利店以其便利性,广泛分布于城市居民区、办公写字楼、商业繁华区域等人们日常家居、工作、出行、休闲娱乐区域。分布于各个区域的便利店有其服务目标客户的针对性,有服务居民日常生活起居的居民区便利点,有服务于人们日常工作的写字楼区域便利店,有服务于人们日常出行的车站、机场便利店等。在上海,几乎平均每 3 000 人就拥有一家便利店,这一密度水平堪比全球人均拥有便利店数量最多的日本与中国台湾。

2. 分布距离的便利性,营业时间的全天性

便利店与超市相比,可以给那些想购买少量商品或满足即时所需的购物者带来距离、时间、商品、服务等诸多方面的便捷,消费者一般在 5—10 分钟即可到达附近的便利店。便利店一般的营业时间普遍不低于 16 个小时,全年无节假日,因此便利店被冠以"Any Time"式的购物方式的代表。

3. 应急购物的便利性

便利店商品突出的是即时性消费、小容量、急需性等特性。便利店的店铺面积小,通常只有 50—200 平方米,商品种类偏少,货架高度要比一般超市更低,这就使货物更简单明了,便于顾客在短时间内购买到自己所需的商品。统计数据表明,顾客从进入便利店挑选商品到付款结束平均所花费的时间一般只需三分钟。

4. 服务的综合性

便利店可以增加便民服务项目,同时建立便民综合信息网络服务平台,时刻把握消费者的现实便捷需求,如进行票务、电子商务的退换货物,以及支付、电脑维修等诸多便民服务。综上所述,便利店分布的广泛性为电子商务物流配送提供物流暂储点,有配送服务点的作用。分布距离较短节省了购物者的取货时间,提高了客户满意度。营业时间全天候也为电子商务配货、取货提供了缓冲时间。同时退换货以及支付业务为电子商务提供了实体保障与信用度维护等诸多服务于电子商务的优势。

三、基于互联网的同城配送车货匹配模式

这种类似滴滴打车的简单车货匹配的模式,国内典型运作商包括 58 速运、货

拉拉和一号货车等,以下以一号货车为例进行分析。

一号货车的客户端分为货主端和司机端两种。在货主端,货主端发出配送需求,若三分钟没有司机抢单,则平台后端会人工介入来进行车货匹配。该平台将司机分为两类,一类属于普通司机,订单随机分配;而另一类司机,则可简称为平台"会员",需向平台缴纳一定的押金。在该机制下,平台要保证每月分配给"会员"司机的订单量,如果不能分配给合同约定的最低配送订单量,平台则需对此类司机进行赔偿。一号货车匹配流程如图3-2所示。

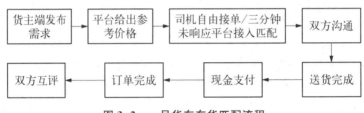

图 3-2　一号货车车货匹配流程

一号货车打破传统以距离为依据的价格体系,推出"直达""智送"和"回程车"三大功能板块,根据不同的物流配送服务特点,有针对性地提供标准化专业产品服务。

直达功能:面向个人和专业市场的中小商户(C类客户),如建材、家居装修类专业市场的货主等,该功能以大数据为支撑,提供直达服务功能。为货车司机和货主提供更为精确的双向交叉平台,是原有点对点直送服务的功能升级,能更加智能地匹配客户需求,货主和司机自由匹配,提供城市内的点对点货物直达服务。

智送功能:智送服务功能则面向在一定时间周期内有着固定物流配送服务需求的大型企业(B类客户),旨在提供城市内多点的同时配送服务。系统自动匹配最优车辆,在货主配送前,为企业优化配置运力资源,选择最优货运路线。可以有效降低企业内部的运营成本,缩短货物送达时间。

回程车功能:该功能主要为了降低司机送完去程货物的空车回程率。通过回程车功能,对司机而言,司机在出发前便可通过智能匹配选择回程是否接单;对货主而言,通过回程功能能够提前了解司机的送回地点以及回程地点,从而及时匹配到能提供载货服务的司机,形成双向互通的信息渠道。目前,一号货车同城配送车货匹配模式运作示意图如图3-3所示。

四、基于"互联网+"的京东自营物流配送模式

京东商城是中国B2C市场最大的3C网购专业平台,作为国内大型电子商务

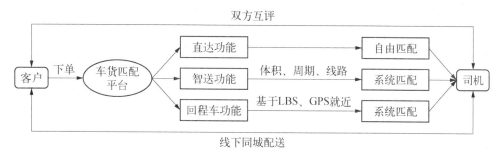

图 3-3 一号货车车货匹配运作模式

交易平台,为了满足自营商品和入驻商家的物流配送要求采取自营物流和第三方配送为主,其他灵活物流模式为辅相结合的模式,共同构造了京东商城完善的物流配送体系。京东的公司目标是成为全球前五的电子商务公司,它的主营业务是3C电子产品,并且以其自营物流体系以及非常高的配送效率著称。

京东主要是自建物流体系,以自营物流为主,效率高,配送及时。在配送效率上,京东自然占有不可比拟的优势。在配送方式方面,京东主要是在辐射范围内建有配送城市站,偏远地区采用第三方物流,高校内设置自提点。同时,采用 GIS 包裹跟踪系统和配送员 PDA 手持终端,来提高物流配送效率。京东商城对物流的依赖性强(电子产品对物流的安全性要求很高)。京东利润较好,资金充裕,企业成长快,比较合适自建物流。

众所周知,互联网在现实生活中的应用十分广泛,利用互联网进行购物已经成为社会的常态。京东基于"互联网+"模式下的物流配送,使得信息的流通、交换和商品的交易变得更加简单快捷。京东先后组建了上海及广州全资子公司,将华北、华东和华南三点连成一线,使全国大部分地区都覆盖在京东商城的物流配送网络之下。以北京、上海、广州和成都、沈阳、西安为中心的六大物流平台也在不停地促进京东的物流发展。目前京东利用自营物流在许多一二线的城市达到了"当天或次日送达"的目标,同时利用"低价正品"赢得了消费者的口碑,这也是京东商城逐步发展的市场基础。

五、不同配送运营模式的对比

任何一种物流配送模式都有它自身的优势和劣势。因此,企业不应盲目跟从于社会趋势,而是应从自身特点分析出发,选择适合自己的物流配送模式,才能使企业在电子商务的竞争中占据一席之地。

以下对四种典型的物流配送模式的优劣势进行详细分析,如表 3-1 所示。

表 3-1　四种物流配送模式优劣势分析

项　　目	自营配送模式	第三方配送模式	物流联盟模式	最后一公里配送模式
控制能力	较强	较低	中等	较强
物流成本	前期大	小	较低	较低
服务水平	较好	偏低	中等	较好
相应速度	较快	稍慢	一般	较快
信息化程度	及时有效	滞后	及时有效	及时有效
专业水平	较低	较高	较高	较低
风险程度	较大	较小	较小	较大

对于控制能力来说，自营配送模式和最后一公里控制能力较强，第三方配送模式较低，但自营配送模式前期物流成本较高。自营配送和最后一公里配送模式的服务水平较好，可以实现"门到门"的运输配送，方便了顾客收取货物，同样响应速度也较快。而自营配送和最后一公里的信息化程度及时有效，第三方配送和物流联盟模式的专业水平要高于自营配送和最后一公里，并且风险也较小。

配送模式的选择，不应一概而论，需因地、因时、因自身条件制宜，根据企业自身需求和发展选择合适的模式。虽然我国物流配送领域虽然起步较晚，相应的配套设施和服务仍未健全，但是发展空间较大。毕竟，一个企业配送模式的选择是需要同企业的战略相关联定位的，同时它也跟社会上第三方、第四方物流的发展速度和服务水平息息相关。每一种运输模式都有着各自的优势和劣势，但不管它们具备怎样的优势和劣势，它们最终服务的对象是消费者，所以只要最终能够满足消费者的真实需求，那么这种物流模式就是最好的物流模式。

第四节　互联网＋物流配送模式的优化策略

一、物流订单电子化

物流信息技术的快速普及和应用，条码、二维码、EDI（电子数据交换）、订单电子化将成为常态，纸质订单会很快被电子订单替代。

二、物流要素可视化

越来越多的货车司机连接到互联网，倒逼专线、三方等各个环节的服务主体将运输、储存保管、包装、装卸搬运、流通加工、配送的服务过程实现可视化,运输和配送的过程快递化成为趋势(所有的服务环节可追溯、可查询)。

三、物流服务精细化

互联网对传统销售的最大改变就是销售渠道更趋扁平化,其实所有物流人都能感觉得到:客户的订单变得越来越多,单次运量变得越来越少。销售渠道扁平化对物流服务的模式也带来了变革,提出了更精细化的物流服务要求。

四、物流服务金融化

普惠金融政策+互联网金融的兴起,未来的仓库一定变成"金库"。围绕以仓储服务为代表的金融服务将兴起,物流仓库和物流园区作为商品流通环节最重要的硬件平台,为业务流、资金流、信息流、商流和物流等"五流"的一体化整合创造了条件。

五、发展战略多元化

大数据时代,互联网应用是物流企业采取发展战略多元化的有力支撑,发展战略多元化的方向有客户多元化、业务多元化、地域多元化和投资多元化。多元化战略是物流企业应对挑战、壮大企业实力的有效途径。

六、跨界打劫常态化

在新技术、新能源、新资本的驱动和吸引下,越来越多的企业跨界到物流业,新技术、新能源、新资本让跨界打劫成为可能。

七、物流从业大众化

大平台+开放金融服务将物流业的从业门槛进一步降低,更多的企业和从业者将蜂拥而入。

八、物流发展模式精细化

我国物流企业应转变对物流"苦力服务"的传统定位,以及单纯的信息中介服务定位,向以"互联网+"为基础的信息化综合服务商转变,积极打造"互联网+"发展新模式。根据其基础来看,应加大对网络布局的实体平台的重视程度;根据其支撑来看,应加大对科技互联的信息平台的重视程度;根据其核心来看,应加大对标准产品服务平台的重视程度。因此,必须对传统物流粗放发展模式进行转变,对市场主动进行引导,打造智慧物流系统,实现物流企业发展的互联网共享,

最大限度地促进物流运转效率的提升。

借助"互联网+"的发展模式,有利于物流企业与其他企业在连接方面广度与深度的增加,而这种广度与深度对物流企业价值具有决定作用,能够有效提升整体物流运行质量,为客户提供最优质的物流服务。

九、物流发展创新驱动化

首先,物流企业应不断强化自身物流创新能力。基于可持续发展这一战略架构,在发展过程中,我国物流行业必须重视对物流创新能力的培养,使其上升到战略高度,积极构建"互联网+"产业创新网络,以及产业技术创新联盟。

其次,需要加快对融合标准的制定。"共性先立、急用先行"是我国物流行业必须遵循的原则,对物联网、人工智能等领域基础共性标准积极加以引导,同时对这些领域关键技术标准的研制及推广进行积极引导。对于与互联网融合应用的各项细分领域标准化工作也应进一步加快,如物控系统、智能运输设备等标准化;加强对"互联网+"融合标准体系的重视,通过对其不断地完善,推动我国国际物流标准化工作进程,确保我国物流标准制定话语权在国际上不断增强。最后,需要强化知识产权战略。"互联网+"环境中,知识产权保护也是推动物流创新必不可缺的内容,在知识产权战略方面物流企业应加强储备和布局。

为了推动整个物流行业的创新,在专利基础信息资源方面,我国可建设在线物流服务平台,加快开放共享进程,促进物流服务附加值不断提升;对于物流行业中的各种侵权假冒行为应加强打击力度,做好物流专利执法维权工作;建立"互联网+"物流发展模式保护联盟,重视对物流服务创新成果的保护。在"互联网+"环境下,"互联网+物流"服务离不开复合型的物流专业人才,物流行业应对复合型物流专业人才大力培养。互联网企业是形成"互联网+"环境的重要载体,为顺应"互联网+"发展趋势,物流企业应加强与其合作,开发和建立信息咨询、人才交流等合作机制;同时应针对物流管理人才,加强对其互联网技能培训,以适应可持续物流发展战略在复合型物流人才方面的需求。物流行业也可以通过与高校联合办学,在办学中加大对"互联网+"物流专业技术人才的培育力度;也可加强与高校、科研机构研究平台的合作,对一批联合实训基地进行打造,实现对"互联网+物流"服务实验中心的创建。物流企业本身也应建立完善的招聘与培训制度,注重招收和培养物流复合型人才,构建一支专业化物流人才队伍。

十、物流供应链与配送体系完善化

供应链是一个庞大的功能网链结构,它不仅包含最初对原材料进行采购的环节,而且包含对产品进行生产与加工环节,包含成品诞生环节及销售环节,最终使产品到达消费者手中,构成了对商流、信息流和物流以及资金流的全面控制与管理。在物流供应链中,贯穿其中的最为重要的环节即是配送,完善物流供应链的重点应放在完善物流配送体系上。可持续物流发展战略架构下,需要我国物流企业加强对物流配送体系的构建,通过对其不断完善,提升物流配送效率,在此基础上提升物流供应链整体效率。对于现代物流企业来说,构建一体化配送中心是一种必然发展趋势,我国物流企业应着重从这点入手,给客户提供一体化的仓储和运输服务;同时强化对新型网络技术的应用,加强对配送环节的监控,促进相关责任制度的完善;借助物流配送对客户信息的积累,对客户资源进行挖掘;在服务项目上,可提高项目附加值,开发多功能物流服务项目,使物流服务可以实现精准营销。物流企业还应加大对物流公共信息平台的重视,创新运营模式。

我国物流市场上,物流信息平台日趋多样化,同时涌现出各种公路物流 App,使人与货之间的连接实现了实时连接。物流企业可利用大数据智能分析,根据客户类型不同对物流模式进行定制与升级,促进服务效率的提高,使物流信息数据能够实现高效整合。对于中小物流企业来说,要实现可持续发展,应坚持走差异化经营之路,向客户提供更为细化的服务,对服务质量不断提高,使用户多样化需求得以满足。在公共网络平台中,运费是十分透明的,物流企业应转变盈利模式,如与货主构成牢固利益共生关系等;也可通过 App 实施物流商业模式变革,对区域物流网络以及海外物流网络积极建立和拓展,促进物流服务合作网络更加广泛化,获取更大的竞争优势。

案例 3-1 能运物流的汽车主机厂/总成厂入厂物流解决方案

一、上海能运物流有限公司概况

上海能运物流有限公司成立于 2004 年,是一家深度垂直于汽车入场物流领域,为客户提供一揽子物流解决方案的国内领先的汽车入场物流商。

能运物流在全国六大汽车产业集群拥有 14 家分公司、13 家办事处,已形成覆盖东北、京津、中部、西南、长三角、珠三角,一站发全国,全国发一站的全直营的汽车入场物流行业专网。长期为大众、吉利、博格华纳、长城、格特拉克、采埃孚、麦格纳、舍弗勒、博世等汽车业巨头提供"集—运—仓—配—包装"全链路的一揽子物流服务。

该公司是汽车入场物流领域拥有全链路方案设计能力且全直营落地实施能力的合同物流企业。长期的垂直深耕让公司对汽车行业客户的每一个细微需求了如指掌;多年的汽车入场物流运营经验,让公司的解决方案成熟且具有可操作性;1 200 名专业的运营团队,让公司能快速响应客户的任何需求。

二、汽车主机厂/总成厂入厂物流解决方案

汽车主机厂/总成厂入厂物流囊括了物流领域几乎所有的需求要素,包括多点取货、运输全国、仓储分拣、按需配送、特定包装、逆向物流、资金占用等。能运物流公司为 Inbound Freight 类需求提供基于 Milk-Run 设计和优化的入厂物流一揽子解决方案。有效地降低物流成本的同时,提升客户对入厂物流全链路的管控力度。

(一)方案概览

能运物流拥有一张覆盖全国六大汽车产业集群的全直营行业专网,全国范围内的汽车零部件生产商几乎全部覆盖在能运高品质的行业专网服务范围内。

通过对不同零部件的运输距离、供应频次、操作要求进行集合分析,制定出 Milk-Run 循环取货或单点取货方案,"集拼整车"或"整车直发"的运输方案,VMI 仓储管控及 JIT 配送方案。

(二)循环取货和单点取货的集货方案

根据供应商的位置分布情况及客户需求,灵活采用 Milk-Run 循环取货和单点取货两种模式。通过智能调度管理系统,根据实际取货订单信息进行科学合理的取货线路设计和取货车辆的配置,以最快的速度响应客户取货需求。

集货车辆全部标配电飞翼箱车,保证任何时间所调度的任何车辆完全满足作业要求。

(三)干线运输方案

根据客户需求及订单情况,能运物流灵活采用"集拼整车""整车直发"两种干线运输模式。零担类订单,集货到能运物流前端 HUB,智能配载集拼整车后,直发末端 HUB 或 VMI 仓。大批量订单或紧急订单,采取整车直发或专车直发至生产工厂或 VMI 仓,不经过能运的前后端 HUB。同时,GPS 全程跟踪每辆车每批货物,实时上传在途情况,全程透明化可视化,客户可随时抓取订单状态。

(四)VMI 仓储及配送服务

能运物流超过 10 年专注于汽车入场物流,已在十数个靠近主机厂 10 千米范围内建立 VMI 仓储基地。能运物流还可定制化建立 VMI 仓储基地。

全国各地的零部件运输至 VMI 仓后,提供定制化的仓储管理服务。信息系统与客户无缝对接,根据产线生产计划,提供 JIT 配送服务。

同时,系统将每天进行库存盘点并自动生成仓储管理日报发送至客户,客户及时掌握零部件供应情况以便于后续计划安排。

(五)循环器具

为客户提供灵活的包装解决方案,根据客户的整体规划,可采购、可租赁,并通过一体化的运输体系,让包装闭环流通,高效运转。

（六）全程监控节点可视

能运物流全程配备物联网信息采集设备，从线上订单接入及线下接触取货开始到线下订单交付及回单确认，全程监控，全程数据记录。订单随时可抓取，异常及时警报且及时锁定，全程可追溯（如图3-4所示）。

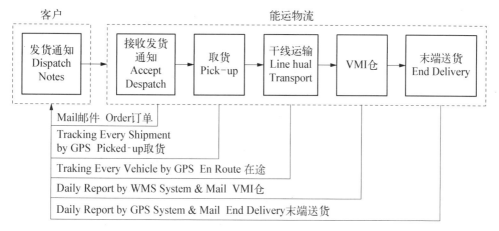

图 3-4　能运物流全程可视化

案例 3-2　顺丰速运公司的运营模式

一、顺丰速运的整体运营模式

如今物流公司的运营大抵有三种模式：门店自营、连锁加盟、业务外包。速运公司其实也不例外。顺丰速运的所有门店均属于自营，称之为分点部，直属于分部管理，分部又直属于区部。

由于顺丰速运网点众多，这种管理模式有效解决了公司各自为政的困境，然而过多的层次也使得管理分散，上级的指示难以贯彻到位，会形成一种天高皇帝远的感觉。这也是多数大企业无法避免的困境，唯一的办法就是互联网的信息快速传递，顺丰的任何点部都配备电脑，上级的任务下达、信息的更新都由计算机来完成，但计算机也不是万能的。

二、顺丰分点部的主要职能

1. 收件：由业务员上门收件或顾客自己送件上门。
2. 发件：收来的件由业务员包装好发货。
3. 派件：快件由中转场发过来后经过卸车、解包、分拣、派件出仓将件分配到各自负责的业务员手中，业务员开始将快件送至客户手中。

4. 仓库物料的管理：物料领用申请、分发、数量盘点统计。

5. 财务管理：代收货款、业务员收派件的散单费用的收取存入，财务报表制作。

6. 运单上传：蓝单(运单的第一联即收件联)和黄单(第二联即派件联)须扫描上传。

7. 滞留件(由于各种原因未能派送成功的快件)的管理：统计滞留件，并按滞留原因分类放在相应的笼子里，上报滞留件的滞留原因。

三、顺丰速运的服务特色

为客户提供最优质的服务品质，赢得顾客、员工、社会满意是顺丰前进的动力源泉。成为最受信赖和尊重的速运公司是顺丰不变的服务目标。顺丰速运专心专注，持之以恒，为打造优秀的快递服务品牌不懈努力！顺丰拥有热诚的员工和强大的服务能力，能快速响应客户需求，为客户提供更快捷更方便的服务，助力客户商业成功。顺丰速运的产品具体有以下八种。

（一）普通快件

普通快件，即是标准快件，运送物品不限(违禁品除外)，服务范围包括全国大部分一二级城市、部分经济相对发达的三级城市。对于此类快件，顺丰基本上可以做到今日寄件，第二天到达客户手中或到达客户所在区域。

（二）即日件

即日件，即当天寄件，当天可以到客户手中，满足了客户对托寄物品急用的需求。当然此类快件价格相对普通快件要高，服务范围也比较有限，只服务周边的相对发达的城市。

（三）普货服务

客户对此类货物时间要求不高，但是货物数量众多且重量较大。若采用标准快递费用，将是相当的高昂，走铺货价格就会便宜得多，但是顺丰不保证时效，短则跟普通快件一起到达，长则一周至两周。因为普货是要等当地的飞机或货车有空闲空间才可以托运的。

（四）航空件

此类快件都是由飞机托运。例如，快件由无锡出发，除江浙沪皖外均是航空件(有路运件贴纸的件除外)。航空件的首重价格与续重价格均高于陆运件。

（五）陆运件

此类快件全程都是由陆运完成，例如，由无锡出发到江浙沪皖都是走陆运，江浙沪皖以外的快件也可以贴上陆运贴纸走陆运的，但是陆运件无法覆盖顺丰所服务的所有范围。

(六)国际件

国际件是顺丰的一大优势,新加坡、韩国等目前都已纳入顺丰的服务范围。

(七)代收货款

这个服务给做电子商务的企业带来了极大的方便,功能如同支付宝,又比支付宝更让卖家放心,可以见货、验货再付款。你不满意可以直接不付款,支付宝还得在网上申请退款,还得由买家把货寄回。

(八)签回单服务

客户发货后需要收方签署收货回单,但回单如果再用标准快递寄回就无形中增加了客户成本,作为真正为客户服务的企业应该为客户创造效益,成就客户。为此顺丰提供了签回单业务,回单寄回每份仅需三元。

四、顺丰速运的竞争优势

(一)把直营制的优点发挥到极致

在快递业的早期,大家都是采取加盟模式发展,其实顺丰也一样。加盟模式是指,快递公司每进入一个陌生的地区,会找到一个当地的公司作为加盟商,由这家公司来跑业务,但是公司的资产是归地方老板个人所有,总部提供的是统一的品牌、物流、管理,然后收取加盟费。

加盟制的好处在于,在快递业开疆拓土的时候,扩张非常迅速。因为人多力量大。这也是一种轻资产模式,因为总部其实不需要很多人,主要是承担管理和战略职能。

顺丰最早也这么做,但是很快发现,这样的快递公司服务不行。

因为在加盟模式下,快递员的直接老板是地方公司老板,说白了就是强诸侯、弱中央的模式,这种情况下,管理很难规范起来。地方做大了以后,难免会觉得,你总部都是我在养着,我凭什么听你的?

于是顺丰大刀阔斧地搞了一场削藩运动,所以门店执行实行直营制模式,顺丰彻底变成了一家直营快递公司,这个模式在当时的中国,除了国家队 EMS,是独一份。

改成直营以后,意味着公司不可能向加盟制公司那样广铺网点,大肆扩张。快递员也是由总部公司发工资,运营成本一下重了不少。但是,顺丰在如何提高快递员积极性上下足了工夫。顺丰采取了两个方法。

一是承包,就是快递员像当年的包产到户一样,每个快递员在城市里有自己的片区,别人不会来抢你的,但是,如果你的片区业务量增长缓慢,一定时间内没有起色,就换人。

二是计件工资。我们所说的送快递,实际上更多是指派件。真正挣钱的也是在这个部分。在顺丰,你送的越多,挣的越多,而且上不封顶。

换句话说，这样一来，实际每个快递员在顺丰里都是给自己打工，每个人都是大公司里的个体户，是不是听起来有点像出租车司机的活法？其实还不一样，出租车司机犯懒的时候可以不拉活，但是如果一个快递员的片区来件了，快递员不动，只要一打投诉电话，这个快递员就完了。在承包制下，每个快递员都会非常积极地去拓展客户，去服务好客户，这个片区越肥，他自己挣的越多。

（二）速度快

这些年特别是电商发达以后，快递业的价格战很厉害。但是，顺丰并不参与恶性价格战。

用过顺丰的人都知道，北京到上海的普通件，第二天早上到，也就是通常的次日达，是20元。这个价格几乎是同行的一倍。甚至当同行都琢磨如何降价的时候，顺丰还涨价。

为什么顺丰敢把价格抬高？因为用户认它。这就是口碑。

为什么认他？一个字，快。

顺丰是真正地把快递做成了快递。你可能觉得这是个废话，但事实上，中国的很多快递公司都是慢递。

这就是直营制的优点。

企业想要做强做大没有自己的竞争优势是绝对不可能的。顺丰的竞争优势不仅在于以上各种贴心的产品，还在于它严格的时效管理。收一派二（从客户下订单到业务员上门收件一小时必须完成，派件从派件出仓到件送到客户手中必须两小时完成）是顺丰速运目前的死制度，这也就保证了快件的速度，防止了快件在业务员手中浪费过多时间。而配合这个制度的实施是阿修罗系统，它可以随时监控哪个快件在哪个业务员手中，还有多久将超时派送，没有派送成功的原因，等等。

（三）布局快

2009年的经济危机时，很多小快递公司都倒下了，顺丰也经历了历史上少有的亏损，但是，顺丰却做了一件令人瞠目结舌的事，申请成立航空公司，花钱买飞机。

当其他快递公司从经济危机中恢复过来，再想追赶顺丰时，有自有货机的顺丰早就遥遥领先了。其他公司只能望尘莫及。

（四）服务好

顺丰开通了400免费热线电话受理客户的查询快件位置、投诉、理赔、下单等服务，客户还可以通过网上下单，手机安装了顺丰速运通还可以手机下单，加了顺丰QQ还可以通过QQ下单。一旦下单成功，客户的快件将在一小时内由业务员来取走。如果一小时内没来取件也没有电话联系说明原因，客户就可以投诉。

顺丰速运的运价在国内同行中是较高的,顺丰走的是高端市场,以速度和服务制胜。顺丰拥有自己的飞机,这是国内同行所没有的。速度快还与它的发车频率有关,顺丰任何点部都是每天到四趟件,发四趟件,时间是固定的。

思考题

1. 物流配送按照经营形式可以分成几种类型?
2. 物流配送按照时间和数量如何进行分类?
3. 按配送承担者划分的配送模式包括哪些?
4. 最后一公里配送模式的发展趋势如何?
5. 试对不同配送运营模式的优劣势进行对比。

第四章　互联网＋仓储作业管理

学习目标

1. 互联网＋在物流仓储作业管理中的应用
2. 互联网＋存货管理模式
3. 存货重点分类管理技术
4. 仓储订单作业流程
5. 入库管理
6. 拣货与出库管理
7. 互联网＋公共仓储管理
8. 云仓模式运营特点和对物流行业的影响

当前仓储管理已经从最初的人工管理逐渐进入了自动化和智能化的管理阶段。但是,大多数企业的仓储管理较为落后,在具体的管理活动中造成了较大的人力成本和物资成本的浪费,将"互联网＋"的思维和技术应用到仓储管理的过程中能够使得其管理更加科学有效。

第一节　互联网＋在物流仓储作业管理中的应用

仓储作业管理包括对货物入库验收管理、出库管理、退货管理、盘点管理、账目单据管理和仓储安全管理等工作。

为适应物流集约化管理对现代仓储配送网络建设和信息化、标准化管理的需求,积极研究仓储信息系统建设,提升物资储运管理水平,力求整合全网仓储资源,利用信息通信技术以及互联网平台,让互联网与现有的仓储管理系统进行深度融合,以现代物流与供应链管理为理论基础,应积极开发"互联网＋"的运行管理方式,全面提升物流集约化管理的科学高效的仓储配送体系。

一、"互联网+"与仓储物流体系的关系分析

我国仓储管理的主要传感技术为无线射频识别技术和GPS技术,但是随着物联网的发展,使得物流仓储传感识别技术的种类越来越多,具体包括M2M技术、视频识别技术和蓝牙技术等,这些技术在冷链物流、物流安全防盗以及业务流程控制等方面有着重要的应用。

物联网是促进当前世界经济发展的主要动力,其主要由网络构架联网感知层、网络层和应用层构成。感知层由甲级传感器和感应器组成;网络层与互联网、无线通信网以及其他网络相连接;应用层与仓库管理系统相连接。其中,RFID技术和嵌入式是其应用的主要传感技术,除此之外,智能对象标签、目标对象跟踪以及环境检测和智能控制是其应用层的主要三种运行模式。将物联网和仓储管理系统相对接使得物流管理的效率得到极大的提高。当前我国仓储管理系统中虽然应用到了物联网管理技术,但是其作为物流管理系统的信息库职能并没有真正实现。因此,要对物流管理系统中物流网进行重新设置和组建才能够使得物流仓储管理系统得到优化和改善。

二、"互联网+"技术在物流仓储管理中的应用

当前我国多数企业都认识到了物联网对企业管理效率提高的重要意义,将物联网应用到企业的物流管理系统中取得了一定成效,物联网的高技术性、综合性以及信息共享性的特点得到了一定程度的应用和体现,使得传统的仓储管理模式在一定程度长得到了较大的改变,增强了企业的整体管理水平。

(一)在出入库管理中的应用

物联网在出入库管理中的应用,首先就是对入库物品的信息采集方面,其主要流程就是入库人员根据入库清单对入库物品进行核对后交接给仓库操作人员,仓库操作人员用自动识别设备将入库物品的信息输入到仓库管理系统后再通过自动搬运设备将其归放到相应的货位上。在物联网系统的支持下,入库的货物信息就会自动形成库存报表,库存报表详细地记载着该批入库货物的详细信息。其应用于出库的信息采集流程基本上和出库相类似。

1. App在仓储系统中的应用

依托仓储管理系统App,通过供应链管理系统扫描生成二维码读取货物信息,了解货物名称、合同签订时间、配送计划日期、到货时间、计划数量、库存数量、供应商联系人、供应商联系电话、出库货物接收人、联系人及出库项目名称等货物信息,实时掌控货物动态信息,实现货物动态管理。

2. 监控平台的应用

出库时系统生成出库二维码,不仅可以通过扫描二维码了解货物的去向信息,而且能通过远程监控平台实时监控货物的配送时间及配送路线。货物到达客户投入使用后,可以从监控平台了解到货物投入使用后的运行时间,对维护、保养、替换货物起到提示的作用。真正实现货物可追溯、可查询、可监控的目的。

(二)在存货、库存量以及盘点中的运用

首先,物联网能够对货品和货位进行精确和快速的定位,例如 RFID 识别技术的应用。其次,由于库存存量对于是仓储管理适时进行核查和控制的对象,物流网以多级库存管理模式将库存货品的所有信息记录在仓库管理信息系统内,使得库存存量的信息更加全面和准确。再次,库存盘点是物流仓储管理的一项重要环节,由于盘点的过程涉及库存货品名称、数量以及存放时间和存放货位等几乎所有信息,其工作量非常大。物联网即时通过应用射频识别设备对货品的射频标签进行扫描,将扫描的信息自动传输到仓储管理系统内后系统内的货品信息会自动更新,从而完成盘点工作,使得盘点工作在效率和准确性方面得到了极大化的提升。

(三)在库存管理中的应用

物联网在库存管理中的应用主要针对仓库之间货物的转移,由于货物在仓库之间进行转移的过程不仅仅涉及货物位置的变化,而且也伴随着其数量发生改变。仓库之间进行货物转移的目的就为了有效节约储存空间,降低仓储管理成本,并且也能够为运输提供方便。

物联网在仓库货物转移的主要应用主要是对其进行精确的定位和实时的跟踪,使得能够及时掌握货品的库位以及摆放等相关情况,做出适当的调节。

此外,物联网应用于库存管理的另一个作用就是仓储管理系统中的货物信息和实际的货物能够达到实时的一致性。在货物转移过程的搬运环节通过物联网技术的应用能够实现智能化搬运,所谓的智能化搬运就是通过仓储管理系统向智能物流终端发出货物搬运命令,而智能搬运车接受智能终端的命令进行货物的搬运和摆放工作。

第二节 仓储存货管理

现代社会中,市场竞争环境越来越激烈,企业生存压力越来越大。这意味着企业间竞争已经从盲目扩大销量抢占更多市场转变为加强企业的内部管理制度方面。存货管理关系企业资金占用水平以及资产运作,所以存货管理制度是内部

管理的重要组成部分。不断提高企业存货管理水平有助于提升企业竞争优势，提高企业核心竞争力，企业将获得更好的发展。

一、存货的概念

存货是指处于储存状态的物品或商品。存货与保管的概念不同，存货是从物流管理的角度追求其合理性和经济性；保管是从物流作业的角度追求其效率化。存货的作用表现在解决商品供应和商品需求在时间上、方式上存在的矛盾。比如，商品的生成从购进原材料、生产出商品到把商品运送到企业销售都需要时间；而顾客却不会等待如此长的时间。这一矛盾只有靠保持有存货才能够解决。另一方面，商品的采购往往是大批量的、单品种的，却要尽可能给顾客提供多品种、小批量的商品，这一矛盾也需要通过配送中心持有存货来加以解决。因此，存货是保证配送中心能够正常经营的必要条件。

二、存货的功能

企业之所以保持存货，是因为商品的供应与需求在时间上存在着矛盾，在企业的经营过程中存在着不确定性因素和企业需要降低经营成本等缘故。如果没有存货，企业将无法从事正常的经营活动。因此，存货在企业的经营过程中具有以下五项功能。

（一）时间性功能

任何商品在到达最终消费者之前都要经过较长的生产和流通过程。从原材料的采购、物品的生产到成品的流通都需要时间，而每一位消费者都不愿意等待如此长的时间。如果企业保持有存货，就可以缩短甚至消除消费者等待的时间，满足消费者的需要。商品的生产周期越长，流通条件越差，存货保持的时间就越长。

（二）分离功能

存货的分离功能是指存货可以把本来相互衔接、相互依赖的各环节分离开来，使每一环节能以最经济的方式进行。比如，企业的经营过程中，商品的采购环节与各分店的销售是相互连接、相互制约的两个环节。如果没有存货，企业的销售必须按照采购环节的节奏进行，采购环节也必须根据企业的销售节奏进行采购。但是，企业如果保持有商品的存货，就可实现两者的分离，采购环节按照最经济的数量和最合适的时间进行采购，企业销售也可以按照正常的节奏进行。

（三）不确定因素的缓冲功能

在企业的经营过程中，经常会遇到各种意外事件，比如，企业商品的需求量超过了预测的需求量，或订货的前置时间超过了预测的前置时间。在这种情况下，如果企业的配送中心没有保持足够存货，各连锁分店将会发生缺货现象，影响正常经营,造成销售利润和企业信誉的损失。因此,存货具有不确定因素的缓冲功能。

(四) 经济性功能

经济性功能是指存货可使企业利用成本进行方案的选择。存货的存在使得企业能够按照经济数量去进行商品的采购,而不必考虑销售的波动情况。对于波动较大或季节性的商品,存货可使其经营保持均衡,从而降低成本。

(五) 投机性功能

对预计以后将要涨价的物品在现行价格较低时便买进额外数量就将降低该商品的采购成本。

三、配送中心存货的特点

配送中心存货必须依据其特点进行管理。

(一) 存货数量大,品种多

由于配送中心是生产前和生产后的蓄水池,所以生产和流通中的主要存货都趋于集中存储在各个配送中心,导致配送中心存货数量、品种不断增多。对于一些大型配送中心,其存货余额可高达几十亿美元,占企业流动资产的30%—70%。通常这些配送中心都要兴建现代化的仓库,辟出大块空间,并配备一定数量的仓储设备来完成这些货物的存储。如美国一些大型配送中心的占地面积都在30万平方米以上,有的甚至达到100万平方米以上。

(二) 存货周转快

一般来讲,配送中心是货物的集散地,货物在配送中心不进行长期储存,存货时间相对较短,这也是配送中心与普通仓库的主要区别。特别是对于一些中转型配送中心来讲,有时货物在配送中心的停留时间不超过24小时或基本不做停留,完成分拣和配货作业以后,货物很快就被运出配送中心,发送给JIT用户。配送中心存货的这个特点要求配送中心存货系统规划必须充分考虑如何使存货系统满足货物的快速流动。

(三) 存货来源广

作为物流节点的配送中心,其服务对象是为数众多的生产或批发零售企业。一般来讲,一个配送中心的服务对象少则几十家,多则数百家。不同客户对货物的种类、数量、规格又会提出不同的要求,这就要求配送中心存货系统具有快速的反应能力。

四、互联网+存货管理模式

(一) 传统存货管理的不足

传统存货管理模式主体一般是单个企业,通过优化存储成本和订货成本确定经济订货批量,忽略了企业间的协作效应。如果只依靠单个企业历史数据预测分析会造成信息获取时间长、不准确,一旦市场发生变化或者预测失误,会对企业的经营造成致命打击。所以,传统存货管理模式存在很多缺陷。

1. 主体间协调性差

在传统模式下,企业作为一个个体,以实现自身利益最大化为发展目标。企业之间沟通少,相互间缺乏信任和合作,纯粹的竞争关系使企业存货管理效率较低。

2. 绩效考评维度单一

在传统模式下,考评绩效时不考虑上下游企业整体绩效,企业以自身或存货管理部门管理效果作为唯一考核标准。通常,存货管理优劣评价指标使用存货周转率,不考虑存货订货周转、提前和延迟交货时间等指标。同时,企业用仓储费用评价存货管理水平高低,忽略采购运费,这两项费用反向相关,只考虑一项指标,不能说明存货管理是否有效。

3. 控制策略单一

确保企业运行的顺畅以及满足不确定的需求是存货控制的目标。传统存货控制对象是企业个体,对各种存货使用相同存货控制策略,不能反映需求波动与存货供应之间的关系。

4. 信息传递效率低

存货管理必须依靠强有力的信息系统支持,该系统可以对存货信息进行预测、分析,满足企业快速应对市场及客户需求的管理目标。在传统存货控制中,信息系统提供的信息是不准确的延迟信息,企业也不能很好进行信息集成,造成了企业存货过量,资金占用多,流动性差。

(二)"互联网+"模式下对存货管理的优化

"互联网+"是知识社会创新推动下的互联网形态演进及其催生的经济社会发展新常态。它提出了充分发挥互联网在生产要素配置中的优化和集成作用,将互联网的创新成果深度融合于经济社会各领域之中,提升实体经济的创新力和生产力,形成更广泛的以互联网为基础设施和实现工具的经济发展模式。

在此背景下,很多企业紧随"互联网+"创新商业模式,借助互联网平台增加自身利益,研究如何有效结合互联网技术和存货管理,改善传统存货管理缺陷,优化存货管理模式。结合我国经济技术及经济实体发展实践过程,企业应该从以下两个方面改进企业存货管理现状。

1. 企业流程优化,重塑核心业务流程

不少企业花费大量资金实现了硬件化存货管理信息系统,认为信息技术应用可以在管理及流程上解决所有问题,但企业距离提高企业竞争力目标甚远。所以,企业想在存货管理上效果良好,不能简单依赖信息技术实施,还需要对所有相关流程进行优化,重塑核心业务流程,比如持续优化并推进财务流程,能真正实现存货管理价值。

业务流程优化可以根据信息技术来构造业务流程走向,在设计初期就充分考虑信息技术的作用。所以,业务流程重组可以大幅提高存货管理的效率。

2. 加强并完善供应链管理

供应链管理把供应商、制造商、仓库、配送中心和渠道商等组织整合以降低整个供应链系统成本。供应链上下游企业之间从竞争转变为竞合,互利共赢,共享信息,采取联合采购管理策略降低存货存量、资金占用、存货成本。供应链管理包括企业内部及企业间管理,特别是供应链存货管理环节,设计供应链整体存货管理框架构建,加强供需信息沟通、共享,是"互联网＋"模式对存货管理模式提出的新要求。

第三节　仓储存货管理技术

一、ABC 存货重点分类管理技术

一般来说,企业的库存物资种类繁多,每个品种的价格与库存数量也不等。有的物资品种不多,但价值很高;有的物资品种很多,但价值不高。由于企业的资源有限,对所有库存品种均给予相同程度的重视和管理是不可能的,也是不切实际的。为了使有限的时间、资金、人力等企业资源能得到更有效的利用,应对库存物资进行分类,将管理的重点放在重要的库存物资上,进行分类管理,即依据库存物资重要程度的不同,分别进行管理,这就是 ABC 分类方法的基本思想。

(一) ABC 存货分类法的原理

ABC 存货分类法的原理是:由于各种存货的需求量和单价各不相同,其年耗用金额也各不相同。那些年耗用金额较大的存货,由于其占压连锁企业的资金较大,对企业经营的影响也较大,因此需要进行特别的重视和管理。ABC 存货分类法就是根据存货的年耗用金额的大小,存货划分为 A、B、C 三类。A 类存货品:其年耗用金额占总存货金额的 75%—80%,其品种数却占存货品种数的 10%—20%;B 类存货品:其年耗用金额占总存货金额的 10%—15%,其品种数占总存货品种数的 20%—25%;C 类存货品:其年耗用金额占总存货金额的 5%—10%,其品种数占总存货品种数的 60%—65%。

（二）ABC存货分类法的实施步骤

配送中心对其存货实施ABC分类有五个步骤。

1. 搜集数据

配送中心在对存货进行分类之前，首先要搜集有关存货的年总需求量、单价以及重要度的信息。

2. 处理数据

利用搜集的各种存货的年总需求量、单价，计算出各种存货的年耗用总金额。

3. 编制ABC分析表

根据已计算出的各种存货品的年耗用总金额，把存货品按照年耗用总金额从大到小进行排列，并计算累计百分比。

4. 确定分类

根据已计算的年耗用总金额的累计百分比，按照ABC分类法的基本原理，对存货品进行分类。

5. 绘制ABC分析图

将上述的分类结果，在曲线图上表现出来。

（三）ABC存货管理策略

连锁企业在对存货进行ABC分类之后，便应根据企业的经营策略对不同级别的存货进行不同的管理，以便有选择性地对存货进行控制，减轻存货管理的压力。

A类存货：对于这类品种少、价值高的商品，应当投入较大力量精心管理、严格控制，防止缺货或超储，尽量将存货量压缩到最低，并保持最高的服务水平，即最少98%的存货可得性。按存货模型计算每种商品的订货量，按最优批量、采用定量订购方式订货，严密监视存货量变化情况，当存货量一降到报警点时便马上订货；存货进出库记录填写严格；对需求进行较精确的预测，尽量减少安全存货量。

B类存货：这类存货品属于一般的品种。按经营方针调节存货水平，保持较高的服务水平，至少95%的存货可得性。单价较高的存货品采用定量订购方式；其他的采用经济订货方式，可对若干商品进行联合统一订货，采用非强制存货系统较适合；存货检查较频繁，物品进出库记录填写比较严格，并保持较多的安全存货。

C类存货：对连锁企业的经营影响最小，对其的管理也最不严格。集中大量订货，以较高存货来减少订货费用，并保持一般服务水平，即大约90%的存货可得性；存货检查按年度或季度进行；简单填写物品进出库记录，多准备安全存货，减少订购次数，降低订货费用。

（四）ABC 存货管理的效果

ABC 分类管理可以减轻连锁企业配送中心存货管理的工作量。它把"重要的少数"与"不重要的多数"区别开来，从而可以取得以下效果。

1. 可以根据 ABC 分类制定不同的采购频率

虽然采购订单下达时间有很多方法，很多行业也有自己特殊的做法，比如汽车生产企业，把每天的需求发布到供应商管理平台，然后供应商按需求时间直送车间工位，但是这并不影响根据 ABC 分类制定不同采购频率的适用性。既然我们按照库存金额占比把存货进行了 ABC 分类，我们可以从既保证生产供应，又能降低库存资金的角度来制定 ABC 各类存货的采购频率。比如：根据企业运行情况，A 类存货保持 6 天的平均消耗量库存即可，C 类存货保持 20 天的平均消耗量库存即可，那么我们针对 A、C 类物料就可以分别 12 天、40 天下达一次采购订单即可。这里值得一提的是，这是一个理想的推算，它需要基于供应商送货周期可控，并且这些采购存货的需求比较均衡。所以，企业在采用本方法的时候，还要具体结合一下本企业的实际情况。

2. 可以根据 ABC 分类制定不同的供应商管理策略

ABC 分类在很大程度上代表了存货的重要程度，企业可以针对 ABC 分类来制定不同的供应商管理策略，比如哪些供应商可以作为公司的战略供应商进行维护，可以把存货 ABC 作为一个非常重要的考虑因素，从而提高供应商配合度，增强与供应商谈判的议价能力等。另外，根据 ABC 分类，企业可以考虑某类存货的活跃供应商数，一是方便供应商及时供货，二是可以避免垄断供应商，以免公司被供应商"绑架"。

3. 可以根据 ABC 分类制定不同的需求计划方式

存货 ABC 分类是一个制定需求计划方式的很好依据。比如，大多数 A 类存货可以采取定量订货方式，基于 C 类存货价值比较低，可以采取再定货点方式，至于 B 类存货，可以根据企业的实际情况选择定量订货、再定货点或其他方式。总而言之，存货 ABC 分类可以为需求计划方式的制定提供非常重要的依据。

（五）ABC 存货管理的注意事项

不能以耗用金额作为唯一的分类标准，还应考虑单价以及商品的重要程度。对于单价高的 A 类商品，应严格控制，而对于单价较低的 A 类商品，可按照 B 类商品进行存货管理。对于某项 C 类或 B 类商品的缺少会严重地影响连锁企业的市场形象的情况下，该项 C 类或 B 类商品必须进行严格的管理，强制进入 A 类。所以，在进行存货分类时，不但要依据商品耗用金额，还要考虑存货单价及重要程度等其他因素。

物流实战 4-1

ABC 分类应用

某仓库存放有 10 种货物,每种货物的有关资料见表 4-1。

表 4-1 仓库货物基本资料

货物编号	单价(元)	货物库存量(件)
A	8.00	1 000
B	4.00	4 250
C	9.00	1 667
D	6.00	26 333
E	2.00	2 500
F	7.00	1 000
G	5.00	400
H	3.00	333
I	6.00	29 667
J	7.00	3 143

试运用库存控制中的 ABC 分类技术,根据库存金额进行分类,填写表 4-2,并根据表 4-2 的分类结果填写表 4-3。

表 4-2 根据库存金额分类

次序	货物编号	库存金额	占总金额比重(%)	累计百分比(%)	分类结果
1					
2					
3					
4					
5					
6					
7					

续 表

次序	货物编号	库存金额	占总金额比重(%)	累计百分比(%)	分类结果
8					
9					
10					

表 4-3 货物 ABC 分类

类别	货物编号	占货物品种比重(%)	库存金额(元)	占总金额比重(%)
A 类				
B 类				
C 类				
总 计				

表 4-4 根据库存金额分类结果

次序	货物编号	库存金额(元)	占总金额比重(%)	累计百分比(%)	分类结果
1	I	178 000	43.10	43.10	A
2	D	158 000	38.26	81.36	A
3	J	22 000	5.33	86.69	B
4	B	17 000	4.12	90.81	B
5	C	15 000	3.63	94.44	B
6	A	8 000	1.94	96.38	C
7	F	7 000	1.69	98.07	C
8	E	5 000	1.21	99.28	C
9	G	2 000	0.48	99.76	C
10	H	1 000	0.24	100.00	C

表 4-5 货物 ABC 分类结果

类别	货物编号	占货物品种比重(%)	库存金额(元)	占总金额比重(%)
A 类	I D	20	336 000	81.36
B 类	J B C	30	54 000	13.07
C 类	A F E G H	50	23 000	5.57
总 计		100	413 000	100

二、VMI 存货管理策略

长期以来,流通环节中的零售商、批发商、供应商都会保有存货,也各有自己的存货控制策略。由于存货控制策略不同,不可避免地产生需求的扭曲现象,即所谓的需求放大现象,无法使供应商快速地响应用户的需求。在供应链管理环境下,供应链的各个环节的活动都应该是同步进行的,而传统的存货控制方法无法满足这一要求。近年来,出现了一种新的供应链存货管理方法——供应商管理用户存货(Vendor Managed Inventory,VMI),这种存货管理策略打破了传统的各自为政的存货管理模式,体现了供应链的集成化管理思想,适应了市场变化的要求,是一种新的有代表性的存货管理思想。

(一) VMI 的基本思想

传统地讲,存货是由存货拥有者管理的。因为无法确切知道用户需求与供应的匹配状态,所以需要存货,存货设置与管理是由同一组织完成的。这种存货管理模式并不总是有最优的。例如,一个供应商用存货来应付不可预测的或某一用户不稳定的需求,用户也设立存货来应付不稳定的下游需求或供应链的不确定性。虽然供应链中每一个组织独立地寻求保护其各自在供应链的利益不受意外干扰是可以理解的,但不可取,因为这样做的结果影响了供应链的优化运行。供应链的各个不同组织根据各自的需要独立运作,导致重复建立存货,因而无法达到供应链全局的最低成本,整个供应链系统的存货会随着供应链长度的增加而发生需求扭曲。VMI 存货管理系统就能够突破传统的条块分割的存货管理模式,以系统的、集成的管理思想进行存货管理,使供应链系统能够获得同步化的运作。

VMI 是一种在用户和供应商之间的合作性策略,以对双方来说都是最低的成本优化产品的可获性,在一个相互同意的目标框架下由供应商管理存货,这样的目标框架被经常性监督和修正,以产生一种连续改进的环境。

(二) 实施 VMI 策略的原则

实施 VMI 策略要坚持如下四个原则。

1. 合作精神(合作性原则)

在实施该策略时,相互信任与信息透明是很重要的,供应商和用户(零售商)都要有较好的合作精神,才能够相互保持较好的合作。

2. 使双方成本最小(互惠原则)

VMI 不是关于成本如何分配或谁来支付的问题,而是关于减少成本的问题。通过该策略使双方的成本都得到减少。

3. 框架协议(目标一致性原则)

双方都明白各自的责任,观念上达成一致的目标。例如,存货放在哪里,什么时候支付,是否要管理费,要花费多少等问题都要回答,并且体现在框架协议中。

4. 连续改进原则

这可使供需双方能共享利益和消除浪费。VMI 的主要思想是供应商在用户的允许下设立存货,确定存货水平和补给策略,拥有存货控制权。

精心设计与开发的 VMI 系统,不仅可以降低供应链的存货水平,降低成本。而且,用户还可获得高水平的服务,改善资金流,与供应商共享需求变化的透明性和获得更高的用户信任度。

(三) VMI 的实施方法

实施 VMI 策略,先要改变订单的处理方式,建立基于标准的托付订单处理模式。首先,供应商和批发商一起确定供应商的订单业务处理过程所需要的信息和存货控制参数,然后建立一种订单的处理标准模式,如 EDI 标准报文,最后把订货、交货和票据处理各个业务功能集成在供应商一边。

存货状态透明性(对供应商)是实施供应商管理用户存货的关键。供应商能够随时跟踪和检查到销售商的存货状态,从而快速地响应市场的需求变化,对企业的生产(供应)状态做出相应的调整。为此,要建立一种能够使供应商和用户(分销、批发商)的存货信息系统透明连接的方法。

供应商管理存货的策略可以分如下四个步骤实施。

1. 建立顾客情报信息系统

要有效地管理销售存货,供应商必须能够获得顾客的有关信息。通过建立顾客的信息库,供应商能够掌握需求变化的有关情况,把由批发商(分销商)进行的需求预测与分析功能集成到供应商的系统中来。

2. 建立销售网络管理系统

供应商要很好地管理存货,必须建立起完善的销售网络管理系统,保证自己的产品需求信息和物流畅通。为此,必须:(1) 保证自己产品条码的可读性和唯一性;(2) 解决产品分类、编码的标准化问题;(3) 解决商品存储运输过程中的识别问题。目前已有许多企业开始采用 MRPII 或 ERP 企业资源计划系统,这些软件系统都集成了销售管理的功能。通过对这些功能的扩展,可以建立完善的销售网络管理系统。

3. 建立供应商与分销商(批发商)的合作框架协议

供应商和销售商(批发商)一起通过协商,确定处理订单的业务流程以及控制存货的有关参数(如再订货点、最低存货水平等)、存货信息的传递方式(如 EDI 或 Internet)等。

4. 组织机构的变革

这一点也很重要,因为 VMI 策略改变了供应商的组织模式。过去一般由会计经理处理与用户有关的事情,引入 VMI 策略后,在订货部门产生了一个新的职能来负责用户存货的控制、存货补给和服务水平。

一般来说,在以下的情况下适合实施 VMI 策略:零售商或批发商没有 IT 系统或基础设施来有效管理他们的存货;制造商实力雄厚并且比零售商市场信息量大;有较高的直接存储交货水平,因而制造商能够有效规划运输。

第四节　仓储订单作业流程

要使仓储高效准确地运行,必须建立规范有序的作业流程,进行合理的作业组织。作业流程是一项管理业务的完整处理过程,它反映仓储某一项相对独立的管理业务应该包括哪些环节、完成某一环节所涉及的工作内容与任务、进行某一环节处理的时间要求、上下环节之间的信息沟通等。

仓储的一般作业项目包括采购、进货(验收、入库)、库存、流通加工、分拣配货、发货,以及进出库内作业常会涉及的装卸搬运和运输作业,如图 4-1 所示。这些作业对客户的营业活动有制约和影响作用。

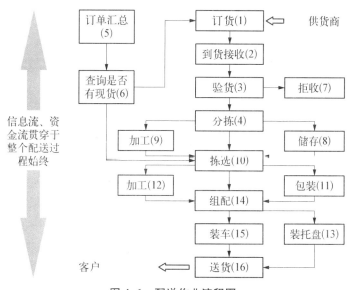

图 4-1　配送作业流程图

配送流程各环节具体如下:

(1)订货:在订单拉动的情况下,配送中心根据市场上商品销售情况和客户或自身生产的需求情况与供应商签订供货协议，提前订货；如遇需求紧急而配送中心无现货可发，配送中心立即查询供应商，并向供应商发出订单。

（2）到货接收：供应商根据配送中心的订单组织发货，送货人员应持配送中心订单的送货联给配送中心送货，配送中心对送货供应商及此批货进行确认。

（3）验货：配送中心根据双方的供货合同，对商品数量、质量进行验收，如无问题进行分拣作业。

（4）分拣：配送中心在接收供应商按订货单上的商品种类送来的商品后，配送中心按种类或下一步作业的需求将商品分开，分类暂存或进行下一步作业。

（5）订单汇总：配送中心的作业需要规定，需求计划或要货单必须在每日规定的时间前通知配送中心，配送中心在当日订货截止时点之后将各店要货单按商品名和规格及数量进行汇总。

（6）查询是否有现货：要货单或需求计划到配送中心后，配送中心查询现有企业库存系统中是否有所需数量的现货商品，如有则进入拣货环节，按订单进行拣选或其他相关作业。

（7）拒收：验收中如发现在数量、质量等方面有任何与合同不符的情况，均详细记载，配送中心拒绝收货，商品由供应商自行处理。

（8）储存：为了取得批量进货的折扣，配送中心常对一些商品采取大批量进货，这些商品必须在配送中心仓库中储存一段时间以后分批出货。

（9）加工：有些商品按供应商与配送中心的协议，要在配送中心完成最后的加工过程。例如，服装供应商将成衣批量送至配送中心，在配送中心拴上服装的标签并套上塑料套；鲜活商品、蔬菜、水果等要在配送中心切割、称量、洗净、装袋等。这些加工作业是现代配送中心的增值服务。

（10）选拣：配送中心出货的第一个环节。配送中心根据连锁分店的要货单，将存放在配送中心仓库不同货架上的商品拣出，并将同一分店的不同商品放在同一理货区域。

（11）包装：一个店铺的要货单选拣完毕，配送中心有时要将商品进行重新包装，使之适于运输、送货，减少因多个店铺的商品组配在同一辆送货车内而导致错送及混送等失误。

（12）加工：配送中心在将商品送给连锁店之前要做好上架前的一切准备工作，以有利于连锁店的货架陈列，如将店内码和价签贴于商品的销售包装或中包装上。按每个店铺的不同要求对商品进行加工，如将散装商品进行定量罐装，将大包装改成小包装等。

（13）装托盘：有些批量较大的实重商品为方便机械化装卸搬运，提高末端作业效率，减轻作业人员劳动强度，将其装于托盘上运往店铺，店铺用叉车将其卸下，整个过程既迅速又省力。

（14）组配：将送往同一线路上不同店铺的不同商品按送货车的容积和载重量要求进行配载，以使送货车的容积和载重量利用率最佳，减少交通流量，降低送货成本，提高配送速度。这是配送作业中最主要的环节之一，也是区别传统仓储作业与现代配送作业的一个重要标志，它可改变一店一车、车车不满的状况。可以说，没有对不同商店的组配就没有配送。

（15）装车：用托盘盛装的商品可用叉车组织装车，否则需要人力组织装车。注意，要按送货的先后顺序装车，先到的放在上面和外面，后到的放在下面和里面，要做到重不压轻。

（16）送货：送货安排可有多种，如按固定时间、固定路线为固定店铺送货，按店铺的要求准时送达。返程可捎回搁置在店铺的空托盘、包装箱及退换货等。

在整个配送中心作业的流程运作过程中，信息流（票据、单证及其他许多相关信息）贯穿于始终，确保了配送作业各程序的有效运作和流畅运行。资金流（如贷款、运费、杂费等的结算流程）则确保所配货物的产权顺利转移，为配送中心的运作提供了前提。

一、产生订单的流通渠道

仓储一般在流通渠道中担任着制造商与零售商中间桥梁的批发机能，所接触的流通渠道组织为商品供给者的制造、进口、代理商以及商品销售对象的零售商。就流通渠道流程来看，本书将仓储的订单处理界定为处理零售商的订货、下单作业，而不包含仓储向供货商的订货、下单作业，如图 4-2 所示。

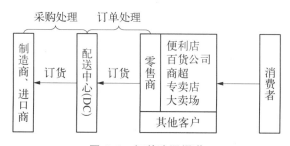

图 4-2　订单流通渠道

二、仓储的订单流程

就商业活动来看,仓储的订单处理为商业交易的一环,是仓储或配送中心与零售门店或其他客户的互动作业,因此并不是单独的内部作业即可完成。从客户(门店)下单、仓储接单、订单资料输入处理到出货商品的拣货、配送、签收、最后请款、取款,这一连串的数据处理不是物流中心单方面的内部系统作业,而是双方之间相关系统的一体活动,如图 4-3 所示。

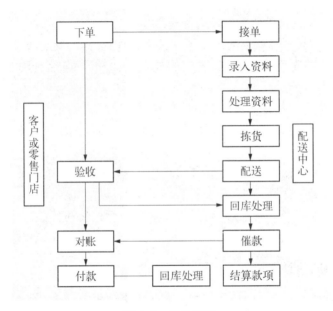

图 4-3 订单流程

三、接单作业

接单作业是订单处理的第一步,目的在于取得客户的订货资料。随着流通环境及技术的发展,企业或零售门店的订货方式由传统的人工下单、接单方式,演变为计算机直接送收订货资料的电子订货方式。

(一) 传统订货方式

1. 厂商铺货

供货商直接将商品放在车上,一家家去送货,缺多少补多少。此种方式对于周转率较快的商品或新上市商品较常使用,对于周转率较慢的商品较不可行。近来因商品种类繁多、消费需求多变且交通状况恶化,此种方式已较少使用。

2. 厂商巡货、隔日送货

这是目前最流行的方式。厂商可利用巡货人员为店头整理货架、贴标或提供经营管理意见、市场信息等,亦可促销新品或将自己的商品放在最占优势的货架上。此种方式的缺点是厂商可能会将巡货人员的成本加入商品的进价中,而且厂商乱塞货将造成零售业者难以去管理、分析自己所卖的商品。

3. 电话口头订货

订货人员将商品名称及数量,以电话口述方式向厂商订货。零售商每天需订货的品项可能有数十项,而且这些商品可能由不同的供货商供货,因此利用电话订货所费时间太长,且错误率高。

4. 传真订货

货物需求者将缺货资料整理成书面资料,利用传真机传给厂商。利用传真机虽可快速传送订货资料,但其传送数据质量不良常增加事后确认作业。

5. 邮寄订单

零售店将订货资料或订货磁盘、磁带邮寄给厂商。近来的邮寄效率及品质已不符所需。

6. 零售商自行取货

零售商自行到供货商处看货、补货,此种方式多为以往传统杂货店因地缘近所采用。零售商自行取货虽可省却配送中心配送作业,但个别取货可能影响配送作业的连贯性。

(二) 电子订货方式

电子订货,即通过电子传递方式,取代传统人工书写、输入、传送的订货方式,也就是将订货资料转为电子资料形式,通过通讯网路传送。

电子订货系统(EOS,Electronic Order System)为采用电子资料交换方式取代传统商业下单/接单动作的自动化订货系统。

一般而言,电子订货作法可分为三种。

(1) 订货簿或货架卷标配合手持终端机(H. T.,Handy Terminal)及扫描仪,订货人员携带订货簿及 H.T.巡视货架,若发现商品缺货则用扫描仪扫描订货簿或货架上的商品卷标,再输入订货数量,当订货资料输入完毕后,利用调制解调器将订货资料传给供货商或总公司。

(2) 销售时点管理系统(Point of Sale,POS)。零售商若有 POS 收银系统,则可在商品库存档里设定安全存量,每当销售一笔商品资料时,计算机自动扣除该商品库存,当库存低于安全存量时,即自动产生订货资料。亦有零售商将每日的 POS 资料传给总公司,总公司将 POS 销售资料与库存资料比对后,根据采购计划向供货商下单。

（3）订货应用系统。零售商信息系统里若有订单处理系统,可将应用系统产生的订货资料,经由转换软件功能转成与供货商约定的共通格式,在约定时间里将资料传送出去。

电子订货效益,对零售业而言,电子订货能够体现以下优势：快速、正确、简便地下单；商品库存的适量化,仅订购所需数量,可分多次下单(适合多样、少量、高频度订货)；缩短交货时间；降低库存；减少因交货错误所造成的缺货；减轻进货检验作业。对供货商而言,电子订货带来的好处有：简化接单作业、缩短接单时间、减少人工处理错误,快速、正确、简便地接单；减少退货处理作业；满足客户多样、少量、高频度的订货；缩短交货的前置时间。

四、订单处理

接受订单后,首先要将其输入管理系统,然后进行库存分配,最后将订单处理结果打印输出,如拣货单、出货单的打印,根据这些输出单据进行出货配送作业。

（一）订单资料输入

得客户订货资料后,紧接着将此资料输入系统。将订货资料输入系统有两种方法。

1. 人工输入

企业利用人员将客户的订单、电话、邮寄等订货资料输入计算机。人工输入需要人工成本,也存在效率及正确性的问题,特别是大规模的配送中心面临成千上万不同品类的商品时,这种问题尤其突出。

2. 联机输入

结合计算机与通信技术,将客户的电子订货资料通过电信网络直接转入计算机系统,省却人员的输入。电子订货方式即为联机输入,不过若传送的资料格式不是双方约定的标准,仍需经过转化文件才能进入订单处理系统。

（二）订单资料查核及确认

订单资料输入前,须仔细检查订单上的各项资料是否完备、符合要求,若有疑问需立即与客户联络,确认清楚后再输入。对于经由电子订货所接收的订货资料亦须加以查核确认。订单资料的查核确认包括输入检查和交易条件确认,其中交易条件又包括客户信用状况、订单形态、现有库存、销售配额、价格等内容。

（三）库存分配

为了达到物流体系在适当的时间、适当的地点,提供适量、适价和正确品类的商品的目标,反映到订单处理上便是如何对现有的库存进行最好的分配。订单资料输入系统,确认无误后,最主要的处理作业在于如何对大量的订货资料进行最有效的汇总分类、调拨库存,以便后续的物流作业能有效进行。

存货的分配调拨,可分为单一订单分配及批次分配。

单一订单分配多为线上实时分配,亦即在输入订单资料时,就将存货分配给该订单。

批次分配即累积汇总数笔的已输入订单资料后,再一次分配库存。物流中心因订单数量多、客户类型等级多,且多采用一天固定配送次数,因此通常采取批次分配,以确保库存能进行最佳的分配。

(四)订单数据处理输出

根据订单资料对库存进行分配后,即可开始打印一些出货单据,以展开后续的配送作业。这些出货单据有两种。

1. 拣货单(出库单)

拣货单据的产生,在于提供商品出库指示资料,作为拣货的依据。

拣货单的打印应考虑商品储位,依据储位前后相关顺序打印,以减少人员重复往返取货,同时拣货数量、单位亦需明确标示。随着拣货、储存设备的自动化,传统的拣货单据形式已不符需求,利用计算机、通信等方式处理显示拣货资料的方式已取代部分传统的拣货窗体,如利用计算机辅助拣货的拣货棚架、拣货台车以及自动存取的 AS/RS。采用这些自动化设备进行拣货作业,需注意拣货资料的格式与设备显示器的配合以及系统与设备间的资料传送及回馈处理。

2. 送货单

物品交货配送时,通常需附上送货单据给客户清点签收。因为送货单主要是给客户签收、确认出货资料,所以其正确性及明确性很重要。要确保送货单上的资料与实际送货资料相符,除了出货前的清点外,出货单据的打印时间及修改亦须注意。

第五节 商品入库作业

入库作业是在接到商品入库通知单后,经过一系列作业环节构成的工作过程。入库作业是仓库管理过程的开始。入库作业直接影响到后续在库作业以及物流客户服务,因此必须综合考虑影响入库作业的因素,按照入库作业的基本流程,根据不同的管理策略、货物属性、数量以及现有库存情况,自动设定货物堆码位置、货物堆码顺序建议,实现货物的高速入库,从而提高入库作业效率。

入库作业的基本业务流程包括入库申请、编制入库作业计划及计划分析、入库准备、接运卸货、核查入库凭证、物品检验、办理交接手续、处理入库信息、生成提货凭证(仓单)等作业,具体如图 4-4 所示。

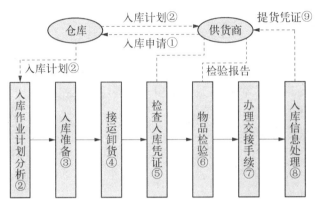

图 4-4　入库作业的基本业务流程

一、入库申请

入库申请是存货人对仓储服务产生需求,并向仓储企业发出需求通知。仓储企业接到申请之后,对此项业务进行评估,并结合仓储企业自身业务状况做出反应,或拒绝该项业务,并做出合理解释,以求客户的谅解;或接受此项业务,并制定入库作业计划,分别传递给存货人和仓库部门,做好各项准备工作。所以,入库申请是生成入库作业计划的基础和依据。入库申请表如表 4-6 所示。

表 4-6　入库申请表

编号：					申请日期：	年　月　日
交易商名称		席位代码		联系人		
联系电话		入库方式		预计入库日期		
拟交货仓库		数量（　　）		重量（　　）		
商品代码		商品品种		规格		牌号	
产　地		品　牌		品　级		
出厂日期		生产厂家		执行标准		
声　明						
备　注				交易商单位：（公章）		

二、编制入库作业计划及计划分析

入库作业计划是指仓库部门根据本部门和存货人等外部实际情况,权衡存货人的需求和仓库存储的可能性,通过科学的预测,提出在未来一定时期内仓库要达到的目标和实现目标的方法。

入库作业计划是存货人发货和仓库部门进行入库前准备的依据。入库作业计划主要包括到货时间、接运方式、包装单元与状态、存储时间及物品的名称、品种、规格、数量、单件体积与重量、物理、化学、生物特性等详细信息,如图4-5所示。

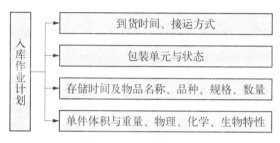

图4-5 入库计划内容

三、入库准备

入库准备(如图4-6)是仓库部门根据拟定好的入库作业计划,合理安排好货位及苫垫材料、验收和装卸搬运器械,以及人员和单证等,以便货物的入库。经仓库部门对入库计划分析评估之后,即可开始入库准备工作。

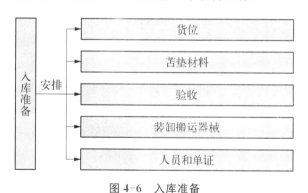

图4-6 入库准备

四、接运卸货

接运装卸是指及时而又准确地从交通运输部门提取货物。在接运由承运人转运的货物时,必须进行认真检查,分清责任,取得必要的证件,避免将一些在运输过程中或运输前就已经损坏的货物带入仓库,造成验收中责任难分和在保管工作中的困难或损失。

接运可在车站、码头、仓库或专用线进行,因而可以简单地分为到货和提货两种形式。在到货形式下,仓库不需要组织库外运输。在提货形式下,仓库要组织库外运输,除要选择运输线路并确定派车方案外,更要注意货物在到库途中的安全。

五、核查入库凭证

入库凭证是仓库接收货物准确入库的凭证,如图 4-7 所示。入库货物必须具备下列凭证:(1)入库通知单和订货合同副本。(2)供货单位提供的材质证明书、装箱单、磅码单、发货明细表等。(3)货物承运单位提供的运单。若货物在入库前发现残损情况,还要有承运部门提供的货运记录或普通记录,作为向责任方交涉的依据。(4)核对凭证。也就是将上述凭证加以整理和全面核对。入库通知单、订货合同要与供货单位提供的所有凭证逐一核对,相符后才可进行下一步的物品检查和验收。

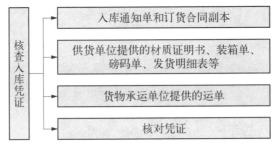

图 4-7　核查入库凭证

六、物品检验

物品检验是审核入库凭证中物实相符的过程,包括验收准备和实物检验两个作业环节。

仓库接到到货通知后,应根据货物的性质和批量提前做好验收前的准备工作。此外,对于有些特殊货物的验收,如毒害品、腐蚀品、放射品等,还要准备相应的防护用品。

所谓实物检验,就是根据入库单和有关技术资料对实物进行数量检验和质量检验,形成检验报告。

七、办理交接手续

交接手续是指仓储对接收到的货物向送货人进行的确认,表示已经接受货物。办理完交接手续,意味着划清运输、送货部门和仓库的责任。入库货物经过点数、查验之后,可以安排卸货、入库堆码,表示仓库接收货物。在卸货、搬运、堆垛作业完成后,与送货人办理交接手续。

八、入库信息处理

入库信息处理(如图4-8)是指把货物相关信息录入的过程,主要有登账、立卡、建档等三个环节。

九、生成提货凭证(仓单)

图4-8 入库信息处理

提货凭证是指根据合同的约定或者存货人的要求,向存货人签发仓单,并作为提货时的有效凭证。在存储期满,根据仓单的记载向仓单持有人交付物品,并承担仓单所明确的责任。

仓储经营人准备好仓单簿,仓单簿为一式两联:第一联为仓单,在签发后交给存货人;第二联为存根,由保管人保存,以便今后核对仓单。

提货凭证如表4-7所示。

表4-7 提 货 凭 证
A公司商品提货凭证

××仓储中心:
我单位同意将存放于仓库的千克商品提出所存放仓库,有关明细如下表:

单位名称		交易商编号	
地　　址		电话	
商品名称		商标		批号	
牌　　号		产地		净重(千克)	
箱　　号		生产日期		备注	
仓库名称			
仓库地址		电话	

特此证明

(公司盖章)
年 月 日

第六节　商品拣货与出库管理

一、拣货的定义

拣货(Order-picking),是指接受顾客的订单后,将顾客的订购品从库存储位中选出,并进行出库的业务。根据订单拣货是配送中心的必经作业之一,是货物出库配送的前提。

二、拣货的目的

拣货作业的目的也在于正确且迅速地集合客户所订购的商品,从而确保及时有效地为客户进行配送。拣货作业的正确率是配送中心服务质量的重要指针,也是企业形象的象征。从物流成本的角度分析,拣货成本约占总成本的40%左右,是配送作业中人力投入最多之处,如果规划完善合理的拣货系统,可以增加经营绩效与降低成本。

三、拣货作业系统

拣货作业系统共分为拣货单位、拣货作业模式、拣货策略、拣货信息与拣货硬件等五种。

(一) 拣货单位

对应着物流中心的储位单位——托盘、整箱与单品,拣货单位也有托盘、整箱与单品三种。

(1) 托盘:出货单位以整托盘量为基本单位,必须利用推高机等机械设备来搬运。

(2) 整箱:出货以产品本身的外箱为单位,可用人工拣取。

(3) 单品:出货数量以产品个别单位为基本单位,可用人工拣取。

(二) 拣货模式

拣货方式一般可分为订单别拣取、批量拣取、汇总订单拣取与复合拣取。

1. 订单别拣取

这种作业方式是分别以每一张订单作为作业基础,作业员在仓库内巡回,将客户订购的商品逐一由仓储中挑出集中的方式,是较传统的拣货方式。

订单别拣取的优点:作业方法单纯,订单处理前置时间短,导入容易且弹性大,作业员责任明确,派工容易且公平,拣货后不必再进行分类作业,适用于数量大、品项少的订单的处理。

订单别拣取的缺点:商品品项多时,拣货行走路径加长,拣取效率降低;拣取区域大时,搬运系统设计困难;少量多次拣取时,造成拣货路径重复费时,效率降低。

2. 批量拣取

把多张订单集合成一批次,依商品品类的不同将数量加总后再进行拣取,之后根据客户订单的不同作分类处理,这种方式也可称为"播种式拣取"。

批量拣取的优点：适合订单数量庞大的系统，可以缩短拣取时行走搬运的距离，增加单位时间的拣取量，愈要求少量、多次数的配送，批量拣取就愈有效。其缺点：对订单的到来无法做及时的反应，必须等订单达一定数量时才做一次处理，因此会有停滞。

3. 汇总订单拣取

主要是应用在一天中每一订单只有一个品类的场合，为了提高输配送的装载效率，将某一地区的订单汇总成一张拣货单，做一次拣取后，集中捆包出库。属于订单别拣取方式的一种变形方式。

4. 复合拣取

复合拣取是订单别拣取与批量拣取的组合运用，可以根据订单品项数量决定哪些订单适于订单别拣取，哪些适合批量拣取。

四、拣货流程

拣货作业在配送中心整个作业环节中不仅工作量大，工艺过程复杂，而且作业要求时间短，准确度高，因此加强对拣货作业的管理非常重要。制定科学合理的分拣作业流程，对于提高配送中心运作效率及提高服务商品具有重要的意义。配送中心拣货作业基本流程有六个步骤。

（一）拣货单的形成

根据顾客的订单信息形成拣货单或出库单等拣货资料，并根据顾客的送货要求制定发货日程，最后编制发货计划。

（二）确定拣货策略

采用何种拣货策略将会对日后的拣货作业效率产生巨大的影响，由于不同的订单需求形态，产生出不同的拣货策略，常见的有以下三种拣货策略。

1. 分区拣货策略

这是将拣货作业场地作区域划分，依分区的原则不同，可将分区的种类分下列三种。

（1）依拣货单位分。将拣货作业区按拣货单位划分，如成箱拣货区、单品拣货区，或是具有商品特性的低温拣货区。

（2）依拣货方式分。依拣货方法及设备的不同，划分成若干区，此分区原则通常按商品销售的 ABC 来分，及依各品项的出货量大小来分。

（3）依工作组别分。在相同的拣货作业方式下，将拣货作业场地细分成几个分区，由一个或一组固定的拣货人员负责拣取区域内的货品。其优点在于使拣货人员所需记忆的拣货位置及移动距离减少，以缩短拣货的时间，或是配合订单分割方法，运用多组拣货人员在短时间内共同完成订单的拣取。

2. 订单分割策略

当订单所订购的商品品类较多时,为了能在短时间完成拣货处理,可将订单切分成若干子订单,交由不同的作业人员同时进行拣货作业。各子订单拣货完必须作汇集的动作。

3. 订单分批策略

订单分批是将多张订单集合成一批,再将每批次订单中的同一项商品品项加总作拣取,然后把货品分类到每一订单,形成批次拣取。如此可缩短拣取时平均行走搬运距离,也可减少重复寻找的时间,进而提升拣货的效率。但是,若每批次的订单数目增加时,必须耗费较多的分类时间。除了订单分批以外,还可以依实际的需求设计特殊的分批方式,如配送的地区或路线分批,配送的数量、车次、金额分批,或是商品品类特性分批。

(三) 输出拣货清单

拣货清单是配送中心将客户订单资料进行计算机处理,生成并打印出拣货单。拣货单上标明储位,并按储位顺序来排列货物编号,作业人员据此拣货可以缩短拣货路径,提高拣货作业效率。"拣货单"格式可参考表4-8。

表4-8 拣 货 单

拣货单号码:					拣货时间:				
顾客名称:					拣货人员:				
					审核人员:				
					出货日期: 年 月 日				
序号	储位号码	商品名称	商品编码	包装单位			拣取数量	备注
					整托盘	箱	单件		

(四) 确定拣货路线及分派拣货人员

配送中心根据拣货单所指示的商品编码、储位编号等信息,能够明确商品所处的位置,确定合理的拣货路线,安排拣货人员进行拣货作业。

(五) 拣取商品

拣取的过程可以由人工或自动化设备完成。通常小体积、少批量、搬运重量在人力范围内且出货频率不是特别高的,可以采取手工方式拣取;对于体积大、重量大的货物可以利用升降叉车等搬运机械辅助作业;对于出货频率很高的可以采取自动拣货系统。

(六)分类集中

经过拣取的商品根据不同的客户或送货路线分类集中,有些需要进行流通加工的商品还需根据加工方法进行分类,加工完毕再按一定方式分类出货。多品种分货的工艺过程较复杂,难度也大,容易发生错误,必须在统筹安排形成规模效应的基础上,提高作业的精确性。在物品体积小、重量轻的情况下,可以采取人力分拣,也可以采取机械辅助作业,或利用自动分拣机自动将拣取出来的货物进行分类与集中。

五、拣货方案的设计与应用

一个物流仓库可以按照不同的货品类型采用多种方案和设备,也可以根据投资预期选择最适合自己的拣货方案组合。下面就针对前四种设备和技术方案的原理、特点、应用场景进行介绍。

(一)手工纸面单据

手工纸面单据作为最原始的一种拣货方法广泛应用于物流仓库的拣货流程。它的特点是流程简单,所需设备单一,容易被员工接受。根据作业方式可以分为拣货单和分货单,格式如图4-9所示。

拣货单一般照客户进行打印,一张拣货单是一个客户的;一张拣货单中包含多个商品明细,并且按照货位排序打印,一个货位放置一种货品,拣货员按照货位顺序从对应的货位取得相应数量的货品,并在拣货单上使用笔进行标记,直到这张单据上的所有记录标记完毕。

分货单一般按照先商品后客户进行打印,一张分货单一般包含多个货品,每个货品下包含多个客户,打印时按照客户的相对集货位顺序进行排序。分货时分货员先取一个货品放在拖车上,按照客户顺序将商品逐个放到对应的货位上,并在分货单据上使用笔进行标记,直到这张单据上的所有记录标记完毕。

手工纸面单据的缺点是拣货时双手不能得到完全解放,拣货差错率较高,难以统计拣货人员的工作量。最原始的拣货方法并不意味着低效率;如果仓库场地能够做到有效的规划,即使使用这种最原始拣货方法,也会有较高的效率。这些因素中尤其重要的一点是拣货动线规划。而且这种方法具有投资低的优势,适合规模较小、业务较少的物流仓库作业。

(二)手工打印标签

这是使用不干胶标签进行拣货的一种方式,这种方式在国内较少被采用。它的特点是流程简单,一个拣货区仅需要一台标签打印机,加一个ID卡刷卡器,拣

XX物流中心拣货单

第1页，共1页

单号：89180502210128　　配货作业号：0502210001　　拣货次序：2080297　　拣货门店：苏州苏苑5310
拣货区：40　　　　　　　货道：4001　　　　　　　拣货员：系统管理员　　拣货类型：拆零
品种数：14　　　　　　　总件数：14　　　　　　　装车状态：未装车
拣货金额：313.3　　　　 周转箱数：0　　　　　　 实际箱数：0

序	货位	货品代码	货品名称	批号	单位	规格	件数	数量	条码	周转箱号
拣货道：4001										
1	40010411	31031101	金力波顺啤 640ml	-	瓶	1*12	1	12		
2	40010811	31030708	三得利蓝特爽啤酒 640ml	-	瓶	1*12	1	12	6926027711061	
3	40011711	03091705	水森活纯净水 3800ml	-	桶	1*4	1	4		
4	40012221	03010302	可口可乐 600ml	-	瓶	1*24	1	24		
5	40013421	13010380	来一桶酸菜牛肉火锅面 137g	-	桶	1*12	1	12	6925303773038	
6	40041911	13070709	龙口粉丝香辣排骨 63g	-	碗	1*12	1	12	6928537100045	
7	40042411	53171101	S双质卫生纸 500g	-	包	1*10	1	10		
8	40043221	13010952	农心辛大碗面 117g	-	碗	1*12	1	12		
9	40043811	13010375	VI统一来一桶（番茄牛肉）109	-	桶	1*12	1	12	6925303773007	
10	40044721	13010150	康师傅红烧牛肉珍碗面 90g	-	碗	1*12	1	12		
11	40044811	13010351	统一来一桶红椒牛肉 110g	-	桶	1*12	1	12	6910505017219	
12	40045011	13010157	康师傅红烧牛肉大桶面 117g	-	桶	1*12	1	12		
合计：							12	146		

XX物流中心分货单

拣货区：1101　　货品代码：6901209325298　　货品名称：光明牌125g芦荟酸奶（六连杯）1*48 125g

行号	门店代码	门店名称	货位	笼车位置	线路代码	分货数量
1	6352	江都江红	11010343	上3	0040	12
2	6351	江都江惠	11010344	上4	0040	10
3	6309	扬州琼花观	11010411	下1	0040	12
4	6318	扬州扬洋	11010412	下2	0040	8
5	6335	扬州甘泉	11010413	上3	0040	12
6	6303	扬州扬中	11010414	下4	0040	12
7	6301	扬州扬海	11010421	上1	0040	12
8	6330	扬州体育馆	11010422	上2	0040	4
9	6324	扬州友谊	11010423	上3	0040	8
10	6329	扬州妇婴	11010424	上4	0040	12
11	6321	扬州天宁	11010431	下1	0040	12
12	6322	扬州皇宫	11010432	上2	0040	4
13	6328	扬州朝扬	11010433	下3	0040	16
14	6302	扬州扬大	11010434	下4	0040	8
15	6305	扬州两校	11010441	上1	0040	12
16	6306	扬州中医院	11010442	上2	0040	12
17	6308	扬州九思园	11010443	上3	0040	8
18	6314	扬州弘扬	11010444	上4	0040	12

储存条件：低温18度　　　　　　　　　　　　　　　　合计：　168

图 4-9　拣货单和分货单

货员容易掌握，多用于摘果式拣货作业。

一般作业过程是这样的：拣货员拉一辆拖车到作业点旁边，将员工卡放在ID卡刷卡器上刷过，系统自动分配一张拣货单（属于一个客户的），并通过标签打印机打印出一串不干胶;这串标签中包含多个标签,每个标签代表一件商品,并且是按照货位排序进行打印的;拣货员根据标签上打印的货位顺序从相应的货位上取出货品,放置到拖车上并将这张标签张贴在货品外箱上,如果有多个标签指向的都是同一个货位,即代表要从这个货位取多件相同的商品,并将这些标签一一张贴在这些货品上;直到拣货员手上的标签全部张贴完毕,即代表该张拣货单已经拣货完成。

手工打印标签有诸多优点:拣货差错率很低(接近于 0);能够比较及时和信息系统进行库存同步(因为在刷卡的时候扣除库存);非常方便统计拣货人员工作量。同样,要求仓库场地能够做到有效的规划;其中良好的拣货动线规划也非常重要。这种方法特点是投资较低,应用简单,比较适合于单个客户要货品种分散并且每个品种要货件数少的物流仓库作业,如便利仓库的整件货品拣货(如图 4-10 所示)。

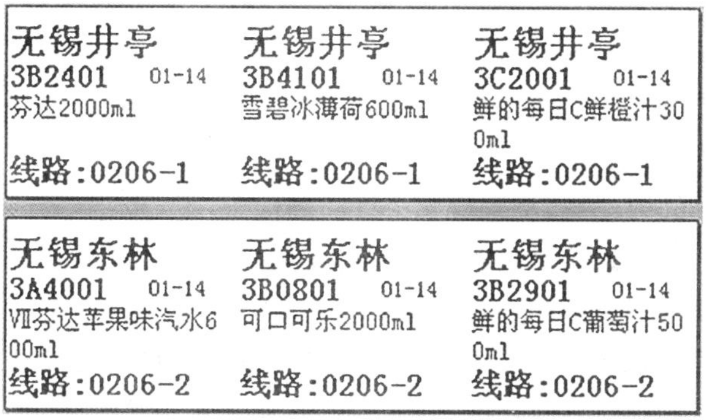

无锡井亭 3B2401　01-14 芬达2000ml 线路:0206-1	无锡井亭 3B4101　01-14 雪碧冰薄荷600ml 线路:0206-1	无锡井亭 3C2001　01-14 鲜的每日C鲜橙汁300ml 线路:0206-1
无锡东林 3A4001　01-14 VII芬达苹果味汽水600ml 线路:0206-2	无锡东林 3B0801　01-14 可口可乐2000ml 线路:0206-2	无锡东林 3B2901　01-14 鲜的每日C葡萄汁500ml 线路:0206-2

图 4-10　便利仓库的整件货品拣货

（三）无线手持终端拣货技术

基于无线局域网、采用移动式的无线手持终端进行拣货作业的一种方案。这种方式比较多地应用在近几年建设的一些新物流中。它的特点是全程无纸化,在整个过程中根据无线手持终端的指导进行拣货,多用于摘果式拣货。

一般作业过程:拣货员开叉车或者拉拖车,先在无线手持终端上发出指令并开始拣货,信息系统自动给该无线手持终端分配拣货单,拣货员根据无线手持终端的显示指示到相应的货位上将货品取下,扫描货品条码,如果货品无误则再点好具体拣货数量,在无线手持终端上确认拣货。一条拣货指令确认完成后,系统自动跳出下一个货位的拣货指令,直到该拣货单全部拣货完毕。

无线手持终端有诸多优点,如拣货货品差错率为 0(因为使用扫描条码,一般情况不可能出错),拣货件数差错率也很低(接近于 0),能够非常及时和信息系统进行库存同步(因为在确认数量的时候扣减库存),也可以非常方便地统计拣货人员工作量,并且可以不受固定场地的限制,可以在整个仓库任何有无线信号的地方作业;但是,使用无线手持终端有些时候不能够非常有效地解放双手。这种方案一般投资较高、专业性强,比较适合于单个客户每个要货品种要货件数较多,或者直接使用叉车拣货的物流仓库作业,例如,超市物流仓库的整件货品拣货,批发形态的物流仓库拣货。

(四) 电子标签拣货技术

电子标签辅助拣货系统(CAPS)是采用先进电子技术和通信技术开发而成的物流辅助作业系统,通常用在现代物流中心货物分拣环节,具有效率高、差错率低的作业特点。电子标签辅助拣货系统根据两种不同的作业方式,可分为摘取式拣货系统和播种式拣货系统。

摘取式拣货,是指将电子标签安装于货架储位上,一个储位放置一项产品,即一个电子标签代表一项产品,并且以一张拣货单为一次处理的单位,系统会将拣货单中有拣货商品所代表的电子标签亮起,拣货人员依照灯号与显示数字将货品从货架上取出放进拣货箱内。

播种式拣货,是指每一个电子标签代表一个客户或是一个配送对象,以每个品项为一次处理的单位,拣货人员先将货品的应配总数取出,并将商品信息输入,系统会将代表有订购此项货品的客户的电子标签点亮,配货人员只要依电子标签之灯号与显示数字将货品配予客户即可。

电子标签拣货方案一般多用于拆零商品的拣货。拣货差错率非常低,也能够比较及时和信息系统进行库存同步(因为一般在一张拣货单全部完成的时候扣减库存),可以非常好地解放拣货人员双手,并且每个拣货人员的活动范围较小,极大地降低了拣货人员的大量走动无用功,从而使得拣货效率大幅度提高,也可以比较方便地统计拣货人员工作量;但是电子标签方案要有固定的拣货流水线。这种方案一般投资较高,经过简单培训拣货人员可以很快熟练,比较适合于拆零比较高的物流仓库拣货,例如,便利超市物流仓库的拆零货品拣货。

(五) 四种拣货方案的优劣对比

表 4-9 四种拣货方案的优劣

拣货方案	手工纸面单据	手工打印标签	无线手持终端	电子拣货标签
所需设备	普通针式打印机	标签打印机 ID卡设备	全套无线网络和手持终端设备	全套电子标签拣货系统
拣货效率	较低	较高	一般	较高

续　表

拣货方案	手工纸面单据	手工打印标签	无线手持终端	电子拣货标签
拣货差错	高	很低	极低	低
信息及时性	差	较好	好	较好
工作量统计	不方便	方便	方便	较方便
投资情况	低	较低	高	高
仓库规划要求	拣货动线规则	拣货动线规则；安装标签打印机	拣货动线规则；安装无线局域网	拣货流水线规则；安装电子标签；使用流利货架或隔板式货架
应用场景	没有限制所有类型物流仓库	超市、便利物流仓库整件拣货	超市、批发物流仓库整件拣货	超市、便利物流仓库拆零拣货
拣货员使用	拣货员双手得不到解放；对拣货员要求低，上手快，培训简单	拣货员双手得到部分解放；对拣货员要求低，上手快，培训简单	拣货员双手得不到解放；对拣货员要求高，需要经过专业培训	拣货员双手得到完全解放；对拣货员要求较低，仅需一般培训即可

六、提高仓储拣选效率的策略

选择合适的拣选策略，通过将其投入物流应用后，能够有助于企业提升配送物流效能。

（一）完善订单与仓库管理及控制

利用信息强化管理，并提供可支持做出准确业务决策的必要信息。绝大多数企业，无论其规模大小，都会使用某些软件来进行库存管理、物料流控制与设备控制等。

现代化的仓库管理系统（WMS）与仓库控制系统（WCS）的设计目的在于通过主机，所有订单任务信息都可显示于一个单一的用户界面，一般采用的是 WMS 或 ERP（企业资源规划）系统。

采用设计精良的软件进行信息组织后，企业将能够实现巨大的供应链效益。

（二）压缩拣选面与加快行走速度

订单履行过程中浪费时间最多的一个环节就是行走。拣选员往往需要不断行走于不同的货位之间。在手工作业的小型配送中心，可采取两种方法轻松解决行走过多的问题，从而极大地提高生产率。

使用托盘车、叉车、激光导引车等设备加快拣选员行走速度,与智能化存储系统配合,可延长拣选员拣选作业时间,缩短行走时间,从而提高生产率。

其次就是压缩拣选面,只需采用托盘或纸箱流利式货架即可做到。通过将货品存放于拣选面后方滑道内的方式实现压缩拣选面的目的,拣选面距离因此可减少80%之多,从而在进行订单拣选作业时可大幅缩短行走过程所花时间。

(三)实现多订单同时拣选,提高拣选效率

将多个客户的订单货品组合为一批。如果拣选员能够在各拣选位上进行货品批量拣选,就能大幅提高作业效率与系统吞吐量。整箱应用包括走动拣选到输送带,可用于输送批量拣选的货品,并根据不同的订单要求,利用智能输送分拣系统自动进行分拣。

在拆零应用中,集中式拣选技术可实现单个工位多订单拣选,拣选员一般采用无线或语音拣选车以及电子标签拣选系统对拣选员集中下达成批拆零订单的拣选任务。

(四)采用智能软件实现"一石二鸟"的拣选效率

有些托盘的整箱拣选完全可以不拣自成。利用智能订单履行软件可识别无须拣选的机会。通过对客户需求进行分析与交叉配对,就可在拣选一位客户货品的同时,也完成了另一项拣选作业。

这一理念目的可通过人工拣选或采用机器拣选等两种方式实现。这一技术既可用于混箱拣选,也可用于整层拣选作业,两者的拣选效率均可提高到每小时1 400箱以上。

(五)采用缓存与排序技术避免行走

货到人拣选技术已有多年的应用史,但现在真正使之具有实用性的还在于计算机的强大能力以及全新的缓存与排序系统。现代化存取引擎和排序技术带来了一场变革。高密度高效自动化立体仓库(ASRS)现在按需处理大量货品,可选料箱或托盘方式将货品送至拣选点或堆放点。

在高流量拆零与整箱拣选作业中,可采用新技术对订单货品进行预拣、缓存、排序等处理,并按需、准时将其送至拣选工位处进行拣选。这是一种性价比更高的全新配送解决方案。

(六)采用货到人拆零拣选解决方案

拣选员在符合人机工学设计的拣选工位内留在原地,无须行走,这样就能大幅提高效率,达到工作场所安全要求。在货到人系统中,需要履行的订单原料货品完全按需移动至拣选员工位。根据订单处理要求,拣选工位与堆货站可针对离散式拣选或批量拣选进行设计。

（七）采用全自动化拣选与码盘解决方案

在某些情况下，如果货品极重，或流量极高，则可采用全自动解决方案。

集成软件、产品存储、缓存、排序及识别等诸多领域所取得的先进成果，加之采用高速多关节机器人以及多功能夹具后，极大地促进了自动化拣选与码盘系统的开发，从而能够处理各种规格产品，包括不同规格的包装箱、托盘、敞口或闭口纸箱、袋装货品以及麻袋等。

第七节　互联网＋公共仓储

随着互联网的快速发展，以物联网、云计算、大数据为特征的智慧仓储物流也悄然兴起，规模小而数量多、功能少而布局分散的传统仓储企业加速由资源利用率低、仓库空置率高的单一仓储中心向多功能、仓库资源利用率高的公共仓储中心转变，由独资经营的传统仓储向共同出资经营的公共仓储或第三方出资经营的仓储中心转变。在这一背景下，利用互联网思维整合仓储资源，将供应链上下游的仓储企业、有仓储业务需求的相关企业连接起来，通过共同出资建设公共仓储或者利用第三方仓储中心的方式，实现各企业之间的资源共享，对于提高公共仓储资源的利用效率和节约各仓储企业的运营成本具有重要作用。公共仓储高效、快速运转的实现，离不开公共仓储互联网平台的建设。

近年来仓储业的发展比较快，许多仓储企业都属于自营仓储模式，不少企业都拥有自己的仓库，而共同出资经营的仓储或第三方仓储等公共仓储还处于初步发展阶段，因此，公共仓储的互联网平台建设也处于探索阶段。

一、公共仓储互联网平台的含义

公共仓储互联网平台是指以共同出资经营或第三方出资经营的公共仓储为载体，利用计算机信息技术，与公共仓储内部各系统和外部供应链上下游企业信息系统相连接，提供数据、信息、产品、服务等资源共享的服务性网络平台。

二、公共仓储互联网平台的结构设计

（一）公共仓储共享信息服务层

公共仓储共享信息服务主要分为以下四类：

（1）有关仓储物流的各项规章制度和发展政策，如最新出台的支持仓储物流业发展的政策方针等；

（2）仓储物流业的整体发展情况，包括仓库储位的供给需求情况、仓储业的发展趋势等；

（3）仓储物流企业的基本信息，将仓储物流企业的一些基本信息发布在公共仓储互联网平台上，便于潜在的客户搜索查找；

（4）仓储物流企业可提供服务的相关信息，如仓库储藏量、仓库的种类等信息。

（二）公共仓储会员信息服务层

该层主要为与公共仓储有合作关系的仓储企业会员提供服务，具体如下：

（1）为公共仓储互联网平台的仓储企业会员提供注册、认证、登录、查询服务；

（2）各仓储企业在公共仓储中的储位、存货信息；

（3）公共仓储的作业流程信息，包括货物入库、在库、出库信息；

（4）为仓储企业会员提供在线咨询服务。

（三）公共仓储会员交易服务层

具体交易服务内容包括五个方面。

（1）交易信息浏览服务。通过公共仓储会员交易服务层了解需要交易的相关信息，以确定能否进行交易。

（2）交易谈判服务。交易的供需双方可就交易的数量、价格、种类等进行谈判以确定是否进行交易。

（3）交易合同签订服务。当交易双方确定进行交易后，可通过公共仓储会员交易服务层签订具有法律效力的电子合同。

（4）交易支付服务。交易双方签订完电子合同，交易需求方可通过交易服务层完成在线交易支付。

（5）交易售后服务。交易需求方通过交易服务层向交易供给方提供的服务进行售后反馈，便于交易供给方改善服务质量。

（四）公共仓储管理服务层

该层提供的服务包括五个方面：

（1）对仓储物流的相关信息进行更新维护；

（2）对货物入库、在库、盘点、装卸、搬运、加工、包装、出库的有效管理；

（3）对公共仓储互联网平台的设施设备进行维护；

（4）对公共仓库中不同企业的库位、货物种类进行分类管理；

（5）保持公共仓储货物与公共仓储互联网平台数据的一致性。

三、公共仓储互联网平台的功能

（一）综合信息服务平台

该平台提供仓储物流信息发布与共享功能，它连接各仓储企业、政府管理部门与相关职能部门的互联网平台,汇集了各仓储企业的信息以及政府部门出台的相关政策,包括仓储货物入库、在库、出库、交易的相关信息,价格信息,促销活动信息,仓储货物数量信息,货物种类信息,仓储行业信息,支持仓储物流业的发展规划等。综合信息服务平台提供信息发布、搜索、交换、共享四种服务。仓储企业会员登录综合信息服务平台可搜索、查询、了解其他仓储企业的信息以决定是否购买该平台提供的服务,也可通过该平台查询本企业在公共仓储中的库存、交易信息等以掌握企业的实际情况,其他非公共仓储企业会员可通过此平台浏览仓储行业的相关信息。

(二) 货物交易支持平台

该平台具有在线交易、在线支付、订单管理、合同管理功能。

(1) 在线交易功能。货物交易支持平台为供需双方提供了一个货物交易市场,供给方发布相关信息以供需求方查询,需求方可就交易与供给方进行磋商。

(2) 在线支付功能。完成交易磋商后,需求方在货物交易支持平台上通过支付宝、网上银行向供给方支付交易费用。

(3) 订单管理功能。查询订单各个环节的处理状态,管理订单信息。

(4) 合同管理功能。供需双方可在运费价格、交货方式、车辆配送、售后服务等方面签订合同。

(三) 仓储管理平台

该平台具有信息维护、采购管理、仓库管理功能。

(1) 信息维护功能。依靠仓储管理平台,确保对货物入库、在库、出库信息的及时更新维护。

(2) 采购管理功能。填写采购订单,自动标注条形码和标签并进行扫描,实现货物的自动入库。

(3) 仓库管理功能。从货物入库、在库、盘点、装卸、储藏、搬运、加工、包装、出库等一系列环节方面实现对仓库的综合管理。

(四) 互联网平台的一体化功能

公共仓储互联网平台不仅与供应链上下游企业、政府部门的信息系统相连,还要与公共仓储内部各系统相连,实现互联网平台的互联互通。

完善互联网平台的一体化功能,仓储企业可直接进入企业的互联网平台来连接公共仓储互联网平台,实现对企业储藏在公共仓储中的货物进行清点、跟踪,实时掌握仓储企业的库存状况、交易信息等;公共仓储可实现系统之间的数据共享,提高各环节的运作效率,实现公共仓储的高效运转。

四、公共仓储互联网平台建设的保障

(一) 发挥政府的主导作用

要实现公共仓储与仓储企业互联网平台的互联互通,离不开政府对公共仓储与仓储企业周边区域信息基础设施建设的大力支持,发挥政府的主导作用,完善周边区域的基础设施建设,包括互联网的普及、通信设施建设、地下光纤的铺设等。信息基础设施建设是实现仓储互联网平台能够运转的前提条件,完善周边区域的信息基础设施建设,才能保证互联网平台充分发挥作用。

(二) 公共仓储互联网平台硬件和软件建设

仓储互联网平台建设需从硬件和软件两方面着手。在硬件建设方面,仓储互联网平台建设所需的RFID读写设备、视频识别技术设备、叉车、穿梭台车、垂直拣选车、互联网信息系统设施等各种设施设备是互联网平台建设的基础,能够实现对仓储货物的定位、跟踪、搬运、管理。

在软件建设方面,将企业ERP系统、VMS等系统应用到仓储互联网平台建设中来,能够做到对出入库货物信息的输入输出、库存管理、客户管理、统计核算管理。

在硬件设施与软件设施配套兼容方面,做好硬件设施与软件系统的有效衔接,依靠仓储互联网平台软件系统发出的指令来控制硬件设施的运转,达到库存货物信息与互联网平台中信息的同步性、一致性,实现仓储货物信息化管理的目的。

(三) 公共仓储互联网平台对公共仓储货物信息的管理

公共仓储互联网平台应对公共仓储中不同仓储企业货物存放的位置、数量、种类等相关信息进行采集、保存、处理、更新,加强对互联网平台中信息的管理,以确保互联网平台中的信息与仓库中货物真实信息的一致性,便于各仓储企业通过本企业的互联网平台进入公共仓储互联网平台的网站,实现对本企业存放在公共仓储中的货物进行查找、跟踪、确认、管理。

(四) 公共仓储互联网平台的标准化建设

在互联网平台建设过程中,为避免互联网平台建设采用不同的标准而出现不兼容的情况,应遵循统一的业务标准规范、数据标准规范、技术标准规范,完善仓储互联网标准化体系,加强仓储互联网平台的标准化建设,使各仓储企业互联网平台系统与公共仓储互联网平台系统能够有效衔接,实现互联网平台的互联互通,提高互联网平台的运作效率,达到资源共享的目的。

第八节 云仓模式

为解除传统单仓和分仓模式封闭性强、灵活性差的弊端,实现信息共享,高效调拨配送及精细化管理,云仓由概念落地孵化,进入实质性阶段。

一、云仓发展概况

(一)云仓发展背景

物流的仓储环节可分为外包仓储和自建仓储两种模式。这两种模式下又通常会出现不同的问题。

对于外包仓储模式来说,因供应商规模大小不一、服务质量参差不齐,企业通常需要与多数仓储供应商合作,才能满足自身的业务覆盖需求;特别是节假日时期,易发生外包仓储爆仓、商品配送延误等问题,严重影响企业客户体验,导致企业业务情况不太理想。

对于自建仓储来说,则是高昂的成本问题,以及自建团队、自建系统等带来的管理压力。

为了解决这两种仓储模式带来的问题,一种新的仓储体系,即云仓应运而生。云仓通过中央云系统运用云计算,对整合过后的下属分仓内库存分布进行完美调拨分配,以多仓为据点,进行货物出入库。云仓兼容了外包的成本优点及自建仓储的服务优势,在避免自建仓储带来的高成本问题的同时,又可以解决外包仓储服务质量差的问题。

(二)云仓基本构成

云仓体系通过整合社会闲置仓储资源,构建全国分仓,形成一张云仓网络。

在云仓的运营中,客户下单后,OMS 将订单传入最近的仓库,智能匹配到的分仓再利用 WMS 进行发货就近完成配送;分仓每过一定周期将货物存储情况进行一次反馈,在存量不够的情况下,通过中央系统向供应商发出补货申请。云仓应用统一的中央云系统以及智能化的分拣设备,具有高效快速的订单处理能力及配送效率。

(三)云仓的应用

目前的云仓主要应用于三个方面:快递、电商及三方类仓储企业(见图 4-11)。

快递方面,顺丰、百世、韵达、中通等企业,依托自身原有强大的运力网及仓储网,纷纷引入云仓体系,加强自身服务能力。

电商方面,京东、苏宁、天猫、亚马逊等平台企业通过全国云仓布局,将自营或

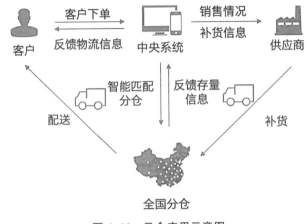

图 4-11 云仓应用示意图

商家货物前置,以最快的速度完成客户订单。

发网、中联网仓等三方类云仓,则整合原有仓储网络以及社会闲置仓储资源,以自主研发或三方的 IT 系统为核心,为客户提供仓配一体化解决方案。

二、云仓运营模式

(一) 快递行业云仓体系

1. 顺丰云仓——自有仓储+运力

(1) 运营模式。

顺丰云仓的网络,由"信息网+仓储网+干线网+零担网+宅配网"五张网络组成。顺丰云仓布局基于客户销售大数据支持,为客户提供各大分仓的库存计划。在接收客户订单前,货物已经预先进入智能化分仓内,当订单进入仓库的 OMS 系统后,货物会在 WMS 的运转下以最快的速度出仓,利用顺丰传统的配送网络优势送达客户手中。

在退换货的逆向物流上,顺丰利用云仓+快递协同模式,当消费者发出退换货申请时,配送人员从仓内取货至消费者处,验明旧货无问题后直接交付新货。

(2) 运营优势。

① 网络优势。顺丰在全国拥有各类客户服务仓 136 个,面积约 140 万平方米,业务覆盖国内 100 多个地级市,形成辐射全国的仓储服务网络,可以满足各类电商仓储、生鲜食品冷仓、医药冷仓的发展需求,及客户对于仓间调拨操作的需求。

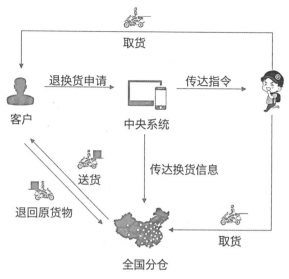

图 4-12 顺丰云仓运营模式

② 配送优势。顺丰自营及外包末端收派车辆 6.3 万辆（不含摩托车和电动车）；收派员约 21.3 万人，自营网点约 1.3 万个，覆盖 2 672 个县区级城市。此外，顺丰参股的丰巢科技已安装快递柜约 7.5 万个，覆盖国内北、上、广、深及武汉等 80 个城市。

③ 收费优势。顺丰针对中小规模电商市场，通过自身多网结合，一次性收取从仓到配的打包费用。客户不必像大型电商平台那样斥巨资投入全国分仓，也可以享受到高品质的仓配一体化服务。

(3) 其他服务。

在供应链服务上，顺丰推出以货质押的金融服务，满足中小品牌在货物流通过程中对资金的需求。

2. 百世云仓——产地总仓，全国分仓

(1) 运营模式。

百世云仓采用总仓+分仓的运营模式，产地设置总仓，地方设置平行分仓；采用干线运输、分仓备货、区域配送的模式，将单纯的快递成本转化为干线运输＋区域配送的综合成本。例如，服装、食品行业，百世会根据客户的不同运作特点，进行区域分仓、季节性分仓以及活动分仓。

(2) 云仓优势。

① 作为强大 IT 功底跨界而来的百世，强大的云计算力与优化手段，确保了客户订单处理、仓间调拨获得精益化管理，强大的 WMS 和 TMS 系统可保证发货的

② 百世自身具备快递快运资源,派送区域覆盖全国。通过全国网络化分仓,满足派送区域的同时缩短派送时间,并且实现全程透明化跟踪。

(3) 网络现状。

百世云仓目前拥有超 320 个云仓,分布华东、华南、华北地区,覆盖全国超 170 个重点城市。

(二) 电商行业云仓体系

1. 京东云仓——合作建仓

(1) 运营模式。

京东云仓采用合作建仓模式,整合国内闲置仓储资源。京东提供云仓平台+WMS+TMS+库内仓储作业规划,而合作方负责提供仓库+仓内运营设备和团队。京东云仓以整合共享为基础,以系统和数据为核心,从而输出标准化物流运作,赋能商家与合作商,提升商品流通效率。

生产要素	库内操作系统	运营监控和标准制定	库内规划设计	库内销售订单来源	作业团队	库房资源及库内设备
提供方	京东	京东	京东	合作商&京东	合作商	合作商

图 4-13 京东云仓运营模式

(2) 运营优势。

① 仓储成本日渐增高,仓库建设的成本对于许多中小商家来说都是大问题。对于那些建完仓库的工场,同样也面临着资金短缺和库房管理的难题。京东运用自营仓的操作标准,培训合作方库内作业人员,以及专业的操作系统,提供库内规划,解决了不同品类商品的存储难题,提升仓内运作效率。

② 京东云仓协同京东金融,为云仓合作商以及商家提供融资租赁、仓单质押等金融服务。

(3) 网络现状。

京东目前在全国布局了八大物流中心,分别为北京、上海、广州、沈阳、武汉、西安、成都和德州。京东大型仓库共 486 个,总面积约 1 000 万平方米。

2. 日日顺云仓——三级云仓

(1) 运营模式。

日日顺云仓采用全国共享的三级分布式云仓网络,是利用日日顺物流基地仓、区域仓、服务商仓库的云仓布局(见图 4-14)。100 个 TC 分布全国,150—200

千米仓库辐射半径,6 000个送装HUB网点,可以实现提前备货到仓、次日送达订单的效率。

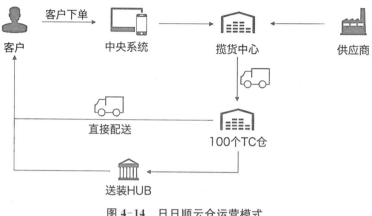

图4-14 日日顺云仓运营模式

(2) 运营优势。

① 强大的干支配网络。干线集配网络方面：日日顺云仓目前拥有整车干线的15个发运基地、22 000辆在线车辆；零担干线的180个中转站、5 000辆在线车辆。仓配一体化网络方面：日日顺云仓拥有6 000辆区域配送车辆、3 300条对流班车专线,覆盖2 915个区县。末端送装一体网络方面：日日顺拥有近10万辆车小微、约20万服务兵、6 000个送装网点,可以实现全国无盲区送装服务(到村入户)。

② 信息化系统。日日顺仓内iWMS系统可以实现全流程订单及产品可视化追踪,拥有自动接单、订单管理、AGV自动装载、费用结算等功能。

③ 自动化出入库流程。产品入库时,日日顺采用车辆与传送带直接接驳的方式,省去货物装卸过程。经过扫描站+人工扫描货物的二次复核,机械手将货物码垛至指定位置。出库时,堆垛机从立体库中抓取指定货物,配合AGV小车将货物送至备货区,在二次拣选后,AGV会将货物送至月台装车。

(3) 仓库网络现状。

日日顺云仓拥有6 000个送货网点、600万平方米仓储面积,覆盖全国2 915个区县(到村入户)。

(三) 第三方云仓体系

1. 发网——主仓+卫星仓

(1) 运营模式。

发网的仓网以主仓+卫星仓的仓网布局,客户可选择方案有子母仓以及平行仓的分仓模式。

子母仓模式为,品牌商选择区域主仓,由主仓通过物流运输完成商品在子仓的库存分布,建立总分仓之间的干线运输体系,负责各仓之间的商品批量调拨以及总分仓间的补货运输。

平行仓模式为,由品牌商选择在多个物流中心中进行分配存活,就近选择仓库发货。

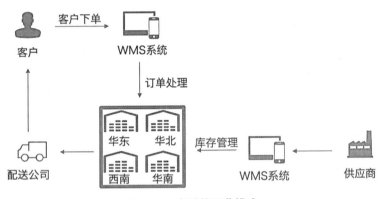

图 4-15 发网的运营模式

(2) 运营优势。

① 强大的仓配网体系。发网覆盖全国的仓库网络包括 6 个大运营中心(RDC)以及 60 个区域二级分仓(FDC);整合快递和快运为配网,提供 to B 和 to C 的综合物流服务。发网合作快递服务商主要有三通一达、顺丰、EMS、天天、品骏、宅急送等。

② 供应链金融体系。客户可以通过发网旗下供应链金融服务平台,向供应链金融机构申请最高 1 000 万元的资金借贷,盘活库存,解决资金短缺的问题。

(3) 网络现状。

发网已实现全国仓储面积 100 万平方米,综合配送网络覆盖全国 2 866 个城市,已累计服务 500 个知名品牌商,每天约 250 万单的业务量。

(4) 融资情况。

发网自成立以来深受资本方的青睐,截至目前已获得 4 轮融资,最新一轮的 C 轮 3.7 亿元融资由远洋资本领投,钱包金服、东方嘉富、晨晖资本以及德屹资本跟投。

表 4-10 发网的融资情况

时间	融资企业	轮次	融资金额	投资方
2013.7	发网	天使轮	数千万美元	未透露
2015.10	发网	A 轮	2 亿元	传化股份有限公司、毅达资本
2016.12	发网	B+轮	未透露	晨晖资本、大宇宙、毅达资本、传化股份投资
2018.5	发网	C 轮	3.7 亿元	晨晖资本、远洋资本、德屹资本、钱包金服、东方嘉富

2. 小斑马货栈——大件服务共享云仓平台

（1）运营模式。

小斑马货栈主攻大件市场，将仓库业主的库内闲置部分进行规划、改造及管理，实现集约化运营，为业主降低运营、获客及服务成本，获得规模化效益。在小斑马货栈平台上，客户可以自主选择或智能匹配到合适的优质仓储资源，就近备货，附带有优质干线物流，精准调拨，实现多城市次日达产品。

（2）网络现状。

小斑马货栈目前已在上海、广州、长沙、长春、苏州、北京、烟台、东莞、天津、杭州、武汉、虎门、西安等城市，开设了共享仓 300 余座，覆盖 2 000 多个区县。

三、云仓模式对物流行业的影响

（一）赋能闲置仓储

物流企业对高标仓的需求持续升温，但目前高标仓在国内分布不均衡，华北、华东地区出现了一库难求的现状，而在华中、西南、西北等以低标仓为主的地区，仓库的闲置率则较高。

云仓的出现，通过合作等形式搭建全国云仓，改造低标仓，形成市场需求量大的目标仓，巧妙运用闲置的仓库、运力，优化资源配置，从而降低仓运成本。

（二）合理仓间调拨运营

与传统出仓、干线运输、末端最后一公里的物流过程相比，云仓可以通过仓储管理云系统综合云端数据，对区域间分仓的货物进行合理库存调配，实现货物提前调拨入库，快速发货，时效稳定，提升客户体验(见图 4-16)。

此外，云仓还可以帮助品牌商实现代理上下级货物调拨，货物可以从上级代理云仓合理分配进入下级代理云仓，实现品牌商的货物在各个区域市场内的完美运营。

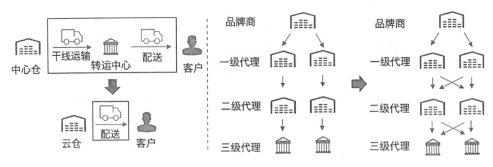

图4-16 云仓之间的调拨运营方式

(三) 驱动物流新生态

云仓的出现,帮助快递、电商及第三方企业整合供应链,提高客户体验感,嫁接互联网技术,使得整个产业链条上的数据在云端可视化。

对快递企业来说,云仓优化仓储模式,可承载比传统仓更多更大的发货量,扩展业务规模;对电商企业来说,云仓能够协助提升配送时效。近几年"双11"第一单都以分钟进行计算,这就归功于云仓的布局;对三方企业来说,云仓可以整合全国闲置仓储资源,结合强大的落地配体系,满足客户多样化的需求。

此外,对于传统的物流地产企业来说,云仓的出现为其提供了新的布局领域。例如,普洛斯、宇培等地产巨头:一方面通过高标库的高租金获得巨额收入;另一方面,普洛斯投资入局物流全产业链,打造物流生态,宇培投资入局冷链并衔接仓干配业务。由此可见,物流地产商对仓储的布局有更好的生态观,云仓也是各自战略布局中的一环。

案例4-1 发网的云供应链服务

上海发网供应链管理有限公司创立于2006年3月,是国内早期的电子商务仓配企业,已累计服务1 000家客户,500个知名品牌商,覆盖近2亿个消费者,仓储网络覆盖全国30多个省市地区。

发网以IT系统为核心,自主研发OMS、WMS、TMS、CMP实现企业供应链的系统集成及数据交换。依托强大的仓网体系、智能的配网体系、创新的供应链金融体系,为企业提供综合物流服务。

一、发网工厂仓储服务的特点

做过电商的人都知道,网店竞争力的强弱,主要表现:首先,是货源优劣情况;其次,是运营能力情况;最后,是物流供应链效率情况,也就是我们常说的物流供应链。而且,这些需要离不开工厂和仓储服务。工厂仓储就是提供货源和发货的地方,这类除了厂家直销外,还有一部分就是厂家找代销,价格都相对很低,这也是为什么很多电商人喜欢一件代发的原因。

一个电商企业如果能做大做强,跟所掌握的以上资源是分不开的,当然还有成本管控、获客渠道、转化复购、口碑品牌等细节也是需要考虑并解决的。发网供应链,就是提供电商仓库外包的第三方仓储配送公司。

电商仓库外包服务价格费用贵吗?都包含哪些费用呢?提供什么样的服务呢?

电商仓库外包的费用区间一般在 4—10 元/单,包含的就是仓储配送服务。

好的工厂仓储发货服务提供什么样的服务呢?具体细节流程如下:工厂商品入库,打印订单,分发拣货,复核包装,称重贴单,出库发货,干线运输,配送网点,最后配送到消费者手上。这样一个过程就是仓储物流供应链流程。

关于电商仓储配送公司都有哪些?为什么要选择仓储配送公司?毕竟要明白为什么要选择它。当然,如果真的需要仓储配送服务,肯定还是要货比三家的,在选择上这里不仅看仓储配送价格外,还要看服务质量如何。

电商仓库外包公司的好处就是在业务拓展时,大批量订单出现无法处理而选择外包。

一件代发货服务好不好?这么多工厂仓储公司从哪些方面去选呢?可以从以下七个方面去看:

(1) 是否有电商大促经验;
(2) 仓库的错漏发的情况是否符合行业标准;
(3) 逆向物流的处理是否快速;
(4) 仓库仓储自动化的水平;
(5) 仓库处理数据准确性和系统的稳定性;
(6) 仓库规划布局是否合理;
(7) 仓储服务外包的运营情况和服务案例。

二、发网的仓网价值

1. 区域订单满足

减少分拨环节,降低破损、遗失等异常风险。

2. 分仓物流结构

全国网络化分仓,缩短平均配送距离,大幅提高配送时效。

3. 次日达占比可提高 200%

降低入库物流的配送成本,提高入库效率和配送时效。

4. 优选快递组合

基于数据分析,系统智能筛单,匹配配送方式及承运商。

5. 洪峰订单满足

解决双十一、双十二、团购、聚划算等洪峰订单需求,分解突增订单压力。

三、配送服务的价值

整合全网配送资源,架构起稳定、全覆盖、多选择的优配网络。

1. 供应商选择

供应商可选择韵达快运、圆通速递、申通快递、天天快递、全峰快递、宅急送、速尔快递、EMS、顺丰快递……

2. 定制配送方案

配送网点做到可达及时效,优化配送价格,考察供应商操作能力,供应商 KPI 考核,把控配送服务质量,定制商家对物流的不同需求及评分。

3. 先赔后理原则

发生配送纠纷时,发网先行赔付,当确认配送过程中因发网或快递公司方处理不当造成的延迟配送、快递服务不佳等,给予商家减免运费、跟踪改善等反馈处理。

4. 破损控制

定期、及时统计破损率和破损原因,针对原因及商家成本控制等多方面考虑提出包装改进方案,推动破损率下降。

四、发网的云供应链

发网物流是专注做电商仓储的企业,做了 12 年时间,这 12 年里该公司一直在很专注地去做电子商务,包括为一些品牌商提供仓储加配送的服务。

现在公司业务模式发生了一些变化,慢慢结合公司分布在全国的 120 个仓网,开始为社区电商、社区团购提供综合的物流服务,目前一共服务了近 500 个品牌商,有近 2 亿个消费者。但是,发网并不是一个 2C 端的品牌,所以很多的消费者可能不知道发网的存在。

发网服务的品类主要还是快消方面的品类,包含了母婴、食品、化妆品等。

在社区电商当中最大的一个变化是,把电商的属性变成了人,以前不管是在线下还是线上,你做生意,始终要有一个店面来做承接,这个店有可能是线下的店,也有可能是在京东或者天猫上开的店。但是,现在在社区团里面都没有店的概念了,是我这个人来去销售的这些商品,人等于店,这是最大的变化。看了电商,看了社区,我们还有哪些渠道呢?现在所有的品牌商面临三个渠道:

第一个是线下实体,有直营、分销、门店、商超;

第二个是传统的电商平台,像天猫、京东这样老牌的电商平台;

第三个是移动社交,基于 4G 的改变,衍生出来新的购物场景的社区团购。

企业在去选择场景时,用的渠道会越来越多,以前的供应链体系可能只需要服务一个渠道,相对来说是单一的,但是当你的供应链要去服务上百个甚至上千个渠道的时候,对供应链的要求就会变得非常高,不同的渠道有不同的销售属性,有不同交付的属性,这个时候核心应该是用一个供应链去支撑所有销售的场景,然后用一套库存来去做管理,而这个核心就是云供应链。

一个好的供应链应该是去减少货物在到达终端之前的流转次数和被运输的次数,所以它应该是一个极简的三级供应链形式,应该是从工厂直接到仓网,再到终端,这个终端包含了消费者、团长和线下的门店。当你的产品生产完了以后就可以运向全国的仓网,由这个仓网服务当地的消费者。

发网服务的核心是云供应链,它是由四个云组成的:云仓、云配、云系统、云库存。至于分布于全国的120个仓库仓点,发网把仓分成了三个类型,第一个是CDC(产地仓),它负责到仓之间货物的调拨。RDC(中央仓)更多是负责到前置仓货物的调拨和电商的业务。FDC(前置仓)主要负责的是门店和团长(见图4-17)。

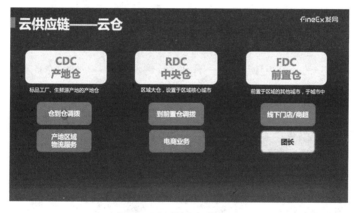

图4-17 发网云供应链

这是一个社区团购仓配的流程图,发网非常鼓励团长做末端配送的工作,这样即可以有跟消费者见面的数据,发网得到一个数据,一个比较牛的团长,可能一个月大概可以让一个消费者在他那里消费20次。这个数据非常惊人,一个月买20次,那就是一个月有20天的时间,可能都在这个团长的微信里面去买东西。其实这个团长就已经占领了这个家庭购物的入口,而通常我们不会在淘宝或者京东上一个月买20余次的商品。这是云仓。

接下来是云配。配送有很多渠道,不同的渠道之间有不同的交付场景,供应商也非常多元化,这个供应商是在配端的供应商,这个时候需要有一个统一的管理,统一调度,统一的可视化,统一做日常的处理,这称之为云配,也是用系统的方式去做的,而且和所有具备运力的公司都已经做了系统的对接。

这些业务的核心是系统,因为发网是做后端供应链的,所以发网的系统更多

图 4-18　发网云仓

在后端的管理上,包含了定单的管理系统、仓类的管理系统、配送的管理系统、结算的管理系统,以及不同的关于供应链场景系统的应用。核心是云库存,以前的库存都是分散在不同的渠道当中,线下的渠道有自己的库存,线下的经销商也有自己的库存,线下的直营可能还有一套库存,这些库存并没有被串联起来,不同的渠道有不同的策略(见图 4-18、图 4-19)。

图 4-19　发网社群供货模式

思考题

1. 什么是存货?它的功能是什么?

2. 配送中心存货的特点有哪些?
3. 与传统的库存控制方法相比,VMI模式有哪些特点?
4. 在设计与实施VMI系统时,必须把握哪些原则?
5. 摘取式拣货和播种式拣货有哪些区别?
6. 云仓模式对物流行业的发展有哪些影响?

第五章　互联网＋物流平台

学习目标

1. 物流平台的兴起与发展
2. 互联网＋城市配送平台的运营模式
3. 跨境电商的内涵、业务模式与业务流程
4. 以物流平台为基础建设金融、商业、物流、大数据四个支撑面的泛物流综合服务生态圈

第一节　物流平台概述

一、物流平台的内涵

物流平台是实现物流业供给侧改革的重要抓手,是实现降本增效的重要载体。物流平台将物流要素、物流服务场景与平台商业模式有机结合起来,包括物流平台(物理属性)和平台商业模式(商业属性)两部分。

(一)物流平台

物流平台是向物流运行提供直接支撑的工程和管理系统,是由信息网络、实物网络设施共同构筑的,包括通信系统、交通运输系统、仓库等方面基础设施。物流基础设施是物流平台的重要组成部分。建设现代化经济体系,物流平台要做到先行。

(二)平台商业模式

平台商业模式是指连接两个(或)更多特定群体,为他们提供互动机制,满足所有群体的需求,并巧妙地从中赢利的商业模式。物流平台模式是基于物流过程整合商业活动,提供解决方案和操作系统,实现风险的评估和管理,最终形成网络化、生态化的组织系统。物流平台连接物流主体,管理物流活动。发展物流优先使用平台模式。

支撑现代物流运行的平台和平台商业模式是物流平台化的两翼,物流平台具有基础性和制约性,平台商业模式更具有引领性和集成性。

物流平台是物流产业集群,是先进的商业模式。平台是实体经济和虚拟经济的桥梁,是商业服务和公共服务的结合体。

二、物流平台的兴起

近年来,技术创新与商业变革不断推动物流组织方式转向平台型、全社会化的开放体系。物流行业正通过连接与融合的平台化形式重新构建"中心化"。平台经济、共享经济、微经济协同发展将成为物流行业新经济的基本形态。大数据物流信息平台的意义不只在于降低物流成本,更在于能推动提升企业的管理能力。

平台是一个连接实体经济和虚拟经济的基础设施,平台积聚业务量驱动的实体经济主体和信息技术、数据驱动的虚拟经济主体。信息作为一种新的资产,在信息交易过程中其产权界定问题以及相关各方责权利的均衡问题是重要的问题。在进入数据时代后,数据作为一种资产,它跟一辆车、一块地或一笔钱的产权属性不同,因为数据的资产所有权相对于信息没有那么重要,数据产权的界定可能会侧重在使用权,评估和度量信息的责权利并没有成熟的经验和规定。在信息交易过程中,权利与交易转让并没有在契约里面做出明确规定,因此业界也关注虚拟经济中借用实物交易的产权和契约原理。

平台是一个公共管理和公共服务相结合的商业结构,特别是那些开放的社会化平台。其特点是自己不做具体的物流业务,只是在平台上有众多做物流业务的客户在彼此协同,平台的本质是构建新的协作体系,其手段就是进行公共管理、公共服务,所以可称为基础设施。过去我们习惯于提供公共管理、公共服务的是行政权力机构,是依法行使职能。但是,平台作为一个商业机构出现,为客户提供多一种选择,并从中牟利。这实现了公共管理、公共服务的商业化。

随着电子商务的发展,互联网+物流企业面临更个性化和碎片化的物流需求,物流平台正成为整合物流服务、实现互联网经济的重要手段。客户需求链的变迁促使多业态物流平台的诞生。以往合同物流(B2B)的业务需求量被大量的电商 B2C 物流需求所代替,之后顺丰 O2O 和小米 C2B 等物流企业纷纷布局新的市场需求。以即时配送物流平台为例,美团、饿了吗等外卖餐饮平台制订灵活的规则,不仅高效匹配需求方和运力提供方,并在提供服务的过程中不断改进算法,连接各种物流资源、消费者和企业客户,提高订单履行率和完成零售场景营销。

三、物流平台的发展

零售电商引导快递变革,B2B 平台如雨后春笋般涌现,产业互联网化后云平台逐渐兴起,懒人经济的兴起促使外卖电商平台重构社区生活服务业。因此,物流的需求产业链进行深度调整,即从服务模式、管理方式、技术应用、系统保障、运营体系、流程支撑六个方面进行变革,倒逼物流企业的互联网转型,构建供应链产业物流服务,构建物流+互联网+产业生态圈。这种生态圈的构建顺应物流企业需求与行业发展趋势,围绕物流核心能力,打通上下游,覆盖相关产业的物流服务生态系,是战略格局上的重塑。

这种生态系统涵盖物流(如仓、车、线路的实体资源)、信息流(如运单管理、市场交易、过程监控、回单管理、财务管理)、资金流(如现金,应收应付,风险控制)和商流(如销售、采购、客户关系管理、平台电商等)四个部分的融合和交互作用,作为一个有机结合的整体服务物流客户,这种布局中单纯一个维度的整合不足以完成整个商业闭环,以物流平台为载体,覆盖技术生态、服务生态以及管理生态的大融合。主要从两个方向演化变迁:一是以工业 4.0 为特征的智能生产体系和智能化物流服务体系,物流企业具备智能化、系统化、网络化、一体化的特征;二是创建定制化的个性物流服务体系,满足懒人经济群体需求,物流企业具备个性化、众包化、碎片化、及时化及网络化的特征。这两个方向将最终构成以金融、商业、物流、大数据为四个支撑的泛物流综合服务生态。

四、物流平台的构成

物流平台分前台、中台、后台、基础设施四层结构(如图 5-1 所示),前台作为线上和线下场景的接口,中台提供可封装、可迭代的产品,后台包括各类系统、服务体系、大数据和智能算法,基础设施为平台运行提供物质支撑。

图 5-1 物流平台的构成

每个物流平台都是基于价值链、生态圈确定一个定位点,构建软件和硬件一体化结构,连接两边或者多边市场,激发同边和跨边网络效应,培育社群经济、体验经济和平台经济。通过科学公正的规则搭建起连接供求双方的一架天平,而原有的物代中介是信息不对称的一堵墙。

在这个生态系统中,物流平台扮演着教练员、裁判员和图书管理员的多重角色。教练员为双边提供培训和技术支持,裁判员建立规则,维护交易秩序。图书管理员主导产品结构分类,引导服务升级。物流平台是价值的分配者,多边群体的连接者,更是生态圈的协调员和管理员,进行广度协调和深度管理(如图5-2所示)。

图5-2 物流平台的多重角色

五、物流平台的特征

(一)物流信息流通速度越来越快

物流信息在商品流通层面运转越来越快,通过物流平台可以实现,分销、供应链、仓储信息流转,以及接通更多的后台数据接口,将物流信息、订单信息、会员信息、单据信息整合成一个综合的物流大数据平台。

以物流信息平台为例,物流信息平台指的是支持物流服务供需信息的交换的网站,根据服务区域和网站运营主体可以将物流信息平台进行分类。从服务区域角度可以将物流信息平台分为地方性的物流信息平台和全国性的物流信息平台,比如湖南交通物流信息共享平台属于地方性的物流信息平台,服务湖南省经济全面发展,全力支撑湖南省物流大通道建设工作。国家交通运输物流公共信息平台是由交通运输主管部门推进建设,以提高社会物流效率为宗旨,以实现物流信息高效交换和共享为核心,面向全社会的公共物流信息服务网络;从网站运营方主体角度,可以分为主体自营的物流信息平台和第三方物流信息平台,其中第三方物流信息平台则一般不涉及物流服务的具体运作,而是专业为物流供需方提供信息服务。

(二)共享物流模式蓬勃发展

共享物流模式就是指通过共享物流资源实现整个物流体系的资源优化配置,

从而提高物流系统效率,降低物流成本,推动物流系统变革的模式。通过共享物流资源实现物流资源优化配置,从而提高物流系统效率,降低物流成本,推动物流系统变革的物流模式。物流资源主要是物流信息资源、技术与产品资源、搬运设备资源、仓储设施资源、货物运输资源、终端配送资源、物流人力资源以及跨界的相关资源等。

共享物流模式目前主要指全民快递服务,即利用个人空闲时间,实现快递配送,也是一种新的生活体验方式。现代物流通过系统整合与资源共享能有效提高效率与降低成本。2012年6月,我国商务部流通司下发了《关于推进现代物流技术应用和共同配送的指导意见》,说明我国对共享物流,包括对城市配送"最后一公里"这些难题的重视。物流业是一种网络化的服务行业,天生携带"共享"基因。《2018中国智慧物流大数据发展报告》指出,目前我国路面公路货车的平均空载率高达40%,返程空载已经成为行业的巨大痛点,共享物流的发展无疑成为物流业转型升级的新动能。为了提升末端配送效率,提高物流服务满意度,末端物流网点的各类设施资源共享模式逐渐成为创新热点。共享概念运用于最后一公里这一问题之后,众包物流也就应运而生。

(三) 个性化物流平台纷纷涌现

每个企业的实际情况不一样,面对的问题不一样,物流平台经历了从爆发式增长到如今良性发展的历程,以市场需求为主导,以政府政策引导,充分发挥了资源配置的作用,激发了企业创新发展的内生力。物流平台积极探索个性化需求背后的通用性功能,组织技术攻关,突破瓶颈,解决实际问题。终于,在物流平台适应性上取得突破,提升了物流基础信息采集、存储、处理能力,加强了适应物流细分领域的个性化需求。譬如,物流园区型平台针对政府和企业的刚性需求,以信息化平台为核心运营纽带和依托,构建园区新的运营服务体系。

过去货运平台未诞生时,配货站充当了匹配司机和货物的功能。物流货运行业也是重视关系的行业,货主将价值不菲的货物交给配送站信息部,信息部根据司机的个人情况(比如资质、诚信程度等)来分配任务。时间长,成本高。现在随着互联网信息平台的不断发展,货主在平台上发布订单信息形成电子发货单,包含重量、体积、出发地、目的地、运输距离、货物照片、货主要求,很全面,接单司机根据发货单报价,发货人根据报价查看接单人的资质评价以及是否有保证金,将运费支付给平台,到货点确认键,司机秒收运费。不仅解决了信息匹配的问题,还针对货运市场运费高、信息虚假、野蛮分拣、破损丢失理赔难、诚信评价体系不健全、拖欠运费等问题给出解决方案。

整合资源,整合信息以后对这些结果进行分类与分层,使得交易更加精准,减少交易成本,提高交易效率。这样就会用到智慧的技术,实际上是解决差异化、精准的问题,能够解决个性化匹配、个别控制。凡是走到了智慧平台这个层面,一定是在追求精细化、个性化服务和管理。

(四) 云计算、物联网和大数据与物流平台紧密结合

云计算和大数据的应用正在改变传统物流业,大数据的基础就是物联网,物联网的核心是万物互联,万物互联产生的数据形成云数据,经过云计算,可以对物流各个流程(运输、仓储、搬运装卸、包装、流通加工、配送、信息处理等)达到更精准的监控,进而提高物流效率,降低企业的物流成本。

物流大数据和平台的结合还可产生如下研究思路:基于历史交易和消费信息,采集并存储特定行业领域的物流运输需求大数据;利用数据挖掘和机器学习方法,分析物流运输需求在时间、空间和人群上的分布规律和性质特点;动态调配可供给运力资源在人员数量、工具类型、投放能力等指标上的配比,以适应需求变化;主动采用动态定价、划分服务范围、人群画像和推送消息等技术手段,引导运输需求发生变化,使之趋于均匀有效分布等;车联网系统,让数据驱动车辆管理变得更容易。通过使用车联网系统,运营车辆的能耗数据、路线跟踪、驾驶行为等数据一目了然,有助于规划车辆保养、用车成本统计、改善司机驾驶习惯等。

(五) 增值服务是物流平台新的盈利点

通过物流平台不断聚集的用户资源,依托大数据的行业指导,平台将大力拓展增值服务,推出一系列具有竞争力的增值服务产品,如物流金融、共同保险、平台创新服务、广告营销、O2O 消费等增值服务。

六、物流平台化的作用

(一) 解决物流服务的三大痛点

(1) 物流价值链过长。

(2) 标准化和个性化物流服务的冲突。

(3) 第三方物流服务的有限性和需求的部分满足。

(二) 满足了三大需求

(1) 刚性需求。

(2) 高频需求。

(3) 能力匹配和资源共享的需求。

(三) 优化物流要素配置

物流平台扩大资源配置范围,实现物流供需信息实时共享和智能匹配,激发网络效应,实现业务运作的共同化、一体化、社会化、专业化、网络化、智能化,提高全要素生产率。

七、物流平台企业的条件

平台战略是一场正在席卷全球的商业模式革命,横扫互联网及传统产业,所有企业都面临找平台、建平台和放大平台三种选择。那么,哪些企业适合搭建物流平台呢?

(1) 行业龙头企业、行业标准制定者;

(2) 良好的外部关系(政府引导、商会搭台、企业唱戏);

(3) 在物流与供应链管理方面"五有":有优势、有经验、有基础、有行业背景和有创新基因。

八、物流平台化路径

(一) 明确平台总体定位,提出明确的价值主张

在平台定位过程中,首先弄清物流平台化和平台化物流之间的区别。

平台化物流是物流企业将内外部资源整合在一个运行平台上,为客户提供一体化全流程服务,它的本质是核心物流企业的运行方式和管理模式,关注的重点是物流业务。例如,中外运立足物流业务整合商的定位,致力于打造世界一流的综合型平台企业。

物流平台化实际上是汇聚物流服务需求和物流服务资源,促进物流交易,统筹物流活动,提升物流过程协同效率的媒介,是以物流场景作为切入点,重点关注物流后市场和生态的打造。它的发展方式可以概括为"三去",即去中心、去中间、去边界。

比如,深圳易流倡导"透明连接物流"理念,以"透明、连接、协同"为核心价值,以软、硬一体的物流透明SAAS服务为切入点,致力于构建中国最大的公路运输产业链互联网平台。

物流平台从属性上可以分为专业型、综合型和公共平台;从类别上分为信息、交易、业务操作、方案和社群型;从区域上分为区域、国内和国际。专业型如冷链马甲,公共平台如四川省物流平台,综合型如绿道一站式跨境供应链服务平台,区域平台如重庆智慧物流平台,全国性平台如货源圈平台、铁龙物流平台,国际性平台如买卖全球网平台。

企业基于自身战略和使命出发,顺应时代发展趋势,以解决用户实际痛点为出发点,在客户价值、资源和能力以及物流产业链三个维度上形成一个独特的定位,提出明确的价值主张和企业使命,做好进入新市场的准备。

(二) 确定平台的切入点

各类平台殊途同归,终极目标都是打造供应链、产业链、价值链三链融合生态

圈,因此平台化的切入点和发展路径就尤为重要。

从信息流切入的有运满满＋货车帮平台,从资金流切入的有中国物流金融服务平台,从商流切入的有海外通跨境电商综合服务平台、买卖全球网,从运输切入的有天地汇,从多式联运切入的有舟山江海联运服务平台、铁龙物流平台,从园区切入的有传化公路港。从物流装备切入的有北斗智慧物流平台,从业务体系和供应链管理角度切入的有易流云平台。

供应链的"五流"是指信息流、资金流、物流、商流、知识流。

物流体系"五要素"是指信息技术、业务流程、基础设施、物流装备、物流方案。

物流的"五类活动"是指交易、管理、操作、营销、增值。

不同组合方式,构成了不同的物流平台定位和发展路径(见图5-3)。

图5-3 供应链与物流的不同组合方式

(三) 物流平台化的步骤

物流平台可以重新设计"价值创造"与价值分配的结构,并发挥网络效应为物流活动增值。平台化一般通过透明连接、协同匹配、跨界融合三个阶段来完成。

步骤1:将物流价值链进行弯曲,让处于源头的供需双方进行对接,降低流通成本,通过"三化"即去中间化、去中介化、去边界化来完成,去除信息屏蔽者、削减服务瓶颈环节和消除成本虚高者。

步骤2:通过设立机制来调动多边的积极性,协同匹配物流活动和要素资源,实现产权有效激励、要素自由流动、价格反应灵活、竞争公平有序、企业优胜劣汰,来满足日益多元且个性化的需求。

具体做法:盘活闲置资产实现资源共享、转化用户参与全过程服务,实现共创共享,培育创客经济、社群经济。

步骤3:跨界整合。通过建立平台来协同上下游伙伴和同业竞争者,一起设计生态圈的新格局和新规则,带领各方走出行业的蓝海。

具体做法:产业上下游协同整合,如沃尔玛开放接口串联更多外部资源,日日顺与中国物流学会共同举办创客营活动,跨界整合,创造全新生态圈,为实体经济赋能,即插即用。

物流平台化的过程,就是对物流价值链进行四则运算的过程。

第一,做减法、聚核,减去中间环节,形成平台化的核心竞争力。

第二,做加法,发展平台的两边、多边,建设平台运行体系,即云、网、端。

第三,做乘法,实现互联互通,放大平台效应,实现多平台互动,形成平台生态圈。

第四,做除法,除黑洞,去边界,去中心,建诚信体系与可视化的调节机制,提高全要素生产率。

九、物流平台盈利模式

现有物流平台的盈利主要来自三方面:规模化运营降低成本;社会化运营提高效率;挖掘数据、场景和金融价值。但是,可以断定成功的平台必将孵化出丰富的生态,平台利润定将孕育在庞大的生态价值当中。

平台企业要善于发挥天时、地利优势,创立差异化的商业模式,在入口、信用、网络、效率、创新等五大方面谋篇布局,设置"获利的管卡",实现专业化经营,多元化盈利,达到以小博大,以存量引增量,以增量带动增利的效果。

第二节　互联网＋城市配送平台

随着互联网技术带来城市生活与消费方式的改变以及城市产业布局的调整、现代消费方式的不断升级、电子商务技术的广泛应用,以及城市工商业发展模式的日趋多元,使得小批量、多频次、时效性强的直接配送、住宅配送以及"门到门"配送需求日益增长。

一、城市配送的含义

城市配送是指服务于城区以及市近郊的货物配送活动,在经济合理区域内,根据客户的要求对物品进行加工、包装、分割、组配等作业,并按时送达指定地点的物流活动。

城市配送其主要对象为商品,也包括部分工业品。在我国,城市配送的从业者主要包括专业物流服务商、转型搬家、货运公司、邮政和快递企业(主要从事小件、小包裹运输)等。

二、城市配送的种类

(一)自营配送

某些大型生产企业和连锁经营企业创建自营配送中心完全是为本企业的生产经营提供配送服务。选择自营配送有两个基础:一是规模基础,即企业自身物流具有一定量的规模,完全可以满足配送中心建设发展需要;二是价值基础,即企业自营配送,是将配送创造的价值提升到企业的战略高度予以确定和发展。

(二)协同配送

协同配送是指在城市里,为使物流合理化,在几个有定期运货需求的合作下,由一个卡车运输业者,使用一个运输系统进行的配送。协同配送也就是把过去按不同货主、不同商品分别进行的配送,改为不区分货主和商品集中运货的"货物及配送的集约化"。

(三)外包配送

外包配送也就是社会化、专业化的物流配送模式,通过为一定市场范围的企业提供物流配送服务而获取盈利和自我发展的物流配送组织形式。

(四)综合配送

综合配送是指企业以供应链管理为指导思想,全面系统地优化和整合企业内外部物流资源、物流业务流程和管理流程,对生产、流通过程中的各个环节实现全方位综合配送,充分提高产品在制造、流通过程的时空效应,并为此而形成的高效运行的物流配送模式。

三、城市配送平台的服务内容

城市配送平台以城市物流统一配送业务为切入点,结合物联网、云计算、大数据等信息技术,推动"统一车型、统一标准、统一管理、统一技术标准"的城配车辆扩大规模,实现车源、货源、公共仓和服务信息的高效匹配,促进城市货运市场的优化、整合和提升。通过在线车辆管理、货物管理、仓储管理,实现车流、物流、资金流、信息流融合,有效提升物流效率,降低物流总成本,实现物流全程透明可视化、产品可追溯。

四、城市配送平台的特征

(一)地域性差异大

城市配送受城市发展及管理约束。不同城市经济水平及地理环境差异较大,譬如北上广一线城市对城市交通管制(通行时间、车辆要求)有相对应的规定,而且商业场所的配送时间也受运营限制。

(二) 场景性强

互联网的发展带动线上经济以每年超过 30% 的增速快速发展;手机等智能硬件的普及、移动互联网技术的高度渗透,不断解锁围绕城市各类生活场景的"互联网+"新商业模式。在此情况下,城市配送平台面向多元化消费需求,主要以关系民生的消费类商品配送为主,因此配送点分布分散、不确定性强。

(三) 资源较为分散

城市配送平台链接的供应市场分散,最为关键的需求及配送资源分散,比如配送参与者规模普遍偏小从而呈现区域落地配。

(四) 信息化及标准化程度低

城市配送的发展,受互联网技术以及新零售的影响,城市配送平台在及时响应和协调性方面主要依靠信息系统普及和 SAAS 化、仓库自动化运营和配送服务的可视化。因此,城配平台的运营体系不同于快递行业,快递网络是具有典型静态路由特征的拓扑结构,城配网络是为极短半径配送服务的,是以动态路由为底层架构的网状结构。快递的服务对象决定 B2C 的比例更高,资源载体一般是电动车或者三轮车,而城配一般是机动车,承载货物的品类和重量区间也不同。

五、城市配送平台的运营模式

(一) 即时配送平台

即时配送,即为依托社会化库存,可满足 45 分钟内送达要求的配送方式,是应 O2O 而生的物流形态。即时配送面对的则是呈社会化分布的仓储,需求更多样化、本地化,是离散的、突发的。在城市发展越来越强调速度的当下,即时配送服务还原了快递本质的诉求,从货物流通的属性上将客户所托安全快速送达,避免了传统快递过程中货物中转带来的一系列丢失破损、无法责任到人的问题。

即时配送交易规模持续稳定增长,市场潜力仍待发掘。餐饮外卖的疯狂扩张带动了即时配送行业的高速发展,随着即时配送、配送平台、配送品类的增加以及 B2C 模式向 C2C 模式延伸,市场交易规模将继续增长。

物流实战 5-1　闪送

闪送简介

北京同城必应科技有限公司位于北京市留学人员创业园海淀园,是一家移动互联网的高新技术企业,闪送服务属同城必应旗下的一个项目,致力于为用户提供全程可监控的专人直送服务。当用户有加急件或者需要专人直送的服务需求时,可通过 Web 在线下单或者手机 App 客户端随时随地下单,发出加急送件需求,由系统根据客户需求基于位置信息就近分配闪送员上门为其服务,用户可以通过手机客户端全程监控闪送员端位置,闪送员承诺在规定时间内完成包裹的送达。

闪送是基于"互联网+"的快件递送分享理念,专注于即时专人直送服务,是国内响应时间最短、取送速度最快、服务体验最好、规模最大的限时递送服务互联网公司,为用户提供全天候 1 分钟响应、10 分钟上门、60 分钟送达的同城速递服务。闪送致力于通过高效的闪送服务,为用户创造更便捷、更贴心的商务、生活新体验。创造了同城限时速递的全新商业模式,形成了令用户尖叫的递送服务体验模式。当用户有快递需求时,可以通过手机 App、微信和官方网站快捷下单,最近的闪送员会在线快速响应抢单,并在 10 分钟内上门取件,专人直送到目的地,从取件到送达平均在 60 分钟内完成,创造了中国速递服务的新模式与新纪录。

闪送核心竞争力

闪送与其他同城物流公司最大的不同在于,闪送始终追求打造最终个人用户端的极致体验,高效、快速甚至创造性地满足个人用户即时速递全方位需求。闪送具备以下三方面的特征。

第一,寄件的快速性,具体体现在发件快、取件快和送件快。用户可以通过 PC 在线下单,也可以通过微信、手机 App 客户端下单,方便快捷一键式服务。当客户发出寄件需求,附近闪送员收到推送信息,并快递上门取件,及时送达。送件快指的是直提直送,中间无分拣环节,点对点服务,节省等待时间。

第二,保证物品的安全性,具体表现在信息安全:无纸化单据;快递信息不暴露,业务完成后,数据信息自动封存;包裹安全:全程轨迹监控,无分拣环节,点对点专人直送服务,下单完成后 60 分钟送达。

第三,专业人员的培养。从闪送员的招募到后期的上岗,公司会对其做相应的培训、面试,合格后会配发资格证件。

闪送平台引入了评价机制,结合系统对服务数据的记录,对闪送员做出评判进而执行相应的奖惩措施,如私自取消订单会禁闭 7 天,不允许接单等;而在一定时间内,收到好评多的闪送员会受到奖励。

物流实战分析:"闪送"新经济模式的快递发展,取决于当今电商信息平台的发展,以及闪送敢于创新,抓住了当代人们对于速递的需求,同时也填补了传统快递送件慢、周期长、安全性不能保证的市场空白。闪送服务应用智能手机终端,提供电子运单,有效避免了传统快递单据造成客户信息泄露的风险,避免了送货时间不可控、货物位置不可监控的问题,以及收发件人信息泄密的风险,为客户提供一种全新的物品直送服务。

(二) 物流园区型平台

园区型平台的价值体现在平台通过搭建信息化的系统、标准化的管理机制来将单点、粗放的、模式单一的园区连接成线、整合成网,实现规模效应、经营方式和赢利的多样化。物流园区型平台的核心业务是为入驻园区的司机或者是专线业务提供商提供相关的车货配载的信息。同时,平台企业依托园区或者是货运场地这一媒介,建立相关的交易信息平台,为园区内的客户提供相关的查询服务。不同于交易信息服务平台,园区型的交易平台投资方与运营方有时并不是同一个,其投资方为物流园区管理企业而其运营方可能是物流园区管理企业在建立该园区之后为了管理该园区而成立的专门运营公司。

平台会为已经入驻园区并且成为该平台会员的专线业务提供商、司机办理园区一卡通。进入园区时,会员需要刷卡。这样一卡通会将会员在园区内活动的所有的信息实时同步到平台上去。通常,园区的会员都会在各自的移动终端上安装平台的 App 客户端,平台会根据会员提供的各项信息,推送会员所需要的信息。平台也会为车货双方提供评价制度。其评价信息将作为双方的信用记录发布在平台的相关领域,为后面将要与双方进行交易的企业提供相应的参考。

平台主要在三种服务模式下获取盈利:首先是在整个交易过程中的基础服务;其次,园区型平台还为入驻园区的会员提供金融服务以及联盟服务;最后,平台还可以为园区内企业提供代办服务。

由于园区具有一定的封闭性,大大降低了园区的管理难度,从而能够更好地保证园区内信息的有效性与真实性。其次,在双方交易达成后的评价系统服务能够将虚假信息筛选出来,并且可以通过评价将违规操作的承运人与发货人剔除出平台。园区型平台也有一定的缺点:由于平台是线上管理与线下管理相结合,所以需要大量的人力财力运作。

 物流实战 5-2 　天地汇供应链管理有限公司

天地汇简介

天地汇供应链管理有限公司基于公路港的先期知识率先创立了"物流淘宝"平台模式,定位于第四方物流平台的"生态型公路港网络化经营领导者"。下辖四大公司,即上海天地汇供应链管理有限公司、上海天地汇物流科技有限公司、天地汇优卡物流科技有限公司、上海百及信息科技有限公司。目前,天地汇园区覆盖

50+城市,网络覆盖60+公路港,整合超过20 000亩土地,拥有200多亿元资产;同时,公司拥有物流企业会员超过2.5万家,活跃司机会员超过39万。

天地汇核心竞争力

天地汇通过整合全国连锁的物流园区网络为平台线下载体,集聚物流各要素资源,以天网"云物流服务+云数据服务"为核心,以标准化流程和服务为基础,实现从信息集聚、信息交易、信用体系、支付结算、金融保理、保险理赔、生态圈打造等一系列的产品和服务体系O2O物流平台生态圈(见图5-4)。天地汇的核心产品包括服务于园区的信息化托管工具"RPMS园区通"、服务于物流企业及货主的网络化零担快运服务产品"天地卡航"、服务于货车司机的整车信息交易平台"i配货"等。

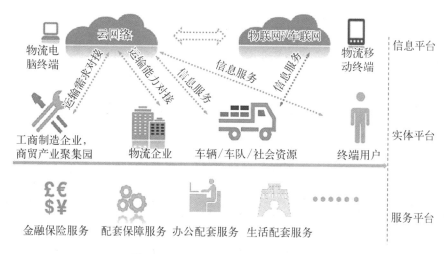

图5-4 天地汇"物流淘宝"服务平台

天地汇专注于打造三张网和两朵云,即:"天网、地网、车网"和"物流云""数据云"。以供应链协同为核心,以线下园区为基础管理单元,通过互联网、移动互联网、车联网、物联网等信息技术手段进行线上线下的联动,实现园区与园区之间互联互通,进而构建园区之间的高效车网并实现运输过程的透明化管理。

"天网"是天地汇精心打造的、具有完全自主知识产权的公路港信息化云服务平台,是公路港核心竞争力;是基于互联网、移动互联网、物联网和车联网"四网合一"的物流云服务平台。"天网"平台主要包括"园区通"(RPMS)、智能订单管理系统(OMS)、运输管理系统(TMS)、"天地卡航"管理系统(REMS)、集提集配智能管理系统(PUDMS)、甩挂调度管理系统(DTMS)以及会员和诚信管理系统

（MCMS）、支付结算系统（TD Pay）等系统以及在线金融服务综合而成的，通过天网的核心作用，使地网、车网实现全网协同，最终实现整个供应链体系的优化与协同。

地网是由遍布全国的物流枢纽节点城市的公路港连接而成的。地网打破了传统孤岛园区的弊端，形成物流资源在地网平台上的高效流转和共享，使得所有货主、物流企业、司机会员在整个地网中享受各类标准的产品和服务。地网的形成将真正意义上让网络型高效甩挂运输成为可能，着力解决因两地货源不对等而产生车辆运输能力无法充分利用的情况。

"车网"是在"地网"和"天网"的基础上构建的园区之间点点直达的车辆运输网络。天地汇通过"天地卡航"产品让所有干线运营牵引车和车厢在地网之间高效运作，实现全网甩挂运输，天地汇将成为中国干线运输网络的总调度台，在全国范围内调度和控制所有运营车辆，在车与车之间、车与司机之间、司机与物流企业之间、车与总调度之间形成有机的管控关联。在这样科学、透明、高效的管理下，天地汇车网平台上的车辆使用效率实现大幅提高，已达到国际先进水平。

（三）第四方物流平台

面对竞争日益激烈的市场环境与电子商务、互联网的蓬勃发展，物流业也需要随之更新升级。第四方物流服务平台，用的是最新的网络技术与运营模式，它不仅能够帮助物流企业从激烈的竞争中脱颖而出，而且对于整个物流业的发展与变革都有着重要的现实意义。

第四方物流是由美国埃森哲咨询公司提出，定义为"一个供应链集成商，能对公司内部和具有互补性的服务提供商所拥有的资源、能力和技术进行整合和管理，并提供一套供应链解决方案"。物流企业不仅可通过第四方物流获取所需的信息，还可以向其寻求技术支持以优化产品供应链。

第四方物流平台是一个综合物流管理与服务平台，集纳第三方物流企业、运输车辆、仓储设施、货物运输交易信息等元素，为物流企业、供应商、货主提供服务的市场。第四方物流智慧平台通过采用现代信息技术，能对多个企业的物流数据进行集成、协调、优化，达到降低成本、提高效率的目的。平台通过收集多家企业的资源、信息和服务能力，掌握众多物流需求方的需求信息和物流服务方的服务信息，为物流需求方提供一体化的、低成本的物流服务集成解决方案，同时控制和管理整个物流服务过程，使整个系统的物流运作成本最低。从物流的发展趋势来看，未来的物流是平台经济的时代，传统的第三方物流、物流园区都会逐步被整合，最终形成第四方物流智慧平台。

物流实战 5-3 云鸟配送

云鸟配送简介

云鸟配送成立于2014年11月,云鸟配送所定位的供应链市场,即从仓到配全程覆盖的服务流程,目前这个市场以大宗商品为主,如农产品、日化用品、快消品、汽车配件、建材家居等,以北京为例,一年就有250亿—300亿元的市场规模。云鸟配送借助互联网平台整合同城配送的运力资源,然后通过招投标的方式服务于有同城配送需求的企业。比如,一个企业将同城配送的需求发到云鸟配送平台,云鸟配送平台整合的运力和车辆将会针对需求进行自主报价,客户可以直接看到报价以及服务评价,并且根据评价和价格选择性价比最高的运力。这种面向企业用户且致力于做招投标运力租赁的物流平台有一个相对明确的细分目标市场和较为固定的需求。

云鸟配送核心竞争力

云鸟配送的核心竞争力就是招投标模式,围绕着招投标模式,云鸟配送平台改变了物流配送行业信息不对称、不透明的落后模式,客户对接的运力数量变得更加广泛,省去了很多不必要的中介环节,从而帮助客户有效地降低了物流配送成本,经测算平均可以降低20%。

云鸟配送服务的主要是企业级用户,而企业客户更加倾向于规模较大、相对稳定的配送需求。因此,云鸟配送会要求企业客户在平台上提出需求时必须标明需要运力的时长、范围甚至到达标准,以便于司机在招投标时综合考虑这些因素后再提出自己的报价,这样就可以让客户和司机之间匹配成功后形成相对稳定的服务关系,从而促进服务质量的提升。

云鸟配送并不解决急用车的需求,主要面向企业的计划用车服务。为便于规范和管理司机的操作行为和流程,云鸟配送还专门成立一个增值服务部的部门,一方面提供岗前和岗中培训,另一方面用智能化的手段管控司机在配送过程中的行为,并且定期派抽查人员抽查。

云鸟配送商业模式

云鸟配送通过整合社会上闲散的运力资源,以信息技术为支撑,实现运力与企业配送需求的精准、高效匹配,为各类客户提供同城及区域配送服务。

云鸟配送主要为用户提供基础服务和增值服务两大类业务。基础服务包括基础运力、在途监控、赔付救援、司机福利代付及订单排线等服务。增值服务主要包括现控服务、保价服务及晚就赔等服务(如表5-1所示)。在增值服务中,现控服务是在标准配送服务的基础上,为客户制定个性化解决方案,包括流程设计与完善、线路优化、排线、在途监控、现场管理等,并派驻运作主管驻场管理。保价服务是为那些具有高价值货物的客户定制的保护性服务,保价主要以运费为基数计费:一种是按运费的2.5%计费,最高赔付限额200万元;另一种是固定费用,单次费用分为3—6元三档,对应的赔付限额分别为5万—15万元。晚就赔,即准时配送,云鸟配送与客户约定配送完成时限,一旦配送超时,云鸟配送将会对客户进行高额赔付。

表 5-1 云鸟配送的主要服务内容

服务类别	服务内容
基础服务	基础运力、在途监控、赔付救援、司机福利代付和订单排线等
增值服务	现控服务、保价服务和晚就赔

作为一个共享经济平台,云鸟配送有三大主体,需求方是那些有配送需求的货主企业,供给方主要是社会上闲散的个体货车司机或中小型物流企业,云鸟配送则是撮合供需双方达成交易的共享平台(如图5-5所示)。在业务流程上,云鸟配送实行货主企业与司机之间的公开竞价招投标模式,促成供需双方的有效匹配。具体来说,首先,货主企业在云鸟配送平台发布自身配送需求,即"标书",平台上的个体货车司机或车队会在客户端上同步收到"标书",并根据标书上的需求进行报价,然后货主企业根据报价、司机以及车辆的相关信息进行综合选择,最后,平台会生成派车单,客户经理跟进完成配送任务。

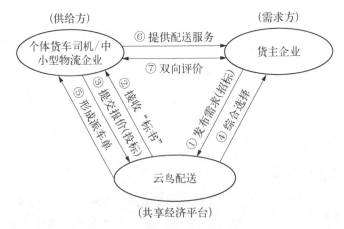

图 5-5 云鸟配送的主体及其业务流程

云鸟配送作为一个物流领域的共享经济平台,同样面临着一系列运营挑战。第一,基于货主企业与个体货车司机之间的陌生关系,平台必须建立一个有效的信任机制,促进货主企业与个体货车司机之间增进信任,同时,还要建立一个风险控制或安全保障机制,提高货主企业的货物、财产的安全性。第二,云鸟配送面临诸多的竞争对手,比如货车帮、货拉拉等平台,无论是对货主企业还是个体货车司机而言,都有较多的可选择性,因此平台必须不断提高自身的核心竞争力,建立一个有效的、可持续的运作机制,提高货主企业和个体货车司机对平台的忠诚度和黏性。第三,云鸟配送通过众包的方式,整合社会上闲散的个体货车司机,完成货主企业的配送需求,由于各司机服务水平的差异性,由于部分货车司机服务较差,势必会降低平台的整体服务质量,因此云鸟配送需要建立一套切实可行的质量保障体系,加强对司机端的管理,确保平台服务质量的提升。第四,货主企业和个体货车司机对云鸟配送平台构成了重要的影响力,平台不仅要做好运营人员的管理,还要加强对货车司机的管理。

为了应对上述挑战,云鸟配送采取了多方位的运行策略。

第一,与保险公司合作,建立了风险控制与安全保障制度,云鸟配送具有500万元赔付基金,如果在服务中出现问题,比如司机迟到、违约,以及货物破损、丢失等,云鸟配送将进行及时救援,并向货主企业赔付。另外,向高价值货主企业提供保价服务,建立比较完备的风控体系。除此之外,云鸟配送选拔优质的货车司机,对司机进行严格的资质认证,确保每一位货车司机的真实性,促进货主企业对货车司机的基本信任,减少由于司机身份不透明带来的安全隐患问题。

第二,利用新兴信息技术,专注于自身核心竞争力的提升。这主要包括两个方面:一是利用大数据、公开竞价招投标方式实现供需双方的快速、精确匹配,特别是在经验、车型、价位、头像等方面的匹配;二是建立运输管理系统,跟踪并详细记录货车的一切状况,通过GPS定位准确地收集数据,向用户提供可靠的签收和回单。

第三,采取服务质量保障制度。这主要包括两个方面:一是对认证通过的司机进行远程培训,确保每一位货车司机的专业性,向货主企业提供专业化的服务;二是实行工业级的现场作业管理,通过运作主管驻场,向货车司机提供现控服务,包含个性化流程设计完善、线路优化、排线、在途监控、现场管理等,确保司机端服务质量的改善。

第四,加强对司机端的管理,在货车司机的认证、选拔、培训、评价、奖惩等各个环节进行系统、有效的管理:通过对货车司机的严格认证和选拔保证基本的安全性;通过对货车司机的远程培训和驻场管理,保证司机的基本服务质量以及持续改善;通过双方互评制度,对司机予以有效评价;通过建立优秀司机的奖励机制以及服务较差的司机惩罚机制和黑名单体系,激励司机改善自身服务质量和专业化水平,确保向货主企业提供最优质的司机资源。

物流实战 5-4　易货嘀

易货嘀简介

易货嘀是服务于城市配送的 O2O 物流平台企业，其定位是中国干线物流的 O2O 服务平台，其主要业务是干线物流的无车承运人。借助传化公路港的优势，目前已经覆盖 200 多个城市，基本建立起覆盖全国的干线运输的网络。公路港在每个地方都有非常强大的资源聚集效应，比如成都的传化公路港，一天的静态停车量为 5 000 辆，运力的资源聚集效应非常明显。公路港除了解决司机的停车、配货、休息等基础问题之外，还试图解决中国公路物流行业的诚信背书问题。上游服务货主和物流企业，下游连接司机和物流经济人，形成一个全链条的解决方案。易货嘀的业务目前已在杭州、济南、成都、北京、广州、深圳等全国 28 个枢纽级城市全面落地，面向零担专线、第三方物流、中小制造企业、电子商务，还是商场超市、专业市场等城市货运需求。易货嘀的企业目标是服务百万级的用户，打造千亿级的平台流水，形成全国最大的门到门的无车承运网络，把最后一公里打通。

最后一公里的服务体验会严重影响和制约整个用户的体验。易货嘀始终专注于服务质量提升，积极研发和引进具有高科技含量的信息技术平台，持续加强司机专业化和仓配一体建设。秦愉表示，易货嘀以优质社会运力为底座，从业务和技术层面为客户提供有品质的服务。

在业务层面，易货嘀将客户细分为两类：一类是规模、体量较小的小微客户；另一类是具有较大规模、较大品牌影响力的企业级客户。针对不同客户有不同的运营策略。

(1) O2O 新零售行业客户，特点是多次小批量的运输配送，这与这个行业的发挥优势和运营策略高度契合。

(2) 生鲜冷链物流客户，注重在运输过程中产品的保存程度。因此可以利用平台监控到整个流程的保温控制，提高对于产品的监控力度能够确保产品的质量。

(3) 大件的配送客户，比如电器和家具等，可以实现从仓储到配送运输一体化。

(4) 高端会务客户，在技术层面，易货嘀推出了智能后台运营系统——"城配智慧大脑"的风豹 2.0，能够全程调度控制，对于方案的选择可以用多联式运输方式，在共享经济背景下进行全国化城配网络配送维护。

易货嘀的服务模式

1. 3113标准化整车服务

统一的标准化服务尤其是为小微企业和个人客户服务。与此同时,配送的货送司机也可以通过使用手机平台上经过筛选的拼单和城市大数据系统,完美地实现整车服务3分钟响应、10分钟成交、1小时到达、3小时送达、100%保证安全。货主能够在最短的时间不仅看到货车司机信息,还可了解货车的情况和货物的运输情况。

2. 零担嘀士智能化拼车服务

这是一种专门为了同城配送中微小企业和客户提供的拼车服务。平台能够智能地根据车主提供的货物的容载量、体积和大小之后,给出合理的价格。发出货物之后,后台会结合货物自身和装卸货线路等因素,自动匹配与之最为匹配的车辆。多货共运、多点装卸的共同配送模式是在实际运输中被运用到最核心和坚持的。

针对企业级客户,易货嘀推出了"KA-SDS定制化供应链解决方案",利用定制化SOP的运输服务,仓配一体的仓储服务,智能排线、智能管车、跨平台协同的IT服务以及应收账款保理、保险、第三方支付、代收货款、融资租赁的金融服务,为企业级客户量身定制城市物流整体解决方案。

定制化运输服务:这是针对在不同垂直领域和城市内的企业和客户,了解他们的需求和需要为他们定制经济和高效率的运输路线。由于整个操作系统和作业流程的优化,配送就能够实现合理标准。

仓配运营服务:传化公路港在全国有80个自建的物业,能够为客户提供先进的高标仓,同时在其中配备相对应的设施系统。提供分仓全程托管,以及配套的入库、质检、储存、分拣、包装等配送一站式服务,还有干线的补货服务。优质运力服务,简单来说就是优选金牌和可靠的司机。充分利用汽车和金融等组合社会的运力,能够自发地组成城市的车马运力,为城市的运输运力提高保障。

金融保理服务:企业级的客户由于有了相对的资金保障,可以在无押金的情况下提前租赁车马使用。同时,由于企业的特殊性,还可以提供关联字母账号,从而达到方便的一键支付。同时,它也为企业组织提供了第三方支付、应收账款保理、保险理赔增值、代收贷款、融资租赁等服务。

技术支持服务:希望完成对于客户的无缝连接,因此采用了许多终端借口,顾客和企业不再规定要统一的平台,而是跨平台一站式的自助下单。可以在平台连接中设定合理的符合要求的线路,在完成过程中可以全程用手机软件监控订单。后续还会有陆续开发的功能。

专属客服服务：客服也是企业和顾客看重的服务保障。拥有"3＋N"项目制实施保障，可以指定"客户经理、专属项目经理、城市车队长＋N个司机"。这些内容都是可以在10分钟内进行实时反馈，尽快在2小时内就会为跨行业提供很多的解决方案。其中包括各个行业，比如生鲜冷链、新零售等。

物流实战5-5　唯捷城配

唯捷城配简介

2014年7月，唯捷城配在厦门成立，创始人为王琦；2015年7月，唯捷在上海成立管理和运营总部，开始了全国网络建设的历程。目前唯捷城配在厦门、上海、广州、杭州、宁波、南京、苏州、长沙、大连、合肥等30余座城市开展业务运营，拥有多温层仓储面积30万平，核心运力超过2 000台，协同运力16 000台，服务400个企业级客户，包括阿里巴巴、京东、美团、味千拉面、西贝莜面村、星巴克、KOI、喜茶、元初食品、来伊份、康品汇、钱大妈、惠民生鲜、合力购物等行业领先企业。通过提供专业解决方案、优化资源配置和智能信息系统，构建一个新型契合消费供应链的物流运营平台。

唯捷城配服务于连锁餐饮、连锁零售和B2B平台三个核心客户群。餐饮和零售行业进入震荡期，餐饮企业从传统单店模式向"连锁化、工业化和单品化"转变，零售行业连锁化加剧，还有在上游分销的互联网化趋势，商流变化都对物流平台运营体系提出了更高效率的要求。唯捷城配以仓配一体化为主要服务产品，聚焦餐饮和商超两条主线，服务品牌商、渠道商和连锁终端三类客户群，打造多城市、多温层、多级仓配运营网络。

唯捷城配核心竞争力

过去城配市场以资源型和车货匹配型两种模式为主，资源型企业拥有传统城配车队和构建车辆资源池；车货匹配型企业通过平台撮合交易，提供信息服务和缩短信息传递的时间差，唯捷城配则是第三种以运营驱动的"轻资产＋重运营"创新商业模式。在资产端，唯捷城配除了少量的自营车队以外，主要以整合社会优质运力为主；在运营端，唯捷城配重视客户的需求调研和分析，用唯捷的运营模板和信息系统参与客户流程优化和企业重构；在末端管理上，吸纳社会驾驶员提供定期培训服务，唯捷城配会与司机统一签约。还通过相关金融服务、信息系统管理、司机升迁等机制为司机进行有效的管理和赋能。因此，唯捷城配是运营驱动型城配企业。不是为了做大规模的车队或者运力池，而是根据消费供应链的变化，构建最契合趋势发展的消费物流平台。

1. 唯捷城配客户分层

目前唯捷的主要客户群是连锁餐饮、便利零售和B2B平台,除了提供高标准化服务能力,还要有在非标市场"分解降维、合并升维"的改造能力。唯捷城配在不同城市通过加盟体系构建服务网络,通过打造标准城配产品,进一步提高信息智能化水平,优化资源配置和管理,考虑到城配的区域内强协同效应,在华东、华南、西南等各区域逐一深耕结成全网。

2. 唯捷城配盈利模式

目前唯捷的收入来自三个方面:(1)业务利润,目前唯捷的平均毛利在20%左右,这个是比较初期的水平。除了扩大业务规模、提高运营水平,统仓共配是效率提升最好的模式。(2)加盟收入,包括加盟费、系统服务费、帮扶费用和导流业务佣金。(3)金融服务。唯捷和江铃汽车做了集中采购,再转给加盟商或者驾驶员,这里面的利润也相当可观。

3. 同城物流新模式:天穹城配系统

"天穹"仓配一体化智能城配系统,具备仓储、运输、订单、结算、调度、监控和配送等信息化支撑,从商品入仓开始,收货、上架、贴标、拣货、复核、盘点全程无纸化作业;车辆根据中央调度指令,到仓签到、提货装车、路径规划和温度GPS监控、货物签收,全过程透明可视、可预警、可监测、可追溯,极大提升了运营管理的效率。

4. 唯捷城配加盟网络

唯捷通过与其签约成员企业的协议,唯捷同意签约企业在各自所在城市使用唯捷的商标与品牌,协助成员企业提升信息化和运营能力,共同拓展当地市场;同时,唯捷将标准业务与运营模块"复制"到成员企业内部,对签约企业进行本地化改造和体系化建设。复制内容包括公司架构、组织管理、市场定位、客户筛选、运营设计、信息化建设等;改造方式包括集中培训、项目培训、管理咨询、一对一落地帮扶等。

第三节 跨境电商平台

一、跨境电商平台的基本内涵

从广义业务上讲,所谓跨境电商的业务模式,跨境是指分属不同关境的交易主体,电商是指通过电子商务平台达成交易、进行支付结算,并通过跨境物流送达商品,完成交易。

因此,较之一般电商,跨境电商的关键区别在于跨境,其他如平台搭建、交易流程与一般电商并无实际区别。

从狭义业务上讲,对于国内消费者而言,跨境电商等同于跨境 B2C 电商,包含代购、海淘等各种方式,只要是能够直接购买到海外原装产品、通过线上手段购买到的各类途径,都可以算作是跨境电商。

跨境电子商务本质是一个跨境网购平台,平台是一个系统,能够将商品的信息流、资金流以及物流等元素实现有机整合,使得商品的交换和货币的流通在一个虚拟的平台上在跨国上成为可能。跨境电商以其无形性、匿名性、即时性、无纸化以及快速演进等特性使得国内买家能快速便捷地在网上获取其他国家的商品信息并购买到价廉物美的商品。我国跨境电商的问题主要是物流运输成本高、运输及配送周期长、清关问题(其中以海关查验时间长最为严重)、支付的体系受到限制、转运中货物破损或者丢失、退换货物流难以实现等。以上问题都严重影响发件方和收件方的用户体验。在竞争愈来愈激烈的跨境电商价格战上,电商平台的便利性和稳定性以及跨境物流服务的质量更能决定一家跨境电商企业是否能在众多企业中脱颖而出。

二、跨境电商的类型

从交易主体性质、进出口性质两个角度划分,跨境电商可以分为跨境出口 B2B、跨境出口 B2C、跨境进口 B2B、跨境进口 B2C 等四个子领域。

按经营主体跨境电商可分为平台型、自营型与混合型(平台＋自营),其中平台型电商的收入来源主要为抽取佣金和广告费的形式,而自营型电商则依靠产品的买卖价差获利。

三、跨境电商的业务环节与步骤

跨境电商具体的环节步骤如图 5-6 所示。

图 5-6　跨境电商具体的环节步骤

物流实战 5-6　洋码头的跨境电商

洋码头和贝海国际简介

洋码头作为跨境进口电商企业,它的定位是成为一个中国海外购物平台,引领中国消费全球化,将海外购物的模式变为简单和便利的购物模式,传入中国各个地区。洋码头上的商家主要有两大类:一类是商家,另一类是买手。模式为C2C,海外买手几乎遍布世界上各个国家,主要以北美、澳洲、欧洲、日本、韩国等国为市场,建立物流中心来帮助洋码头商品的完成跨境的配送。

洋码头可供国内消费者购买商品的品类非常之多,包含母婴用品、美容护理、营养保健、服饰鞋帽、箱包手袋等。根据 Nielsen 2015 年的一份跨境网购消费报告,洋码头如今在一、二、三线城市的海外购物品牌认知度占到 24% 左右,是独立的跨境电商里面最高的。洋码头是目前中国最大的独立海外购物平台,拥有近 4 000 万用户。洋码头首创海外场景式购物模式,通过买手直播最真实的购物场景,让中国消费者足不出户,轻松、便捷地享受一站式全球血拼,实现引领中国消费全球化。洋码头在全球 44 个国家和地区拥有超过 2 万名认证买手,买手入驻洋码头平台需要通过严格的资质认证与审核,如提供海外长期居住、海外身份、海外信用、海外经营资质等多项证明材料。

洋码头为解决跨境电商物流的一系列问题,自建了跨境电商物流体系——贝海国际,致力于跨境电子商务全球物流解决方案的设计与执行。贝海国际整合产业上游的境外电子商务企业需求,以及国际航空货运及中国入境口岸的资源;并通过与中国海关总署、中国国家邮政总局、入境快件口岸等相关政府监管部门展开深入的战略合作,提供在线系统制单、海关电子申报、在线关税缴纳、全程状态追踪等服务,为目前境外至中国日益增长的跨境电子商务市场提供高效、正规、合法的国际个人快件包裹入境申报配送服务。

自 2010 年 5 月至今,贝海国际在海内外建成 12 个国际物流中心(纽约、旧金山、洛杉矶、芝加哥、拉斯维加斯、墨尔本、悉尼、法兰克福、伦敦、巴黎、东京以及杭州保税仓),服务覆盖全球 20 个国家和地区。贝海国际与多家国际航空公司合作,保证每周超过 40 个国际航班入境,不耽误海外仓库的发货时间。

贝海物流提供了跨境物流一站式服务。从海外卖家的在线下单发货开始,寄送到海外货站,货站安排航班发往国内,由国内清关公司提货并安排清关,最后转国内快递配送。该物流服务体系很好地解决了跨境物流的各种难题。贝海运营团队可以通过大数据的分析处理,将包裹异常的原因、发生、环境等诸多环节一一整理。创造性地建立的异常包裹的预警机制,可在第一时间进行预先干预,让异常件包裹可控且可管理。

贝海的战略目标是成为洋码头公司的物流服务集成商,自身作为一个信息平台的建设,有助于将其他物流功能服务提供商的信息进行整合并共享,保证了信息的流通。同时,也能监控其他物流服务提供商的运作情况,并及时提醒他们进行修正和匹配到洋码头的需求。

洋码头核心竞争力

洋码头构建了"直销、直购、直邮"三直产业形态,作为一个购物平台帮助国外的零售产业跟中国消费者对接。也就是说,海外零售商应该直销给中国消费者,中国消费者应该直购,中间的物流是直邮。销售额60%来自C2C领域,其他40%则来自B2C,目前利润主要来自物流,收取12%交易佣金和15%左右的物流费用。目前洋码头的物流体系对全世界所有商家开放,而不仅仅针对洋码头自有的用户。

在业务上,如何低流量地获取用户,如何进一步提高通关的运营能力,以及如何进一步扩充海外市场,都是洋码头面临的问题。

贝海作为洋码头的自建物流,为洋码头提供的服务包含OMS订单管理系统、直邮服务、海外仓储服务、国内保税仓储服务、国内物流客服服务、国内关务团队指导服务、售后服务等。国际运输和国内运输服务由第三方物流公司来完成。贝海的OMS订单管理系统和贝海系统的功能比较齐全,也很容易操作,和洋码头平台系统的对接成功率非常高。对于初次使用的新手,贝海的客服团队会定期培训,通过视频、语音等多方面渠道解决客户的问题。

贝海多样化的物流模式为洋码头商家提供了多种选择,商家和买手可根据自己所销售的商品品类、款式,选择最适合自己营销战略的物流配送模式,比如时尚类的服饰、箱包、鞋靴适合走直邮模式,而日常生活用品、护肤品和彩妆品适合保税模式等。完善的物流服务体系不仅需要稳定的信息系统、多样化的物流模式,还需要高质量的客户服务。跨境物流的线路长,环节多,某一个环节出错必然导致商品物流信息的停滞,客户想要知道为何自己的商品卡在某个环节。客服是用户和物流平台之间的沟通桥梁,帮助用户解答跨境物流模式下包裹异常状态的原因和处理方法。

贝海用户满意度的数据来源于用户通过贝海客服咨询后所给出的评价,按照公司的KPI指标所计算出来的数据,可以看出贝海包裹量在上升,用户满意度在下降。包裹数量的增多势必会给货站工作人员造成压力,失误的增加会直接导致清关问题。在跨境电商越来越注重服务体验的情况下,物流服务是至关重要的问题。洋码头想要提升用户的服务满意度,必须要解决贝海的这两大问题。

运用KPI绩效考核优化仓储配货失误率

洋码头作为跨境电商,其营销战略目标就是打造优质跨境电商服务,物流服务作为其中最重要的环节之一,对于用户的跨境购物体验的提升有着至关重要的作用。跨境电商物流线很长,加之货站是在国外,清关在国内,出货一旦操作失误会将配送时间连带之后的清关时效延长几倍。对于国内买家来说,原本跨境的包裹等待时间就已经很久,一旦货站的失误导致的问题将时效延长2—3周的时间,更是让用户失去耐心和信心,对于洋码头的口碑将造成很大的影响。因此,设立货站出货团队的KPI指标,首先能够将这种失误量化,有助于企业直观地了解问题的现状。其次,能够加强员工的责任意识,奖惩制度也能够激励员工对于工作产生更加积极的态度,有利于贝海的运营效益。

设计合理的KPI绩效考核体系能够帮助企业反映员工的工作绩效,提升员工对工作的积极态度与责任心,从而提高企业整体运营效率(见表5-2)。

表5-2 KPI绩效考核指标

考核项目	KPI考核指标	评 价 标 准	评分
定量指标	有单无货率(25分)	当月批次包裹有单无货量/当月批次包裹总量×100% (25分):0.01%及以下 (15分):0.01%—0.02% (10分):0.02%—0.03% (5分):0.03%—0.05% (0分):超过0.05%	
	有货无单率(25分)	当月批次包裹有货无单量/当月批次包裹总量×100% (25分):0.01%及以下 (15分):0.01%—0.02% (10分):0.02%—0.03% (5分):0.03%—0.05% (0分):超过0.05%	
	提单制作错误量(25分)	当月批次提单制作错误量 (25分):0个 (10分):1个 (0分):2个	
工作态度	责任感(25分)	(20—25分)除了做好自己的本职工作外,还主动承担公司内部额外的工作 (10—19分)能认真完成工作任务,不迟到早退,对自己的过失行为能负责 (0—9分)工作马虎,不能保质、保量地完成工作任务,且工作态度极不认真	
综合得分			

清关模式的优化分析

"电商模式"之下,不论是保税区备货模式还是海外直发走电商模式,最大的优势是大容量通关、时效极致、服务稳定、缴税比例稳定,总而言之,利用电商模式的通关能带给国内买家一个极致的服务体验。

电商模式的清关需要三单信息的核对,三单即订单信息、支付信息和申报信息,这三个信息要推送给海关,海关核实确认无误后放行。此清关模式本质上和原保税模式清关无差别,即将保税模式的清关流程应用到了跨境电商件的直邮清关模式上。走电商模式通关最大的优势在于能够彻底根除虚报瞒报的商品,申报价格就是最终销售价,清单号必须关联,必须主动推送到海关系统进行核税,对于跨境电商的用户体验来说是很大的提升,无论是监管力度和清关时效都有了很大的优化。

目前贝海系统升级过后已经提供了电商模式的通关渠道,商家可选择电商模式或者行邮模式进行申报。电商模式的清关时效可节约1天的时间,而且三单对碰的成功率在之前杭州保税区应用的时候已经高达98%,清关的质量也可以得到很好的保障(见表5-3)。

表5-3 跨境新政下的物流模式比较

清关模式比较		跨境电商快件	跨境电商保税	个人物品快件	
配送模式		直邮	保税	直邮	
监管要求		需三单数据审核		无须三单数据审核	
税 种		跨境电商综合税		行邮税	
税 基		实际交易价格(包含货物零售价格,运费,保险费)		实际申报价格	
税 率		总税额×0.7		总税额(无折扣)	
	关税	无		最惠国税率为0的商品	15%
	增值税	17%		其他商品	30%
	消费税	0—36%不等		主要征收消费税的高档消费品	60%
免税额度		无		50元	
限 额		单次交易限制2 000元		不受限额影响,只要符合个人自用,独立不可分割商品超过1 000也可申报	
		单个不可分割商品限额2 000元			
		个人年度交易限额20 000元			

续表

清关模式比较	跨境电商快件	跨境电商保税	个人物品快件
优势	清关速度12—24小时		清关速度48小时
	关税预缴,清关直接放行		关税预缴,有完税指导价
	只需买家身份证号		需买家身份证复印件

案例 5-1　物流汇的智慧物流平台

一、"物流汇"简介

上海新跃物流企业管理有限公司旗下的"物流汇"是基于物联网开创的"中小型物流企业公共服务与管理平台"的一个物流服务品牌。上海新跃投资管理有限公司是上海最早从事企业登记代理业务的公司之一。新跃"物流汇"被工业和信息化部评选为"国家中小企业公共服务示范平台",新跃公司被人力资源和社会保障部评为"全国物流行业先进集体",被商务部评为"物流标准化国家级示范单位",还连续多次被市经信委评定为上海市电子商务"双推创新服务平台"。

物联网环境下的第四方物流运作模型根据与合作者的关系为客户服务的直接接触者、服务客户的数量等因素分为协同运作型、方案集成型、行业创新型。"物流汇"属于"行业创新型"的第四方物流运作模式(行业创新型,即第四方物流通过与各个资源、技术和能力的服务商,如第三方物流供应商、IT服务商、管理咨询公司和增值服务商等进行协作,为多个行业的客户提供供应链解决方案)。"物流汇"基于物联网的第四方物流基础运作模式如图5-7所示。

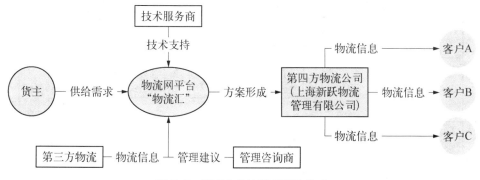

图 5-7　第四方物流基础运作模式

二、"物流汇"核心竞争力

"物流汇"为中小型物流企业提供垂直行业服务的综合性电子商务企业。新跃公司在上海金山打造的新跃物流园区聚集全国优秀专线陆运物流企业,提供全国运输、零担、仓储、天天发车、明码实价、网上实时询价、在线快速下单、及时跟踪货物位置,还可在网站完成运费支付,放心又安全。B2B电子商务模式下的"物流汇",引领了第四方物流服务平台的新风尚。

(一)第四方物流系统与用户协同

物流汇平台信息系统开发技术和持续创新能力为导向,为用户提供综合供应链解决方案、全国密集的网络和精准的递送服务、创新的商业模式及资源整合和管理的能力。它通过其良好的物流信息整合及优化能力,为电子商务平台提供物流信息、物流方案咨询、现代化物流技术以及其他物流增值服务,也为电子商务平台提供了一体化的物流供应链管理系统,为其更高效地实现网上交易,有效地降低物流成本,提高了整体运营效率和服务质量,促进和推动电子商务的发展。基于电子商务的第四方物流运作平台系统由良好的物流信息处理能力、综合供应链的解决方案、支持网上支付与结算和客户使用体验的及时反馈等方面共同构建,根据对目前"物流汇"的资料总结,"物流汇"基于电子商务的第四方物流运作平台系统分析如图5-8所示。

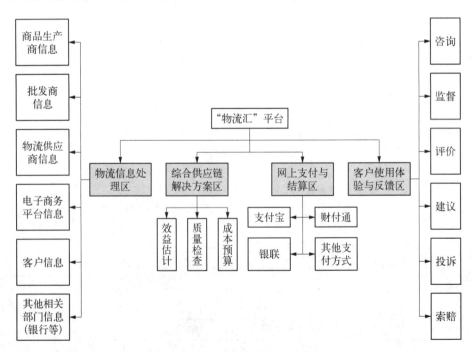

图5-8 "物流汇"平台基础职能图

(二)"一带一路"跨境发展思路

喀什本来就是古代丝绸之路上的中心城市,根据全球产业分工的新格局、货物贸易的新特点、电子商务的新趋势,作为一家专为物流企业提供专业化管理、个性化服务的公司,新跃"物流汇"正在用国际服务贸易众包模式打造沿"一带一路"跨境发展的新一代物流产业集聚区,而对中亚诸国语言风俗都有所了解的喀什员工,将成为"物流汇"拓展新市场的服务亮点。

"物流汇"的新服务方向:大力帮助中国物流企业直接在国外承接订单;对小微物流企业进行跨国物流服务的培训与流程再造;帮助小微物流企业引进国外物流人才,承接国外业务,并逐步建立以国际众包为模式的"一带一路"物流业发展智库。

(三)平台的服务创新不断满足客户需求

"物流汇"通过平台把大量小微物流企业的需求打包,再来对接金融、通信、保险、燃油等大型服务供应商的各类产品,从而大幅降低双方的成本,提高双方的便捷度。新跃公司和中国工商银行联合制作发行了国内第一张带有 RFID(射频识别)功能的行业银行卡"物流汇——工商银行"联名卡;和中国电信合作研发了"智慧物流电调云平台 PTT 电调手机";和中石油合作开发了"撬装式加油站"物流行业应用系统;和用友软件共同研发了"畅捷通"财务记账云平台;和中国人寿财险公司等保险公司共同研发了直连式"在线即时保险";和民生银行合作成立了中国第一个面向小微物流企业的无抵押、无担保的贷款平台"物流汇——民生银行小微企业合作社";和上海联合融资担保公司合作为小微物流企业提供无抵押、有担保的贷款产品"易贷通"。截至目前,"物流汇"在线提供的服务产品达 70 多项。

(四)平台的网络扩张之路

2014 年 12 月 25 日,新跃公司和义乌市物流办联办的"义乌陆运物流信息平台"正式上线,义乌作为全球小商品采购与流通中心,有 7 万余个市场经营商位,100 多个国家和地区的 1.3 万多名客商常驻,拥有国内物流企业 1 460 家。但是,传统的物流模式难以摆脱"小散弱"状况,"物流汇"在长三角打开了新的市场空间。

2015 年,新跃公司又先后与常熟、江阴、张家港、南通、昆山等地的企业、政府合作,复制"物流汇"模式。如今,平台已拓展到了新疆喀什、河南濮阳、湖南永州、安徽合肥,并正在与重庆、深圳、成都积极沟通对接。

案例 5-2 益海嘉里的全渠道物流平台

一、全渠道物流公共平台的发展趋势

(一)B2B 领域将形成新的"三通一达"

在新零售概念提出之际,益海嘉里物流事业部依据自身业务优势,提出"新城

配"的概念，基于益海嘉里集团金龙鱼米、面、油业务，向外拓展品牌商、经销商、B2B平台、连锁终端等客户，通过IT技术、集约化管理、统仓共配，实现叉车、货架乃至整个物流系统的共享，打造出"城市全渠道配送"的第三方快消品智慧物流公共平台。

（二）整合资源，压缩物流成本

降低物流成本的关键在于整合资源，配送渠道越吻合，系统匹配品项就越多，可压缩的成本越多。

（三）B2B可以覆盖B2C

中国物流未来只有B2B，当社区店功能可以满足方圆5千米的业务时，产品送到社区店就等于送到了消费者手中，因此B2B能够覆盖B2C，但B2C无法覆盖B2B。

物流配送的最后一公里是大B到小B，最后一百米是小B到C，模式理念并不相同。未来，从社区店到消费者家中的最后100米将会涌现很多竞争者，快递公司、嘿客、社区店都会有所涉及；但是，大B到小B的业务，几乎没有全国性成功案例。比如，以前的人认为瓶装水无法做电商，但今天只要建立了配送班车体系，将瓶装水搭配其他产品共同配送到社区门店，消费者可到社区店铺提货，便实现了瓶装水电商销售（见图5-9）。

二、益海嘉里共享平台的建设背景

（一）共享平台是厂商之外的第三方平台

目前，益海嘉里工厂仓库、经销商仓库、益嘉物流仓库，合计约260万平方米，益嘉物流在全国十几个省会及直辖市建立了配送中心，初步形成了覆盖全国的配送网络雏形。未来，益嘉物流将扩大第三方物流仓库，降低经销商和工厂的仓库，降低供应链总库存，更快实现共仓共配。

（二）信息化管理，保证仓库周转率

物流未来发展，仓库不再只是放货的地方，更多的要实现分拣、包装、集并等功

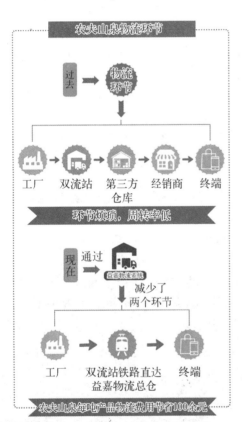

图5-9 农夫山泉与益嘉合作后的物流模式

能。仓库库存越多,盈利能力便要经受考验,因为货即是资金。未来仓库在保证流转率、保证销售的同时,如何降低库存是关键。通过第三方公共平台信息技术管理和大数据的分析,实现下单即送,便可以保证库存安全合理,还可以保证有计划的销售,去除中间无效的环节,通过规模效益降低成本。

（三）第三方平台实现共享

未来,只有借助第三方物流平台,融入更多商家,方能实现共享。对于经销商而言,无论是将商流和物流拆分,还是自建两层或者多层仓库,都不能解决共享问题,因为背后的经营者和操控者是同一人,无论是整合资源还是搭建公共平台都不是易事。竞争对手同时存在的平台才是共享平台,仅仅依靠一家公司的业务销量无法长久发展。

（四）抱团发展、协助经销商走向全国

与益嘉物流合作的经销商,可以通过改变模式,降低物流成本;可以利用益嘉物流全国配送渠道提升业务量;还可以通过IT科学管控提高货物准时送达率、降低产品损耗率,整体提升前端供应与后端销售的服务。

益海嘉里金龙鱼米、面、油基本覆盖了现在所有的消费渠道,尤其随着新零售的兴起,商流的变化对城市配送也提出了新的要求。要想满足终端个性化需求,通过互联网技术使消费者深度链接制造工厂,多、快、好、省地将终端产品配送到消费者手里,不断提升用户体验,智慧物流将不可或缺。

益嘉物流主张从各自为政走向合作共赢,上游整合货源,下游整合配送渠道,通过规模经济,降低物流成本,消灭没有效率的附加值低的中间环节;配送中心作为资源整合平台共用仓库、设备、设施、人员,共同分摊运营成本;配送中心可整合送往B端的货物流,共同配送提高车载率,降低成本;将品牌商、经销商、连锁店、平台客户从繁杂的物流中解放出来,专注商流。

三、益嘉物流致力于构建全渠道的B2B专业物流平台

建立统一的物流订单处理中心,提供统一的IT服务、统一的物流组织管理,共享仓、人、车、信息。对上游整合益海嘉里集团货源和外部客户的货源,提高装载率,降低物流成本;对下游整合经销商流通渠道、连锁店、便利店、社区店、电商总仓及餐饮渠道,掌握终端客户需求和消费情况,为未来实现C2B2M做好基础服务工作。

基于益海嘉里的智慧物流平台的定位。益海嘉里是一个制造业,为什么要做这个创新?因为未来没有纯粹的制造业,有的都是现代服务业。所以,今天益海嘉里要创造什么模式?那就是现代服务制造业。益海要把制造平台和物流平台结合起来,深入通过智慧物流融入进去,把客户端连接起来。现在益嘉物流平台已经入住了300多个外部客户,一年大概300多亿元的营收在这个平台完成。

物流是讲两个概念：一个是成本，扩大规模会增加渠道匹配度，分担成本；另外一个是响应能力，要把中间环节打通，尽量减少无效环节。这就是益海目前做的，以前我们都送总仓，但是现在益海配送集约化了，可以直送门店。以前一台车要送13个门店，现在一台车送3个门店就行了，这就是益海的效率。

益海嘉里目前在中国已经有60个工厂，将来还会增加。而且，产成品基本上在300千米可以覆盖，可以打造300千米的城市配送的响应圈。

目前，单个环节的物流在中国已经做得很有优势了，未来降低物流成本可以从两方面入手：规模化、去中间化。

（一）去中间化

益嘉物流大力整合经销商仓库和益嘉物流仓库，以期减少1—2个配送环节，共享仓库、共同配送，大单直送终端。未来，益海将共享仓库建到制造工厂，整合工厂成品仓、经销商仓和物流仓，重构供给网络，实现集约配送，将物流环节降到最低1—1.5个。这也是目前益海嘉里整个全产业链物流运作的重点。

1. 未来没有纯粹的制造业，有的都是现代服务业

益海嘉里工厂将集合智能制造、自动化设施设备，通过共享、集约化思路打造现代服务制造业工厂。在现代服务制造业工厂，工厂产品通过自动化设施设备将产品传送到共享仓库，大订单从共享仓库直送终端，高频次小订单通过设置前置仓来平衡成本与效率的问题。益海嘉里集团目前所有的新建项目均按照这个思路规划建设，以杭州项目为例，益海将在制造工厂采用五层坡道方案建仓，用地40亩，仓库面积达到6万平方米，相比原分散建仓方式，有效节约100亩土地，按现行150万元/亩地价计算，可节省1.5亿元土地费用，集约化建仓可确保厂内各产线成品库存、作业人员和设备、装车资源的集中，同时可实现内、外部业务订单有效整合，预计年物流成本下降20%—30%，约500万元/年。工厂生产原料由船运到杭州工厂自有码头，通过卸粮机、刮板机等设施设备直接进筒仓或者油罐区，产成品通过自动化传输设备直送到共享仓，与其他产品共同配送到终端。

2. 铺设前置仓，平衡成本与效率

为了提高终端覆盖率、快速响应，通过与经销商、快递暂存点等合作铺设前置仓，订单就近智能匹配，完成从仓储到配送的协调和管理，提升商品流通的速率，终端网络全覆盖。

益海的商业模式很简单，就是大订单通过整合模式，小订单通过前置仓的模式去送终端，这种模式不一定是4.2米的车，可以是摩的，也可以是三轮车，跟快递融合起来。前置仓的合作，不一定是标准化的，所谓标准化不是说有多大的仓库，完全根据订单需求来做，这种模式是共享的模式。益海也可以自建，但大多是共享，益海可以跟其他物流公司，像圆通合作，也可以跟顺丰合作，可以跟经销商合

作,可以跟门店合作,把它当做一个提货点。将来也可以解决 C 端的配送,如果把这个社区的数据和客户数据给他的话,C 端提货、送货也自然而然形成。

以益嘉物流重庆区域为例,设置覆盖 5—10 千米的网格化前置仓,通过测算前置仓模式,较经销商配送可节省 58 元/吨;较惠下单模式可节省 398 元/吨。在深圳,益嘉物流与经销商合作铺设前置仓,原仓存储变为益嘉前置仓,变成公共平台,接入益嘉物流外部业务,物流成本中心转变为利润中心,经销商业务规模增加,占用的资源、成本却不增加。

益海嘉里将融合制造业和平台经济,通过大数据把消费者、客户数据导入到平台上,未来还可以做个性化定制。制造业有四个阶段,第一是薄利多销阶段,第二是品牌阶段,第三是制造业服务化阶段,最高境界可称为个性化满足阶段。可以想象供应链条全部打通后直接送到终端,做个性化设计,在中国你可以吃到 7 天保质期的大米,还可以通过粉丝经济去设计产品,创造一种新的商业模式。

(二) 规模化

以益海物流的广州 DC 部分客户配送渠道为例,金龙鱼产品要配送沃尔玛和家乐福等现代渠道,现在入驻客户有同样需求,提升匹配度后,以前 1 台车送 13 家门店,现在一天 1 台车服务 3 家门店就可以了,即以前一车送一趟,现可以送三四趟,这就是规模效应。规模做大后,匹配度提升,自然会提高车辆运营效率。

在武汉,农夫山泉大概 10 万吨的量给了益海,金龙鱼有 15 万吨的量,益海有 25 万吨的基础量,每天有 800 吨的量,是可以开货运班车的。再加上其他产品,送到便利店也好,送到夫妻老婆店也好,都有很大的规模和成本优势。最开始在成都做的配送,一天只有 70 吨,怎么省费用?但是做到 700 吨就可以。益海也可以做到上午下订单、下午送货,下午下订单、第二天收货。

四、整合物流资源,为打造智慧物流公共平台提供支撑

目前,益嘉物流经营的现代化物流仓库占地面积 260 万平方米,拥有各类可控运输车辆 50 000 辆,自有码头 11 个、自有江川海船总运力 175 000 MT、铁路专用线 37 千米,以及 300 多辆铁路油罐车,物流资源还在持续增加之中。益嘉物流已在上海、广州、深圳、武汉、成都、郑州、西安、沈阳、昆明、杭州、昆山、重庆、天津、济南建立城市配送中心,配送网络还在持续布局扩展中。

五、益嘉物流的核心竞争力

益嘉物流是一家不断成长的企业,除了关注现有配送中心的运营发展,益嘉物流还在不断寻找合适的机会,快速布局公司的物流网点,从而优化和发展公司的物流网络。益嘉物流未来将通过自建、租赁、合作,用 3—5 年时间,在全国建立 30—50 个一二级网点,仓库规模超过 200 万平方米,可覆盖全国 150 个地市及 1 000 个行政区县。

(一)智慧物流IT系统

益嘉物流以满足客户需求,以高品质服务为目标,建立订单全生命周期物流管理,打造智慧物流系统。任何物流任务都可由平台自动匹配最合适的物流资源。无论是万吨货物的中转,还是单盒产品的流转,通过智慧物流平台,都可以用最低的成本、最高的效率和最优质的服务实现。益嘉物流除了通过运输管理系统、仓储管理系统、订单管理系统去优化我们的路径,把订单集中统一来分派,实现差异化的服务。

(二)工业与物流融合

设备制造业与物流的双重身份,大部分物流项目与工厂在一起。在运营中,设备和人力可以通过合理的调配实现共用,以此解决快消行业淡旺季成本变动大的问题,预计可节省1.8%—2.3%。

(三)自有业务支撑

未来集团中、小包装年销量将超1 000万吨,涉及3 000多个分销渠道和近100万个餐饮渠道,自有业务占比40%。

(四)集团内经销商物流资源

集团拥有超过5 000家经销商。整合双方的仓库、车辆、技术等资源,让经销商也成为我们的物流合作伙伴,规模可期。

(五)仓库资源

食品级仓库,且自建仓库是工厂用地物流储备,仓库建成后折合租金成本基本是当地仓库租赁价格的60%—70%。

(六)差异化物流设施资源

拥有铁路专用线、码头等稀缺资源,具备多式联运能力,在降低物流成本方面有重要作用。

六、益嘉物流打造服务于食品类快消品的全网全渠道智慧物流公共平台的优势

对品牌商来说,降低产品流通成本,有利于产品占领市场,减少产品周转环节,保证终端产品品质,降低损耗。

对经销商来说,减少产品安全库存,降低资金成本,仓库、人员、车辆配置减少,管理成本大大降低。

对益嘉物流来说,内外部客户有效共储共配,集约化作业,降低物流成本。

未来益嘉物流将实现更少的节点,更高的效率,更低的库存,更好的服务,真正做到三方共赢!

七、益海的创新模式——重构供给网络,实现集约化配送

益海把很多经销商的库存虚拟到益嘉物流仓库,零散订单整合成大订单,大

订单直接推送到终端。举例说明,益海杭州一个新的工厂没有产成品仓库,益海以前生产的金龙鱼要有成品库,生产米要有一个米的仓库,生产面粉要有面粉的仓库,但是益海这个工厂和物流中心是分离的,物流公司是一个单独的独门独院,工厂没有产成品仓库,全部集合到集约化仓库上,而且产成品可以通过输送设备、挂板机直接到了一个城配中心,这个城配中心和别人不一样,益海把农夫山泉、娃哈哈、李锦记、海天酱油等很多快销品都集约到这个平台。这个平台是一个真正的工业+互联网模式。益海的商业模式很简单,就是把益海嘉里的米、面、油等食品工业产品整合到益海统一平台上,还把外部的品牌商、经销商、平台客户也整合到这个平台上,然后做物流的集约化。物流集约化可解决目前的成本和经销商痛点。

案例分析

近年来,日新月异的互联网发展给传统制造业、零售业带来巨大冲击,线上线下+物流的新零售时代即将全面袭来。面对资本巨鳄及互联网时代下的新采购模式的涌现,经销商成功经营的"三板斧"——销售、垫资、物流,其中物流已成为经销商难以解决的痛点。配送环节多、资源整合难、货物配送单一、满载率不高等问题导致物流运输成本居高不下。同时,经销商缺少信息系统,在运单管理、成本监控、库存管理、货龄管理、进出库管理等方面均存在问题,导致客户服务得不到提高。最核心的问题是要有一个专业的智慧物流平台来辅助,通过IT互联网的思维来做集成,做到效率高,成本又有竞争力。

世界上很多分销模式都是各自为政,在不同城市找一些分销商、代理商来做商流。但是,经销商它有两个身份及两个职能:一个是服务商,另一个是物流商。这会导致什么问题呢?很多物流费用居高不下,效率非常低,物流费用很高,都是单打独斗,这些问题就是目前中国传统经销商所面临的问题。

很多快销品的物流,是包括传统经销商物流、卖场现代渠道物流、电商物流、餐饮渠道的物流,以及多种物流模式叠加或者并举的一种物流模式。很难在中国找到一家公司能把某种快销品的很多渠道都服务好,难以找到服务到位的物流合作伙伴。在中国,传统零售产品一般会经过5—8个搬运环节才能从制造工厂到达消费终端。经销商配送环节多,各自为政,满载率不高,多频次、小批量的配送成本高且难以满足,库存积压。

配送全渠道,需要全网联合。零售渠道有传统渠道,有现代渠道,有电商渠道,还有特殊渠道。比如夫妻老婆店,这些很多是传统渠道,卖场的门店属于现代渠道,还有电商的、B2C的、特殊渠道的福利、学校、部队。在这种背景下,专业化的物流将包括多种配送方式,如经销物流、直销物流、电商物流,如果有一个平台能够做到全渠道配送,那么就可将供应商、品牌商客户的产品放到平台上,在全国提供标准的服务,做一个生态的、可以赋能的、开放的、可视的、链接的、友好的、智能的供应链的生态圈。

思考题

1. 物流平台的兴起原因有哪些?
2. 物流平台的特征有哪些?
3. 城市配送平台的特征有哪些?
4. 城市配送平台的运营模式有哪些?
5. 如何理解第四方物流平台?
6. 跨境电商的业务环节和步骤有哪些?

第六章　互联网＋共同配送

> **学习目标**
> 1. 共同配送的兴起与特点
> 2. 共同配送的运营模式
> 3. 新物流与共同配送
> 4. 互联网＋时代下共同配送体系的建设
> 5. 互联网＋物流共同配送平台
> 6. 互联网＋托盘共用系统

第一节　共同配送概述

在经济和社会发展中，物流问题日益受到人们关注。对于大城市来说，货物配送是最重要的物流问题之一，它不仅受到流通模式、消费习惯和商业环境的影响，而且受到日趋拥挤的城市交通的制约。配送的时效性、成本和质量，直接影响到消费者的生活质量和消费信心。

一、共同配送的产生

（一）共同配送的含义

共同配送（Common Delivery），也可被称为共享第三方物流服务，是指由多个客户联合起来，共同选择使用一个第三方的物流服务公司来提供物流配送服务，它通常是在配送中心统一的计划和调度下展开的，其本质是通过作业活动规模化来降低物流作业成本，并提高物流资源的利用率，使用共同配送的企业会采取多种方式来进行集约协调、横向联合以求实现求同存异以及效益共享。

（二）共同配送的兴起

"共同配送"的概念兴起于20世纪70年代的美国和日本，是指一些生产或经营相同或者相近类别商品的企业，共同使用一个运输系统来进行商品配送的运营模式,其核心思想是在资源共享的理念下建立企业联盟。

随着经济的振兴,人们的需求不断增加,消费量和生产规模的不断扩大,货物运输量迅速上升,商品流通的速度相应提高,从而要求物流运输能力与效率相应提高,而物流运输系统非常昂贵,是资金密集型的投资,它需要广大的土地、许多昂贵的软硬件设施和大量的人力投入。

一般的企业,尤其是中小型企业,缺乏必要的资金、设备和专门人才,无力单独构建物流系统。这就为共同配送的产生提供了可能。同时,日本等发达国家实行的是自由竞争的市场经济,就会产生多家配送企业并存的局面,每个配送企业在运行时,都会建立自己的网络和设施,这样,便容易出现在用户较多的地区设施不足,在用户稀少地区设施过剩,甚至出现不同配送企业重复建设的状况,导致资源无法合理分配和利用。

经济的高速发展使传统的商业、企业单位独立配送的流通方式受到冲击。这些企业大多都存在因物流成本上升而亏损的情况,这样的现实在客观上要求引入一种高效率、低成本的配送方式。

另外,由于发达国家对货物配送的及时性要求更高,货物较多采取"JIT"的配送方式,这就导致发货频率增高,而发货频率增高就引发了许多社会问题,如道路拥挤、交通混乱、环境噪声及车辆废气排放严重等。采用共同配送,用一辆车代替原来的几辆或几十辆车,自然有利于缓解上述问题。

相对于各自分散的配送方式而言,共同配送对于降低物流成本,提高配送效率,规避交通拥挤带来的时效性差问题无疑是可行的。在实践中,由于货主对自己企业配送信息外露而带来的竞争风险和受到运输企业牵制两方面的顾虑,共同配送在发达国家大城市也走过了曲折的发展历程。

由于共同配送有利于缓解大城市日益严重的交通拥挤问题,发达国家许多大城市的政府对共同配送采取了积极地扶植鼓励政策。同时,由于现代信息网络技术的迅猛发展,共同配送可能产生的"信息外露"现象,对于企业间的竞争已经显得微不足道了。因此,在政府和市场的共同推动下,共同配送在发达国家的许多大城市中得到迅速的推广,取得了显著的社会经济效益。

共同配送是一种先进合理的配送模式,它可以扩大物流配送作业的规模以及快速整合物流资源,使得物流资源利用率得以提高,最终达到降低物流运营成本的目的。

我们可以从以下两方面来分析共同配送。从微观角度来说,企业可以通过实现物流配送的规模化经济,以提高物流效率来降低成本。这是因为使用共同配送并不需要投入大量的资金去购买设备,土地和劳动力等,这就节省了部分资金,企业也就可以利用这部分资金来扩大市场的范围,建立多企业共存的市场经济环境。从宏观的角度来说,使用共同配送可以改善社会上车辆的流通情况,同时由于车辆装载率的提高和交通运输条件的改善,不仅节约了物流作业所需的空间和相应产生的人力资源,还改善了物流产业的大环境,最终甚至可以改善整个社会的生活品质。

二、共同配送特点

(一) 共同配送优势

1. 节约零售企业的资本投入,从而降低成本

建立物流配送中心属于一种资金密集型投资,因为一个物流配送中心的建设与规划通常需要大面积的土地资源,先进的软件和硬件设施,以及高质量的人力资源。这对于连锁企业尤其是中小型的连锁企业来说,使用共同配送就可以高度共享并充分利用彼此间的物流资源,从而减少连锁企业的投资负担。采用共同配送模式后,企业可以实现物流配送的规模化经济,以提高物流效率,来降低成本。这是因为使用共同配送并不需要投入大量的资金去购买设备、土地和劳动力等,这就节省了部分资金,企业也就可以利用这部分资金来扩大市场的范围,建立多企业共存的市场经济环境。

2. 提高客户服务的水平

使用共同配送可以实现商品高频率、小批量、多品种的及时配送,从而使得零售企业在降低缺货率、增加商品品种的同时保证了商品的新鲜度,这样也就减少了因商品过期而造成的损失,以此提高连锁企业客户服务的水平。

3. 实现社会效益,节能环保

共同配送是绿色物流的一种体现,它通过整合批发商、生产商和零售商来实现车辆装载率的提高,节约了物流作业所需的空间和相应产生的人力资源,改善社会上车辆的流通情况,缓解了交通拥挤,同时也就减少了相应的环境污染,进而改善了物流产业的大环境,最终甚至可以改善整个社会的生活品质,有利于实现商业渠道的完善和全国商品的大流通。

4. 政策优势

政府在推广共同配送的进程中也采取了许多措施。

(1) 加强观念宣传及技术辅导,我国政府成立了关于共同配送技术辅导的专门机构,并选取几个典型的企业,建立了共同配送的示范体系,希望通过以点带面,发挥其示范作用。

(2) 加强相关法令的修改与制订,政府相关机构重新修改了现有的有关土地取得方面的法律法规,并在税收、审批等方面也给予一定的优惠措施,以求降低各企业的土地取得成本;加快了对物流行业的标准的制定工作,建立了一个规范、统

一、科学的标准体系;为企业提供了公平公正的良性竞争环境,以促进共同配送体系的发展。

(二) 共同配送的劣势

使用共同配送已经成为当代物流发展的总体趋势之一,然而要真正开展共同配送也不是一件容易的事,在实践过程中总会涉及很多具体的细节安排,如在配送条件、成本收益的分配等方面,这就会难免出现一些问题和分歧。

(1) 各行各业所经营的商品都有所不同,而不同商品的特点就存在差异,对配送的要求也有所差别,这就让共同配送的开展有了一定的难度和局限。

(2) 即使是商品特点差异不大的企业也存在商圈、规模、客户、经营意识等方面的差距,往往很难达到协调一致。

(3) 费用的分摊、配送中心的选址、路线以及车辆等物流资源的具体安排都有一定困难。

在使用共同配送的时候,甚至还存在着商业机密泄露的风险,这些问题都是开展共同配送的劣势。

第二节 共同配送的运营模式

共同配送的运营模式从合作主体间的关系角度来看,可以分为横向共同配送、纵向共同配送和共同集配。

横向共同配送是指采取共同配送的合作者处于供应链同一层;纵向共同配送是基于供应链一体化角度,与上层和下层流通环节的成员建立合作配送体系,更加高效地完成配送任务;共同集配的合作主体可以处于供应链的同一层,也可以处于供应链的不同层。

一、横向共同配送

横向共同配送从合作主体的产业归属可以分为同产业间的共同配送和异产业间的共同配送。

(一) 同产业间的共同配送

同产业间的共同配送是指相同产业的生产或经营企业为了提高物流配送效率,通过配送中心或物流中心集中运输产品的一种方式。具体做法有两种。

1. 委托统一配送

这是指在商业企业都拥有各自的运输工具和配送中心的条件下,通过运输货物的数量来决定采取委托还是受托的形式开展共同配送,如图 6-1 所示。

图 6-1 委托统一配送

在这种情况下,各企业各自分散拥有运输工具和配送中心,视运输货物量的多少,采取委托或受托的形式开展共同配送。企业可以将某一区域的客户的货物委托给其他企业来配送,而本企业受托于其他企业运输另外地域客户的货物。或者将本企业运输量较小的货物委托给运输量较大的企业,而本企业受托于其他企业去运输量较小的货物,由此各企业的配送效率都得到提高。

2. 完全统一配送

企业各自并不拥有运输工具和配送中心,而是共同出资购买运载车辆,共同建立配送中心,各企业的货物都通过共同的配送中心来运输配送(如图 6-2 所示)。完全统一配送时,企业间通常会统一货物的包装货运规格,方便进行统一的运输。显然,这种共同配送形式的规制程度和规模经济要高些,但对于单个企业而言,缺乏相对的物流独立性。

图 6-2 完全统一配送模式

同产业间共同配送节省了各参与企业大量物流设施、设备、人员的投资,而且企业能够集中精力发展自己的核心业务,并且这种配送模式有利于实现专业化,配送水平相对较高,提高了运输效率。它也存在缺点,那就是信息公开化的问题。因为各企业在共同配送时信息就会被对方知道,如顾客的信息、价钱等,可能会产生恶意的竞争,从而对企业的运营产生不良的影响,可能会导致客户或其他重要信息的流失。

(二) 异产业间的共同配送

异产业间的横向共同配送是指将从事不同行业的企业生产经营的商品集中起来,通过物流中心或配送中心对顾客进行配送的一种形式。与同产业共同配送相比,其商品配送范围更加广泛,涉及的部门更加多样化,属于多产业结合型的业务合作。不过,基本结构和流程与同产业间的横向共同配送具有相似之处,也分为以下两种形式。

1. 异产业间委托统一配送模式

异产业之间的企业仍可通过委托或者受托的形式合作,互相搭载差异较大的不同种类商品给客户。

2. 完全统一配送

异产业间中心统一配送模式属于不同产业的企业之间通过可以建立共同配送中心,可集中对地域内小型超市、便民店等中小企业统一输送商品。异产业间的共同配送在商贸企业中尤为常见。大型零售企业经营的商品种类繁多,供货方门类不一,为了追求物流效率化,属于不同业种的供货方完全可以根据各自的地域分布和商品特性进行合理配载或者建立共同配送中心共同配送,满足大型批发商或零售商的多品种、大批量需求。

异产业共同配送既能保证物流效率化,又能使企业在效率和战略发展上同时兼顾,并充分发挥产业间的互补优势。存在的问题是不同产业间物流成本的分担难以衡量,从而增加合作过程中的谈判成本。尤其在各企业共同建立共同配送的合作关系中,明确各参与单位分摊的费用更为困难,因为不同的商品种类所产生的物流费用是不同的,而且每次商品配送结构的变化也会增加成本核算的复杂性,尤其在多频度配送中心更是如此。

具体到每个行业,横向共同配送又可以分为制造业主导的横向共同配送、批发业主导的横向共同配送和零售业主导的横向共同配送。

第一,制造业主导的横向共同配送。

(1) 开放物流系统,与其他企业结成委托统一共同配送关系。有一些实力较强的制造商,其本身有一些销售公司,那么这些制造商完全可以充分利用其所拥有的物流体系,开放物流系统为同行业或异行业其他企业提供相应的物流服务。随着零售连锁店的不断壮大,零售业物流管理体系向纵深化发展,而且随着商品品种的增多,零售企业的物流系统朝着"规模经济"的方向发展,越来越多的大型零售业更加愿意本企业自行进行配送或者由本企业指定一个批发商来实行配送,这使得制造业原有的封闭式垂直整合流通物流体系面临着强大的挑战。对于一些制造商而言,他们拥有较完善的设施和物流体系,如果这些设施和物流体系得不到充分的利用,那么制造商的利益必然会受损。要避免扩大这种损失,那些具有较完善物流体系和设备的制造商只有对外开放物流系统,受托于其他企业,将其他企业的货物与本企业的货物实行混载,提高本企业设备和物流体系的利用效率,满足零售业的要求。

(2) 共同建立流通中心进行配送。这种共同配送的方式更适合那些需要及时配送货物、配送较频繁,每次配送批量较小的生产企业。这些生产企业可以联合同行业生产企业或异行业生产企业共同建立流通中心进行共同配送,这样不仅可以实现快速高质量的配送,并且使得这些生产企业具备了紧急配送的能力,还能有效降低成本。

随着连锁便利店的快速发展,不仅要求频繁配送,而且为了保障及时、高质量的供应,需要一个稳固的物流渠道,生产企业共同出资建立的区域型的共同配送中心,以共同配送的产品为核心建立起物流配送体系,借此实现对便民店等现代零售企业多频度、小单位、统一的配送活动。在这个领域中,厂商的规模一般较小,没有自己的配送中心,供货体制也存在很多问题。通过共同配送中心,使本来很难确保流通的中小供应商的商品也能以较低的成本进行交易。

第二,批发业主导的横向共同配送。

具体做法是由地域中坚型批发企业联合进行共同配送,以一些中坚型批发企业为主导来组织设立共同配送中心或指定批发商,批发商首先将货物集中到共同配送中心或指定的批发商,共同配送中心或指定的批发商再对货物实行统一的综合物流管理,再针对便民店、地域内小型超市、连锁店等中小零售企业实行分拣组合,然后再对每个零售企业进行配送,这样可以避免批发企业的萎缩,有助于支援地方零售业。

批发业主导的横向共同配送实际上就是使独立的批发商向综合型批发企业转型,顺应零售连锁店的需要,实现商品进货的统一化、广泛化和多样化以及商品配送的规模化、效率化和共同化,同时可以集中商品信息,对零售及生产企业予以指导,逐步在供应链中占据主导位置。

随着零售连锁店的发展,如果由不同商品的批发商分别将商品运送到连锁店,不仅大大增加了连锁店的物流管理工作,如运送车辆的增加、订货次数的增加、接车卸货物流活动的烦琐,而且在某种程度上也会抑制信息的集中化,加大了连锁店商品管理的成本,从而为连锁店提高竞争力设置了障碍,因此零售商对批发商提出了新的要求。通过开展共同配送,批发企业能够做到进货的全方位化和发货的统一化,并且能够实现信息的集中化,有效率地开展物流配送,有利于充分应对零售连锁化的发展趋势,从而使得批发商与零售商实现共赢。

第三,零售业主导的横向共同配送。

在新的市场态势下,人们的消费向多样化、个性化方向发展,零售业的物流系统也面临着挑战,零售业需要构筑能够满足少批量、多批次配送需求的物流系统,能够对整个物流渠道进行整合,在这种趋势下零售业也开始探索共同配送。

零售业的共同配送模式有两种模式。一种是大型零售连锁业自建配送中心。具体做法就是大型零售商独立建立配送中心,厂商或批发商将商品送到配送中心,在配送中心商品会进行统一储存、统一流通加工、统一管理,对应本企业各个区域连锁店的各种要求,再向各个区域的连锁店进行配送。在配送能力还有余力的情况下,还可为其他连锁企业提供配送服务。另一种是中小型零售商联合开展共同配送。中小型零售商为了形成规模优势与大型零售商抗衡,联合起来共同建立配送中心,实行共同配送以节约配送成本。

二、纵向共同配送

纵向共同配送中,合作参与方不属于同一供应链层,但是可以属于同产业也可以属于不同产业。纵向共同配送主要分为以下三种形式。

(一) 原料供应商与制造商之间的共同配送

原料供应商与制造商之间的共同配送是原料供应商与制造商共同对采购物流过程进行管理。如图 6-3 所示。

图 6-3 原料供应商与制造商的共同配送

因为物流过程中及时配送的要求,供应商不能等到货物达到一定规模才开始配送,应该及时配送制造商所需的原料,但是这么做,对原料供应商来说,物流成本很高。制造商与原料供应商联合建立共同配送中心,由共同配送中心负责统一采购各制造商所需的零部件,统一进行管理,统一进行组配,然后对各制造商进行配送,在实现对各制造商及时配送的同时,还可以大大节省原料供应商的物流成本。

(二) 零售商与批发商之间的共同配送

这是指大型零售业主导的共同配送。这种形式是大型零售业为了追求物流效率化,将物流配送成本转移给批发商,并使输送活动能够对应本企业店铺的各种要求而建立窗口批发制度,指定批发商统一几种不同厂商的产品,由指定批发商进行集中管理并统一配送。这样,一般的批发商只需要将商品送到窗口批发商的物流中心或配送中心,省去了向各个店铺送货的配送过程,也节省了零售商收货和验货的时间(如图 6-4 所示)。

这种情况可以实现的前提是,零售商对供应商有一定的驾驭能力,供应链上下游之间联系紧密,配送中心有很强的信息处理能力。

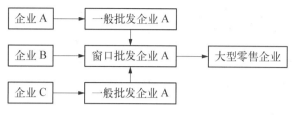

图 6-4　零售业主导的共同配送

（三）产、批组合型异产业共同配送

这种形式主要是由生产商和批发企业共同出资、参加建立的共同配送企业，以对便利店等现代零售企业实现多频度、小单位、统一的配送活动（如图 6-5 所示）。

图 6-5　产批组合的异产业间共同配送

这种共同配送使产、供、销实现了更紧密的合作，更好地满足了消费者需求。

三、共同集配

共同集配是指大型运输企业或第三方物流企业为主导的合作型共同配送，即由大型运输企业或第三方物流企业统一集中货物，合作参与企业将商品让渡给指定运输企业，再由各运输企业或第三方物流企业分别向各个地区配送共同集配（如图 6-6 所示）。

图 6-6　共同集配

这种形式既可以依托下游的零售商业企业，成为众多零售店铺的配送、加工中心，又可以依托上游的生产企业，成为生产企业，特别是中小型生产制造企业的物流代理。它的主要特征是运输企业或第三方物流企业发挥着组织、管理和调度

的领导作用,而非隶属于配送中心,这是一种运输企业主导型物流。它的最大优点在于能够灵活应对各企业的经营业绩与业务量的波动,对道路交通情况和物流实际状况有丰富的专业经验。另外,由于物流空间共有,以及便于实行统一的运费规则,也免去了企业自营配送业务的后顾之忧。

物流实战 6-1　7-11 便利店的共同配送模式

日本 7-11 便利店公司创建于 1973 年,由大零售企业集团伊藤洋华堂设立。7-11 的市场客户定位,一般是 18—35 岁的年轻人、白领和单身汉。

7-11 便利店所销售商品 75% 以上是食品,商品不断推出,经营品种经常更换,带给顾客新鲜感。总部每个月要向分店推荐 80 种新品种。50—100 平方米的店中经营高达 3 000 多种畅销商品。

随着便利店加盟队伍的壮大,1976 年公司开始实行汇总批发、共同配送的物流业务体制,逐渐形成完善的物流配送。当时,日本的流通实行的是通过由生产厂家指定批发商进货的"特约批发制度",同样的商品因厂家不同,特约批发商也不同。所以,若配齐许多厂家的商品就要由各个不同的配送渠道和配送车辆进行配送交货,这样会增加配送车辆,如图 6-7 所示。

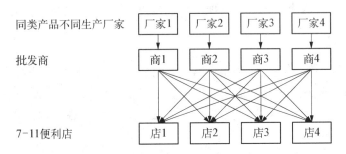

图 6-7　采用共同配送之前的配送模式

为解决这一问题,7-11 公司采取了共同配送的方法,将物流路径集约化转变为物流共同配送系统,即按照不同的地区和商品群划分,将过去多个批发商负责的大的配送地区分割成为每个批发商的配送基地,并把过去其他批发商经营的生产厂家的商品也分给指定批发商,形成统一向负责地区内的商店配送的组织结构。地域划分一般是在中心城市商圈附近 35 千米,其他地方市场为方圆 60 千米,各地区设立一个共同配送中心,以实现高频度、多品种、小单位配送。

7-11 公司通过以下四个途径来完善自己的共同配送模式。

（一）整体化战略

7-11公司认识到,连锁经营的目的在于提高物流效率,谋求规模效益。物流效率的提高有赖于商品从生产到销售的全过程中所涉及的生产商、批发商、配送中心、连锁店总部、加盟店和消费者的整体协调与配合,因而必须综合考虑包括生产厂家、批发商、配送中心、连锁店总部、加盟店、消费者在内的总体结构,采取整体化发展战略。

（二）实行地区集中建店

地区集中建店是在一个地区内集中性地增加连锁店的数量,并逐渐扩大建店的地区。集中建店的优点：

(1) 向一个地区内的商店集中配送,能够提高配送的效率；

(2) 地区内连锁店数量的增加,能缩短配送的距离和时间；

(3) 能提高在建店地区的知名度,有效地开展广告宣传,并加强总部对加盟店的指导。

（三）建立高效的信息网络

根据业务经营及发展的需要,7-11公司建立了一套高效完善的综合信息网络,通过该信息网络实现了连锁经营的整体系统化。综合信息网络业务经营中的具体有以下作用：

(1) 搜集商品销售信息,预测订货,定期发布订货数据。

(2) 总部通过POS系统分析几千多个连锁店的订货信息,将其自动发报给生产厂商和批发商；分析不同商店的销售数据信息,自动提供给各个商店；同时还要分析企业总的经营管理信息。

(3) 生产厂家根据接受的商品上市指示单,开始制造订货,批发商筹集订货商品。

(4) 配送中心接受来自连锁店总部的POS系统和生产厂家、批发商传来的商品明细表,具体内容：不同生产厂家、不同商品种类的交货明细表；不同商品种类、不同商品的上市明细表(包括分货的数据)；不同商品种类、不同配送路线的交货传票等。配送中心根据这些指示单,对各连锁店进行配送。

（四）实行汇总配送,建立共同配送中心

1. 汇总配送

汇总配送是7-11公司独具特色的配送体制。日本的流通实行的是通过由生产厂家指定批发商进货的"特约批发制度",同样的商品因厂家不同,特约批发商也不同。所以,若配齐许多厂家的商品就要由各个不同的配送渠道和配送车辆进行配送交货,从而增加配送车辆。为解决这一问题,7-11公司采取了汇总配送的方法,即将过去由各个批发商负责的某种商品的大配送地区分割为各个批发商的

配送区域,把过去由其他批发商经营的生产厂家的商品也汇总其中,某一批发商负责对所在地区内所有商店的配送,从而增加了对每一商店的配送数量,减少了商店的接货次数,提高了运输效率。由于配送地区缩小,也能缩短配送距离和配送时间。

2. 建立共同配送中心

生产商和批发商共同投资建立配送中心,共同使用和参与经营。生产厂家和批发商将配送业务和管理权委托给共同配送中心。7-11公司与共同经营的厂家和批发商密切协作,在充分协商并征得同意后,以地区集中建店和信息网络为基础,创建自己独立的系统。此外,7-11公司还提供联机接受订货系统和自动分货系统,协助配送中心实现系统化和高效化。

配送中心有一个电脑网络配送系统,分别与供应商及7-11店铺相连。为了保证不断货,配送中心一般会根据以往的经验保留4天左右的库存,同时中心的电脑系统每天都会定期收到各个店铺发来的库存报告和要货报告,配送中心把这些报告集中分析,最后形成一张张向不同供应商发出的订单,由电脑网络传给供应商,而供应商则会在预定时间之内向中心派送货物(如图6-8所示)。

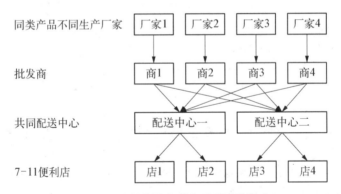

图6-8 采用共同配送之后的配送模式

为了确保各店铺供货的万无一失,配送中心还有一个特别配送制度来和一日三次的配送相搭配。每个店铺都会随时碰到一些特殊情况造成缺货,这时只能向配送中心打电话告急,配送中心则会用安全库存对店铺紧急配送,如果安全库存也已告罄,中心就转而向供应商紧急要货,并且在第一时间送到缺货的店铺手中。

配送中心的建立使7-11公司从批发商手上夺回了配送的主动权,7-11能随时掌握在途货物、库存货物等数据,对财务信息和供应商的其他信息也能握于股掌之中。

实施共同物流后,其店铺每日接待的运输车辆数量从70多辆下降为12辆,而且配送距离和配送时间也由于配送区域的缩小而减小。这种做法令共同配送中心能充分反映商品销售、在途和库存的信息,使 7-11 公司逐渐掌握了整个产业链的主导权。在连锁业价格竞争日渐激烈的情况下,7-11 公司通过降低成本费用,为整体利润的提升争取了相当大的空间。

第三节　新物流与共同配送

一、新物流的基本内涵

新物流是基于互联网、物联网、人工智能、云计算等信息技术的深度应用,并与传统物流的机械化、自动化、标准化相结合,从而满足用户的个性化需求、充分调动资源潜力,具有透明、柔性、协同、即时反应等特征,能够有效地支持零售等商业创新,以实现高效、绿色、安全运行的物流发展方向。

新物流既不是某一特定阶段的发展形态,更不是某种至高无上的终极形式,而是动态变化发展、类型层次丰富、富有创新活力、集约资源利用的物流集合(如图 6-9 所示)。

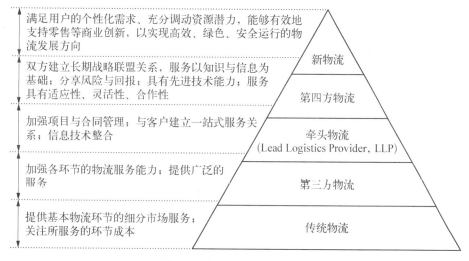

图 6-9　物流产业的演变路径

"新物流"系统主要包含以下几个重要组成部分和关键维度,即自动物流、产品智能、智能交通系统和物联网,以及自组织物流。

"新物流"本质是基于原有要素的不断升级和充分重构,前提是供应链的数字化,基础是流通设施及物流网络建设的日益完善,支撑是物联网、云计算、移动支付等新技术的发展应用,关键是网络伙伴之间的共享与协同。

二、新物流的主要特征

(一) 动态性

"新物流"并非一成不变的,而是不断变化发展着的创新业态。当然,这种说法没有否认其阶段性呈现的特定模式和相应特征。究其本质,动态性主要体现和根源于以下两个方面。

(1) "智慧"的变化发展。由于科学技术、信息技术、网络技术与大数据为代表的新技术的快速发展,推动"智慧"内涵的不断丰富,促进"智慧"水平的持续提高。

(2) "物流"的变化发展。由于供应链协同与物流整合趋势的加强,以及共享物流及信息平台等进一步发展,促进物流业转型升级和创新发展。两者交互,自然而然形成了更具动态性的形态。

(二) 系统性

目前新物流发展最常见的形式为信息技术在物流业的应用,因此很多人对其认识还主要局限于技术层面。不可否认,物流的发展确实依赖于技术的进步和应用以获得"智慧",然而这却并非唯一途径。

准确而言,新物流是一个复合型系统,技术支撑只是系统中的一个层次和内容而已,此外还涉及体制问题、组织问题、管理问题与系统运行问题等方方面面。在这个跨度很大的系统之中,新技术发挥着非常重要的作用,却也离不开系统的整合、组织、管理以及运作,"新物流"的发展毫无疑问是以上因素共同作用的产物。

(三) 普适性

物流涵盖的领域非常广泛,而且产业本身就包括众多的行业,然而目前各行业的发展可以说是良莠不齐。新物流往往会最早兴起于那些已经获得领先优势的行业,进而发挥示范和带动作用,最终形成一种普适的新物流。

新物流的普适性主要体现在以下两个方面。

(1) 物流产业全方位的普适。尽管在新物流发展的起步阶段,该形态更多出现在一些具备实现新物流的行业或企业的探索性实践之中。随着经验的积累以及协作共享的加强,进而可以带动其他行业或者企业,从而全方位实现物流产业的智慧升级。

(2) 价值创造的普适性。发展新物流的意义不仅表现为企业绩效与市场份额的提升,还体现在为客户创造价值,为经济、社会和民生做出贡献。

(四) 渐进性

将我国物流全方位升级为新物流,是一个较为理想化的战略前景和远期规划。这需要物流界通力合作的长期建设,并按部就班地实现细分阶段的目标任务,没有一蹴而就的法子,更没有一劳永逸的手段。因此,我们需要厚积薄发的日积月累,具体可从技术升级、装备升级、系统升级与管理升级等方面着手。

三、新物流的逻辑架构

新物流的逻辑架构可以简化为 Technology(技术)、Decision(决策)、Application(应用)三层架构。具体来看,包括技术层(提供基础功能支持)、决策层(确立智慧升级模式)、应用层(呈现具象发展形态)(如图 6-10 所示)。

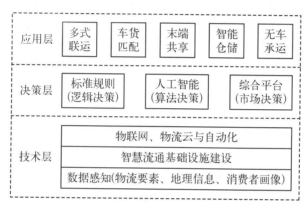

图 6-10　新物流的逻辑架构

(一) 技术层

数据感知是"新物流"技术层的基础,尤其是对关键数据的获取,包括人(消费者)、货(物流)、场(地理)等方面,据此将物品信息进行数字化处理,采用卫星定位和 RFID 等技术获取车辆及其物流配送过程的实时数据和动态信息,以及货物位置、状态等配送环节的信息。智慧流通基础设施建设是新物流技术层的支撑,包括物流基地、分拨中心、公共配送中心、末端配送网点等建设,同时流通基础设施信息化改造力度的加大,为新物流的实现和发展提供了有效保障。物联网、物流云与自动化是新物流技术层的核心,新技术的运用以及仓储、配送和客服等环节自动化的实现,有助于物流领域生产、销售、流通的自动化及管理。

(二) 决策层

通过技术层获取和传导的数据,要将其连接起来并进一步打通,这就需要有基本的算法模型(人工智能)、基本的基础协议和标准(标准规则),以及基本的行业判断、竞争策略和发展定位(综合平台)。

决策平台的构建,数据挖掘和信息处理等技术在物流管理和配送系统的应用,对客户需求、商品库存、物流数据等信息与数据的分析。一方面,能够计算并决策最佳仓储位置及配送路径;另一方面,能够实现物流存储和配送决策的智能化。此外,决策层的作用还在于对货物进行定位和追踪管理,并实时地将物流运行状态信息反馈给客户与管理者,从而可以追溯物品产地等生产及流通信息。

(三) 应用层

"新物流"由概念走向实践,需要政府、产业界和研究机构等多方主体共同推动。现阶段的应用或趋势表现在以下五个方面。

1. 多式联运

例如,入选交通运输部办公厅与国家发展改革委办公厅《第一批多式联运示范工程项目名单》的驮背运输(公铁联运)、集装箱海铁公多式联运、集装箱公铁水联运、集装箱铁水联运、公铁海河多式联运、公铁联运冷链物流通道与国际班列公铁联运等。

2. 车货匹配

例如,用户通过"货拉拉"App可以一键呼叫到在平台注册的附近货车,完成同城即时货运,享受高效、专业、优质的服务。

3. 末端共享

例如,在快递物流业内出现的第三方代收平台共享、智能快递柜共享与共同配送等模式。

4. 智能仓储

例如,苏宁采用"业务+仓储+技术"三位一体化的零售仓储体系管控模式,围绕零售场景的多元化构建多种仓储形式(DC、FC、RDC、门店仓与微仓等),以满足电商、零售商和品牌商等多类型的业务需求。

5. 无车承运

例如,传化易货嘀科技有限公司定位于提供城市物流整体解决方案的无车承运人平台,货主和司机双方通过该平台能够实现同城货物运输信息交易及运输、集约配送、结算支付以及保险经纪等服务。

四、新物流的发展模式

随着我国经济发展步入新常态、科学技术的飞速进步,以及商业模式的持续升级,极大程度地促进了消费者购买行为和消费习惯的转变。这就对服务业,尤其是物流业,提出了智慧化与数字化等更高、更新的要求。以下基于国外研究成果以及企业实践情况,针对当前新物流的主要发展模式进行梳理(如表6-1所示)。

表6-1 新物流的发展模式

模　式	内　容
"新"产品追溯系统	食品和药品行业可追溯系统的应用,为食品安全、药品安全提供了坚实的物流保证。
"新"可视网络系统	基于GPS、RFID与传感等技术,实现对物流过程中车辆定位、监控、在线调度与配送等环节的可视化管理。
"新"物流配送中心	运用传感、RFID与移动计算等先进技术,以及自动导引车(AGV)、输送分拣线、堆垛机等物流系统设备,建立全自动化物流配送中心,实现商流、物流、信息流及资金流的全面协调和管理。
"新"供应链体系	利用计算机信息、传感、RFID、条形码、视频监控、无线网络传输等技术,构建数据交换平台,建立物流信息共享平台,财务管理和结算系统、决策支持分析系统,进而实现企业和供应链的信息化,构建智慧供应链体系。

五、新物流形势下共同配送的发展

(一)共同配送发展的驱动来源

末端配送一直是快递经营中的难点、痛点,而目前解决快递末端投递问题的方式有快递柜、便利店、驿站和共同配送等。

快递行业共同配送是指为了提高配送效率,将多个快件品牌一起进行分拣、投递、签收的配送方式。在中国派件难的重点地区,共同配送已经逐渐发展起来。

共同配送的发展是基层网点在被动局面下的主动选择,主要受业务驱动、车辆驱动、场地驱动、人员驱动等方面推动。

1. 业务驱动

在快递行业发展初期,网络覆盖不全,单个网点派件量少,但派件半径过大。单个品牌派件量不足以养活一名快递员,公司的配送成本极大。这个时候,有的网点(比如桐庐的分水镇)老板通过取得多家快递品牌经营权,进行混合的配送,大大降低了公司的经营成本,同时提高了快递员的收入,快递的共同配送开始出现。快递发展到现在,三四线乡镇级网点同样存在着派件量与派件员工作量的不对等,乡镇级末端网点生存压力巨大,而通过共同配送可以大大提升区域快件密度,对于缓解网点经营的压力有显著的效果。

2. 车辆驱动

有效的派送车辆能够保证网点的派件效率,而车辆限行则给网点带来了不小的困扰。2013年至今,在上海、深圳、广州、武汉、长沙、西安、太原等一线城市及二线省会城市,政府开始禁电禁摩,大力整治电动车,例如,在深圳当时有不少的快递员被扣车罚款,甚至人身被拘留。

在我国送快递,尤其是在城市中,电动车是快递小哥的首选交通工具,并且很难有替代的产品。可悲又可笑的是今天的大城市,很多的快递小哥还在使用人力三轮车、手拉车等方式派件,承包制的网点尤甚,这极大降低了投递效率,增加了劳动强度。共同配送可以实现快件的集约化派送、数倍的增加区域的快递密度,通过集中接驳等方式,减少因车辆问题而导致的员工劳动强度过大的问题,最终解决车辆限行的困扰。

3. 场地驱动

场地同样是困扰基层网点发展的重要因素之一,通过共同配送可以解决场地的问题。关于操作场地,临街门面房或仓库的一楼位置,是城市中最稀缺的资源,效益低、管理难的快递公司很难能竞争得到。当多家快递合作寻找一个场地时,相较各快递品牌独立寻找场地,难度系数下降,并且集中的运营也便于应对主管单位的监管,因而共同配送可以解决末端对于场地的需求。

4. 人员驱动

快递公司招工难、用工难问题,已经成为长期困扰基层网点经营的老大难问题。人员难招受到多方面因素的影响。通过共同配送,快递小哥可以以较低的劳动强度,在更短的时间内派更多的件,收入自然提高,之前很多流失的人员开始回流,因而共同配送有助于缓解末端网点的人员需求。

共同配送通过对于多品牌快递的场地、车辆、人员等资源的统一整合,解决当下末端网点配送环节的困难(车辆难、场地难、招工难等),大幅度提升配送效率,提升单兵配送区域快件密度。在提升员工的派件收入的同时,又降低了员工的工作强度,最终改善末端网点的经营状况有了显著的改善。对于消费者而言,相比传统的投递方式,通过共同配送,用户收件更集中,也更方便、更安全。

(二) 共同配送发展新特点:仓储、运输、配送进入无人化时代

1. 无人仓:打通系统与设备,呈现出前置化特征,助力柔性生产

现阶段各大企业所应用的自动化仓储方案,在不同程度上应用了穿梭车、无人叉车、堆垛机等机械设备和 AGV 等智能化设备,以及 OMS(订单管理系统)、WMS(仓库管理系统)、PMS(绩效管理系统)等一套系统,提高了仓库内的运转效率,节省了人力成本。目前,能够把这两者智慧化地结合起来的现代化仓库尚未得到大规模的推广和应用。未来的无人仓能够通过智能化的手段把系统和设备协同起来,人将作为管理员的角色参与到仓库的运转中来,监测仓库内机器与智能化设备的正常运转。

在未来,新零售不断发展,消费者的诉求将是更加精准、更加迅速订单送达服

务,仓储甚至能预测消费者的需求。因此,仓库也从城市外逐渐转移到城市内,无人仓能够显著提升仓单位面积产出量,缓解企业承担的租金压力,为顾客带来更智能的体验。另外,需求预测功能也将为柔性生产提供可能。

2. 配送:无人机、快递柜与快递员任你选择

打造一台无人机的前期投入十分高昂,要收回成本耗时较久。埃森哲一项研究表明,未来十年,无人机在配送渠道中的占比仍然会相对较小,对整个物流行业的贡献值预估为500亿美元,相较于数据驱动的信息服务能力所带来6 000亿美元价值,这个数字是很小的。但是,无人机作为大型电商平台纷纷布局的一个领域,在未来科技将能够克服成本高、配送环节过于复杂等问题。

同时,在未来,配送也许将实现真正的智能化,我们既可以选择在楼下的快递柜领取包裹,也可以选择由无人机或者快递员配送,而这一切都将由人工智能决策系统在综合考虑消费者的需求之后做出决策。

 物流实战 6-2　沛县快递共同配送模式的实践

江苏省徐州市沛县统一配送公司飞马配送公司由中邮速递、申通、韵达、天天、百世等五家企业等比例出资成立,负责完成5家快递企业的所有配送业务,揽件业务由五家公司各自负责。

物流人力成本上升是人口结构变化的结果,难以改变,从其他方面降本增效是目前可操作的方式。快递共同配送成为一种市场压力下的行业自发现象,目前快递共同配送集中于县域,共有两种模式,主要分为政府主导型与企业自发型。徐州沛县模式属于后者,是创新性与综合性较强、模式较为成功的一种。

沛县模式是将揽收与配送分开,在不对称市场下盘活配送业务。传统快递业揽收利润高,然而配送几乎无利润。沛县模式整合了县域配送网络,由本地几家快递加盟公司联合成立飞马配送公司,股权均分。该模式一改原来5家公司各自为政的状况,建立共同分拣配送中心,节省了60%的场地成本。通过运输与配送的整合也提升了效率,从原来5家运输2次(共12次)到现在整体一天4次,时效大幅提升的同时,也节省了约30%的人工成本。原来各家企业到敬安镇的运输车辆在10辆左右,现在仅需要4辆,1万件的投递任务只需5个人就能完成派送工作,原来每家公司的每日揽收量在2 000件左右,现在是1万件,大大提高了效率。节省的资源成为新的利润源,使配送从成本点转为利润点,提升了物流网络的健康度,且稳定了物流人员。

内部原因分析,加盟制快递企业内部矛盾不断升级。加盟商随着资本积累,实力越来越强,有了与总部抗衡的能力,而总部对加盟商的管控能力也越来越弱,

同时,总部以罚款为主要方式的监管措施越来越不得人心。

加盟商出现被投诉、延误、遗失、错发、虚假签收等类目,总部均强制性罚款。加盟商如果干不下去,还需要向总部交纳 2 万元的转让费。

在已经上市的快递公司中,加盟商也没有得到企业资产因上市而增值的红利。长久的利益分配不均,让加盟制度变得分崩离析。

从外部原因来看,直营快递如京东、顺丰对加盟制快递企业也构成了巨大的威胁。顺丰在王卫的带领下,由加盟制度完全转向直营,随后一路高歌猛进的发展;京东很早就开始投入巨资自建物流,凭借优质的服务在市场上享有盛誉,独立运营已达 7 个月之久的京东物流,被传正谋求在海外独立上市。然而,自建物流所需的资金和管理难度对原来以轻资产迅速铺开的加盟制快递企业来说力所难及。

另一方面,目前市场上快递企业众多,包括行业龙头企业邮政 EMS 和顺丰、三通一达、非三通一达的全网性企业(宅急送、天天、百世快递、优速等)、区域性快递公司以及外资公司,他们在市场上均占有一定份额,同城配送物流,如闪送、达达、人人快递的发展,也使市场留给加盟系快递企业的蛋糕越来越小。

加盟商为了争夺自身利益,开始谋求共同配送方式。所谓共同配送,是指由多家企业分别揽件,统一到配送公司,集中配送,以实现横向联合、效益共享。

这种做法的难点是,成立统一配送公司,是以哪家哪个加盟商为主导去把其他快递公司的加盟商并掉,还是快递公司之间重新组建共同的配送公司,所有加盟商出局?这两种做法均不具备可操作性,且会损害菜鸟智慧物流网络平台等的利益。

一旦统一的配送公司做大,把所有的快递公司业务接过去,快递公司的价值就会被做空。这不符合快递公司利益和菜鸟等公司的定位,社会上存在的一些大的电商和物流平台也在做大量工作,共同配送的想法只能说明加盟制快递企业原有的模式走不下去,正在积极寻求新的发展模式。

目前来讲,不具备加盟系快递企业成立统一配送公司的条件,而且对企业自身来说,没有迫切联合的需求。在三通一达快递企业齐聚资本市场之后,均树立了远大的目标,而在统一配送方面,没有大的合作诉求。

目前来看,共同配送最大的难题在于信息系统之间的数据打通。

总部与加盟商需打造命运共同体,快递公司与加盟商的关系一直畸形发展。快递总部的主要收入来源于加盟商的面单费、物料费、中转费。随着快递业务的增长,快递企业收入急剧增长,而加盟商并没有拿到实际的好处,也没有分享上市成果。虽干得很累,但事倍功半。

所谓加盟制度是指双方以平等而独立的市场主体地位通过合作关系签订盟约,而不是总部对加盟商的绝对管控。实际上,加盟商转头很容易,现在总部对加盟商的管控能力已经越来越弱,只要有独立的配送能力和资源,加盟商可以自主选择合作的快递公司,以市场主体地位与快递公司对等谈判,达到自己的期望值。

快递公司与加盟商属于上下游关系,加盟商是公司重要的供应商和客户,快递公司大量的业务是由加盟商带来的,从本质上讲,加盟商是公司的重要资源,快递公司不应该去管理。在市场的调节作用下,应该是谁发挥的价值越大,谁就挣钱,现在这种不匹配的状态迟早会改变。

案例分析

一直以来,物流成本对企业经营和交通运输环境都有着巨大的经济影响,而新商机、新技术与新零售业态的出现将会迅速改变传统运输和物流方式。然而,我国部分物流企业仍然缺少必要的物流管理信息系统,物流信息技术和物流设备较为落后,物流业整体运营效率不高,而且与客户的合作也不够深入。这就迫切需要通过智慧升级,提升物流业发展水平与核心竞争力。

这也体现了"新物流"的核心要义:

一是基于互联网、物联网、人工智能、云计算等信息技术的深度应用,以提升物流企业的信息化水平;

二是与传统物流的机械化、自动化、标准化相结合,以提升物流及配送的智慧化水平;

三是以满足用户的个性化需求为基础,并充分调动资源潜力,进而打造透明、柔性、协同、即时反应的综合物流企业;

四是以有效地支持零售等商业创新为目标,以实现物流的高效、绿色、安全运行。

第四节　互联网＋时代下共同配送体系的建设

一、"互联网＋"下城市发展智能共同配送的必要性

面对日益拥挤的城市交通,重污染频现的空气环境,如何建设高效低碳的末端配送体系已经成为重要的课题。"互联网＋"的出现为城市末端配送提供了解决思路,"互联网＋"配送的深度融合,即构建城市智能共同配送体系新形态。

"互联网＋"时代城市智能共同配送体系的构建非常必要,且具有重大意义。

(一) 降低了配送成本

目前来看,全国各地各行业的末端配送大多数都是单独运营,自建配送网点、

自购配送车辆、自雇配送员工,同时随着消费者订单的多变和差异化,货物的配送需求也日益呈现高频次、小批量的现象,因而快递企业独立运营加剧了设施设备的使用效率低下问题,造成成本上升。城市智能共同配送可以有效降低成本,上海市通过公共配送服务平台推行共同配送,将平台会员平均物流成本降至总货物价值的8%,远远低于我国平均水平。

(二)全面感知配送产品

城市智能共同配送体系通过传感系统、射频等技术可以全面感知配送产品的位置、状态等实时信息,保障配送产品的时效性和完好性。

(三)实现配送决策的智能化

例如,利用大数据分析每个地点的快递产生的数量及时间,合理设置网点设施设备和人员安排。最后,美化了城市配送环境。在学校、小区、商业区经常会看到众多的送货车辆拥挤在路边,加剧了车辆拥堵,影响了城市环境,共同配送会完善最后一公里网点,通过一家完成所有末端配送,避免上述现象的产生。

二、城市智能共同配送体系发展中存在的问题

(一)配套标准缺失问题

发展智能共同配送要求较高的配套标准化规范,目前来看,该领域的标准还远远没有达到要求。在国家标准查询官网输入"城市配送",只出现2个标准,输入"智能(慧)物流""智能(慧)配送""共同配送"关键性标准显示为无。按照智能共同配送的关键应用技术来搜索,"物联网"显示11条,"传感系统"显示3条,"RFID"为203条,"RFID"相关标准较多,但很多标准是关于图书、航空、货运集装箱等非末端配送领域。

智能共同配送领域配套标准缺失,一方面造成智能共同配送体系构建成本过高。据估算,如有统一的标准,在系统设计开发方面将能节省80%的费用,将各个企业的系统连接起来的费用方面将会减少一半左右。此外,缺乏统一的标准还会使智能共同配送体系在运营时出现众多阻碍。

(二)RFID普及率低问题

智能共同配送实现的关键就是全面普及RFID技术。目前来看,整个物流行业的RFID普及率较低,主要原因为:一是成本过高,据调查,在淘宝网上,RFID标签的价格超过1元,而条形码标签仅为0.02元,前者是后者的50倍;二是RFID标准混乱。从国际上来看还没有形成统一的标准,目前主要为三个标准在竞争抢夺市场,从国内来看,标准也比较混乱,2013年我国发布了第一个RFID(电子标签)国家标准《信息技术射频识别800/600 MHz空中接口协议》,这为技术的统一接口提供了依据,但还要进一步加强标准推广使用和相互之间的衔接问题。

(三) 运营权力争夺问题

城市共同配送将众多配送企业的城市配送需求合并，交给一家企业共同完成配送服务。这就意味着一家配送主导建立城市配送网点，承担全部配送业务，其他配送企业取消配送网点，直接将自己的配送需求外包给共同配送体系。目前提供配送服务的配送企业众多，在合并时共同配送体系的运营权力交给哪家配送企业来完成将成为共同配送体系实现的关键一环。

各个配送企业都不愿意放弃自己最后一公里配送业务，如果把最后一公里的城市配送业务外包出去，将意味着业务缩减；相反，如果获得城市共同配送体系的运营权力，将意味着自己的业务得到扩张，利润空间提高。因此，城市共同配送运营权力必然成为争夺的焦点。

(四) 收件归属问题

我国的快递量世界第一，快递业成为实现城市智能共同配送的一个重要行业。快递业在实现共同配送过程中除了上述问题外，还存在如何收件、收件归属问题。快递业的配送员即配送货物的员工，同时也是快递企业的市场业务员和收件员，一旦城市实现了共同配送，快递业的末端配送就交给共同配送企业了，那么快递业通过配送员开拓市场的局面就要改变；另外，即使通过共同配送体系可以收件，那么收的件应该归属哪个快递企业又成为一个难题。

三、不同行业构建智能共同配送体系的对策

(一) 制造业、商贸流通业的智能共同配送体系构建

制造业与商贸流通业一般都是供应配送，供应商大体相同，且都是配送给工厂、商场、超市、便利店、专卖店等地点，这些地点一般都是集中分布在城市工业园区或者商业区，同一行业的配送商品也很类似，因而建议同行业共建智能配送中心，实现统一智能配送。

制造、商贸流通业智能化共同配送体系运作流程：智能配送中心根据制造商和商贸流通商的采购计划，形成采购方案，共同采购；货物到达配送中心后，根据制造商和商贸流通商的订单完成智能分拣、配装等活动；最后按照最优路线实施集中统一配送。

制造、商贸流通业智能化共同配送体系运作保障：

第一，该城市的政府相关部门和物流协会牵动整个类似行业构建智能共同配送体系；

第二，智能共同配送中心的运作权力由公开招标产生，并加强对智能共同配送运作方的考核评价及信用管理；

第三，推广使用同一标准 RFID 条码；

第四,智能共同配送中心与城市交通系统实现接口,根据城市交通拥堵情况实时调整配送车辆路线。

制造、商贸流通业的智能化共同配送体系的智能体现:

第一,全程实时追踪。

第二,智能化采购。智能共同配送中心通过历史订单根据大数据分析技术可实现客户的需求预测,提前智能采购。

第三,智能化分拣。利用RFID技术远程识读条码,实现智能化分拣,提高中转速度。

第四,智能化配送。根据客户位置、配送量、市内实时交通情况,智能化配载车辆并实现最优路线的智能化送货。

(二)快递业智能共同配送体系构建

快递业的配送对象为分布全国甚至全球的分散消费者,因而其配送网络庞大、快递员众多、末端配送成本较高。快递企业应加大同城配送的联盟意愿,共同建立智能共同配送体系,完成最后一公里的配送。

1. 快递业的智能化共同配送体系的运作程序

所有快递公司在该城市范围内收件和派件全部交给城市智能共同配送体系来完成。快件进入该城市后,统一集中到智能中转场,根据快递所属下一网点进行智能分类和拣选,配装完成后送到各个网点,再利用传统方式、LBS智能配送和智能柜完成最后终端配送。所有快递公司的业务员收来的快件可通过智能共同配送体系的收件员和智能快件柜进行取件工作,最后返回城市统一智能中转场,经过分类集中运到各个快递公司区域中转场。

2. 快递业的智能共同配送体系的运作保障

第一,当地邮政管理局和对口行业协会联合推动智能共同配送体系的建立。

第二,智能共同配送体系由邮政管理局主导,通过竞标产生,并建立严格的共同配送体系评价和诚信体系。

第三,在快递企业推广使用RFID条码、GPS等技术,为统一共同配送和智能配送提供基础,增加的成本可通过规模效应和高质量服务抵消。

第四,LBS+智能化配送的精准配置。利用LBS技术,通过移动、电信、联通等终端集合周围空闲人员担任兼职快递员,实现"人人快递",提高城市末端的送收货效率,并利用LBS技术,做到线上监控线下,线下服务线上,最终实现配送各个环节的实时监控与调度。

第五,铺设智能柜。智能共同配送体系要在人口集中的学校、商业区、小区预先铺设智能柜,等时间成熟后全面推广。

第六,完备的收件分配制度。主要分为两个层面:一是各个快递公司自己业务员签订的快递单子归属各个快递公司,共同配送体系负责收件;二是主动联系共同配送体系的快递单子根据消费者意愿选择快递公司,如果没有选择,则在同等服务的快递公司进行平均分配。

3. 快递业的智能共同配送体系的智能化体现

一是可以实现全程实时追踪,分清各个环节责任。

二是可以实现智能化分类拣选,加快中转速度。

三是可以实现智能化配送,通过大数据分析各个客户的作息时间、工作时间和习惯收包裹方式,智能安排送快递的时间和方式。

四是可以实现智能设置网点,定期检测区域的快递量和变化趋势,通过数据挖掘,找出背后的规律,依据规律智能设置和调整网点。

五是利用LBS技术,实现兼职快递员的实时管理,弥补旺季快递员的不足现象。

六是利用智能柜解决末端最后一百米派件收件问题。

第五节　互联网＋物流共同配送平台

依托科技发展而演进的现代物流产业中,出现了一批以物联网、大数据技术为运营基础的互联网车货匹配的新兴同城运力调度平台,通过技术驱动,深度洞察货主需求,高效协调,组织社会运力,从而提供满足符合货主需求,同时又能够有效配置物流资源的城市配送服务。目前,随着互联网技术发展,围绕着渠道共配和产品共配,城市共同配送创新向着智慧共配方向发展,通过大数据、互联网和GPS相结合,可以即时集成区域内订单需求,智慧生成最优共配路径,做到实时共配,随机共配,全面共享城市物流配送资源。

一、物流配送平台

在互联网经济的推动下,物流末端配送平台属于知识、技术、信息等综合资源的整合与共享平台。平台的构建要能够及时获取市场发展趋势及物流末端配送的发展要求,感知消费者多样化、个性化及品质化的物流末端配送需求,从而实现物流末端配送在更好地满足消费者体验需求中的价值创造能力的提升。

以平台为载体,能够提高物流末端配送的质量,在平台中较好地运用与物流末端配送相关的资金流、商流和信息流,为大数据时代的物流末端配送提供更好的平台条件,满足消费者的质量、信息等体验需求。通过构建高质量的物流末端配送平台,应对消费体验需求的拓展,充分发挥平台资源的优势,实现物流末端配送成本的有效控制，提供质量高、成本优的物流末端配送，满足大数据时代多样化、个性化及品质化的消费体验需求，促进物流末端配送价值创造能力的提升。

物流配送平台能够实现物流运力资源的整合，从平台中获取所需的运力资源，提高物流末端配送运力资源与消费者体验需求相互匹配的能力。通过物流末端配送平台构建，实现物流配送组织管理水平的提高，便于物流末端配送商之间建立稳定的合作关系，在平台中实现各类物流末端资源的整合与优化，提升物流末端配送运力资源的利用率。

物流末端配送信息化平台建设要能够弥补传统末端配送的不足，规范物流市场经营信息发布、查询与反馈等。通过信息化平台搭建的信息资源优势，适应大数据运营环境的新要求，满足消费者的信息体验需求。构建查询、检索便捷的物流末端配送信息化平台，适应消费者信息需求拓展，满足消费者对于物流末端配送的信息需求，为消费者提供物流末端配送信息处理情况、信息收集与整理、信息反馈等方面，提高信息质量，不断提高物流末端配送的效率，有效控制成本，提高物流末端配送的效益。

以物流末端配送技术资源平台为基础，能够突破物流末端配送个体技术资源力量的束缚，突破物流末端配送消费体验需求的技术瓶颈，依靠物流末端配送平台整体的技术条件与力量为消费者提供高质量、高效率的物流末端配送服务，实现物流末端配送成本的有效控制，从而获得更好的物流末端配送效益。更为重要的是，通过平台的中心作用，较好地积累各类物流末端配送相关的交易数据，为提高物流末端配送的效率和效益提供分析数据支持。

物流末端配送平台构建中需要注重技术资源平台的建设，充分利用互联网技术，为物流末端配送提供有力的技术资源条件支撑，提高其信息化水平，满足消费者对于物流末端配送的信息体验需求。物流末端配送技术资源平台建设，可以紧密结合现代互联网技术的发展，充分发挥现代科学技术的优势，从技术方面促进物流末端配送质量的提高，发挥技术在物流末端配送信息化建设中的作用，满足消费者的质量、信息等体验需求，实现物流末端配送价值创造能力的提升。

二、物流众包配送模式

随着"互联网＋"和大数据技术的应用发展，一种全新的物流行业模式——"物流众包"模式悄然而生。物流众包是一种基于互联网平台的开放式配送模式，它借助于成熟的移动网络技术，将原来由专职配送员所做的任务，以自愿、有偿的方式，通过网络外包给非特定的群体。利用互联网将分散的资源进行聚集，以较低的成本获取较高的效率，这种众包的物流模式的创新价值和发展前景是值得肯定的。

众包是共享经济里典型的时间共享这一部分内容,末端物流的配送劳动力密集、组织协作松散,非常适合采用众包。物流众包充分整合了社会闲置劳动力资源,利用大众的空闲时间参与到身边的快递配送中,解决物流配送"最后一公里"问题,对我国当下的物流行业是一个很好的补充。特别是对于同城配送,用户不仅追求的是便捷、快速,更要求时间和地点的精准,众包不仅满足了市场点对点同城配送的需求,还可以帮助商家解决销量问题。

物流众包由兼职快递员从寄件方手中取货直接送至收件方手中,实现点到点服务,省去中间大量的仓储、分拨等流转环节,有效解决传统物流时效不快、堆积爆仓等问题。人人快递同城2小时内送达,达达3千米范围内1小时送达等,而传统快递公司最快只能做到同城"上午寄件下午送达、下午寄件次日送达",相比之下,物流众包比传统物流模式存在明显的速度优势。

物流实战6-3 京东到家

2016年达达与京东旗下O2O子公司"京东到家"正式合并后,被命名为新达达。作为中国领先的同城快送信息服务平台和生鲜商超O2O平台,新达达凭以其高质量的服务和B端、C端的有机结合,解决了同城配送过程中所存在的一系列问题。作为互联网的新型配送平台,众包物流具备着传统物流所不具备的优质属性。达达所建立的配送员评价体系,不仅让平台上用户的活跃度大大提高,还大幅提升了配送员工作的积极性与用户满意度。目前,新达达已遍布全国多个重要城市和地区,配送团队也在不断扩大,随着市场的不断扩大,使用的用户也在迅速增加。

在下单约三两分钟之后,京东到家的客户端订单详情处显示一名李姓配送员已抢单。配送员首先根据订单编号找到了笔者下单的商品,随后打开"达达骑士版",用扫一扫扫描沃尔玛拣货员已经拣选好的货物清单,清单下方有一条二维码,用手机扫描这个二维码之后,配送员的手机上会弹出一条顾客下单的商品详情。配送员比照手机提示信息,检查商品拣选无误、无破损、包装完好后,准备配送。这时,笔者这边的物流信息更改为配送员已取货。在配送员配送的过程中,笔者这边的物流详情显示商品距离笔者的距离,剩余时间和大概送达时间。笔者同配送员同时赶往收货地址,十五分钟后及时到达,并收到了配送员送来的货。该配送员在送货完成后,点击"我的任务"完成按钮,这一单任务算配送完成。整个过程不到30分钟即到家。这主要是达达的配送模式更类似于滴滴,是完全离散点对点众包模式,没有站点的概念,直接从A地装货然后由配送员直接送达B地。简单来说,这种模式是不需要通过同城的集散网点之间调拨，再配送到消费者手中的。达达依托海量历史订单数据、配送员定位数据、商户数据等，针对配送员实时情景（任务量、配送距离、并单情况、评级），对订单进行智能匹配，实现自动化调度及资源全局最优配置，最大限度提升用户体验（如图 6-11 所示）。

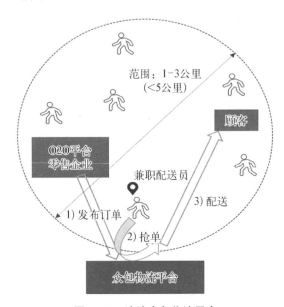

图 6-11　达达众包物流平台

 物流实战 6-4　码上配冷链平台

尚处于发展中的冷链物流市场，习惯于以面向大企业的合同物流服务为主导，但该模式只能覆盖 30% 的市场需求，大量中小企业客户得不到满足，自营模式难以用业务量摊薄成本，外包模式又得不到重视。

码上配创建于 2015 年 7 月，是一个为中小客户提供冷链共同配送的信息平台，主要做冷冻、冷藏食品的配送，也提供生鲜配送服务。作为一家冷链+互联网平台，对于客户以及冷链物流企业，都带来价值，且可以链接成为全国网络平台。码上配要做冷链物流企业的有效补充，用移动互联网链接中小客户，同时将冷链物流公司的空闲运力激活做共享，让中小客户享受专业冷链服务的保障。

码上配冷链+互联网平台采用的是 BaaS+Portal 技术，构建了整个"小码冷链云平台"的能力池，为客户和合作方提供冷链服务的能力；利用互联网技术为客户提供HTML5、App、PC端等订单平台入口,以班车化的形式进行共同配送。其面向客户包括生鲜电商、经销商、贸易商、物流商、中小超市等,运力则由合作的物流公司提供,按照优化过的共配路由以物流信息技术加工订单,并将订单分派给每个区域最优质的冷链物流服务商,同时可以向物流商提供或打通WMS、OMS、TMS系统,为客户提供包括配送超市、餐厅和社区等门到门智能共配服务。码上配的核心是通过较轻的BaaS云平台将零散需求与运力进行整合再分配,价格低于合同物流的40%。

中小货主的发货需求量小、频率高,而物流公司专门为这些订单上门成本太高,码上配使多个订单聚合在一起,促成效率更高的共同配送,让小企业也能有获得像7-11共配一样的服务,对于物流服务商而言,码上配提供的订单使其运力利用更为饱和。具体流程是发货方发货,由发货方或与码上配合作的物流公司上门提货,再运输到码上配合作的仓库进行分拣、发货、验收等环节,流程线上可视化。

码上配平台有多款下单入口,包括微信、App、PC端,满足不同客户不同场景的应用需求,随时随地可以下单,整合市场上的冷链零担订单,通过共配的方式,以全网相对较低的价格,给客户带来优质的体验,解决中小客户发货难问题。通过整合,把三方物流和社会闲散车辆整合进来,实现一个对接,通过利用智能分拣和共配的方式把我们的零散货物从一个地方到另外一个地方,实现超市、餐厅、社区、农贸市场等渠道的冷链零担共配共享服务。

在码上配的平台上,能够给客户提供一体化的冷链解决方案。以每日优鲜为例,每日优鲜从产地到城市分选中心的运输,多以冷链干线为主,比较容易解决,但是从分选中心到微仓,用传统的整车配送方式,并不能最优化配送订单,码上配提供的方案是到门店的b2b冷链食品与b2c生鲜订单共同配送:单做b2c冷链配送成本太高,b2b+b2c订单共通配送是新方向,冷链市场70%都是中小客户,而且小客户是非常适合做冷链的零担共配,整合冷链零担资源与B2C订单为一体,可以最优化排车路线,让订单配送不再因为密度不够而浪费运力,同时在运力整体价格上,码上配可以为每日优鲜带来显著的价值。

(1)优化路径规划:帮助客户进行B2B订单和B2C订单的整合,实现配送路径的最优化方案。

(2)共同配送提高效率:由原来的每车订单不饱和,变为每个车辆基本都饱和,大大提升其车辆满载率。

(3)成本稳定可控:相对于其他一些物流+互联网平台,码上配平台的定价更为稳定,同时采用共同配送的方式降低成本,不存在没有必要的烧钱补贴,让客户放心合作,不用担心后续价格突变。

物流实战 6-5 大参林连锁药店的共同配送

一、广东大参林连锁药店的背景简介

大参林医药集团股份有限公司,是一家集医药制造、零售、批发为一体的集团化企业。公司以发展药店连锁为立业之本,经过多年耕耘,旗下门店遍布广东、广西、河南等国内多个省份。作为备受消费者推崇、业界瞩目的品牌,大参林连续多年总销售额位居全国行业前三。

二、使用共同配送前存在的问题

如今的广东大参林连锁药店已经是一家极具竞争力的连锁医药企业,它具有一个专业的管理团队,一个完善的营销信息网络以及趋近完美的管理理念,这一切可以说是和其使用共同配送密不可分的。在使用共同配送之前,广东大参林连锁药店也曾存在着一些问题。

(一)缺货频繁

以前广东大参林连锁药店的医药用品通常是由配送中心按照固定周期和比例来进行统一发货。在茂名,即广东大参林连锁药店的总店所在地,设有一个总的大型仓库,然后在每个二、三线城市也都设有仓库,要是这些二、三线城市仓库周围的分店发生缺货,就会及时从茂名的总仓进行调货补货,以此来保证每个经销店里的药品的数量和种类的齐全,避免了药品的缺货。这样的方案基本保证了所需药品的不间断供应,但是一旦发生连茂名总仓都缺货的现象时,就有极大的可能会造成长时间的缺货,这种现象在节日或促销活动前发生得尤其多。假设所需的是供货周期较长的药品时,这种缺货现象会尤其明显和频繁,甚至会直接影响门店的销量,以致使广东大参林连锁药店的口碑受损。广东大参林连锁药店原本的配送方案虽然可以保证平时所需,但一旦遇到需求量较大的时候就难以保证及时供货了。

(二)信息不对称

在建立共同配送的信息网络前,广东大参林连锁药店的各个分店基本难以做到信息的实时共享,这样就会造成在总仓缺货或难以及时供货的时候发生一家门店缺货而另一家门店却有多余的存货积压。这种情况不但会造成一家门店的销售量下降,甚至影响了整个企业的口碑,还会造成一定的浪费,因为药品通常都是有保质期的,一旦超出了保质期的范围,这些药品就没有用了,同时还会形成一些不必要的库存成本,从而造成了双重的浪费。

(三)配送中心的物流服务水平较低

由于配送中心主要以人工操作为主,这样就难免会有失误发生,而且广东大参林连锁药店当时配送中心的工作人员的数量和素质并不符合当时所需,这就导致了

物流服务水平的下降,尤其是在促销时段,由于人为的失误等情况造成延迟发货或送错货等现象尤为明显。但是,由于广东大参林连锁药店当时的配送中心和办公室等是租赁性质的,再加上又有一个计划年产8亿元,商业零售额约20亿元的新型制药基地在建设计划中,广东大参林连锁药店很难再拿出大量资金去重新建设和改善这一现象。

（四）使用共同配送后取得的效果

虽然广东大参林连锁药店存在着种种问题,但在其不断改善调整经营方针之后,这些问题都基本得以解决了。尤其是在和太极集团进行合作开展共同配送之后,广东大参林连锁药店的营运情况可以说是有了明显的提升和改善。

1. 从缺药频繁到品种齐全

由于使用共同配送可以帮助厂商对市场的需求做出快速反应,就像上文所提到的,广东大参林连锁药店属于药品与保健品公司,采用共同配送进行及时补货就恰好解决了在有限的空间内可以将所有的药品尽可能地都陈列出来的同时,又能保证足够供应的库存这个大问题。

2. 从信息不对称到完善的信息网络

在使用共同配送后,广东大参林连锁药店建立了一套完善的共同配送网络,就连新投入使用的配送中心都是按GSP标准设计的,这实现了各个门店之间的物流信息和营业信息的实时传递,这样就保证了供货的及时和药品及库存的不浪费。

3. 从物流设备跟不上发展速度到物流技术日趋完善

现在的广东大参林连锁药店已经拥有了10 000多平方米的配送中心,可以同时储存多种药品,这也在一方面保证了补货的及时性,同时将其物流服务辐射范围扩大到了整个广东省。

4. 低成本的物流成本保证了低价策略的实施

广东大参林连锁药店的经营宗旨是"以尽可能低的价格提供绝对合格之商品,并尽最大限度满足顾客需求,满腔热情为人类健康服务"。广东大参林连锁药店采用的是平价的连锁经营战略模式。低成本的物流运作方式,即共同配送就其物流运作效率高,成本低廉的优势也是这一经营策略成功运作的原因之一。

表6-2 使用共同配送前后的比较

使用共同配送前	使用共同配送后		
	直接的改善	间接的改善	成　果
缺货频繁,存在双重浪费	补货及时	基本实现时时有货,减少了不必要的损失	品种齐全
信息不对称	完善的信息网络,实现信息实时共享	处理问题的反应加快	

续　表

使用共同配送前	使用共同配送后		成　果
	直接的改善	间接的改善	
设备落后	先进的硬件设施	在硬件软件质量上升的同时做到了物流总成本的降低	实现低价策略
物流服务水平较低	物流服务水平提高	物流作业效率提高	

根据表 6-2 的总结，我们可以直观地看到在源自物流作业方式的改善后，即使用了共同配送后，广东大参林连锁药店既能通过物流成本的降低，从而给药品的低价做了一方面的保证，又提供了多方面的货源以及及时的补货，这使得广东大参林连锁药店的平价连锁经营战略模式得以成功。可以这么说，自从选择了共同配送，广东大参林连锁药店离成功又进了一步。

实战分析

共同配送的使用不仅改善了这类企业在物流管理方面的问题，甚至也成了企业发展与运营中不可或缺的核心部分，也是企业盈利的根本之一。这也表明了对我国物流业的发展来说，推广共同配送的必要性和重要性。希望可以有越来越多有意向自己进行物流作业的连锁企业可以采用共同配送，根据一定的科学的算法乃至借助一些数学模型来构建完善共同配送运作机制模型，将成本分摊、收益分配、配送中心规划与选址、路径车辆等物流资源安排等影响因素全都进行一一考虑，真正实现共同配送提高物流效率、提高物流资源利用率、降低物流成本的作用，并达到利润最大化的目标。在发展企业的同时实现我国物流业的发展。

第六节　互联网＋托盘共用系统

目前，由于科技进步、消费观念转变等带来的电子商务新需求，也使网络化、连锁化、电子化成为物流配送的必然趋势。物流配送的日常运作几乎都离不开托盘的使用，用托盘装载货物进行整体化运输已逐渐取代大量依靠人力分散装卸货物，然而托盘的非标准化使用和非社会化共用使得各行各业都面临物流运作环节的重复循环，运作效率的持续低下，托盘资源的闲置浪费和物流成本的不断上升。

托盘共用系统集约物流资源，统一运作标准，提升运作效率，它的创新发展帮助我们去解开这一看似简单却又长期难以突破的物流瓶颈。而且，一贯化托盘运输的需求越来越大，而只有采用托盘共用系统才能实现托盘运输作业一贯化。只有托盘运输作业一贯化,发出去的托盘才能回收和循环使用,从而把物流成本降下来。积存或运回空托盘,提高了托盘利用率,也等于减少了自然资源消耗。

托盘循环共用是循环经济和共享经济在物流领域的典型形式,是一种具备创新、绿色、环保特征的新兴商业模式,对于节约木材使用、提高物流效率、降低社会平均物流成本具有重要意义。托盘循环共用系统通过将标准化托盘进行跨行业、跨地区和跨国界的循环利用,来实现资源共享,减少一次性托盘的使用和供应链各环节闲置托盘数量,同时促进供应链上下游企业协同发展,实现物流可视化和智能化,对提升物流现代化水平,减少能源消耗、固体废气和温室气体排放起着至关重要的作用,从而在不增加社会物流总成本,甚至降低成本的情况下,实现绿色环保的可持续发展。

一、托盘共用系统的含义与特点

托盘共用系统是指一个组织成立的托盘运营中心,负责托盘回收、维修和操作,企业可以到最近的托盘运营中心告知所需数量的托盘,托盘卸载后还到最近的操作中心,并支付租金。

托盘共用系统的核心包括分布于一定区域范围内的实体网络、计算机信息网络、庞大的托盘等资产池及专业的运营团队。托盘共用系统有六个特点。

(1) 托盘运营公司负责保障托盘和周转箱等在制造商、批发商、零售商、承运商和用户之间共享和循环使用、自由流通,以共用的方式向社会提供标准化的联运托盘及包装周转箱,实现商品包装和物流的集装化、标准化、单元化、模块化、机械化、信息化和作业一贯化,提高全社会的物流效率和资源利用率,节约资源,降低运营成本。

(2) 托盘总运营中心拥有一定数量的托盘,在一定供应范围内建立运营服务分中心和回收网络,负责对托盘的回收和维护。

(3) 托盘使用单位不需要投资购买托盘,只需向托盘运营公司租用所需数量的托盘,用完之后,在收货地点将空托盘还给就近的托盘回收点并付给必要的租金即可。这样,可以大大减少使用者的初始投资。

(4) 托盘统一管理和调换,实现了规模经济化,大量减少空盘运输,同时提高了托盘的利用率,降低了整个运营系统的经营成本。

(5) 提高运输效率。托盘化运输以一个托盘为运输单位,运输单位增大,便于机械操作,有利于提高运输效率、缩短货运时间、降低运输成本,还可减轻劳动强度。

(6) 便于理货,减少货损货差。以托盘为运输单位,货物件数变少,体积重量变大,每个托盘所装货物数量相等,既便于点数、理货交接,又可减少货损与货差事故。

二、目前托盘使用过程中存在的问题

(一) 托盘标准不统一,物流效率低下,托盘资源浪费现象严重

目前在使用的托盘规格非常多,大致有以下规格(单位:mm):2 000×1 000、1 500×1 100、1 500×1 000、1 400×1 200、1 300×1 000、1 200×1 000、1 100×1 100、1 100×600、1 000×1 000、1 000×800、1 200×1 200、1 300×1 600、1 300×1 100等。

其中,1 000 mm×1 000 mm、1 100 mm×1 100 mm 和 1 200 mm×1 000 mm 这三种规格相对较多,在塑料托盘中这三种规格占60%左右。

由于托盘的规格不统一而不能在物流作业链中一贯使用,很多商品在周转过程中,不得已被搬上搬下,多次倒换托盘,物流作业效率低下。

例如,发货时在厂内形成的托盘货物单元被拆散,以人力将货物一件件装上运输车辆;到达收货地卸货时,又要将货物一件件地码放到对方的托盘上再行入库。在此过程中的拆垛和码垛都属于无效劳动,徒然增加物流成本和降低流通效率。

(二) 托盘质量差异很大,没有一贯化的托盘作业,托盘的利用率低,使用不充分,造成托盘资源的浪费现象非常严重

由于托盘规格和质量差异很大,在周转过程中,很多托盘就无法实现互换和共用;如果实施托盘作业一贯化而将托盘随同货物送到最终用户,则不能回收的托盘,其价值也要计入物流成本,而且对于收货方来说,空托盘只是难以处理的废物,任意丢弃,造成了资源的浪费。

长期以来,托盘的回收和循环使用问题一直是长三角物流行业面临的最大困境之一。

(三) 托盘共用系统的理念还没有被很多企业接受

托盘共用、托盘租赁是通过双方的资源共享来降低运营成本的,但现在仍有很多企业不接受这一点。因此,是客户对托盘共用和托盘租赁的认识有待于进一步提高,当然这种情况较之以前已经大为改善。但是,大部分公司仍秉持着自给自足的观点,这一观念如果不转变,市场瓶颈将难以突破。

(四) 每年企业用于购买托盘的费用不断增加,托盘使用成本居高不下

每年都有大量的废旧托盘被淘汰,同时又有大量新托盘被采购,而且由于企业各自采购,采购费用相当惊人。据调查,很多企业每年淘汰的托盘占总托盘数的比例在6%以上。补充新托盘需重新采购,又要花费企业很大一笔费用。

三、建立托盘共用系统的作用

托盘的社会化共用具有提高效率、减少环节、优化系统、便于新技术应用、降低成本的五大作用。

(一) 提高效率

在物流运作过程中,从推广标准化托盘开始逐步向城市配送物流设备、设施共用平台发展,从而实现提升物流工作效率6—10倍。经测算:单托盘实现社会共用化后能提升货物装卸效率5—8倍。

(二) 减少环节

推行物流设备、设施共用,使商品在流通过程中,大幅减少换装环节,同时简化了人工"搬运、点数、验收和复核"等诸多环节,加速了商品的流转、降低了商品运输途中的损耗。

(三) 新技术应用

随着RFID技术进入仓储管理等作业环节中应用,标准化托盘可以统一将货品的名称、数量、位置、载体等诸多信息纳入RFID射频系统,有利于跟踪、追溯;有利于WMS、TMS等系统端口无缝链接,可以使整个物流流程达到信息化、系统化管理要求。

(四) 降低成本

物流设备、设施运作的通用化,可以降低企业物流设备、设施使用成本。由于减少人工装卸搬运次数,大大降低了物品的损耗率和人工成本。

(五) 环境保护

托盘的标准化、社会化共用,可大大减少社会托盘的总拥有量。制作木托盘,必须选用直径20厘米以上的树木,减少托盘的用量,降低木材消耗,将对植被覆盖、自然环境的保护发挥积极作用。标准化托盘共用能促进物流设备、设施共用的发展。物流设备、设施共用能带动标准化托盘的社会化运用,两者紧密联系相辅相成。

改变小小一块托盘的使用方式就能解决长期困扰企业和社会的多种问题,托盘的社会化共用,让我们共享改变带来的显著成果,那就是运作环节更高效、流程更简便、管理更规范、审核更快捷、执行更严谨、资源更节约。

四、建立托盘共用系统的策略

(一) 统一托盘标准,统一编码,并与国际标准接轨

托盘作业与产品、集装箱、货架、运输车辆的货台以及搬运设施等都有直接关系,因此,托盘的规格尺寸是考虑其他物流设备规格尺寸的基点。

特别是要建立有效的托盘共用系统,必须使用统一规格的托盘,托盘标准化

是托盘作业一贯化的前提。为了提高物流系统的效率，必须选定1—2种主要规格作为推行的标准，逐步加大标准托盘在使用中的比重。建议使用1 000 mm×1 000 mm和1 200 mm×1 000 mm这两种尺寸作为主推标准。而且，这两种尺寸也是国际认可的标准尺寸。

在统一托盘标准的过程中，要做好以下五项工作。

1. 做好尺寸标准化

将原来内部非标准托盘进行清理，重新修整，制定统一的标准，更新托盘。

2. 材质标准化

目前内加钢材的塑料托盘材质坚固，经久耐用，比较受欢迎，建议以此类塑钢材质为主，木材材质为辅，统一主要托盘的材质。

3. 质量鉴定标准化

制定托盘质量鉴定标准制度，并推广到所有托盘使用环节。

4. 流程标准化

托盘的采购、租赁、回收、维修、报废等流程统一标准，统一管理。

5. 编码标准化

每只托盘都进行电子标签编码，统一编码规则和编码方法，并在托盘共用信息系统上统一调度。

（二）变托盘自行采购为租赁共享，编制好托盘周转作业计划

通过将托盘标准化、社会化，将传统企业自行采购托盘的业务模式改为租赁共享方式。

在编制与实行托盘周转作业计划时，在物流中心和整个运输系统中建立服务网点，进行有序的研究和计划。托盘周转具体流程可参照图6-12所示。

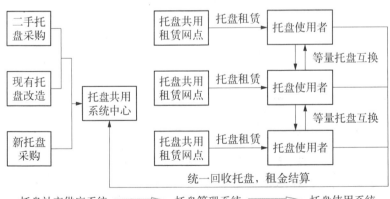

图6-12 共用托盘周转流程

(三)合理布局共用托盘服务网点,实行三级服务管理系统

加强行业结构,企业特征和各地区的交通流量调查。例如,以上海为托盘服务中心,实行一级管理,在南京、苏州、杭州、宁波等地区逐步设立托盘营运分中心,实行二级管理,每个分中心下面再根据业务量设置服务点,实行三级管理,以此来方便各类企业到最近服务点提盘、还盘,从而在长三角区域形成一个共享标准网络系统托盘的范围。

目前,托盘交换系统服务的布局可以有三种选择:一是注重服务网站交通枢纽建设;二是注重在批发和零售中心区域建设服务网站;三是在物流园区或物流中心建立区域服务的网站,提供移动服务。

合理布局意味着把运营中心建立在物流园、仓储中心等批零中心上,从供应链的角度来看,在实现托盘联运以后,一旦产品放上托盘,不管在中间如何周转,货物在到达生产企业、小型批发商和大型零售商手中之前无须拆盘,在这段供应链上不会产生托盘的回收和租赁服务需求。

形成共享的托盘网络系统。这是为了方便附近的主要大量使用托盘的公司能够随租随还,也是为将来构建全国性托盘服务网点打下坚实的基础。

(四)利用先进的网络信息化技术,开展智能化的托盘信息服务

利用先进的网络信息技术,将文件合同、采购和验收、租赁回还、维修调换、转移运输、库存盘点和结算成本,一并进行信息化管理,并探索在系统中使用 RFID 技术,这将进一步提升企业管理标准托盘的社会共享的运作效率。

利用射频信号的空间传播特性的技术原理,物体的非接触识别的自动识别,识别快速移动的物体,并可同时识别多个标签,快速简便。系统运行前,RFID 系统和托盘租赁软件系统应该有一个良好的衔接,确保这两个系统数据的一致性和可靠性。

在运行过程中,要充分利用 RFID 技术和托盘租赁系统进行智能化信息服务,其内容包括托盘智能化管理、托盘租赁客户智能化管理等;做到为客户进行智能化配置所需的托盘规格尺寸和托盘数量。RFID 技术不仅消除了大量复杂的重复使用,充分提高效率,并确保数据准确,易于了解每个托盘的位置,实时掌握每个托盘的状态信息。

托盘共用系统与 RFID 系统相结合,无论什么商品,从入库、出库、装车等一系列步骤,可以统一安排和监控。这不仅确保货物的安全,同时也大大提高了工作效率,节省大量的时间和精力。

(五)向其他行业推广托盘共用系统

托盘共用系统达到一定的规模时才能产生经济效益,规模越大,效益越好。因此,应将托盘公用系统推广到越大的使用范围越好。

选择合适的公众媒体和专业媒体进行宣传,参与各类物流行业的专业论坛和会议,通过多渠道、立体化的宣传推广方式,这可以使得更多的物流专业人士了解并加入社会共用系统托盘的标准化过程。

(六) 取得政府的支持

政府支持是托盘共用系统公司得以生存和发展的必要条件。

根据国外的经验,托盘系统的建立要投入大量的资金,历经 3—5 年才能开始盈利。在此之后,由于系统规模不断扩大,将会有长期稳定的利润。

制定托盘的标准并大力推广使用,政府应减免从事物流标准化企业的所得税,资助运输企业购买和使用标准集装箱运输卡车,奖励推进物流标准化的优秀企业,扩大其影响。

案例 6-1　招商路凯的托盘循环共用

作为国内领先的托盘循环共用服务商,招商路凯大中华团队自 2011 年正式成立以来,积极拓展中国托盘租赁市场,经过五年多的高速发展,标准化托盘运营总量从 2011 年 30 余万板跃升至 1 000 余万板,截至目前,招商路凯已初步构建了覆盖全国的托盘循环共用公共服务平台,营运中心从成立之初的 3 个增加到 25 个,业务范围覆盖了全国大部分地区,并与国内外知名零售商、生产商、物流商、电商企业建立长期战略合作伙伴关系,成为这些主流零售企业/生产企业优先选择的托盘循环共用服务商。随着托盘循环共用模式在中国市场导入工作的初步完成,招商路凯已开始着重推动带板运输业务,成功推动快消品行业领军企业外部和内部带板运输项目超过 70 个,并成为国内首家真正实现零供之间带板运输规模化运作的托盘循环共用服务企业。

一、托盘循环共用发展现状

托盘循环共用的商业价值主要体现在提升资产利用率和实现带板运输,带板运输是托盘循环共用对供应链优化的核心价值所在。相较于澳洲、欧美、日韩、泰国、马来西亚、新加坡以及中国香港等已形成成熟的托盘循环共用市场和带板运输模式得到普遍应用的国家(地区),中国的托盘循环共用和带板运输起步较晚,但发展迅速。

2006 年,托盘循环共用理念被引入中国市场,在完成了最初的市场导入之后,托盘静态租赁模式迅速取代托盘自购模式,并获得普遍认可。

2015 年是带板运输步入规模化发展一年。这一年,随着宏观经济环境的改变,在商务部正式启动《商贸物流标准化专项行动计划》的大背景之下,随着以招商路凯为代表的托盘循环共用服务商的大力推动,主流零供企业间的带板运输项目进程大大加快,多个实质性带板运输项目正式启动,托盘循环共用建设取得长足进展。

以招商路凯为例,招商路凯提供静态租赁和动态租赁两种服务模式,并一直把推动以服务带板运输为核心的动态租赁模式作为核心战略与使命。之所以大力推广带板运输,是因为这可以大幅度缩短装卸时间。中国快销品供应链的库存成本占比太高,因此降低物流成本的关键在于降低库存成本,而能够降低库存成本的快速补货、越库作业、共同配送等优化措施,都必须以规模化带板运输为前提。这些举措要求出入库效率一定得快,不能让装卸环节变成重大瓶颈。通过带板运输,一辆12.5米车厢的装卸时间可以缩短80%以上,从3—4小时缩短到只需20—30分钟。此外,由于装卸效率的提高,车辆周转率也随之提高,从而实现了对运输成本的优化,并真正成为供应链库存优化手段的前提和基础。

二、招商路凯核心优势

(一) 稳定可靠的供应保障

1. 全国超过1 000万的托盘保有量,可随时满足客户的使用需要。
2. 即便在旺季也能保证每天全国运营中心内超过100万的安全库存可以随时调拨。

(二) 良好的品质保证

1. 严格限制原材料的来源和品种,严格控制每一块板的工差(如图6-13所示)。
2. 严格进行产品的后期维护保养。作为全国唯一一个全自建营运中心的服务商,路凯确保客户退回的每一块托盘都能被妥善检查、维修。

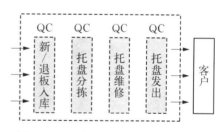

图6-13 招商路凯托盘质量控制流程

(三) 完善的服务网络

招商路凯在大中华区共设有五个大区,25个营运中心,服务网络基本覆盖除新疆、西藏等少数省份之外的全国主要经济地区。

每个营运服务中心均为路凯自有,具备完整的托盘收发、分拣、维修等全功能,并配备专业质量管理团队。

招商路凯已建成全国唯一一个能够实现长距离带板运输和异地还板的服务网络。

(四) 全面的客户服务

招商路凯贴近客户的服务团队,保证每一位客户的需求得到及时处理和响应;为客户提供专业化的培训和日常管理,有效帮助客户提高托盘管理水平,降低报废及丢失风险,从而有效降低各项赔偿成本。

(五) 灵活多样的解决方案

招商路凯拥有超过40个具有10年以上物流行业管理经验的专业团队。针对客户在地理位置、季节性波动特征、托盘存储与上架方式、带板运输模式、财务与资产管理需求存在诸多不同的个性化要求，招商路凯可提供包括带板运输、异地还板、跨境服务等灵活多样的定制化解决方案，降低客户托盘使用成本和综合物流成本。

三、招商路凯循环共用系统的操作

招商路凯托盘循环共用系统是在托盘标准化基础上，以租赁的方式，按照规范化的操作流程实现企业之间的托盘循环共用和带板运输（如图6-14所示）。

图6-14 招商路凯的托盘循环共用系统

该系统具体内容：

（1）托盘共用服务企业为物流各环节客户分别设立租赁专用账户，并提供专业化服务及IT技术支持。

（2）各客户均可向共用服务企业租用或退租托盘，当一个托盘从一个参与者转移到另一个参与者，托盘租金及相应责任同时转移。

（3）若部分环节作为独立账户操作较为困难，可与其他主体共享同一账户，而其两者间则采用互换模式进行操作。

四、招商路凯循环共用系统的业务模式

（一）托盘的静态租赁

静态租赁的主要应用场景是工厂及仓库中商品堆码上架储存，托盘仅作为存

储载具。静态租赁服务主要解决使用方淡季托盘闲置及内部托盘维修、管理等问题。

招商路凯为客户设立托盘租赁专用账户,并提供专业化服务及IT技术支持。

客户可按照托盘使用的实际需求,从招商路凯租用相应量托盘,待客户有托盘闲置或不需使用时,客户可随时将托盘再退租给招商路凯。

从出租托盘之日起,至回收托盘之日为止,招商路凯将向客户收取以日为单位的托盘使用租金,招商路凯在经济维修范围内免费提供托盘维修服务。

（二）托盘的动态租赁：带板运输

托盘的动态租赁是指在带板运输环境下为供应链上下游企业提供托盘的租赁与流转服务（如图6-15所示）。

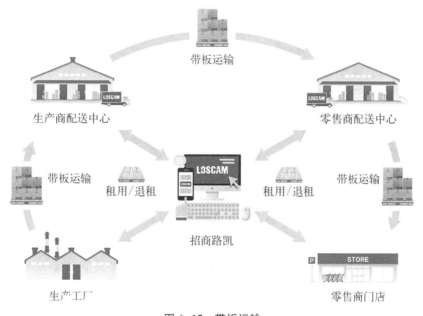

图6-15 带板运输

托盘动态租赁服务主要通过提供第三方公共服务平台,解决带板运输模式下托盘在供应链上下游交换的品质一致性、使用成本与责任划界的问题,是托盘循环共用系统的关键价值所在。

招商路凯为物流各环节客户分别单独设立托盘租赁专用账户,并提供专业化服务及IT技术支持。

交换模式（Exchange）：带板运输双方各自租赁同一服务商托盘,两者间则采用托盘等量互换模式进行操作(如图 6-16 所示)。

转移模式(Transfer):物流各环节客户均可向招商路凯租用或退租托盘,若一个托盘从一个参与者转移到另一个参与者,托盘租金及相应的保管等责任同时转移(如图 6-17 所示)。

图 6-16　托盘交换模式

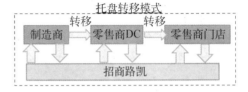

图 6-17　托盘转移模式

五、托盘循环共用和带板运输带来的经济、环保效益

(一)推动托盘循环共用,实现物流总成本的降低和供应链综合效率的提升

推动带板运输,实现托盘循环共用,能为商贸流通领域的生产/零售企业带来提高作业效率、加快库存周转、减少货物破损、节约人力资源以及低碳环保等多重收益,成功实现物流总成本的降低和供应链综合效率的提升。

1. 通过推动带板运输,实现物流总成本的节约——以快消品行业为例

托盘循环共用对物流成本的节约主要来自带板运输。带板运输最大的优势在于,通过提高出入库效率,节约仓库使用面积,以及通过机械化作业节约装卸成本。就快消品行业而言,在 150 千米运距范围内,在订单模式、打板方式、装车方式按带板运输要求进行合理优化的情况下,通过推动带板运输可实现物流总成本节约 2%—22%(路凯内部数据)。

2. 通过推动带板运输,实现供应链综合效率的提升

带板运输的价值体现绝非仅从字面意思理解的用托盘进行货物的装卸和运输,而是涵盖了从生产线码垛、供应商备货、零售商收验货乃至上架或分拣配送的整个供应链过程。最大限度地延伸带托作业的环节,减少散货作业或组板、拆板作业的频度,才能最大限度实现带板运输对供应链效率的提升价值。

带板运输对供应链综合效率的提升——以某商贸连锁企业与供应链上游间带板运输项目为例。招商路凯与某国内最大的零售企业合作共同推进端到端供应链优化项目,通过托盘的持续标准化及带板运输模式的应用,大幅度提高供应商和零售商 DC 端到端的整体作业效率。项目实施后,无论是平均装车效率还是卸货效率、收货效率均较之前有了显著的提升(如表 6-3 所示)。

表 6-3　带板运输的效率提升

	散箱模式	带板运输模式	效率提升
平均装车效率	216 箱每工时	628 箱每工时	290%
卸货效率	1 057 箱每工时	2 592 箱每工时	245%
收货效率	322 箱每工时	800 箱每工时	248%

（二）推动托盘循环共用，实现经济价值背后的绿色环保价值

托盘循环共用本质上是循环经济，除了经济效益，它更大的价值还是在于绿色和环保效益。它不仅能够给企业带来直接的成本节约，从更大范围看，是对社会资源的节约，降低碳排放。

以使用招商路凯托盘循环共用，实施长距离带板运输的某快消品行业知名冰淇淋企业为例。在与招商路凯合作之前，该企业实施自购托盘带板运输模式，面临空板回运的难题，即在长途带板运输过程中，必须将空的托盘运输回来，由此不但会产生很高的运输成本，还会消耗很多的燃油。

以一辆车从上海运送空托盘到成都为例，以一块木托盘的平均运输成本约 30 元计算，在这 30 元中，有 30%—40% 是燃油费，这样换算一下，大概一块托盘就要消耗近 1 升燃油。从环保的角度，这是很大的能源浪费。如果采用循环共享模式，1 块托盘就可以节约 1 升燃油，即便是最保守的估计，每 2 块托盘节约 1 升燃油，这样累计下来，也是很可观的数字。

与招商路凯合作后，该冰淇淋企业可通过招商路凯托盘循环共用系统实施异地退板，减少了 50% 的空板托盘回运，也减少了 14% 的二氧化碳排放量。

六、托盘循环共用发展展望

托盘循环共用系统作为关系国计民生的流通基础设施平台，是推动物流标准化、降本增效，实现"互联网＋高效物流"的重要抓手，是商务领域推进供给侧结构改革的重要内容之一。

作为中国本土最大的托盘循环共用服务商，作为"专项行动计划"第一批重点推进单位，招商路凯将持续在全国范围内推动托盘循环共用发展。通过单元化物流载具应用行业的延展、产品的创新研发、服务模式创新等方式积极配合全国商贸物流标准化建设，降低社会物流成本，提高物流效率，并实现节能环保等社会效益。

（一）推广单元化物流载具循环共用模式，通过推动生鲜周转筐的应用，优化生鲜供应链

在连锁零售业日益走向生鲜时代，以及生鲜产品的单元化运输成为可能性的背景下,果蔬周转筐的应用基于其对一次性纸质包材的替代以及其一站式接触的特点,将成为解决生鲜供应链中品质安全和操作成本问题的理想方案,也必将成为继托盘之后在快消领域广泛推广和应用的主流单元化载具。

招商路凯提出的果蔬周转筐循环共用解决方案为生鲜供应链各环节企业带来多重价值:提高果蔬保鲜质量,延长货架保存期;提升门店员工及顾客的使用体验;节省存储、运输空间;促进供应链标准化,使得运输和装卸更有效率;为客户节省物流成本;减少对环境的影响等。

招商路凯已与沃尔玛、SPAR、永辉等零售商合作,启动了多个生鲜周转筐循环共用项目。尤其是与某知名零售商的合作,堪称中国首个真正意义上的,基于按周期收费及押金、退款模式的果蔬周转筐循环共用项目。招商路凯通过为该零售商提供整体的生鲜周转筐循环共用解决方案,包括逆向物流服务,以及基于更有效控制果蔬周转筐流转的IT系统服务,大幅度提高该零售商各配送中心的运作效率、门店补货效率、降低物流成本,更重要的是,减少在流通环节中的多次搬运造成的货物损耗。

(二)持续投入,完善全国营运服务网络网点

为了保证及时可靠的托盘供应,支持更大范围带板运输所带来的异地退板问题,招商路凯将在全国已有的营运服务中心基础上,持续完善全国营运服务网络网点,为客户提板、退板提供便利。

在完善服务网络的基础上,还将进一步在区域中心节点建立高度专业化、自动化的公共托盘检测与维修中心,以支持托盘在高频度流转下的维修保养和检测要求,并通过完善的品控流程与品控队伍建设以确保低品质或破损托盘进入生产和流通体系。

(三)打造三大区域超级营运中心

为支持业务规模的进一步快速扩张和为更多领域、更大范围客户提供多样化产品的综合服务,招商路凯大中华将分别在华东、华南、华北三大业务集聚区域建设枢纽型超级营运中心,一方面将多种产品的维修、维护功能进行集中管理,另一方面用以辐射所在区域的其他中小型服务中心,即打造集维修、焊接、喷漆、收发、存储等多种功能为一体的工业设施。

位于嘉兴物流园区的华东超级营运中心建设已经率先启动,作为国内第一个全功能的区域超级营运中心,该营运中心将通过以点带面的方式,辐射整个长三角地区,并配备全自动化分拣、维修、喷漆线,大幅度提升上海及整个长三角地区循环共用托盘池的维护水平及平均品质。

(四)通过战略联盟,树立标杆示范效应,带动全社会的托盘循环共用

招商路凯将与国内一部分商贸流通领域内有行业影响力的龙头企业结成战

略联盟,在全国推动带板运输与托盘循环共用,形成示范标杆效应,从而带动整个行业的带板运输实践。例如,招商路凯已经与华润集团旗下公司华润万家初步达成战略联盟,双方共同携手推动带板运输。目前,招商路凯与华润万家的带板运输项目已经正式启动。这是国内快消品流通领域带板运输实践中具有里程碑式的案例,具有很重要的推广性。第一,充分发挥带板运输模式装卸效率高车辆周转快的优势实现了一级配送(供应商配送到零售商DC)与二级配送(零售商DC配送到门店)常态化的运力资源整合,不仅降低了车辆空驶率和运输成本还大幅度提升了物流作业效率。第二,通过开放绿色通道,预打印标签,按托盘数量交接诚信收货模式等一系列标准的配套流程的建立从而真正实现了上下游企业间的托盘一贯化作业。

顺应世界共享经济、"互联网+"发展趋势,托盘循环共用将为更多传统零售企业拥抱互联网,实现高效物流,降低成本提供不可或缺的基础性支撑作用。另外,随着资源节约、环境友好理念的深入,托盘循环共用作为使闲置资源的剩余价值得到再利用的价值也将越发显现,也将成为未来发展绿色物流、共享经济的重要载体。

思考题

1. 共同配送兴起的原因有哪些?
2. 新物流的特点有哪些?
3. 新物流形式下的共同配送发展的新特点有哪些?
4. 城市智能共同配送体系的发展中存在哪些问题?
5. 物流众包配送模式有什么特点?
6. 目前我国物流行业在托盘使用过程中存在的问题有哪些?

第七章　互联网＋智慧物流

学习目标

1. 智慧物流的含义与特征
2. 智慧物流的发展机遇
3. 智慧物流的整体框架
4. 物流自动化的概念和作用
5. 常见的物流自动化设备

第一节　智慧物流的兴起

近年来，智慧物流吸引了社会各界人士的火热关注。那么，到底什么样的物流才能被称为智慧物流呢？

一、智慧物流的含义

物流业是支撑国民经济和社会发展的基础性、战略性产业。随着新技术、新模式、新业态不断涌现，物流业与互联网深度融合，智慧物流逐步成为推进物流业发展的新动力、新路径，也为经济结构优化升级和提质增效注入了强大动力。

IBM 于 2009 年提出，建立一个面向未来的具有先进、互联和智能三大特征的供应链，通过感应器、RFID 标签、制动器、GPS 和其他设备及系统生成实时信息的"智慧供应链"概念，紧接着"智慧物流"的概念由此延伸而出。与智能物流强调构建一个虚拟的物流动态信息化的互联网管理体系不同，智慧物流更重视将物联网、传感网与现有的互联网整合起来，通过以精细、动态、科学的管理，实现物流的自动化、可视化、可控化、智能化、网络化，从而提高资源利用率和生产力水平，创造更丰富社会价值的综合内涵。

智慧物流是通过大数据、云计算、智能硬件等智慧化技术与手段，提高物流系统思维、感知、学习、分析决策和智能执行的能力，提升整个物流系统的智能化、自动化水平,从而推动物流的发展,降低社会物流成本、提高效率。

二、智慧物流的特征

跟传统物流相比,智慧物流具有多元驱动、情景感知、智能交互、智慧融合四个显著的特征。

(一) 多元驱动

多元驱动是智慧物流的重要特征。与传统物流相比,现代物流每一阶段发展的关注重点和发展力都不同,比如关注物流成本或关注物流服务质量。在现代物流更上一层的智慧物流,能够通过结合技术、应用和经营管理来让物流的每一个阶段都能协同发展,同时实现低成本、高效率、优质服务等多元化发展目标。

(二) 情景感知

智慧物流应用了自动识别与数据获取技术,能够保证具有情景感知的能力。现代物流所面对的物流工具和环境都变得多种多样,要做到在不同的环境、不同的地点和不同的对象下都能够实现稳定、可靠和安全的运输,就必须依靠自动识别与数据获取技术,保证物流运输的全程情景感知。通过条码识别、GPS 实时定位、图像识别等相关技术,可以在物流过程中获取物流的数据和信息,从而能够确定目标是什么,要运到哪里去,处于一个什么样的状态等相关的基础信息,为智慧物流的管理提供基础数据。

(三) 智能交互

物流活动与人们的生活和企业的生产紧密相关,物流使用者与物流各环节、物品本身的互动过程,直接影响着物流效果。

智慧物流的智能交互特征是指物流服务的使用者(如寄送包裹的客户、为大厂商生产零件的供应商等)、物流的实施者(如快递送货人员、物流运送企业等)、物流工具(如运输工具、配送流水线等)和物品之间,可以通过简单、便捷的途径实现沟通与互动,智能配置物流资源,协调物流环节,从而实现物流过程的有效运转。

(四) 智慧融合

"集大成"者才能称之为"智慧",而技术、系统应用与经营管理的高度融合正是智慧物流"智慧"特征的重要体现。可以应用于物流产业的关键技术(如感知技术)、系统应用(如物流信息系统)与管理理论(如物流决策方法)数量众多,各有优势,而智慧物流可以实现这些技术应用和管理方法的无缝集成、高度融合。在智慧物流情境之下,物流服务的使用者与实施者无须了解复杂的技术过程、处理手段、管理思想,就可以轻松地实现物流目标与效果,而具体的物流处理过程也会随需求的不同和技术的进步实现灵活的选择与配置。

三、智慧物流的基本功能

(一) 感知功能

运用各种自动识别与数据获取技术能够获取运输、仓储、包装、装卸搬运、配送、信息服务等各个物流环节的大量基础信息,能够实现实时数据收集,使各方能准确掌握目标物流的基本信息。

(二) 规整功能

把智慧物流网通过感知收集的信息传输到数据中心,数据归档,并建立强大的数据库。对数据进行分类,使各种数据按照要求规整,实现数据的联动性和开放性,并通过对数据和流程的标准化,实现不同平台的系统整合。

(三) 智能分析功能

智慧物流可以运用智能模拟器模型等手段去模拟分析物流问题,并根据问题提出假设,并在实践过程中不断验证问题,发现新问题,做到理论与实践相结合在系统运行中。系统会自行调用原有经验数据,随时发现物流作业活动中的漏洞或者薄弱环节,从而实现发现智慧。

(四) 优化决策功能

结合特定需要,根据不同的情况评估成本、时间、质量、服务、碳排放和其他标准,评估基于概率的风险预测分析,协同制定决策,提出最合理有效的解决方案,使做出的决策更加准确、科学,从而实现创新智慧。

(五) 系统支持功能

系统智慧集中表现在智慧物流并不是各自独立、毫不相关的各个环节自动运行,而是每个环节都能相互联系,互通有无,共享数据,优化资源配置的系统,从而为物流各个环节提供最强大的系统支持,使得各环节协作、协调、协同。

(六) 自动修正功能

在上述各个功能的基础上,按照最有效的解决方案,系统自动遵循最快捷有效的路线运行,并在发现问题后自动修正,并且备用在案,方便日后查询。

(七) 及时反馈功能

物流系统是一个实时更新的系统。反馈是实现系统修正、系统完善必不可少的环节。反馈贯穿于智慧物流系统的每一个环节,为物流相关作业者了解物流运行情况,及时解决系统问题提供强大的保障。

四、智慧物流的分类

按照服务对象和服务范围划分,智慧物流体系可以分为企业智慧物流、区域智慧物流、国家智慧物流。

（一）企业智慧物流

在企业层面，应用新的智能技术，实现物流过程中运输、存储、包装、装卸等环节的智慧化和一体化区域智慧物流层面。

（二）区域智慧物流

这主要是指在一定的区域（省、市或经济区域等）建设智慧区域物流中心，通过搭建区域物流信息平台，连接区域各个层次的物流系统，将原本分离的采购、运输、仓储、代理、配送等环节紧密联系起来，促进区域经济发展和世界物流资源优化配置，实现区域物流信息化及网络化，满足企业信息系统对相关信息的需求，满足政府部门监督行业，以及规范市场信息的需要，使得运输合理化、仓储自动化、包装标准化、装卸机械化、加工配送一体化、信息管理网络化。

（三）国家智慧物流

这主要是指从国家层面制定产业发展规划、标准和规范、政策和制度等。鼓励及支持智慧技术的研发和应用，培养智慧物流人才，整合地方物流信息平台成为全国性的智慧物流信息平台。

五、智慧物流服务需求

随着物流业的转型升级，物流企业对智慧物流的需求越来越强烈、越来越多样化，主要包括物流数据、物流云和物流技术三大领域的服务需求。

物流数据、物流云、物流技术服务三个部分是有机结合的整体，物流数据是"智慧"形成的基础，物流云是"智慧"运转的载体，物流技术是"智慧"执行的途径。

（一）物流数据服务

在采购、供应、生产、销售的供应链全过程中，会产生海量的物流数据，如何对这些数据进行处理与分析，挖掘出运营特点、规律、风险点等信息，从而更科学合理地进行管理决策与资源配置，是物流企业的普遍需求。物流数据服务的典型场景包括以下五个方面。

1. 数据共享

消除物流企业的信息孤岛，实现物流基础数据互联互通，减少物流信息的重复采集，降低物流成本，提高服务水平和效率。

2. 销售预测

利用用户消费特征、商家历史销售等海量数据，通过大数据预测分析模型，对大订单、促销、清仓等多种场景下的销量进行精准预测，为仓库商品备货及运营策略制定提供依据。

3. 网络规划

利用历史大数据、销量预测，构建成本、时效、覆盖范围等多维度的运筹模型，对仓储、运输、配送网络进行优化布局。

4. 库存部署

在多级物流网络中科学部署库存，智能预测补货，实现库存协同，加快库存周转，提高现货率，提升整个供应链的效率。

5. 行业洞察

利用大数据技术，挖掘分析3C、家电、鞋服等不同行业以及仓配、快递、城配等不同环节的物流运作特点及规律，形成最佳实践，为物流企业提供完整的解决方案。

(二) 物流云服务

伴随共享经济、无车承运、云仓、众包等新型市场关系、物流模式的发展，如何通过物流云来高效地整合、管理和调度资源，并为各个参与方按需提供信息系统及算法应用服务，是智慧物流发展过程中的核心需求之一。

智慧物流云平台通过技术创新和模式创新，将企业、物流及服务连成一体；通过产业联动提升货主企业核心竞争力，促进第三方物流企业向专业化方向发展；通过对供应链的优化，将物流中的闲散资源汇聚起来，以大中型物流企业带动中小物流企业的成长，促成物流行业的良性发展。将物流中的每个环节，用具有国际领先水平的信息服务联系在一起，形成完善、全面、可视化、定制化的信息网络。逐步完善物流行业标准和规范，在有效降低成本和货物差损率的前提下，提升订单执行准确率、运输效率以及客户的满意度。

物流云服务的典型场景包括三个方面。

1. 统筹资源

集聚社会闲散的仓库、车辆及配送人员等物流资源，通过仓库租赁需求分析、人力资源需求分析、融资需求趋势分析和设备使用状态分析等，合理配置，实现资源效益最大化。

2. 软件(SAAS)化服务

将WMS/TMS/OMS等信息系统进行SAAS化，为更多的物流企业提供更快、更多样化的系统服务以及迭代升级。

3. 算法组件化服务

将路径优化、装箱、耗材推荐、车辆调度等算法组件化，为更多的物流企业提供单个或组合式的算法应用服务。

(三) 物流技术服务

智慧物流的出发点之一是降本增效，如何应用物流自动化及智能化技术来实现物流作业高效率、低成本，是非常迫切的需求。物流技术服务的典型场景包括三种。

1. 自动化设备

通过自动化立体库、自动分拣机、传输带等设备，实现存取、拣选、搬运、分拣等环节的机械化、自动化。

2. 智能设备

通过自主控制技术，进行智能抓取、码放、搬运及自主导航等，使整个物流作业系统具有高度的柔性和扩展性，如拣选机器人、码垛机器人、AGV、无人机、无人车等。

3. 智能终端

智慧物流移动终端是专门为货车司机提供的定制手机，内置了智慧物流平台的相关应用，能够帮助平台上最好的货找到最好的车；同时，让排名最好的车找到平台上最优质的货源。使用高速联网的移动智能终端设备，物流人员的操作将更加高效便捷，人机交互协同作业将更加人性化。

六、智慧物流的发展现状

在智慧的概念上可以形成"智慧＋"，如"智慧城市"以及"智慧城市"里面的"智慧管网""智慧社区""智慧物流"等，和所有智慧系统一样，智慧物流也必须实现感知、交互、分析、发现和决策过程。

物流有五大物理要素，分别是人、货、车、节点、线路，这些物理要素为什么现在受到这么大关注，是因为人们将实体经济和虚拟经济进行结合的时候发现物流是最重要的结合点。从虚拟走向实体，从实体走向虚拟，一定是物流实现。同时，这些物理要素具有价值，它们自身价值加上其背后交织的大量经济关系、社会关系、资金流、信息流，形成盘根错节的各种链条和网络。物流结构变迁可以客观反映实体经济变化，物流承载信息是最真实的信息。物流就像一个深潭，藏着太多可以被挖掘的、增量的价值；物流又像一个支点，任何逻辑的改变都可能演绎出各种各样的商业模式，撬动越来越大的市场，或者越来越细分的市场。

人、货、车、线路、节点是什么状态？又将怎样发展呢？

人，如运输中的司机、仓库中的拣货人员、园区中的参与者等，过去利用GPS进行定位数据采集，现在利用手机App获得对人们行为数据的多维刻画。

货，过去利用条码技术记录，现在利用RFID技术，不仅跟踪货物安全，还通过反复读写数据发现商业机会。比如，奢侈品牌PRADA以往通过服装销量判断款式的流行程度，通常销售量低的服装被淘汰。现在，PRADA给店里的每一件试品装上RFID，通过服装试穿次数与其销售数据进行关联统计，对试穿次数多、销售量小的服装进行分析改进，让服装重获新生。

车，过去利用GPS进行数据采集，现在载运货车出厂时已安装传感器。Agheera，一个实时追踪解决方案的提供商，已经开发了一个可用于连接各种远程信息技术和传感器硬件设备开放平台，以便整合不同的应用程序和模式下的数据。这个平台能够合并多种资源，例如将货厢或卡车与一个易于使用、具有世界范围访问权限的门户网站相连,让物流供应商和客户都能在他们各种设备上实时跟踪所有资产。

线路,过去利用摄像头采集数据,现在美国 Solar Roadways 公司发明一种利用太阳能技术进行发电的路面,如果全美铺设这种路面,每年的供电量是全美用电量的3倍,若与电动车充电技术结合,电动车瓶颈迎刃而解,该路面下还可以安装各种传感器对车辆和其他线路信息实时采集。比如,在车队和资产管理方面,传感器可以监测某个卡车、集装箱、ULD(航空载具)的使用及闲置频率,然后它们将采集这些数据用于最优化利用分析,通过测量负载能力可以了解特定路线上交通工具的闲置运力,从中提出巩固和优化路线的建议。这将创造车队效益、节约燃料,并减少空车返回的里程。

节点,尽管物流园区、物流中心目前仍以内部管理系统为主,如 WMS、TMS、ERP 等,但更多的中小公司已经通过 SAAS 等互联网软件服务应用模式,向提供商租用基于 Web 的软件,可以用更低的成本,更快速地采用先进技术管理企业经营活动,此过程也为数据互联互通创造了可能。

把互联分为互联 1.0 和互联 2.0。互联 1.0 中,人通过移动互联,货、车、线路通过信息平台互联,节点和企业通过内部管理系统链接,互联 1.0 主要特点是互联有明确的边界,是有限的连接。互联 2.0 的范围要大得多,初步看来有三类企业及其联盟可能在未来举足轻重。

第一类是互联网企业(如谷歌、腾讯、阿里等),它们一直声称自己不是互联网企业,而是数据公司,这也确实是它们的战略核心。所以,它们同时在设备和应用上加大投资力度,谷歌在无人驾驶车辆技术方面遥遥领先于汽车制造企业,而阿里也在汽车领域流露出野心。互联网企业通过终端设备提供对接平台业务接口,以数据服务化方式掌控全网资源,一个个庞大的网络帝国正超越政治边界急速膨胀。

第二类是以云服务和物流为核心竞争力的运营类企业,类似于亚马逊和京东,亚马逊 AWS 占有全球云计算市场份额的 27%,营业利润率为 23.5%,活跃用户数已经突破 100 万,其中包括 900 多个政府机构、3 400 个教育机构和超过 11 200 个非营利机构。"AWS IoT"服务,使工厂生产车间、车辆、家电等物联网设备通过云计算技术相互连接。亚马逊通过开放其"亚马逊物流+"平台,将物流与云无缝连接。京东模仿亚马逊,虽然还没有那么强大,但方向颇为一致。

第三类是物流专业化互联网平台,物流是典型低利润、零散化行业,尤其在公路货运方面,如今分散物流资源联盟化趋势已经非常明显,一些平台开始着手物流联盟间资源整合,帮助企业完成全链条、多环节、跨行业物流资源整合和协同。如 oTMS 一站式运输服务平台,传化、天地汇、卡行天下等公路港整合平台,物流数据服务商 G7 等都崭露头角,表现出强劲的增长势头。

在"发现未知规律"这一层次,也会分出阶段。我们现在可以看到的是利用数据分析对未来事件发生进行预测,从而指导资源重新配置。例如,亚马逊使用大数据、人工智能、云计算等进行仓储物流管理，推出预测性调拨、跨区域配送。"双十一"到来之前，阿里通过预警指导快递企业提前布局仓库和运力资源。尽管目前我们认为这一预警已经相当厉害，但是从商业和物流运作来看，仍是沿着互联1.0模式在进行。当互联2.0的商业化运作成熟后，物流形态可能会打破现有从分散到集中再到分散的轴辐型网络基础模式，步入在实操层面形散，而在协同层面高度组织化阶段，全新的物流组织形式将会出现。在此基础上，物流解决方案是否会出现颠覆性的商业模式？我们拭目以待。

在智慧物流自动决策层面，一些子系统中已经能够自动形成决策方案，如自动化仓库中能够自动储存、自动分拣。在更大的范围我们还有待从无序走向有序，从封闭系统向互联系统跨越。智慧物流结构是围绕五大实体要素形成的物流数据感知、物流数据互联、物流规律发现、物流行为决策和自动执行的有机结构。

七、智慧物流的发展机遇

近年来，大数据、物联网、云计算、机器人、AR/VR、区块链等新技术推动物流业在模块化、自动化、信息化等方向持续、快速变化。

这些新技术驱动物流变化的结果，主要体现在三个方面：一是感应，使物流整个场景数字化；二是互联，使整个供应链内的所有元素相互连接；三是智能，供应链相关的决策将更加自主、智能（如图7-1所示）。

技术的影响结果	云计算和存储	物联网	库存和网络优化工具	自动化和机器人	可穿戴和移动设备	预测性大数据分析	3D打印	无人驾驶车和无人机	AR、VR	区块链
感应		√	√	√	√			√	√	
互联	√	√	√	√	√			√		√
智能	√			√		√	√	√		

图7-1 新技术对物流变化的影响

无人机、机器人与自动化、大数据等已相对成熟，即将商用；可穿戴设备、3D打印、无人卡车、人工智能等技术在未来10年左右逐步成熟，将广泛应用于仓储、运输、配送、末端等各物流环节，为推动中国智慧物流的全面实现和迭代提升奠定基础。

物流系统和设备能够自主进行路线设计，仿真人类的视觉识别、抓取等动作，并将各环节的智能设备系统地、有机地结合在一起,实现运营的智能化。原本依靠经验的决策体系,也将通过大数据和人工智能技术彻底改变,系统和设备实现自我思考和自主决策,做到决策的智慧化(如图 7-2 所示)。

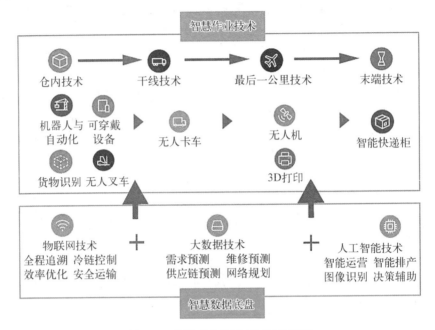

图 7-2　新技术在物流各环节的应用

正是通过科技革命和物流业的深度融合,智慧物流有力推动了物流业由劳动密集型向技术密集型转型,由作业服务型向价值创造型转型。在不断降低成本、提高效率的同时,还将反向指导上游生产制造,为消费者提供更好的服务体验。

第二节　智慧物流的整体框架

伴随科技的发展和商业模式的升级,以及消费者消费习惯的改变,物流数据、物流云及物流技术三大服务领域持续提出更高的智慧化、数字化和智能化要求。行业各方要在平台、运营和作业三个层面加强对物联网、大数据、人工智能等技术的研究与应用,从而加快实现智慧物流。基于领先企业最佳实践及物流行业发展趋势,可以描绘出智慧物流应用的框架及其主要内容。

智慧物流整体架构自上而下体现在三个层面:智慧化平台、数字化运营、智能化作业(如图 7-3 所示)。

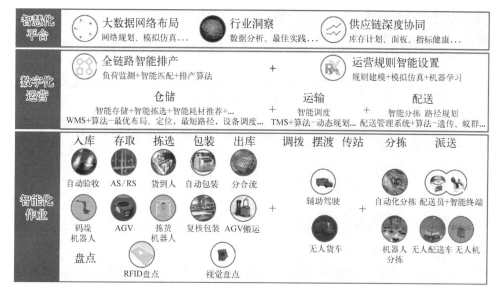

图7-3 智慧物流应用框架

形象地说,如果把智慧物流看作"人",智慧化平台就是"大脑",数字化运营就是"中枢",智能化作业就是"四肢"。"大脑"负责开放整合、共享协同,通过综合市场关系、商业模式、技术创新等因素进行全局性的战略规划与决策,输出行业解决方案,统筹协同各参与方。"中枢"负责串联调度,依托云化的信息系统和智能算法,连接、调度各参与方进行分工协作。"四肢"负责作业执行,依托互联互通、自主控制的智能设施设备,实现物流作业的高效率、低成本。

一、智慧化平台

随着商品交易品类越来越多,物流交付的时效要求越来越高,物流服务范围越来越广,物流网络布局及供应链上下游的协同面临巨大挑战,这迫切需要依托智慧化的平台,通过数据驱动网络的智慧布局,实现上下游协同和共赢。

(一)数据驱动,智慧布局

网络布局是一个多目标决策问题,需要统筹兼顾覆盖范围、库存成本、运营成本、交付时效等指标。未来将具备采用大数据及模拟仿真等技术来研究确定如何实现最优的仓储、运输、配送网络布局的能力,基于历史运营数据及预测数据的建模分析、求解与仿真运行,更加科学、合理地确定每类商品的库存部署,以及每个分拣中心、配送站的选址和产能大小等一系列相关联的问题。

以配送网络中的智能建站/拆站为例:通过构建综合评价模型、成本最优模型、站点数量最少模型等多维度模型,基于订单量、路区坐标等参数以及传站时间、配送半径等约束条件,采用遗传算法等智能算法进行求解,得出最优的站点数量、每个站点的坐标、平均派送半径等规划决策。

(二) 开放协同,增值共赢

智慧物流的目标之一是降本增效,而当前物流行业各方的协同成本仍然过高。未来将统一行业标准、共享基础数据,基于大数据分析洞察各行业、各环节的物流运行规律,形成最佳实践,明确各参与方在智慧物流体系中最适合承担的角色。在此基础上,上下游各方在销售计划、预测等层面进行共享,指导生产、物流等各环节的运营,实现供应链的深度协同。

二、数字化运营

物流需求正在变得更加多样化、个性化,未来将通过数字化技术,在横向的仓储、运输、配送等业务全流程,以及纵向的决策、计划、执行、监控、反馈的运营全过程中,根据实时需求进行动态化的决策,根据具有自学习、自适应能力的运营规则进行自主管理,并在信息系统中落地实现。

(一) 动态决策,自主管理

这主要体现在全链路智能排产和运营规则智能设置两个方面。

1. 全链路智能排产

未来的排产将是全链路仓、运、配等各环节联动的,动态最优的。基于运营计划、客户需求、负荷监测、资源能力等构建产能模型,通过排产算法进行求解,动态识别瓶颈环节,智能计算并更新各环节产能阈值,动态编排各环节生产节拍,实现各环节的平稳生产,通过设置适度积压的安全缓冲,减轻峰值、低谷的压力,节省成本(如图7-4所示)。

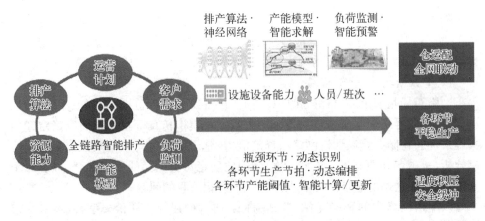

图7-4 全链路智能排产

以订单生产及装车顺序智能编排为例:基于实时定位的应用,根据车辆信息(包括预计到达仓库/分拣中心的时间、车辆规格等),以及实际订单的地址及投递时效信息,智能设置动态的截单时间,按照波次编排订单生产顺序和集单拣货顺序,并按包裹投递顺序倒排装车顺序(如图 7-5 所示)。

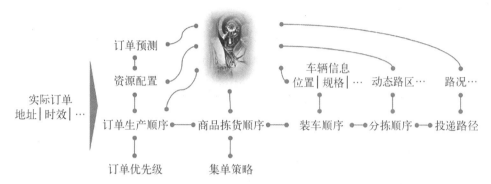

图 7-5　全链路智能排产示例——订单生产及装车顺序智能编排

2. 运营规则智能设置

物流需求将会越来越场景化、精细化,为满足各类需求,要逐项提炼运营规则,对物流时效、运费、最后一公里等业务的条件和触发操作进行建模,通过模拟仿真进行验证后,配置在规则引擎中,驱动各类业务按规则运营。未来将会通过机器学习,使规则引擎具备自学习、自适应的能力,能够在感知业务条件后进行自主决策(如图 7-6 所示)。

图 7-6　运营规则智能设置

以电商 B2C 物流运营规则为例:网络购物具有高峰(例如 618 大促、双 11 大促)、常态两种场景,由于订单规模的巨大差距,对应的订单生产方式、交付时效、运费、异常订单处理等的规则差异很大,未来的规则引擎将能自动感知时间、商品品类等条件,自主为每类订单设置最优的运营规则。

(二) 软化灵动,智能调度

未来的仓储、运输、配送等各环节的运营,将依托 SAAS 化的信息系统,通过组件化的业务应用和智能算法服务,实现动态、实时的调度。

1. 仓储

基于仓库、商品、订单、波次等基础数据,未来将会实现入库、存取、拣选、包装、出库和盘点环节中各项作业的智能调度。

以智能耗材推荐为例:为了更充分地利用包装箱内的空间,在商品按订单打包环节,通过测算百万 SKU 商品的体积数据和包装箱尺寸,利用深度学习算法技术,由系统智能地计算并推荐耗材和打包排序,从而合理安排箱型和商品摆放方案。

2. 运输及配送

基于车辆、分拣、配送站、波次等基础数据,未来将会实现运输、分拣、派送环节中各项作业的智能调度。

以智能路由推荐和动态分拣为例:在运输环节,根据商品件型、货物重量和体积、商家地址以及目的地址等信息,由系统利用历史数据及智能算法,匹配出相应规格的上门接货车辆,并生成运输路由。并且,能根据实际情况实时动态调整路由,当到达中转站出现延误时,系统自动推荐新的后续路线。在配送环节,根据各分拣中心的产能和负荷情况,系统动态调整分拣中心覆盖的路区,使各分拣中心负荷更加均衡,避免忙闲不均,影响部分订单的配送时效。

三、智能化作业

智能化作业的核心是依托一系列互联互通、自主控制的智能设施设备,在 WMS、WCS、TMS 等业务运作系统的智能调度下,实现仓储、运输、配送环节各项作业的智能化执行。在满足客户需求的前提下,实现物流作业高效率、低成本。由于商品属性差异很大,物流企业要结合自身的实际情况,选择最适合的智能化作业实现方式。

目前,我国物流机器人使用密度每万人不足 1 台。伴随中国制造 2025 战略和国家机器人产业发展规划的落地实施,参照欧洲物流机器人发展及展望,我国物流智能化作业系统会更广泛地普及应用。到 2025 年,我们预测物流机器人使用密度将达到每万人 5 台左右,有望节约 20%—40% 的物流作业成本。

(一) 实时互动,自主控制

仓储作业已经在自动化层面发展多年,未来要提高智能化水平,根据商品的件型、重量、销量、交付时效等属性,设计不同的作业流程,并采用相匹配的物流智能化系统进行实现。未来的智能化仓库中,机器人、AGV 等设备是互联互通的,并具有自主控制、自我学习和适应新规则的能力,以及更高的柔性程度和稳定性。

以存取和拣选环节为例:基于多层穿梭车技术的货到人拣选已经实现,未来将会应用拣选效率更高的货到机器人拣选方式,以及取货+拣选一体化的机器人拣选方式。

(二)实时定位,动态交付

运输、分拣和派送环节的辅助驾驶、编队运输、自动化及机器人分拣、智能终端已经实现应用。随着购物场景的碎片化以及交付地点的动态化,未来在实现无人化作业的同时,会基于实时定位的应用,在消费者日常的某个动态节点实现交付,与消费者的工作和生活完美融合。

以移动配送为例:消费者在家中下单后,在其出行的路上,系统实时获取消费者的地理位置,并在一个合适的地点由无人配送车或移动自提柜将包裹交付给消费者。

第三节 物流自动化

物流自动化是集光、机、电子一体的系统工程。它是把物流、信息流用计算机和现代信息技术集成在一起的系统。它涉及多学科领域,包括激光导航、红外通讯、计算机仿真、图像识别、工业机器人、精密加工、信息联网等高新技术。目前,物流自动化技术已广泛运用于邮电、商业、金融、食品、仓储、汽车制造、航空、码头等行业。

物流自动化包括信息处理自动化和设备运作自动化。其中,信息处理自动化主要指 WMS 和 TMS;设备运作自动化又包括自动识别系统、自动检测系统、自动搬运系统、自动分拣系统、自动存取系统和自动跟踪系统等子系统。

一、物流自动化的含义

物流自动化是指在一定的时间和空间里,将输送工具、工业机器人、仓储设施及通信联系等高性能有关设备,利用计算机网络控制系统相互制约,构成有机的具有特定功能的整体系统。该系统由无人引导小车、高速堆垛机、工业机器人、输送机械系统、计算机仿真联调中心监控系统组成。

二、物流自动化的作用

(一)提高配送效率与准确性

自动化物流系统采用先进的信息管理系统、自动化物料存储、分拣和搬运设备等,使货物在仓库内按需要自动存取与分拣。在工业生产环节,自动化物流系统直接与生产线对接,根据生产需要,在指定时间将物料自动输送到生产线,随时满足生产所需的原材料,提高企业生产效率;通过采用先进的识别技术和信息处理技术,可以有效进行物料管理,保证投料的准确性。在商品配送环节,自动化物流系统根据接受的订单信息自动安排发货配送,通过自动分拣技术、电子标签技术、密集存储技术等可以大幅提高分拣与配送的效率与准确性。

(二) 实现企业信息一体化

物流信息化是企业信息化的重要组成部分,物流信息管理系统(仓库管理系统和运输管理系统)通过与企业其他管理系统(如 ERP、OMS、CRM 等)的无缝对接,实现信息在企业各个系统之间的自动传递和接收,使企业实现信息一体化,避免物流系统成为信息"孤岛"。

(三) 提高空间利用率,减低土地和建筑成本

自动化物流系统采用密集存储技术,利用设备可以使用人力难以够到的"高度"空间,减少人力工作需要的通道空间,存储同样数量货品可以减少仓库面积,进而减少土地的需求量。

(四) 减少人工需求,降低人工成本

大规模地使用机器设备,用机器替换人,也就减少了对人的需求,人少了,照明、保温、防热、防火方面的投入也相应地减少了,与人相关的成本投入也就减少了。

(五) 提高物流管理水平

自动化物流系统可以对货品入库、分拣、出库、移库、盘点、运输等运作进行全面的控制和管理,不但反映货品进销存的全过程,而且可以对货品进行实时分析和控制,为企业管理者做出正确决策提供依据;平衡企业生产、存储、销售各个环节,将库存量控制至最优状态,大幅提高企业的资金流转速度和利用率,降低库存成本。

第四节 物流自动化设备

自动化物流设备按照功能可以划分为自动化仓储设备、自动化输送分拣设备、自动化搬运设备等几大类,其中分拣设备、AGV、堆垛机、输送机、穿梭车(RGV)等是具有代表性的产品。

一、分拣输送设备

随着国内物流装备技术发展进入快速增长阶段,众多国内设备制造商崛起,

分拣输送设备也出现了专业的制造企业,并形成了规模化生产;如目前备受各大电商平台青睐的自动分拣系统。该系统应用在电商、快递的矩阵分拣线中,相较于其他类型的分拣设备处而言,处理件型范围会更广、处理能力会更高、拣货效率更高,是人工速度的 2.5 倍以上,分拣准确率达 99.99%,而在无损分拣方面,破损率也是极低,货损率不到万分之一。

二、AGV 产品技术

AGV(Automatic Guided Vehicle)是指装有自动导引装置,能沿规定的路径行驶,车体上具有编程和停车选择装置、安全保护装置以及各种移载功能的运输小车。

AGV 作为物流装备中较新的产品,近几年成为物流装备行业的风口之一。AGV 在国内的技术发展过程,历经了引进技术或基于国外技术平台从事工程开发,到自主开发和掌握核心技术等阶段,目前已有一些物流企业在小规模应用,但 AGV 的算法复杂,要大规模应用,未来还有很长的路要走。

物流实战 7-1　苏宁物流 AGV 黑科技落子济南

在苏宁济南机器人仓内的作业区域,黄色外表的苏宁物流机器人(如图 7-7)根据系统设定的路线,有序地驮着货架前往拣选操作台排队等待。在这一过程中,完全依靠系统控制,不需要人工干预。AGV 数十个机器人在仓内穿梭,一派繁忙景象却又安静和谐,宛如科幻大片。

济南苏宁机器人仓一期实际面积 3 000 平方米,超过 30 万快销品库存,50 台

图 7-7　苏宁物流机器人

机器人即可完成每日的拣选出库。值得一提的是,机器人仓实现了一端货物上架,一端拣选出库,让整个仓库运转效率得到进一步提升。

随着苏宁418购物节的临近,济南机器人仓将迎来首次大促检阅,承载海量订单的考验。眼前的这座机器人仓从部署到落地仅仅一个月的时间,目前正处于"爬坡"阶段,预计418期间每日拣选量将达到1万单。

最快10分钟完成出库,山东全境配送时效再提速

当下,消费者追求"分钟级"精准收货体验,如何更快、更准的配送是苏宁物流一直的实践和突破。李磊介绍:"每日出货量大且SKU多,是电商仓储的一大特点,使用AGV机器人单件商品平均拣货时间减至10秒,小件商品拣选效率超过人工5倍,拣选准确率达99.99%以上。同时,通过移动机器人搬运货架实现'货到人'拣选,打破了传统的'人到货'拣选模式,过去分拣员追着货架跑的场景将不复存在。"

机器人能完成高效拣选任务,这样一来,用户订单能极大缩减在仓库停留的时间,包裹最快10分钟即可完成出库。这也意味着山东物流系统的整体效率将有进一步的提升,山东消费者收包裹的速度将更快。

智慧物流再落子,苏宁机器人仓群版图扩大

济南仓是苏宁物流继上海之后建设的全国第二个智能机器人仓。不同的是,机器人在上海仓主要负责3C商品的拣选,而在济南仓主要是承接快销品的拣选。往后,山东市民购买的日常生活用品订单,都将由机器人来完成拣选任务。在此基础上,济南仓还在探索升级改造,实现更加智能化的机器人应用技术。

苏宁智能机器人仓落子济南具有重要的战略意义,它与上海机器人仓相呼应,使得苏宁智慧化物流体系在华东地区的规模化和协同化效应将进一步凸显。此外,苏宁物流在合肥、福州、深圳、郑州、重庆等城市也已启动机器人仓库的建设工作,全国最大的机器人仓储网络正在逐步成形。

三、堆垛机产品技术

堆垛机是自动化仓储系统中的核心装备,目前市场需求的主流堆垛机产品已基本实现国产化,各厂家在堆垛机产品上广泛采用红外、激光、无线、伺服驱动、无接触供电甚至RFID等技术,堆垛机使用的基础技术、关键器件以及配套件与国际知名制造厂商已经十分接近,通用系列的技术规格和技术参数与国外产品相差不大。

四、自动装卸系统

装卸系统作为物流中心的咽喉要道,近年来得到更高的关注。卡车快速自动装卸系统成为热门技术。卡车自动装卸系统(见图7-8)由两部分组成:一部分安装在卡车内部;另一部分集成在装卸货平台上。通过集成在卡车和装卸货平台的输送设备的协同运作,完成卡车的自动化装卸。

图 7-8　卡车自动装卸系统

自动装卸系统通常用于生产基地和物流配送中心之间的往返运输。装卸时间可从半小时缩短到几分钟。和传统的叉车装卸模式相比,自动装卸系统具有以下七个优势:

(1) 装卸过程自动化,从而可以减少物流作业人员和叉车的使用;
(2) 装卸平台吞吐量大幅增加,从而可以减少装卸平台数量;
(3) 搬运效率大幅提高,卡车、拖车和司机的数量也随之减少;
(4) 货物进出站台更加迅速,从而可以减少对缓冲区域面积的需求;
(5) 卡车周转更加快速,可以减少卡车在停车场的等待时间和停车场的面积;
(6) 控制有序的装卸程序,可以减少货物和设备的损坏;
(7) 作业人员工作环境更安全。

五、码垛机器人

码垛机器人可以取代码垛工人完成繁重的托盘拆码垛作业,它既可以提高拆码垛作业效率,又可以减少超高强度劳动导致的码垛工人的职业病,在个别恶劣的工作环境下还能对工人的人身安全起到有效的保障。近年来码垛机器人在我国烟草、饮料等行业得到普遍应用。直角坐标码垛机器人具有机构简单、作业半径大等优点,适用于物流中心和自动化生产线的作业环境,其主要特点有四个:

(1) 结构简单、零部件少,因此故障率低、性能可靠、保养维修简单、所需库存零部件少;

(2) 便于安装,容易集成到自动化生产线和物流中心布置中;
(3) 适应性强,能满足多种产品的尺寸、重量和托盘外形尺寸的自动化作业;
(4) 能耗低,操作简单。

六、智能拣选车

随着供应链管理理念的推广和电子商务行业飞速发展,订单微型化趋势十分明显。物流中心的作业已经从过去的"整进整出"转变成"整进零出"的作业模式,目前混合托盘入、单件物品出的作业模式已经成为常态。因此,拣选作业已经成为现代物流中心的核心业务,拣选技术也成为近年来物流技术研究的重要方向,其中智能拣选车具备巨大的发展潜力和良好的应用前景。

智能拣选车通常配备无线局域网和 RFID 技术,与仓储管理系统保持实时对接(如图 7-9 所示)。智能拣选车具有自动导航功能,可以随时接受仓储管理系统发出的拣选订单,并在完成每步作业后自动上报作业状态。智能拣选车配置的操作面板和条码扫描系统可以帮助拣选员简捷准确地完成拣选作业。拣选车上配备的电子标签系统(Put-to-Light)支持同时拣选多个订单的作业,而自动称重系统会对拣选货物进行重量上的核对,确保拣选作业的准确无误。智能拣选车具备的特点:智能、高效、准确、实时、操作简单。

图 7-9 智能拣选车

七、无人卡车

目前我国有 1 600 万名长途货运卡车司机,物流企业人力成本高,卡车司机工作环境艰苦,无人卡车的应用前景十分可观。虽然无人驾驶领域还存在一些技术难题,但由于卡车、尤其是重卡在物流运输中常起到的作用是公路转运,大部分行驶路段为高速公路,因此行驶环境相对城市道路简单很多,故业内大多认为自动驾驶将从物流领域开始。无人卡车的优点:大幅度降低事故发生概率;节省人力成本、燃料成本,降低运输费用;数据透明,全程可控。

2018年,京东硅谷研究院正在研发L4级别的自动驾驶重型卡车,目前已经在美国一些获得授权的道路上完成了2 400小时的智能驾驶超级测试,可自动完成高速行驶、自动转弯、自动避障绕行、紧急制动等绝大部分有人驾驶功能。

几乎跟京东同步,苏宁无人重卡"行龙一号"在上海奉贤完成首测。该无人卡车载重40吨,采用深度传感器融合技术,在无人驾驶感知、认知、决策、控制层面技术领先,能够在驾驶速度达80 km/h时能实现安全自动驾驶。即使是在高速场景下,也能在300米外精确识别障碍物,并以25毫秒的反应速度来控制车辆进行紧急停车或者绕行避障等措施。

八、无人配送车+智能配送站

相较于传统送件模式,无人配送车反应快、运行稳,覆盖范围更广,可送货物品种更多,"在岗"时间更长。无人车能克服恶劣天气因素,可24小时全天候运转,解决"最后一公里"的难题。

无人车集合了很多高配置,不仅包括物联网、AI、云计算等最新科技元素,还把激光雷达、面阵雷达、GPS、惯性导航传感器等有效激活结合,如此便拥有了高精度定位和导航,可以规划出安全、高效的绕行路径(如图7-10所示)。

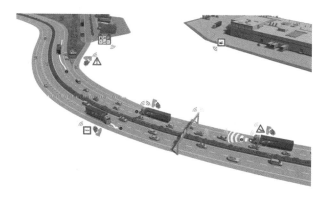

图7-10 无人配送车+智能配送站

2018年618期间,京东配送机器人(无人配送车)正式从封闭园区走向开放道路,实现全场景规模化应用,目前已经在全国20余个城市实现落地。2018年11

月,京东启用全球首个机器人智能配送站,可同时容纳 20 台配送机器人运转,该配送站首批覆盖长沙科技新城周边区域,站内全部采用京东 3.5 代配送机器人,不仅具有自主导航行驶、智能避障避堵、红绿灯识别、人脸识别取货能力,每台机器人还可一次可配送 30 个包裹。从配送能力来看,配送站最高设置每天 2 000 个包裹的配送量,同时和片区内的传统物流配送方式相互配合,为周边 5 千米居民提供物流配送服务,整个区域人机配送比例将达到 1∶1。

九、无人机

无人机快递也称无人飞行器快递,指快递公司使用无人飞行器将小型包裹送到客户手中。为解决偏远地区"最后一公里"投递难度大的问题,一部分快递企业已经进行了无人机投递试验。无人机内置导航系统,工作人员预先设置目的地和路线,飞行器自动将包裹送达目的地,误差能够控制在 2 米以内。根据企业反馈,采用无人机进行偏远地区的投递工作,单个包裹的平均投递成本远低于企业现在所付出的交通和人力成本。

仓储和运输成本的压力,是推动无人机更多应用到物流配送领域的原因之一。无人机具有不受地面交通影响、直线距离配送更快等优势,一旦广泛运用,最有可能先解决"最后一公里"配送的问题,同时也将加速整合快递行业末端配送的板块布局。

随着"干线—支线—末端"三级智能物流体系成为物流无人机的主流布局方向,未来三年内,"末端级"物流无人机产业化将加速进行,"支线级"物流无人机则成全球竞争焦点。

虽然无人机配送存在政策、安全性和成本等诸多局限,但考虑到日渐高涨的人力、土地和燃油等成本,无人机配送或许比传统人工配送更具成本优势,主要应用在人口密度相对较小的区域如农村配送。未来无人机的载重、航时将会不断突破,感知、规避和防撞能力有待提升,软件系统、数据收集与分析处理能力将不断提高,应用范围将更加广泛。利用无人机送包裹将彻底改变物流业的运作。

物流实战 7-2 京东无人机物流——构建"天地一体"智慧物流体系

京东作为世界范围内无人机物流领域的翘楚之一,旗帜鲜明地提出了以智能化平台为核心,通过无人机、无人仓和无人车等智能硬件,搭建"天地一体"的立体式智慧物流网络。

京东物流隶属于京东集团,以打造客户体验最优的物流履约平台为使命,通过开放、智能的战略举措促进消费方式转变和社会供应链效率的提升,将物流、商流、资金流和信息流有机结合,实现与客户的互信共赢。京东物流通过布局全国的自建仓配物流网络,为商家提供一体化的物流解决方案。其中,无人机物流是京东集团近两年表现最耀眼的板块。

在2015年乌镇的世界互联网大会上,刘强东提出要运用无人机作为工具,在全国村镇间建立无人机物流配送网络,由无人机来完成乡镇配送站到乡村推广员的"最后一公里"的任务。

2016年,经过不断的研发和探索,京东在无人机方面取得了重大突破,京东自行研发的多款无人机产品在上海举行的CES Asia以及贵阳举办的数博会上亮相。

无人机送货被看成了其突破瓶颈延续优势的一个重大探索。京东副总裁肖军称,农村送货成本5倍于城市,而无人机能很好解决成本问题。测试显示,在正常情况下京东无人机往返10千米,成本还不到1度电,也就是不足5毛钱,而且也比汽车配送要快。

2016年5月,京东开始布局智慧物流体系,计划用大数据、云技术、无人车、无人仓和无人机,构筑"天地一体"的智慧物流网络。

2016年6月,京东在宿迁正式开展无人机试运营。随着无人机从宿迁双河站配送中心将数个订单的货物送至宿迁曹集乡旱闸的乡村推广员刘根喜手中,标志着京东智慧物流体系的建设实现了一次重要落地。该次京东展示了3款无人机,载重从10千克到15千克不等,可自动装卸货,送货航程达5千米(如图7-11)。

图7-11 无人机实验

2016年11月，京东无人机在成都郫县完成了西南地区的首单配送，在四川确定多条航线。同期，京东在陕西西安尝试用无人机投递包裹。

2017年2月，宣布和陕西省战略合作，投巨资在西安布局无人机通航物流网络。双方将利用载重量数吨、飞行半径300千米以上的中大型无人机，合力打造全球第一个低空无人机通用航空物流网络，实现陕西省全域覆盖，推进陕西省传统产业转型升级，成为一带一路发展的重要推动力，并以陕西为中心辐射全国。

2017年6月，京东表示在宿迁落成并投入使用全球第一个无人机运营调度中心。618期间，京东在西安和宿迁启动了无人机日常配送运营，主要服务于周边的农村用户。

2017年10月，与中国人民解放军空军后勤部达成"物流军民融合"战略合作。双方将在运输配送、仓储管理、物资采购、信息融合、科研创新、力量建设、拥军服务、配套支撑等方面展开深入合作。

2018年1月，在空军后勤部指导下，某部队生活物资采购中实现京东无人机配送首飞成功，参与演练的V3无人机最大载重10千克，最高飞行高度海拔2000米，飞行时长27分钟，全程自动驾驶，直至飞机落地，落点偏差仅1米，展示出无人机的强大性能。

2018年1月，在达沃斯论坛上，刘强东表示将在全国建设上万个无人机机场，所有的商品都能在24小时之内送达给中国的消费者。对于农村物流，刘强东曾表示，虽然京东集团的物流已经覆盖了全中国，但是农村物流成本高的问题没有解决，未来只能靠无人机解决。

2018年2月，获得民航局西北地区管理局的授牌，京东成为首个国家级无人机物流配送试点企业。

2018年9月21日，阳澄湖开湖，京东生鲜首次采用自主研发的无人机配送鲜蟹，从阳澄湖畔起飞并将大闸蟹送至附近的京东仓配站点，全程仅耗时3分钟。此外，依托于京东建立在北上广三地的大闸蟹协同仓，三仓覆盖地区消费者甚至最快4小时就能收到来自阳澄湖的大闸蟹，全国近300个城市可在48小时内送达，其中190多个城市的消费者可在24小时内收到活蟹。

每年阳澄湖大闸蟹的物流配送都堪称是一场"保鲜战"。此次执飞送蟹的京东无人机最大飞行半径为10千米，最大载重可达10千克。京东无人机项目经历两年多的发展，在常规物流配送及边远地区农产品运输、特色农产品上行通道打造、精准扶贫等方面已有了丰富的应用经验。

京东的发展史，是典型的草根逆袭史，硬生生地把物流做成了电商企业的核心竞争力。20年弹指一挥间，历经坎坷的京东步入了发展的快车道，它以无人机等智能硬件为支撑的智慧物流值得期待。

实战分析

通过盘点京东的无人机物流发展史,我们可以得到以下启示:

(1) 高屋建瓴,把无人机物流纳入整个智慧物流体系。京东和"中物联"共同发布的智慧物流蓝皮书显示,智慧物流整体架构体现在智慧化平台("大脑")、数字化运营("中枢")和智能化作业("四肢")三个层面。整个体系依托大数据、云平台和智能运营调度,通过仓储、运输和配送等环节的无人机等智能硬件,实现智能化、自动化和最优化的物流服务,目标是成为全球物流体验标杆。

(2) 更侧重于解决乡村的末端配送难题,它有自营的强健的传统物流网络作为后盾,后者主要解决了城市配送问题,两者的融合发展构成物流配送的"天罗地网",有望以合理的成本覆盖城乡不同区域的全部用户需求。

(3) 以用户体验为核心,打造无界零售、无界物流。继无人仓、无人车、无人机之后,其无人便利店、无人超市,以及和沃尔玛、腾讯社交终端等合作伙伴的密切合作,面向社会开放物流资源,输出技术协同发展等一系列密集组合拳,让人叹为观止。

希望京东在战略规划、科技创新,以及坚守初衷方面做到持之以恒,这必将在自身发展的同时,对全社会在经济新常态下的产业结构升级、提升发展质量、乡村振兴以及惠及更多民众方面起到正面示范效用。

十、智能快递柜

高速增长的快递包裹量,加之城市劳动力数量不足,完全依靠快递员上门派送已经不太现实,同时快递配送"人难找、门难进、送件慢、收件难"等"最后一公里"难题突出,智能快递柜等智能终端凭借其灵活性、安全性和便捷性等优点,获得了行业的认可。

智能快递柜首先是一个基于物联网系统的产品。每个快递包裹都有自己的单号,快递在运输过程的每个环节会对包裹身份识别,从而实现对包裹的跟踪管理,在此过程中有射频识别、红外感应、激光扫描等信息传感器将包裹连入网;随后,云计算将物联网信息与互联网融合。在智能快递柜上,同样嵌有 RFID 设备识别、摄像头等数据采集设备,采集设备采集到数据后将传输到控制中心,进行处理,处理完再通过各类传感器实现整个终端的运行,包括 GSM 短信提醒、RFID 身份识别、摄像头监控等(如图 7-12)。

无论是纯电商系的京东、苏宁易购,还是丰巢、e 栈这类物流系的玩家,抑或是菜鸟、速递易这种三方平台,都在智能快递柜领域秣马厉兵,加快建设。虽然智能快递柜要实现盈利还为时尚早,但是它集成了物联网、智能识别、动态密码、无线

图 7-12 智能快递柜

通信等技术,能够实现快递的智能化集中存取,远程监控和信息发布等功能,对于快递数据的收集有很大帮助。

物流实战 7-3　智能快递柜,有效解决末端配送难题

百亿智能快递柜市场规模,入柜率有望达 9%

智能快递柜将云计算和物联网等技术结合,实现快件存取和后台中心数据处理,可通过摄像头实时监控货物收发等情况,目前主要覆盖的区域为一二线城市。另外,快递入柜率也在不断提高中,快递柜市场的增长空间很大。

丰巢:智能终端规模第一,业务发展体系健全

目前,丰巢的五大产品模块中,末端交付服务作为基础服务,将电商、快递企业和智能快递柜信息互联,进一步衍生出新零售、定制服务等另外 4 项服务,拓宽了商业模式。另外,AI+快递柜将是丰巢未来的发展趋势。引入 AI 及物联网技术,加入人脸识别的丰巢快递柜,更加智能,消费者仅需扫脸即可完成寄件相关操作。

目前快递柜的"玩家"大致可以分为三类:电商系的主要有京东、苏宁易购;物流平台系的主要有丰巢科技、中集 e 栈等;第三方平台的有速递易、富友等。但是,由于各家商业模式单一,大部分免费使用,目前包括速递易、丰巢在内的全行业仍处在亏损状态。

作为快递最后一公里最佳解决方案的智能快递柜的生存门槛究竟有多高?这种商业模式是否成立?为什么如此多资本扛着亏损的压力依然前赴后继地投

资这一领域?

1. 一个快递柜的成本数万元

对快递最后100米的部署来说,智能快递柜的投入成本之高可以说是行业公开的秘密。一位不愿具名的物流业内人士日前曾向南都记者算了一笔账:"目前一个智能快递柜的成本为1.8万—6万元,除柜子本身的成本外,还涉及进小区、写字楼的租赁费,快递柜的占地成本在0—8 000元不等,但由于竞争日趋激烈,物业价格差距较大,有些小区还会有排他性。此外,还有安装成本、维护运营成本等。"而这,还没有算上后期的维护、线路改造、与单位物业沟通等多个范畴的成本。总之,运营一个智能快递柜的成本不低。

不过,一些民间资本也承接了部分投入成本,对于这些主动要求安装快递柜的公司来说,安装门槛并不高。除了常见的在大厦首层安装,如果一家公司使用了大厦的一整层,便可以为该楼层量身定做快递柜,所有的安装费用、线路改造、后期维护都由丰巢承担。一个室内快递柜只需要约15天的施工流程,而使用快递柜的"公司",一年只需支付大约800元的电费。不过,丰巢不会出快递柜的场地租赁费,需用户和物业协商场地问题。

进入小区、学校、医院等区域时,得到绝大多数物业部门和业主、居民的支持和欢迎,由于是免费服务,有些(物业)在观望和认识后会主动邀约进行布点。

2. 盈利模式单一亏损严重

智能快递柜线下网点规模较大,总体成本投入相当可观。

按照速递易母公司披露的财报显示,其目前的收费模式主要有五种。一是向快递员收取派件收费,也就是快递员使用速递易快递柜投放快递时需根据快递柜大小缴纳一定费用:大箱0.6元/件,中箱0.5元/件,小箱0.4元/件;二是用户寄件收费;三是向用户收取超期使用费;四是广告业务收入;五是增值服务收入的模式。据悉未来的发展中,还可能向小区物业收取一定平台费用。

然后是用户寄件收费,放到丰巢里寄快递的费用不是给快递公司,而是给了丰巢,丰巢通过自身平台赚钱利润。

虽然不用填写纸质单,但平时10元的快递,用这种方式需要20元。而且,收取费用也是根据格子大小来收取:小格20元/件,中格40元/件,大格60元/件。

丰巢快递柜的盈利模式与速递易类似,也已开始向快递公司/快递员收取存放费用。

其实,目前大部分快递柜还没有向快递员收费,他们的盈利方式只有超期使用收费与广告收入两种。快递柜的存储存放通常是限时免费,一般规定客户寄放时间超过24小时后收取费用,也有的限时为36小时。广告收入就是快递柜外观以及屏幕滚动显示的广告,因为快递柜布点还未达规模,而消费者在快递柜前逗留时间有限,广告投放不理想,这部分的收入现在相当有限。

3. 社区O2O入口

事实上,通过解决快递最后100米交付痛点切入社区,快递柜获得了庞大的高黏性用户群。作为社区服务最佳入口之一,快递柜线下设备连接人、连接服务,再延伸至社区生活服务等高度垂直的消费场景,逐渐搭建起社区综合服务平台,具备线下场景触达能力优势。

由于智能快递柜广泛深入社区,在社区O2O等方面也给人们更大的想象空间。

案例7-1 智慧物流的探索者——普洛斯

2003年,普洛斯进入中国时,只是一个小小的代表处。6年后,它成为中国最大的现代物流设施提供商。

截至2018年,普洛斯及旗下品牌环普,在中国38个战略性的区域市场投资、开发,并管理着258个物流园、工业园及科创园,物业总面积达3 300万平方米。同时,普洛斯还基于支持物流、新能源及科技产业的发展,通过股权投资、金融服务及数据科技平台领域,积极打造领先的产业发展生态体系。

发展如此迅猛,不禁使我们思考:普洛斯的商业本质是什么?又能给我们带来哪些启示?

一、普洛斯的发展模式

(一) 发展策略

1. 本土化

与许多跨国企业一样,普洛斯在中国的发展选择的是"以华治华",在其中立下汗马功劳的包括普洛斯的灵魂人物梅志明,后来创立了上海易商集团的沈晋初,以及目前主要负责普洛斯环普业务的赵明琪。通过并购与合资等方式与手中已经握有仓储土地的本土企业合作,打入中国市场。随着竞争的日趋激烈,普洛斯更是与本土企业合纵连横,达成战略同盟,从土地和股权两条线去加强自己的产业链条和业务资源的掌控力。

2. 构建高效网络

物流的核心本质在于效率提升,而物流地产,作为一个基础设施行业,最重要的就是能否铺设一个四通八达的网络,抢占核心关键位置,构造资产壁垒。除了自己投资开发,普洛斯还通过投资、收购、战略合作等方式和其他企业形成联盟,迅速扩张,打造出一个分布广泛的物流设施网络,为有效服务客户奠定了基础。

3. 资本高手

普洛斯是一个运气非常好,又非常懂得"借势"的企业。这个"势"的一个重要组成部分来自其高效精巧的资本运作体系。仓储设施的特点是投资大,收益不高但稳定,是一个资本密集型行业,收回投资成本时间较长。如何既能够解决资金难题,同时又能让自己变轻?

普洛斯一方面通过基金模式放大杠杆,前端引入股权投资方,后端通过债务融资放大杠杆。更重要的是,通过将资产置入基金,普洛斯提前兑现了物业销售收入和开发利润,将投资回收期从10年以上缩短到2—3年。

(二)普洛斯的发展优势

1. 马太效应

物流地产有着很明显的马太效应。首先是地少,中国各城市出让工业仓储用地都有定额指标,每年出让的地块寥寥无几,而且工业仓储用地对于政府来说不赚钱,远不如住宅或商业用地。物业开发是整个商业模式的基础,好的资产获取能力决定了物流园区项目的质量,物业管理及运营更是贡献了普洛斯大部分的利润数据,在这方面普洛斯具有先发优势。

2. 资产壁垒

物流地产行业里,位置是最重要的。普洛斯的物流地产大多位于靠近城市中心与交通枢纽的绝佳位置,最具代表性的物流园区可分为毗邻或位于海港、空港、工业园三类。随着电商的进一步发展,仓储物流需求进一步加大,普洛斯在早些年代占下的坑将愈加珍贵,其物业公允价值、租金收益也将增长。

3. 网络效应及规模经济

普洛斯分布于各主要城市的庞大设施网络为各大型零售商和第三方物流商提供了全国性布局,实现单一客户的多处租赁和合作,形成了客户黏性,提升了收入稳定性。同时,公司对物业建造商、物业管理方以及其他供应商具有较强的议价能力,能够有效降低开发、管理等各项费用。

(三)普洛斯的发展机遇

普洛斯在中国发展如此迅速,有它自身的优势,同时也有外部环境的机遇,总体来看,有四点原因。

1. 普洛斯本身具有丰富的物流地产开发的专业经验,而且实力雄厚

普洛斯的客户很多是世界500强,其中全球四大物流公司租用普洛斯的物流设施总面积超过了150万平方米。这些企业代表着当今世界物流的最高水平,普洛斯也因此成为一流的物流地产商。

2. 拥有强大的客户资源

普洛斯全球服务客户超过4 700位,在其长长的客户名单中包括了四大快递

公司、宝洁、联合利华、HP等。普洛斯在中国的客户主要有阿迪达斯、欧莱雅、Menlo、日邮集运、三星电子、UPS和百胜餐饮集团等。如此强大的客户资源,为普洛斯的盈利提供了保障。

3. 拥有先进的经营理念

普洛斯在正式进入中国时,曾引起业内的一片惊呼。时任宝供物流中国区市场经理的谢家涛说:"普洛斯来了!物流资产外包的理念也在中国登陆。而该公司的进驻有可能打破现有的行业格局,为中小型的3PL企业注入新的活力。"

在国外,各行业分工都非常清晰,往往都会把资金投在自己的核心业务上。第三方物流公司的核心业务是物流,在铺设网络、升级软件系统和维护品牌等方面都需要大量的资金投入,不会过多投资于仓库等基础设施。如果物流设施的资金投入太大,就会影响其发展速度。这便成了普洛斯在中国绝好的机会。

4. 中国仓储业发展严重滞后

目前国内仓库的平均利用率只有60%—70%,而国外一般能达到90%。国内目前大部分仓库都是建于20世纪七八十年代,设施状况与国际标准存在很大的差距,普洛斯中国区董事总经理梅志明认为:"现在国内符合国际标准的仓库只占2%。"在国外,一个物流设施必须在5%的空置率下才能保持10%的回报,如果空置率达到15%,利润就全被淹没掉了。15%的空置率相当于一年中有两个月没有找到客户。国内仓库60%—70%平均利用率,一方面,浪费了资源;另一方面,阻碍了国内仓储业的发展。

(四)普洛斯的发展策略

在中国东部发达地区的主要空港、海港也基本都被普洛斯以最快速度锁定。与安博置业的根据客户具体需求去拿地开发的次序恰好相反,普洛斯是先尽快选址建设,然后再进行招商。当然,这背后是全球范围内强大的客户资源在支撑,"世界1000强"企业中有超过一半是普洛斯的客户,能够"一呼而百应"。

普洛斯所管理的全球客户网络与市场网络保证了销售员总能以很快的速度找到好客户,把物业填满,以其认可的租金租出物业,并尽可能实现长期的租用。

普洛斯在客户管理方面的秘密武器ProLogis Operation System,这一工具系统囊括了对内部流程和客户服务的所有管理。该系统从分析客户的需求和选址入手,对施工过程进行严格的成本控制,对预算的管理以及施工建造过程的管理都将其用于物流设施建设方面的成本降到最低。在物业交付使用后,系统还将进行客户管理和物业管理,将每个客户签的租约输入系统,在评估收益风险后签订租约,最大可能地保证投资的安全性。

秉承"以客户为中心"的理念,普洛斯不仅对内最优化管理系统,而且面对不同的客户,在解决方案和配送服务方面都强调为客户"量身订造",其中主要包括多租户物流设施开发、定制开发、收购与回租等三种模式。

普洛斯会根据客户不同的要求,选择合适的地点,建设和管理专用的物流设施,为其提供囊括了方案设计与优化、选址与鼓励性协商、设施设计与开发建设、物业管理服务和营销互动等全方位服务。此外,普洛斯利用自身庞大的运营网络,还在中国提出"物流一站式服务"理念:为客户提供多市场整合的物流配送服务,不用担心货物无处落脚。

(五)普洛斯发展的三大策略

普洛斯之所以能够成为今天的普洛斯,与其独到的业务模式是完全分不开的。从其经营年报中可以看出普洛斯将旗下业务分为三大块,分别为物业开发业务、物业管理运营业务、基金管理业务。这三大核心业务形成战略"闭环"。

1. 物业开发业务,整体业务的基础

物业开发业务作为普洛斯其他两项业务的基础,也是最重要的环节,物业开发部门在整个"闭环"当中扮演着"产品生产者"的角色,其生产的质量决定了物流园区项目的质量。

普洛斯宣称:"打造现代化物流,提供最优质的定制以及高附加值物业产品,为客户提高效率节约成本。"保证其每个项目都满足现代化物流的最高标准:最优化选址、超大面积楼层、大间距层高、具有强大的载货能力、宽敞的柱间距、方便重型卡车通行、具有可调节式月台搭板。最终打造完成的物业项目(大多为物业园区的形式)将会被送交物业运营部门进行管理运营,待租金收入稳定之后再行出售;或直接出售给普洛斯物流地产基金或第三方直接赚取收益。

2. 物业管理运营业务,收入的主要来源

目前从普洛斯的业务收入比例来看,由物业管理运营业务所提供的租金收入仍占据收入的主要部分,为6.34亿元,占总收入7.77亿元的81.6%。这一块业务不仅仅为公司自有及自行开发的物流产业提供管理运营服务,同时也为出售给物流产业基金后的物业资产提供运营承租服务,在整个"闭环"当中充当提供"主要利润赚取者"的角色。

从2016年的运营业务数据来看,普洛斯的总体出租率达到了92%,总出租面积达到了9 800万平方米,为公司历年之最。同地仓储运营收入继续保持高增速:中国为10.7%,日本为2.7%,美国为7.0%,巴西为8.5%。

3. 玩转地产基金,加杠杆、增速利润周期

基金管理业务,在其整个"闭环"中同时充当"融资者"与"新利润赚取者"这两大角色的作用,让整个"生态圈"在最大效率下运转起来。

普洛斯的全球物流地产风暴,首先要归功于其背后强大的金融杠杆支撑。借助美国20世纪90年代初的REITs热潮,普洛斯成功在纽交所挂牌上市,成为一

家工业地产投资信托公司。除了资本市场的融资,普洛斯旗下还管理着11只基金,加之银行信贷方面的支持,这些都保证了普洛斯能够在全球范围内攻城略地。

从收入角度看,该公司年度基金管理收入达到1.5亿美金,其中包括了9 800万美元的管理费收入以及5 200万美元开发收入。由于管理费收入仅来自已投出的240亿美元,而现存的110亿美元的基金余量将使得未来的管理费收入有更高的预期。

无疑,普洛斯能成为全球范围内最成功的物流地产商,在于以基金模式实现轻资产扩张。

普洛斯以不足20亿美元的资本金投入撬动了200亿美元的基金资产,实际控制资产规模达到350亿美元,同时表内资产的年均增速仅为14%,显著低于实际控制资产的增长,从而实现了轻资产的扩张。

为了配合基金模式,普洛斯对业务结构进行了重大调整,使其物业开发、物业管理和基金管理构成了一个物业与资金的闭合循环。

由此可见,通过物流地产基金模式,普洛斯在传统物业自持下2倍的财务杠杆基础上,又获得了5倍的股权资金杠杆,从而使公司资本的总杠杆率达到10倍。关键是,将开发部门90%以上的资产置入基金,使其提前兑现了物业销售收入和开发利润,将投资回收期从10年以上缩短到2—3年。

二、普洛斯的商业本质

基础设施提供商?不动产资产管理平台?都对又都不对。基金模式缩短回收周期也好,杠杆撬动管理资产规模也好,都是普洛斯商业逻辑的外在表现,其中深层次的逻辑在于:用好的商业模式提高投资回报率,用好的金融模式打造规模效应。普洛斯正是深谙此道,将这两者有机结合,并有效地付诸实践,才打造出今天的物流地产王国。

(一)商业模式——从"包租公"到"物流生态圈"

物流基础设施是物流行业里比较重的环节,普洛斯打造了一张地网,把物流节点、场地、仓库网络建立起来,零售、电商、第三方物流无论是谁都去租普洛斯的地和园区,这是"业主"的生意;在这个基础上,普洛斯发现企业需要的不仅仅是一个场地,更多的是如何解决运力、设备、资金等各类问题,于是开始为合作伙伴提供金融服务。

今天,普洛斯想要维持过去十几年间的迅猛增长已经不太现实,从增量为主转向存量为主,是整个物流地产行业面临的严峻考验。

如何破题呢?普洛斯的领导者已经认识到自己当下所能提供的服务广度与深度是不足的。因此,近年来普洛斯不再是以往单调的横向扩张,而开始注重纵向的产业链延伸,尝试探索轻资产的运营增值服务和多元化业务,通过平台实现资源共享,打造物流生态圈,环普产业园、金融板块都是其长远布局的一环。基于此逻辑,普洛斯还会通过投资入股物流链条上具有优势的服务商获得平台式的业务协同与延伸空间。

(二)金融模式——基金管理+资产管理

物流地产的本质,不是在做房地产,而是在做资本运作,其本质是一个基金管理+资产管理公司。截至2018年年底,普洛斯实际基金管理规模达到460亿美元,同时表内资产的年均增速仅为13%(2013—2017年复合增速),显著低于实际控制资产的增长,从而实现了轻资产扩张。

快速回笼的资金被用于新项目开发,项目成熟后再置入基金,从而形成物业开发、物业管理与基金管理部门间的闭合循环,这种资产和现金的加速循环推动了普洛斯以自我开发为主的内生规模扩张,并实现了轻资产、高周转运营,实际控制资产年均增幅达到32%(2015—2018年复合增速)。

物流地产行业的本质,用最白话来说就是:对的土地+便宜的钱。此外,物流地产行业对于产业资源及综合运营的诉求与日俱增,不再只是单纯的土地与资本的游戏,而是探索与产业供应链结合的更高形态。

三、普洛斯的"物流生态体系"

(一)普洛斯的业务升级目标——成为"物流生态系统"的供应商

当今世界最耀眼的明星——亚马逊、阿里、京东,贝佐斯、马云,用互联网实现了零售变革。

但是,那些零售业态中最基础的产品,它们是如何存储、分拣、流通的?这些千千万万小商品的流通之路,一笔一画构筑成了普洛斯的物流帝国。

全球物流行业巨头——普洛斯(GLP)成了商业基础不可或缺的水和油,随着电商的逐渐渗透,其对上下游生态的延伸更不断激发人们的想象空间。

普洛斯希望自己成为一站式服务商,可以满足亚马逊、DHL、阿迪达斯等客户的整体配送需求,成为"物流生态系统"的供应商。

普洛斯不只是一家提供仓储空间的物流地产商,而是一家全球化的物流解决方案供应商,以合作伙伴的身份帮助客户降低物流成本、提升运营效率。

15年里,梅志明带领普洛斯成为全球数一数二的物流基础设施提供商和服务商。普洛斯在中国物流地产业的市场份额超过第二名到第十名的总和,牢牢占据了一线城市核心交通枢纽区域,向亚马逊、京东、菜鸟等电商提供高标准仓库。

目前,普洛斯已与全球近20家机构投资者合作,管理的资产总价值达500亿美元。

普洛斯提供的是整套基础设施服务解决方案,深度"链接"到各个环节。其实,普洛斯物流生态体系战略早已经在全球开始了探索。全球视野,下注中国。

梅志明正在构建新的物流生态体系，以期为客户提供一站式解决方案。中国社会物流总费用占GDP的比重为14.6%，虽然比前两年有所下降，而美国只有9%。相较之下，中国物流行业还有很多提升效率的空间。

普洛斯完成全面私有化后，加速布局中国市场，瞄准物流科技，提高传统物流行业效率。

2018年普洛斯先后与中国人寿、平安不动产、海航集团达成战略合作，频繁的动作明确了普洛斯下一个新目标。

同时，普洛斯正式宣布设立隐山基金，专注于投资物流生态领域。隐山基金本期目标总额为100亿元人民币，是国内首个物流生态领域投资的专项基金。

中邮资本等领先的长期机构投资者与普洛斯中国联合投资，普洛斯中国的私募股权基金平台隐山资本将担任基金管理者。"隐山基金将主要投资于智慧物流生态系统领域，着眼于技术创新和模式创新，投资方向包括食品供应链和冷链物流、现代物流集成运力体系。该基金未来可能再度开放募资扩容，增设美元子基金。"普洛斯中国区首席战略官、隐山资本董事长及管理合伙人东方浩表示。

其实，普洛斯早在2015年便开始在仓储物流上下游——机器人、自动化及大数据等领域投资布局。

普洛斯先后投资了车货匹配平台卡行天下和福佑卡车、城市仓配服务商上海际链网络（Glinenet）和驹马物流、专线运力众包公司壹米滴答等。

物联网科技公司G7与普洛斯、蔚来资本联合宣布，将共同出资组建由G7控股的新技术公司，研发基于自动驾驶、新能源技术和物流大数据的全新一代智能重型卡车，探索创新物流资产服务模式。

新技术公司将依托G7对物流行业的理解和海量实时数据、普洛斯的全球开放物流生态体系以及蔚来资本的丰富汽车产业资源，通过广泛的产业合作和跨界资源整合，前瞻性地定义下一代智能化物流运输工具，研发高效、安全、易于管理的自动驾驶新能源智能重型卡车，构建人工智能时代的物流资产管理和服务新模式。

物流地产成为投资的新风口之际，国内这一领域的领头羊普洛斯却悄然改变打法——以物流基础设施为基础平台，向外延伸服务范围、拓展新的服务产品。

比如，东航物流混改中普洛斯入股10%，普洛斯CEO梅志明表示，"普洛斯投资东航物流，对普洛斯致力于打造高效物流生态体系具有重要的战略意义。"

普洛斯中国官网的企业简介中明确提到："（普洛斯）基于支持物流、新能源及科技产业的发展，通过股权投资、金融服务及数据科技平台领域，积极打造领先的产业发展生态体系。"

普洛斯之所以在退市之后才全力出击构建物流生态体系，一方面，是因为从确定发展目标到进入全面实施阶段，有一个摸石头过河的过程；另一方面，是普洛斯非常看好中国物流产业的发展前景。

（二）普洛斯业务升级原因

从普洛斯的高调宣传不难看出，普洛斯已明确了公司的业务升级目标，不只是物流空间提供者，而是物流生态体系的打造者。

普洛斯之所以要转变和能转变，或许有以下几个方面的原因。

从外部看，物流业是支撑国民经济发展的基础性、战略性产业。作为一个朝阳产业，物流业保持较快的发展态势，且未来仍有很大的发展空间。

从内部看，首先，普洛斯进入中国市场15年，已经形成了大规模的全国性物流及工业基础设施网络，并能产生强大的网络效应。其次，基于强大的物流基础设施网络，普洛斯在连通产业链上下游企业和资源方面有着先天的优势。其可以结合自身和合作伙伴的优势资源，开启在金融、数据、科技等方面多层次的合作，为各方创造最大的价值，进而推动整个物流产业的发展。

同时，普洛斯投资以及达成战略合作的公司，分布在物流生态链条上的各个领域。其在中国乃至全球形成一个集聚优质资源的开放式物流生态体系，在许多热点细分领域均有众多极具战略价值的合作资源：

G7和际链是智慧物流型；

卡行天下则可以满足客户公路运力的需求；

与东航物流和海航集团的合作则是看重其在航运领域的优势；

其旗下的普洛斯金融控股（重庆）有限公司，依托产业链，可以为上下游企业提供全面的供应链金融服务；

……

正如普洛斯CEO梅志明所说："我们将通过打造物流生态体系，专注于企业的可持续发展和多层次的价值创造。我们还将创造性地利用技术手段和战略投资为我们的投资者、合作伙伴和客户创造更大价值，助力他们应对不断变化的商业竞争格局。"

四、普洛斯仓库设计标准

（一）室外工程

1. 出入口设12 m自动伸缩钢大门；
2. 装卸区域回车场地宽度最小要求：单边装卸30 m，双边装卸45 m；
3. 园区内最小道路宽度：双车道为9 m，单车道为6 m；
4. 道路的最小转弯半径：消防车道6 m，集装箱卡车12 m；
5. 装卸区域及道路的承重要求：不小于35 T。

（二）仓库设计

1. 面积要求：占地面积不超过24 000 m^2，每个防火分区建筑面积不超过

6 000 m²;

2. 储存物品类别：丙类二项；

3. 耐火等级：二级；

4. 结构形式：预制轻型门式刚架结构；

5. 仓库跨度和柱距：25 m 和 9 m；

6. 仓库净高：9 m；

7. 地面承载力：3 T/m²；

8. 仓库室内外地坪高差：1.3 m；

9. 仓库室外不设平台，但作业区需设防雨棚，防雨棚宽度和净高分别为 6 m 和 4.5 m；

10. 屋面板：标准 360°直立缝屋面板，24GA（0.60 mm 厚）镀铝锌压型钢板；

11. 保温棉：75 mm 厚超细玻璃纤维保温棉，容重为 12 kg/m³；

12. 屋面坡度：3%；

13. 屋面采光带：面积最小为屋面面积的 3%；

14. 仓库外墙：600 cm 宽 150 cm 厚轻质砂加气混凝土（ALC）板，横板拼缝。

(三) 单元设计

仓库内每个防火分区为一个独立的单元，每个单元的设计要求如下：

1. 水电单独计量；

2. 单边作业时，设一个 4.5 m 宽的叉车坡道和一个 4 m×4 m 的电动卷帘门，设三个 2.75 m×3 m 的手电两用工业提升门，工业提升门下面对应设 2 m×2 m 的升降调节板；

3. 双边作业时，每边设一个 4.5 m 宽的叉车坡道和一个 4 m×4 m 的电动卷帘门，每边设 3 个 2.75 m×3 m 的手电两用工业提升门，工业提升门下面对应设 2 m×2 m 的升降调节板；

4. 未安装升降调节板的每个柱距预留一个安装升降调节板的坑位，用素混凝土填充；

5. 每个单元设两层的办公室，办公室尺寸为 9 m×15 m。

案例分析：普洛斯的成功给我们的启示

普洛斯的成功可以给我们带来很多启发，主要有以下五点。

(一) 走差异化竞争之路

回顾普洛斯的发展之路，彼时其与一般的商业地产公司并无区别，投资组合包括工业地产、购物中心、写字楼等，但其创立者看到美国经济高速发展下需求量很大的物流地产，才有了今天的普洛斯。如今银行业竞争日趋激烈，金融监管态势依旧,差异化竞争绝不仅仅是一个口号,如何能够敏锐发现"危机"中的"转机",成功转型至关重要。

(二) 用普洛斯标准化、服务化、网络化、平台化思维看待自身业务

随着行业竞争的日趋激烈,普洛斯这艘航母的船长能够清醒地看清方向,树立"平台观"这一大格局,通过立足仓储这一核心环节,切入物流产业,形成围绕物流生态的链条式业态组合。

(三) 轻资产运营

普洛斯通过轻资产运营的基金管理模式,成功实现规模效应,解决了资金这一大难题,资产由谁持有并不重要,重要的是由普洛斯运营。以更少的资本消耗、更集约的经营方式、更灵巧的应变能力,实现更高效的发展和更丰厚的价值回报,这也是对我们自身专业能力的考验。

(四) 科技引领未来

普洛斯通过投资等方式积极布局无人驾驶、仓储物联网等底层技术公司,"互联网+"的本质是互联网与传统行业的结合,银行业也是如此。但是,这种结合并非简单的相加,而是利用信息通信技术以及互联网平台,让互联网与传统行业进行深度融合,创造新的发展生态。

(五) 向运营商转变,向链条上下游延伸

对于物流地产商而言,未来必须向运营商转变,向链条上下游延伸,不再简单地做仓储,而是要让货物流动起来,让仓库变成作业场所和流动的端口。可以预测,未来仓库可能不再按照租金,而是按照流量来收费。

普洛斯刚进入中国市场时,由于政府对于外资在华"圈地"现象明显保持着很强的戒心,公司在前期希望从政府直接拿地的愿望并不顺利。最终,管理层改变策略,从二级市场入手:一是收购了乐购整套配送设施,并在上海取得西北物流园的开发权;二是与苏州工业园区的苏州物流园区签订了开发协议,以入股形式进行工业物流园区的开发及建设。终于在2004年拿下了14万平方米的工业物流设施及土地,成功踏实第一步。

在建立了立足之地后,普洛斯开始发挥其作为外资国际化企业的绝对性优势——全球性的大企业客户资源(全球财富1 000强企业近一半左右是其客户),将其过往十年来积累的客户引入中国并为其提供一整套的现代化物流解决方案。

在当时的中国,物流地产业提供的物流解决方案仍然相当落后,离国际一流大企业的需求仍然相差甚远。普洛斯的出现使得外资大厂的订单纷至沓来,仅4个月后苏州工业园的物流设施租用率便从55%猛增至92.8%。其中,客户不乏阿迪达斯、三星、诺基亚、三井和欧莱雅这样的国际顶级企业。

物流园的开发,引来了国际大厂的入驻,最终导致了整个工业园区被整体盘活并拉动了当地政府的GDP与税收。这种显而易见的连锁效用立刻为政府所注意到,并改变了其对于普洛斯的态度,提高了信任,最终转化成了公司在今后拿地时的优惠政策。

凭借着苏州园区的示范效应,普洛斯在中国的开发得到了更多地方政府的支持,开始了一轮超高速的扩张。无论在环渤海、长三角、珠三角,还是内陆几大城市,全都布满了公司的物流园区。

思考题

1. 智慧物流的基本功能有哪些?
2. 智慧物流的发展机遇有哪些?
3. 物流自动化的作用有哪些?
4. 自动装卸系统有哪些优势?
5. 堆垛机器人有哪些特点?
6. 无人配送车+智能配送站有哪些优势?

第八章 互联网＋供应链管理

学习目标

1. 互联网时代供应链管理的新思维
2. 物流配送对于供应链绩效的影响
3. 供应链典型的物流配送网络
4. 供应链典型的物流配送网络绩效
5. 物流配送网络设计方案的选择及依据

第一节 互联网时代供应链管理的新思维

一、工业化时代：产销协同、库存和供应链战略

按照工业化时代的思维模式，供应链管理的基础是牛鞭效应，也就是终端需求波动很小，但因为从经销商到制造商逐级放大的原因，所以产生了供需不平衡，其解决方案就是"协同"，通过协同消除牛鞭效应，从经销商到制造商，或者从制造商内部销售端到制造端进行协同。其次，在日常的运营中，库存成了供应链管理的所有能力的体现，因为完美的"协同"是不存在的，所以基于协同的水平，大家准备了不同类别的库存去填补这个不平衡。

二、互联网时代：产销协同、库存和供应链战略

"牛鞭效应""库存"和"供应链战略"在互联网新时代下的变化。

协同：牛鞭效应认为终端需求波动很小，主要是中间传递放大，但是企业发现，终端波动就很大，更别提中间的传递变形了，所以不仅要协同中间的传递层级，更要主动协同到终端用户。

库存：经历过库存优化的企业都知道，对于变异系数较大品种，无论如何设置库存，都难逃高库存和高缺货的陷阱。遗憾的是，这类需求变异较大的产品今天

越来越多,特别是电商出现后。工业化时代下的良药"库存",必须被更具前瞻性的"预测"所替代。

供应链战略:企业这几年发现世界突然切入了新轨道,变化之快,让他们难以想象更远的未来。他们感觉自己能做的是紧跟这个变化的市场,紧跟自己变化的客户,而不是固守自己的远大战略。

三、供应链管理新思维:供应链管理将回归客户导向的本质

供应链管理的本质:以最低的总成本满足客户的需求。满足客户需求是目标,"协同、库存和战略"都不是供应链管理的目标,那为何不直奔目标而去呢?

在互联网模式下,企业需要重新思考与客户打交道的方式,不仅仅在流通领域,也包括制造领域。

如果我们可以获得真实的客户需求,基于互联网的跨界思维,产销协同将变成供应链与客户的直接协同,我们可以将基于历史库存为导向的计划策略变成基于客户未来需求驱动的计划策略,一些企业已经实现这一点。

四、互联网对供应链的影响

供应链管理在很大程度上要依赖于信息技术,通过信息技术的运用,可以有效地实现供应商、制造商、分销商和用户之间的信息集成。在企业内部,信息技术的应用也可以改善部门之间的联系。

在物流配送方面,采用互联网对地区分配中心的发货进行监视,对货物运至地区仓库进行跟踪,提供给核心企业有关使用的运载工具的可靠性数据。这使得配送管理者能够确保他们所使用的运载工具是能够满足原来所承诺的到达时间,也可以提供给配送管理者的另外信息,可以立即采取必要的补救措施。

互联网使得通讯和互动更加有效,因而互联网供应链管理能够提供更好、更及时的订货信息、运输信息、库存信息、能够及时科学地安排采购、生产、运货,为实现"零库存"提供了可能。主要体现在:(1)直接连通供应商、合作伙伴和客户;(2)集中化的战略采购、订单处理、库存查询和购买活动;(3)自动实现企业间的商务处理。采用互联网来管理库存可以使库存水平降低,减少总的库存维持成本,提供较高的客户服务水平。

互联网可以节省时间和提高企业信息交换的准确性,实现企业全球化的信息资源网络,更好地在信息时代实现企业内部与企业之间的信息的组织与集成。它的应用使得在复杂、重复的工作中认为的错误减少了,同时它可以通过减少失误而节约经费,从而降低整个物流成本费用水平。

通过供应链中的各项资源(人力、市场、仓储、生产设备等)运作效率的提升,

第八章　互联网＋供应链管理

赋予经营者更大的能力来适应市场的变化并及时做出反应,从而做到物尽其用。

降低采购成本,促进供应商管理。由于供应商能够方便地取得存货和采购信息,使采购工作合理化,可以把应用于采购管理的人员等都可以从这种低价值的劳动中解脱出来,订单的循环周期也得到大大缩短,从事具有更高价值的工作。

节约交易成本。用互联网整合供应链将大大降低供应链内各环节的交易成本、缩短交易时间。

减少循环周期。通过供应链的自动化,预测的精确度将得到大幅度的提高,这将导致企业不仅能生产出需要的产品,而且能减少生产的时间,提高顾客满意度。

收入和利润增加。通过组织边界的延伸,企业能履行他们的合同,增加收入并维持和增加市场份额。

缩短对客户服务问题的响应时间。互联网的发展给企业及供应链带来了许多机会,传统的后勤管理方式会慢慢消失。采用互联网这个全球通用的网络标准,企业与企业之间能创建一个无缝的、自动的供应链,于是企业能够快速订货、存货跟踪与管理、有更加准确快速的订单处理水平,从而使客户服务水平得到提高。

第二节　互联网＋试点供应链的变革

一、传统供应链与"互联网＋"

供应链是从 20 世纪 90 年代开始在美国开始兴起。在传统的供应链中,从上游企业到供应商到核心企业,再到最终用户形成一条链。

"互联网＋"的出现使得我们有机会获取大量的消费者数据,并且以平台形式来重构我们的供应链。这些平台具有感知层、网络层、平台层、应用层,可以呈现出很多互联互通的环境,使得我们有机会去做创新驱动,来重构供应链的结构和供应链的管理形式。同时,我们可以更多用跨界的观点或者是生态的观点来思考我们整个供应链。

二、供应链扁平化

在传统供应链分布结构中,消费者一般会去找零售商,然后再到分销商、经销商然后再到厂家,这是一个正常的信息流,或者反过来是一个物流的方向。在互联网环境下,制造企业可以借助京东或者阿里的平台,直接接触消费者,不再依赖于那些利用信息不对称的经销商。例如,主管合肥某个区域的经销商,他知道哪些地方有需求,利用信息不对称来赚取差价。现在互联网平台把原来网络的物流、资金流和信息流流动的方式彻底打破了,使厂家直接对接消费者。从信息角度来看,通过信息不对称来赚钱的中间环节消失了,很多厂家不需要花很多成本做线下活动。在支付方面,利用第三方支付平台不仅使厂家支付成本降低,还降低了支付风险。还有物流成本也下降了,但下降幅度不一样,整个供应链成本结构发生了颠覆性变化。所以,很多企业通过线上平台实现了供应链扁平化,信息流和资金流走线上,线下物流通过快递企业,即传统分配式供应链受到了颠覆。

就是信息流通过物联网和互联网,资金流通过支付宝、微信等第三方平台,使得它的供应链和成本结构发生了变化。同时,物流和售后服务也借助新技术和互联网平台的力量,发生了一些根本性变化。原来倒买倒卖的结构是依赖于流通商,通过物权的转移来构建供应链,但是现在变成了厂家直接卖给消费者,中间商变成了服务商。例如,快递不拥有货物,但是传统供应链中物流服务商和货权持有者是捆绑在一起的。在支付方面,原来的经销渠道,把资金流和信息流捆绑在一起。但现在通过支付宝,将物流与资金流分开,物流服务结束之后,再进行支付收款和物权转移。

物流实战 8-1 　安徽省六安瓜片茶业股份有限公司的供应链变革

图 8-1 是安徽省六安瓜片茶业股份有限公司(简称"徽六")原来传统的供应链结构。其特点是每层流通商都需要不同的物流和管理;信息传递慢且缺乏真实性,存在牛鞭效应;一级的流通商都会从分销中获利。

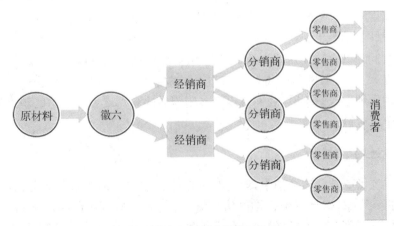

图 8-1　徽六原来的供应链结构

因为互联网出现,产生了另外一条供应链。在刚开始的时候,似乎只是增加了一个销售渠道,实际上当你走入互联网的时候,就会发现它会给企业经营管理带来的新变化,这就是阿里的"新零售"。目前,徽六可以清楚地知道客户群体在全国以及在合肥周边城市的情况和变化,其基于这些数据,它就会用大量的体验店去替代原来的线下店,这就对传统供应链产生了冲击,线下经销商趋于消失,而徽六就要通过线上和线下甚至全渠道的思维重构其供应链(如图 8-2 所示)。

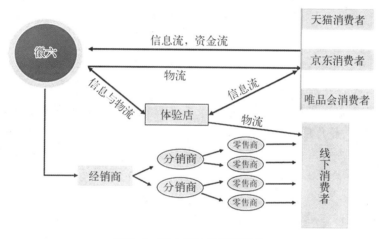

图 8-2 徽六新的供应链结构

传统供应链中的物流、信息流和资金流,因为没有互联网,信息传递是一层一层从客户到零售商到分销商,在信息传递的过程中会产生信息失真,越往上游越不知道客户需求在什么地方,产生的波动就会越大,信息失真会更加严重。因为互联网出现,使整个供应链不仅可以看到真实需求和需求变化,还可以将各种供应链集成,来重构供应链和改进供应链绩效,从而产生新业态。

 物流实战 8-2　高梵羽绒服的供应链变革

高梵羽绒服是安徽高梵制衣有限公司旗下知名羽绒服品牌。在传统供应链中,高梵将生产制造外包给代加工厂,代加工的很多厂家自己去买原材料,形成羽绒服供应链。进军电子商务时,似乎也就多了一条销售渠道。

但是,有了数据后就对供应链产生了影响。因为有了消费者数据,知道消费者即时需求的变化趋势,高梵做了很多测试性营销,以及消费者互动设计产品。刚开始可能有五六十种款式,但最终销售可能只有很少几种,于是他就成

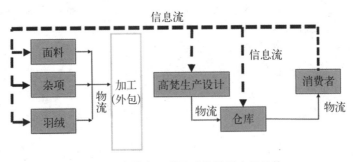

图 8-3　高梵在互联网时代的供应链结构

为一个产品设计商和标准商,从而整合供应链(如图 8-3)。例如面料的采购,以前是加工商都分别去采购,现在集成采购,形成批量购买,给供应链带来了巨大优势,不仅将成本考虑在列,还将面料的手感、品质等多种因素考虑了进来,提高了产品品质和稳定性,还降低了供应链成本。在此基础上,还可以站在供应链集成者角度,做供应链金融。因为每个企业的状况不同,融资成本会有差异,如果将供应链整合起来,做供应链金融,就可以降低整个供应链的成本和提高效率。所以从这个角度来说,互联网使牛鞭效应趋于消除,给供应链带来了变化。

在互联网的作用下,物流系统也出现了变化,例如,Amazon 的 Kiva 系统。这种系统为什么会产生?产生的背景是什么?举一个简单例子,原有厂家通过多层经销商、分销商,将产品传递到消费者手中,物流是逐步被拆分的,是渐进式的过程,如从一个火车皮到一箱,再到一条、一只、一根一样到达消费者手中。现在厂家通过电商扁平化了供应链,去掉了中间流通商,导致厂家需要面对成千上万消费者进行货物集中分拣处理,快速反应。这样物流分配的要求是以前没有看到的,这就会带来硬件层面的颠覆和大量的科技创新。当我们深入研究时,就会发现不仅硬件被颠覆了,传统的管理模式也被颠覆了。原来仓储管理员的思维不够用了,可能还不如让一个大学刚刚毕业的学生来管理。原来传统的仓储系统的经典方法,在新的环境下会很容易被超越,而且更可怕的是我们原来认为好的可能会变成最差的,原来认为最差的可能变成最好的。所以,硬件变了,环境变了,管理模式变了,其他跟着的都会发生对应的变化。

三、供应链平台化

传统的供应链中,信息是链条式传输,而因为平台的出现,信息流动的接口消失了,由平台来替代和管理。这样,所有的交易会通过云端平台产生,从而产生新的供应链的协调方和产品服务的供应方。作为一个云端,如何给所有的生产商、分配商和客户提供云端需求供给信息以及基于此的智能推荐信息。

平台的种类有很多种,如产品消费端平台、产品批发平台、市场调研推广平台、交通物流平台。从供应链角度来看,要思考如何利用平台优化供应链,提高效率,降低成本。因为平台的存在,让厂家与消费者距离更近。因为有了大数据,我们可以看到消费者的一举一动,给了我们资本去服务消费者,更强调消费者效益最大化。就像高梵羽绒服的例子,供应链上每个企业都有可能截取到最终消费者实时信息,把原来链状供应链变成了以消费者为中心的一个平台式的互联互通的、消费者可以实时参与的平台,在满足消费者的同时,也能够让消费者充分参与。海尔提出了一个观点,叫"人单合一","人"是员工和利益相关者,"单"是用户价值,"合一"是用户员工化和员工用户化,我的产品,我制造。我们认为,在平台上具有数据获取能力的人或者拥有数据分析能力和产品设计能力的人,极有可能成为供应链的主导者和设计者。我们现在很多的平台有数据获取的能力,也有宏观数据分析的能力,但是在产品设计的能力上实际上也不一定能满足。现在出现生产型企业或者是流通型企业,以他所具备的特长主导这个供应链,也并不一定是平台在主导,所以,以消费者为中心的供应链是平台式的供应链。

平台可以分为两个维度,一个是全流程用户交互的互联网平台,另一个是开放性资源整合的互联网平台。全流程用户交互互联网平台上,生产流程中员工与用户零距离,业务流程市场化——分解为并联的自主经营创新体"创客小微"。相应的组织结构也发生了变化,原来组织结构是高层领导、中层领导到一般的员工,从上到下金字塔式的。未来就是自主经营体的倒三角组织架构,一线员工从听命于领导转变为听命于用户;领导从给员工下达指令转变为给一线员工提供资源和平台支持。

海尔游戏笔记本品牌雷神是一个很好地与消费者互动的案例,其是 2014 年游戏笔记本业内最热门的品牌,产品销售额达到 2.5 亿元。

开放性资源整合互联网平台,具有外部资源无障碍进入、服务对象社会化的特点。还是以雷神为例,雷神成立公司后,开始与风投沟通投资事宜。2014 年 12 月,成立仅一年零三个月的雷神首批 A 轮融资 500 万元到位。2015 年 3 月,雷神京东股权众筹一小时募得 1 500 万元。至此雷神累计获取社会化资本 2 000 万元。2015 年 5 月,雷神京东众筹 2 829 万元,72 小时实现 1 600 万元超募。雷神虽然在海尔平台上创立,但并不一定通过海尔筹钱,可以向社会筹措。

第三节　供应链物流配送网络

一、供应链物流配送概念

物流配送是在供应链中将一个产品从供应商环节到顾客环节移动或储存所采取的措施或步骤。物流配送发生在供应链中的每两个环节。原材料和零部件从供应商移送到制造商，而产成品从制造商移送到最终顾客。物流配送是决定企业整体盈利性的一个关键因素，因为它既直接影响着供应链的成本，又直接影响顾客的体验。物流配送相关的成本占到了美国经济的 10.5%，在制造成本中约占 20%。对于日用品来说，物流配送在产品成本中的比例会更高。

二、物流配送模式对供应链绩效的影响

采用适当的物流配送网络可以达成不同的供应链目标，如从低成本到高响应性。所以，同一行业中的不同公司经常选择非常不同的物流配送网络。

沃尔玛和日本 7-11 都是通过杰出的物流配送设计和运作构建它们整个商业成功的。就沃尔玛来说，物流配送使得公司能以一个非常低的成本为较普通的产品提供很高的可获性。就日本 7-11 来说，有效的物流配送使得公司能以一个合理的成本提供非常高的顾客响应性水平。

戴尔公司将 PC 产品直接配送给最终顾客，而像惠普等公司则采取通过经销商的方式配送。戴尔的顾客可能需要等上几天才能得到一个 PC，而从经销商那里顾客可以马上拿到一个惠普的 PC。美国盖特韦公司则是采取开设盖特韦地区商店的方式，让顾客在那里体验产品并在销售人员的帮助下配置出满足他们需要的产品，然而地区商店不直接卖产品，所有的 PC 产品都是从工厂直送到顾客那里的。2001 年，盖特韦公司关闭了些财务绩效有问题的地区商店。相反，苹果电脑公司则开了很多可直接销售电脑的零售店。

以上这些 PC 厂商选择了不同的物流配送模式，我们如何评价这种宽泛的物流配送选择？哪种方式能更好地为公司以及它们的顾客服务？

宝洁采取的是直接物流配送到大型连锁超市的方式，从而迫使小的商家需要到物流配送商那里采购宝洁的产品。产品直接从宝洁移送到大型的超市，但移送到小的超市时需经过一个额外的环节。得州仪器(Texas Instrument)公司以前只有直销，现在其 30% 的销售量是通过分销卖给 98% 的顾客，而 70% 的销售量是通

过直销卖给剩余2%的顾客。这些分销商创造了哪些价值？什么时候一个物流配送网络应增加一个额外的环节（如一个物流配送商）呢？电子商务的倡导者预言像分销商这样的中介会消亡，但为何在许多行业中他们的预言被证明是错误的呢？与美国相比，分销商在像印度这样的国家里对消费品的物流配送起着更加重要的作用，为何会这样？

Grainger公司储备了近100 000种可以在下订单当天内发给顾客的存货，其他的滞销产品则不储备，而是当客户下订单后直接由制造商发送。在后者情形下，顾客要等几天才能收到产品。这些物流配送模式是否合适？如何进行判断？

以上案例表明，企业在设计它们的物流配送网络时可以有许多的选择。一个差的物流配送网络会降低顾客服务水平，同时增加成本。一个不合适的网络对一个企业的盈利能力会造成很大的负面影响。合适的物流配送网络选择能很好地满足顾客的需要，同时成本也会尽可能降低。

三、影响供应链物流配送网络设计的因素

在最高层面，物流配送网络的绩效应从两个方面来评估：（1）被满足的顾客需求；（2）满足顾客需求的成本。

所以，一个企业在比较不同的物流配送网络选择时必须评估其对顾客服务以及成本的影响。被满足的顾客需求影响着公司的收入，连同成本一起决定着交付网络的盈利能力。

尽管顾客服务包含许多的内容，我们还是将关注那些受物流配送网络结构影响的指标，它们包括响应时间、产品多样性、产品可获性、顾客体验、面市时间、订单可视性和可退货性。

响应时间是指顾客收到订货所需的时间。产品多样性是指物流配送网络能提供的不同产品或配置的数目。产品可获性是指当顾客订单到达时，产品有现货的概率。顾客体验是指顾客下达和接收订单的容易程度，以及这种体验客户化定制的程度，其中也包括纯粹的体验，例如，得到一杯咖啡款待的可能性以及销售人员提供的帮助等。面市时间是指将一个新产品推到市场所需的时间。订单可视性是指顾客从下单到跟踪他们订单的能力。可退货性是指顾客退回不满意商品的难易程度，以及网络处理这种退货的能力。

一般都认为顾客在这些指标上都追求最高的绩效水平，然而在现实中不是这样。在亚马逊网上书店订书的顾客通常比那些驾车到附近Borders书店的顾客愿意为购买同样一本书等更长的时间。相反，顾客在亚马逊能够找到比Borders更多样的书。所以，亚马逊的顾客舍弃了快速的响应时间，更愿意得到高水平的多

样性。

企业如果定位在那些能容忍较长响应时间的顾客上,可以只需要很少的店址,这些店址可能远离顾客。这样,这些公司能够将专注点放在增加每个店址的能力上。相反,对那些定位在在乎响应时间的顾客上的企业需要将服务设施靠近顾客。这些企业必须拥有很多的设施,每个设施的能力相对较低。所以,提高对顾客的响应速度(即缩短顾客的响应时间)将导致网络所需设施数目的增加,如图8-4所示。

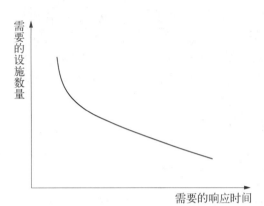

图8-4 响应时间与设施数目之间的关系

例如,Borders能够在当天提供顾客所需要的书,但在全美需要大约400个店。相反,亚马逊通常要花一周时间将书交付给顾客,但其需要大约6个店址储存它的图书。

改变物流配送网络的设计将影响以下供应链成本:库存、运输、设施及搬运和信息。

采购和定价也会影响物流配送系统的选择。随着供应链中设施数目的增加,其库存和相应的库存成本也会增加,如图8-5所示。

为了降低库存成本,企业通常会合并和限制它们供应链中设施的数目。例如,亚马逊由于设施非常少,其库存年周转率约为12次。然而,Borders由于拥有大约400个设施,其库存年周转率只有2次。

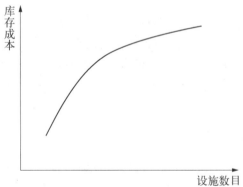

图8-5 设施数目与库存成本之间的关系

内向运输包括入厂、入店、入库、入站、入港运输等,内向运输成本是指将物料送入一个设施所发生的成本。外向运输包括出厂、出店、出库、出站,出港运输等。外向运输成本是指将物料从一个设施发出所发生的成本。一般来说,单位外向运输成本会高于内向运输成本,因为内向运输的批量通常较大。例如,亚马逊的仓库在收货时往往是整车到货,而发货时往往是每个顾客几本书的小包裹。增加仓库的数目可以缩短外向运输的平均距离,从而使得产品的外向运输距离占其整个行程的比例缩小。所以,只要内向运输的规模经济能保持,增加设施的数目就可以降低整个运输的成本,如图 8-6 所示。然而,当设施的数目增加到某个点时,引起内向运输批量很小从而导致内向运输的规模经济效益显著丧失,如果继续增加设施的数目,将使整个运输成本增加。

通常,设施成本随着设施数目的减少而降低,如图 8-7 所示,因为设施的合并可以使企业获得经济规模效益。

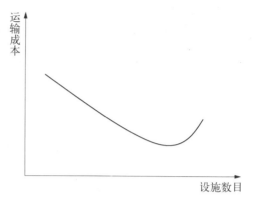

图 8-6　设施数目与运输成本之间的关系

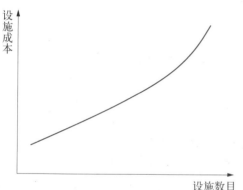

图 8-7　设施数目与设施成本之间的关系

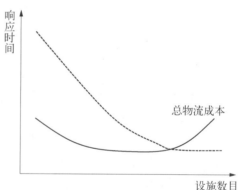

图 8-8　物流成本、响应时间与设施数目的关系

一个供应链网络的总物流成本是库存成本、运输成本和设施成本的总和。随着设施数目的增加,总物流成本先是降低然后增加,如图 8-8 所示。每个企业应至少拥有使总物流成本最小化的设施数目。例如,亚马逊拥有一个以上的仓库主要是为了减少物流成本(以及缩短响应时间)。如果一个企业想进一步缩短其对顾客的响应时间,它可能不得不增加设施的数目从而超过物流成本最小化的点。一个企业只有当经营者确信由于响应速度提高所带来的收入增加大于因设施增加所导致的成本上升时,才应该增加设施数目并突破成本最小化的点。

以上所列的顾客服务以及成本因素是评估不同物流配送网络设计的基本指标。

一般来说,没有哪种物流配送网络在所有指标上都好于另一种。所以,重要的是要保证物流配送网络的能力与企业的战略定位相匹配。

在下一节,我们将讨论各种物流配送网络模式并分析它们各自的优缺点。

四、设计物流配送网络时的关键决策

企业在设计物流配送网络时通常会面临两个问题:产品是交付到客户所在地还是由预定的一方来提取?产品需要流经一个中介(或中间场所)吗?

根据企业所属行业的不同以及对这两个问题的回答,企业可以在以下六种不同物流配送网络设计中择其一来实现产品从工厂到顾客的移动。

(1) 制造商存货加直送;

(2) 制造商存货加直送和在途并货;

(3) 物流配送商存货加由包裹承运人交付;

(4) 物流配送商存货加到户交付;

(5) 制造商或物流配送商存货加顾客自提;

(6) 零售商存货加顾客自提。

(一) 制造商存货加直送模式

在这种模式中,产品直接从制造商发送给最终顾客,而绕过零售商(零售商在这里的角色是接收订单和启动交付的请求)。这种模式也称直送(运),即产品从制造商直接交付给顾客。零售商如果与制造商是相对独立的,则不储存产品。信息是从顾客经零售商流到制造商,而产品则直接由制造商发送给顾客;像 eBags 和诺德斯特罗姆网站这样的在线零售商采用的就是直送的方式将货物交付给顾客。eBags 几乎不存任何货;诺德斯特罗姆则存一些货,而对滞销的鞋类商品采用直送的模式。Grainger 公司对滞销的产品也是采用直送的模式。

直送模式的最大好处是能够将库存集中在制造商那里。制造商可以将它所供应的零售商产生的需求聚集起来,这样供应链就能够用较低的库存水平提供高水平的产品可获性。直送模式的一个关键问题是制造商端库存的所有权结构。如果制造商端的库存已被明确划归每个零售商,那么库存即使在物理上是整合的,也几乎没有整合的效益了。只有当制造商能够将至少部分的库存按一种应需的方式在零售商之间进行分配,整合才有效益。对于那些高价值、低需求量且需求不可预测的商品,集中管理带来的效益最大。诺德斯特罗姆对低需求量的鞋采用直送方式就是出于这种目的。与此相类似,在 eBags 销售的包一般每个存货单位的价值高,相对需求量低。对于那些需求可预测、低价值的产品来说,库存整合的效益不大。所以,对于一个在线销售清洁剂之类大宗货物的杂货店来说,直送模式不能带来显著的库存优势。对于滞销产品,采用直送模式的库存周转次数将比把货存在零售店增加 6 倍或更高。

直送模式也给制造商提供了延迟客户化的机会,直到顾客真正下订单。延迟策略的应用可以进一步降低库存,因为库存将在零部件层整合。按订单生产型的公司例如戴尔公司,以通用零部件方式备货,延迟产品的定制,这样就降低了备货库存的水平。

尽管在直送模式下库存水平通常较低,但运输成本较高,因为到最终消费者的平均外向运输距离很长,同时要采用包裹承运人方式进货。包裹承运人相对于整车或卡车零担承运人其单位运费较高。采用直送方式,一个顾客订单如果包括几个制造商的产品,将导致多次向顾客发货。由于外向运输不能聚集,因此也会增加成本。

采用直送模式,供应链将节省设施的固定成本,因为所有的库存都集中在制造商那里。这样消除了在供应链中对其他仓储空间的需求,也可能节省些搬运成本,因为不再从制造商到零售商运送。不过,搬运成本的节省还需要仔细评估,因为制造商现在需要将产品按满箱的方式移送到工厂仓库,再按单件的方式从仓库发运出去。如果制造商单件交付处理的能力差,则会给搬运成本和响应时间带来很大的负面影响。如果制造商有能力将订货直接从生产线发运,那么搬运成本会显著降低。

直送模式需要在零售商与制造商之间有一个好的信息平台(基础设施),这样即使库存是放在制造商那里,零售商也可以提供产品可获性信息给顾客。

虽然订单是下给零售商的,但顾客也应了解订单在制造商那里的处理情况。直送模式通常需要在信息平台上有相当大的投资。信息平台的需求对像戴尔公司这样的直销商来说则相对简单,因为零售商与制造商这两个环节不需要整合起来。

采用直送模式,顾客的响应时间会长,因为订单必须从零售商传送到制造商,另外,从制造商集中化的仓库发货,其发运的距离一般也较长。例如,eBags 宣称其订单处理可能需要 1—5 天,而后地面运输可能需要 3—11 天。这意味着采用地面运输和直送模式,eBags 的顾客响应时间将为 4—16 天。另一个问题是对于多制造商产品组合的订单,每个制造商的响应时间通常不同。对于这样的订单,顾客将收到多次的部分发货,这使得顾客的收货变得复杂。

制造商存货方式使得顾客可获得更高水平的产品多样性。在直送模式下,制造商的每个产品都可生产并提供给顾客,而不受货架空间造成的任何限制。Grainger 公司通过直送模式能够提供来自数千个制造商的成千上万种滞销产品。如果每种产品都必须由 Grainger 公司存货,这基本是不可能的。直送模式使得个新产品只要第一个生产出来就能在市场上供应。

直送模式在直接交付到顾客地点这个方面提供了一个好的顾客体验。然而,当各个包含不同制造商产品的订单分散地交付时,这种体验会受损。

订单可视性在制造商存货的情形下变得非常重要,因为每个顾客订单都会涉及供应链的两个环节。不能提供这种能力将对顾客的满意度造成很大的负面影响。然而,订单跟踪在直送模式下会变得相对困难,因为这要求零售商和制造商两者的信息系统完全整合起来。对于像戴尔公司这样的直销商,订单可视性提供起来则相对简单。

一个制造商存货的网络在处理退货方面可能会有困难,这会损害顾客的满意度。在直送模式下,因为每个订单可能会涉及一个以上制造商的发货,所以退货处理的费用相对较高。可以有两种方式来处理退货。第一种方式是顾客直接将产品退回给制造商。第二种方式是零售商设立一个独立的设施(顾及所有的制造商)来处理退货。第一种方式将导致高的运输和协调成本,而第二种方式则需要投资一个处理退货的设施。

表8-1总结了直送模式各方面的绩效特征。

表8-1 制造商存货加直送网络的绩效特征

成本因素	绩 效
库存	因为整合,所以库存成本较低。整合对于低需求量、高价值产品而言效益最大。如果产品客户化定制可在制造商那里延迟,效益将非常大。
运输	因为距离增加和分开发运,所以运输成本较高。
设施和搬运	因为整合,所以设施成本较低。如果制造商能管理好小批量发货或能直接从生产线发货,则能节省一些搬运成本。
信息	在信息基础设施上需相当大的投资以使制造商和零售商整合起来
服务因素	绩 效
响应时间	因为距离增加并且订单处理涉及两个环节,所以响应时间为一两周。响应时间会随产品而变化,所以收货复杂。
产品多样性	容易提供高水平的多样性。
产品可获性	因为在制造商处整合,所以容易提供高水平的产品可获性。
顾客体验	在到家交付方面客户体验较好,但如果订单涉及几个制造商且分开发货,客户体验就会受损。
面市时间	快,第一个产品一生产出来就能在市场上供应。
订单可视性	较困难,但从客户服务的角度而言又较重要。
可退货性	实施起来困难,费用高。

针对这些绩效特征,制造商存货加直送模式最适用于多品种、低需求量、高价值的产品,顾客也愿意等待交付并接受多次部分的发货。制造商存货方式还

适合于使制造商延迟客户化定制从而降低库存的情形。为了使直送模式有效，每个订单应包含较少的供货点，所以它对直销商来说是非常理想的，使其能够接订单生产。如果经常有超过二三十个必须直接发货给顾客的供货点的情形，直送模式是很难实施的。然而，对于需求量非常低的产品，直送也许是唯一的选择。

（二）制造商存货加直送和在途并货

纯粹的直送模式是将订单包含的每个产品都直接从它的制造商发送给最终顾客，与之不同的是，在途并货方式是将来自不同地点的订单组合起来，使顾客只需接收一次交付。在途并货方式已被像戴尔公司这样的直销商所采用，也会被实施直送模式的企业所采用。如果一个顾客从戴尔公司订购一台PC，同时需要一个索尼显示器，则包裹承运人将从戴尔公司的工厂提取PC，从索尼的工厂提取显示器，然后在一个中心将这两个产品组合，最后统一一次性交付给顾客。

与直送模式一样，库存整合和延迟产品客户化定制的能力是在途并货模式的一个显著优势。在途并货模式允许戴尔公司和索尼公司将库存放在工厂。这种方式对于高价值、难以预测需求，尤其是产品客户化定制可以延迟的那些产品而言，效益最大。

在多数情形下，因为产品在交付给顾客之前会在承运人中心进行合并，所以，尽管所需的协调会增加，但运输成本与直送模式相比要低。一个包含三个制造商产品的订单在在途并货模式下只需要一次顾客交付，而在直送模式下需要三次。较少的交付次数能节约运输成本，并使收货过程简单。

设施和处理成本对于制造商和零售商来说与直送模式类似。处理在途并货的一方因为所需的合并能力而设施成本较高。顾客的收货成本较低，因为只需接收一次交付。总的供应链设施和搬运成本较直送模式稍高。

为了能够在途并货，需要一个非常完善的信息基础设施（平台）。除了信息之外，零售商、制造商和承运人的运作必须协调。与直送相比，在途并货模式信息基础设施的投资较高。

响应时间、产品多样性、产品可获性以及面市时间与直送模式类似。响应时间由于需要并货可能会稍微长一些。顾客体验较直送模式好，因为一个订单顾客只需接收一次交付而不是多次的部分发货。订单可视性是一个非常重要的需求。尽管开始的时候因为需要制造商、零售商和承运人之间的整合，订单跟踪很困难，但当产品在承运人中心合并后，订单跟踪则变得相对容易。合并之前，每个制造商的订货是分别跟踪的，合并之后，订货则是作为一个单元来跟踪的。

可退货性与直送模式类似。处理退货中的问题与直送模式非常类似，即逆向的供应链将同样是费用高且实施困难的。

表 8-2 将制造商存货加在途并货模式的绩效与直送模式进行了比较。与直送模式相比,在途并货模式的主要优势在于运输成本较低,顾客体验得到改善;主要的劣势是合并过程额外的付出。针对其绩效特征,制造商存货加在途并货模式最适用于中低等需求量、高价值,且是零售商从有限数目的制造商处采购的产品。与直送模式相比,为了使在途并货模式有效,要求每个制造商有更高的需求量(不必要对每个产品)。当存在太多的供应商时,在途并货的协调和实施会非常困难。如果供货点不多于四五个,在途并货的实施效果最好。对戴尔公司的 PC 和索尼公司的显示器采取在途并货模式是合适的,因为其产品多样,而供货点不多,对每个供货点的总需求量较高。

表 8-2 在途并货网络的绩效特征

成本因素	绩 效
库存	与直送模式类似。
运输	与直送模式相比,运输成本稍低。
设施和搬运	承运人的搬运成本较直选模式高,顾客的收货成年较低。
信息	与直送模式相比,投资稍高。
服务因素	绩 效
响应时间	与直送模式类似;可能稍微高一点。
产品多样性	与直选模式类似。
产品可获性	与直送模式类似。
顾客体验	因为顾客只需接收一次交货,所以比直送模式好。
面市时间	与直送模式类似。
订单可视性	与直送模式类似。
可退货性	与直送模式类似。

(三) 分销商存货加由包裹承运人交付

在这种模式下,库存不是由制造商存放在工厂,而是由分销商或零售商存放在中间的仓库里,并使用包裹承运人将产品从中间仓库运送给最终顾客。亚马逊以及工业分销商(如 Grainger 公司和 McMaster-Carr 公司)采用了这种方式,并结合了一个制造商(或分销商)的直送模式。

相对于制造商存货,分销商存货模式需要一个较高的库存量,因为较之制造商,分销商或零售商仓库一般在较低层面上聚集需求的不确定性,而制造商能将所有分销商或零售商的需求聚集起来。从库存的角度考虑,分销商存货对那些需求量较高的产品是有意义的。这点在亚马逊和 Grainger 公司的运作中可以看到。在它们的仓库里只储存比较好销售和畅销的产品,而滞销的产品则储存在较远的上游。在一些情况下,延迟定制在分销商存货模式下也能实施,但一般不要求其仓库具备装配的能力。不过,分销商存货与零售商网络相比库存会少许多。亚马逊采用仓库存货方式其年库存周转达到了约 12 次,而 Borders 公司采用零售店方式其年库存周转只有约 2 次。

分销商存货的运输成本与制造商存货方式相比稍低,因为在分销商仓库的内向运输这段可采用一种经济的运输方式(如整车装运),分销商仓库通常更靠近顾客。与制造商存货方式不同,一个包含多个产品的顾客订单需要多次发货,在分销商存货方式下可以使外向订货捆并成一次发运,从而进一步降低运输成本。相对于制造商存货,分销商存货方式节约了畅销产品的运输成本。

与制造商存货相比,分销商存货方式因为整合度降低其仓库设施成本稍高。分销商存货的搬运和处理成本与制造商存货方式相当,除非工厂能直接从生产线向最终顾客发货。在那种情形下,分销商存货方式的处理成本要高。从设施成本的角度考虑,分销商存货模式对非常滞销的产品是不适合的。

与制造商存货相比,分销商存货方式所需的信息基础设施就简单很多。分销商仓库在顾客与制造商之间起了一个缓冲器的作用,完全降低了对两方协调的需要。顾客与仓库之间的实时可视性是需要的,而顾客与制造商之间的实时可视性则不需要。分销商仓库与制造商之间的可视性和顾客与制造商之间的实时可视性相比,其实现的成本会低很多。

与制造商存货相比,分销商存货方式的响应性更好,因为分销商仓库平均来说更靠近顾客,而且整个订货在发运之前在仓库会被组合起来。例如亚马逊,可以在一天之内处理大多数仓库储存的产品,然后花 3～7 个工作日采用地面运输方式将订货送给顾客。Grainger 公司可以在当日处理顾客的订单,并有足够的仓库在第二天就采用地面运输方式交付大多数的订货。仓库存货方式在某种程度上限制了可供产品的多样性。Grainger 公司在它的仓库中一般不储存滞销的产品,而是依靠制造商将这些产品直接送到顾客那里。

分销商存货方式的顾客体验好,因为对于一个订单只有一次统一的顾客发货。与制造商存货相比,分销商存货方式的面市时间相对较长,因为需要在供应链中存储这一环节。订单的可视性较制造商存货方式变得相对容易,因为从分销商仓库到顾客只有一次统一的发货,而且在满足客户订单时只直接涉及供应链的一个环节。可退货性比制造商存货方式好,因为所有的退货可以在分销商仓库受理。即使订购的产品来自多个制造商,顾客也只需要退回一个包裹。

表8-3总结了分销商存货加由包裹承运人交付模式的绩效特征。分销商存货加由包裹承运人交付模式非常适用于比较好销售和畅销的产品。在客户需要比制造商存货方式更快的交付,但不需要立即交付的情形下,分销商存货方式也是有意义的。与制造商存货相比,分销商存货方式能应付的产品多样性较低,但比一个零售店网络会高许多。

表8-3 分销商存货加由包裹承运人交付网络的绩效特征

成本因素	绩效
库存	比制造商存货方式高。对于畅销产品差别不大。
运输	比制造商存货方式低。对于畅销产品降低幅度最大。
设施和搬运	比制造商存货方式稍高。对于非常滞销产品差别会很大。
信息	相对于制造商存货方式,基础设施更简单。
服务因素	绩效
响应时间	比制造商存货方式快。
产品多样性	比制造商存货方式低。
产品可获性	要提供与制造新存货方式相同水平的可获性需要更多成本。
顾客体验	比制造商存货加直送的方式好。
面市时间	比制造商存货方式长。
订单可视性	比制造商存货方式容易。
可退货性	比制造商存货方式容易。

(四)分销商存货加到户交付

到户交付是指分销商或零售商将产品送到顾客家门而不是使用包裹承运人。与包裹承运人交付方式不同,到户交付要求分销商仓库更靠近顾客。假设到户交付方式下所能服务的范围有限,与采用包裹承运人的方式相比,其需要更多的仓库。

分销商存货加到户交付模式比其他模式(除了零售店)的库存水平高,因为它整合的层次更低。从库存的角度来看,仓库存货加到户交付模式适用于相对畅销的产品,这些产品的分散化不会导致库存显著增加。食品杂货行业的大宗产品满足这些特点。

在所有的物流配送网络中,到户交付的运输成本最高,这是因为包裹承运人可以整合许多零售商的交货,从而比试图实施到户交付的分销商/零售商获得更好的规模经济。在食品杂货行业,每次送货上门的交付成本(包括运输和处理)是30—40美元。到户交付方式在大的、密集的城市可能费用会稍低。

运输成本对于那些体积大、顾客也愿意支付进货上门费用的产品而言也可能说得过去。比如,大桶水和大袋米的送货上门已被证明是非常成功的,有些国家的高人口密度有利于降低交付成本。假设需要很多数目的设施,那么采用分销商存货加到户交付模式的设施和处理成本会非常高。其中,设施成本比零售店网络会稍低,但比制造商存货或分销商存货加由包裹承运人交付的模式要高许多。然而,处理成本比零售店网络要高很多,因为所有顾客的参与被取消了。一个采用到户交付模式的食品杂货店会负责所有的操作直到产品送到顾客家门,而不像一个超市,后者有更多的顾客参与。

到户交付模式的信息基础设施与分销商存货加由包裹承运人交付模式类似。然而,它需要额外地对交货作计划的能力。到户交付模式的响应时间比采用包裹承运人模式要快。产品多样性一般比分销商存货加由包裹承运人交付模式低。采用这种模式,顾客的体验会非常好,尤其是对于那些体积大、难运送的产品。因为新产品在提供给顾客之前不得不渗透更深,所以面市时间比分销商存货加由包裹承运人交付模式还长。假设交付可以在24小时内完成,订单可视性不是一个问题。订单追踪的特征对处理不完整或未交付的订单这些例外情形会变得重要。在所有已讨论的模式中,到户交付模式下可退货性最好,因为执行送货的卡车同样能从顾客那里将退货取回来。退货处理的费用仍然比零售店模式高,在后者情形下,顾客可以将产品带回来。

表8-4总结了分销商存货加到户交付模式的绩效特征。在人工成本高的地区,从效率或增加利润的角度很难证明分销商存货加到户交付模式是适当的。只有当存在一个足够大且愿意为这种便利付款的顾客群时,这种模式才可能合适。在那种情形下,应努力将到户交付与现有的一个物流配送网络结合起来,以发挥规模经济效益和提高使用率。一个例子是 Aibcrtsons 公司使用已有的食品杂货店的设施和人工来提供送货上门服务。杂货店的一部分成了在线订单的履约中心,同时也是杂货店自身的供给中心。这样有利于提高使用率和降低提供这种服务的成本。如果顾客的订单大到可产生相当的规模效益,到户交付模式也是适当的。为了反映这种概念,Peapod 公司已经修改了它的报价策略。最小的订货最少要50美元(加送货费9.95美元),对任何数量的订单不再提供免费的送货。Peapod 公司会基于它日程表的情形在比较滞销的期

间提供进货费的折扣。为了有利润，进货上门的企业几乎都不得不拒绝免费送货。

表 8-4 分销商存货加到户交付网络的绩效特征

成本因素	绩效
库存	比分销商存货加由包裹承运人交付模式高。
运输	假设有极小的规模效益，则成本非常高。比其他任何一种物流配送模式高。
设施和搬运	设施成年比制造商存货或分销商存货加由包裹承运人交付模式高，但比零售店网络低。
信息	与分销商存货加由包裹承运人交付模式类似。

服务因素	绩效
响应时间	非常快。当日或第二天交付。
产品多样性	比分销商存货加由包裹承运人交付模式稍低，但比零售店模式高。
产品可获性	提供可获性的成本比除了零售店之外的任何其他模式都高。
顾客体验	非常好，尤其是对于大体积的产品。
面市时间	比分销商存货加由包裹承运人交付模式略高。
订单可视性	难度小，比制造商存货或分销商存货加由包裹承运人交付模式更容易实施。
可退货性	比其他的模式更容易实施，但比零售商网络困难，费用高。

（五）制造商或分销商存货加顾客自提

在这种模式下，存货储存在制造商或分销商的仓库，而顾客通过在线或电话下订单，然后到指定的提货点领取他们的商品。当需要的时候，订货会从存货处发运到提货点。案例包括由日本 7-11 营运的 7dream 网站，它允许顾客在一个指定的商店提取在线的订货。

7-11 拥有物流配送中心，在那里按日常的方式将制造商的产品越库并发送到零售商店。一个交付在线订货的零售商可看成是一个制造商，其交货通过越库的方式送到适当的 7-11 零售商店。成为服务在线订货的一个商店角色使 7-11 能够提高它现有物流资源的利用率。

采用这种方式通过制造商或分销商存货的整合可使库存成本较低。

运输成本比任何采用包裹承运人的方式低，因为当运送订货到一个提货点时，大规模的整合是可能的。它可以采用整车或卡车零担承运人将订货运输到提货点。对于像日本 7-11 这样的一个公司，运输成本的边际增加不大，因为卡车已经在为商店送货,增加在线订单将提高它们的利用率。

如果不得不建设新的提货点,那么设施成本会升高。如果能利用现存的设施,则可以降低额外的成本。制造商或仓库的处理成本与其他的模式相当。在提货点的操作成本会高,因为每个订单都必须与每个特定的顾客(当他到来的时候)匹配。如果没有提供适当的存货和信息系统,那么建立这种能力会相当大地增加处理成率。在提货点所增加的处理成本是这种模式能否成功的最大障碍。

这种模式需要一个相当好的信息基础设施(平台)以提供订单的可视性直到顾客将订货提走。这需要在零售商、存货地点与提货地点之间有非常好的协调配合。

在这种模式下,响应时间与采用包裹承运人的模式相当。产品多样性和可获性与制造商或分销商存货模式相当。在顾客体验方面稍差一些。

表8-5总结了制造商或分销商存货加顾客自提模式的绩效特征。一个具有消费者提货地点网络的主要优势是它能够降低交付成本,扩展所销售的产品以及在线所服务顾客的范畴;主要的障碍是在提货点所增加的搬运成本。这样一个网络如果能利用已有的一些设施,例如咖啡店、便利店或食品杂货店等作为提货点,则很可能是最有效的,因为这种网络能提高已有基础设施的使用效率。遗憾的是,这些设施通常只设计成能让顾客来取货,所以需要进一步开发能提取顾客特定订货的能力。

表8-5 具有消费者提货地点网络的绩效特征

成本因素	绩 效
库存	能与其他任何模式相当,取决于库存的位置。
运输	比包裹承运人模式低,尤其是如果能利用一个已有的交付网络。
设施和搬运	如果必须建设新的设施,那么设施成本可能很高;如果能利用已有的设施,则成本较低。提货点搬运成本的增加可能相当大。
信息	对所要求的信息基础设施的投资相当大。
服务因素	绩 效
响应时间	与由包裹承运人交付加制造商或分销商存货的模式类似。当日交付对于那些储存在提货点本地的产品是可能的。
产品多样性	与其他制造商或分销商存货的模式类似。
产品可获性	与其他制造商或分销商存货的模式类似。

续 表

服务因素	绩　　效
顾客体验	比其他的模式低,因为不能到户交付。在高人口密度的区域,便利的降低程度可能很小。
面市时间	与制造商存货模式类似。
订单可视性	困难但是必需的。
可退货性	假设提货地点能处理退货,则是相当容易的。

(六)零售商存货加顾客自提

这种模式常常被看成是供应链物流配送最传统的形式。在这种模式下,库存存放在零售店当地。顾客走进零售店购货,或者通过在线或电话下订单,然后在零售店提货。

Albertsons公司将它的库存存放在提货地点本身。Grainger公司则是将一些产品存放在提货地点,而其他的产品可能来自一个中央的地点。

当地存货模式因为不能整合所以库存成本会高。然而,对于非常畅销的产品,即使采用当地存货模式,库存的增加也是微小的。Albertsons公司之所以采用当地存货模式是因为它大多数的产品相对都是畅销品且都存放在超市里。类似地,Grainger公司将其畅销产品的库存存放在提货地点,而将滞销产品存放在一个中央的仓库。

运输成本比其他的模式低很多,因为给零售店补货可以采用便宜的运输模式。由于需要很多的当地设施,因此设施成本较高。如果顾客走进商店订货,则只需要一个最低程度的信息基础设施。然而,对于在线订货,则需要一个相当好的信息基础设施以提供订单的可视性,直到顾客将订货提走。

因为有当地存货,所以这种模式可以获得非常好的响应时间。例如,Albertsons公司和Grainger公司都能在它们的零售点提供当日提货。当地存货的产品多样性比其他的模式低。要提供高水平的产品可获性,这种模式比其他所有的模式成本更高。顾客体验取决于顾客是否喜欢逛商店。这种模式的面市时间是最长的,因为新产品在提供给顾客之前必须渗透贯穿整个供应链。

当订货是通过在线或电话下单时,订单可视性对于顾客提货来说是非常重要的。退货可以在提货地点受理。总体上,采用这种模式的可退货性相当好。

表8-6总结了具有顾客提货地点和当地存货(例如零售店)网络的绩效特征。具有当地存货网络的主要优势是它能够降低交付成本,比其他的网络提供更快的响应;主要的劣势是库存和设施成本增加。这种网络最适合于畅销产品或顾客很重视快速响应的产品。

表 8-6 在消费者提货地点当地存货的绩效特征

成本因素	绩效
库存	比其他所有的模式高。
运输	比其他所有的模式低。
设施和搬运	比其他模式高。对于在线或电话订货,提货点搬运成本的增加会相当大。
信息	对于在线或电话订货,需要在基础设施上进行一些投资。
服务因素	绩效
响应时间	当日(立即)提货对于存储在提货点当地的产品是可能的。
产品多样性	比其他所有的模式低。
产品可获性	比其他所有的模式成本高。
顾客体验	与顾客把逛商店看成是正面或者负面的体验有关。
面市时间	在所有物流配送模式中最长。
订单可视性	对于店内购货意义不大。对于在线或电话订单是必需的,但达成困难。
可退货性	假设提货地点能处理退货,则比其他的模式容易。

第四节　物流配送网络设计方案的选择

一、各种物流配送网络绩效指标

一个网络设计者在设计适当的交付网络时应当考虑产品的特征以及网络的需求。以上讨论的各种网络有着不同的优势和劣势。在表 8-7 中,对各种交付网络在不同的绩效指标维度上进行对比排列打分。评分 1 表示在给定的指标维度上绩效最好;如果相应的绩效变差,则评分值增加。

表 8-7 不同交付网络设计方案的绩效比较

	零售商存货加顾客自提	制造商存货加直送	制造商存货加直送和在途并货	分销商存货加由包裹承运人交付	分销商存货加到户交付	制造商或分销商存货加顾客自提
响应时间	1	4	4	3	2	4
产品多样性	4	1	1	2	3	1

续表

	零售商存货加顾客自提	制造商存货加直送	制造商存货加直送和在途并货	分销商存货加由包裹承运人交付	分销商存货加到户交付	制造商或分销商存货加顾客自提
产品可获性	4	1	1	2	3	1
顾客体验	1—5	4	3	2	1	1
面市时间	4	1	1	2	3	1
订单可视性	1	5	4	3	2	1
可退货性	1	5	5	4	3	2
库存	4	1	1	2	3	1
运输	1	4	3	2	5	1
设施和搬运	6	1	2	3	4	5
信息	1	4	4	3	2	5

注:1表示最高绩效,6表示最低绩效。

只有一些特定的企业采用单一方式的物流配送网络。大多数的公司最适合于采用几种交付网络的组合。所采用的组合取决于产品的特征以及企业的战略定位。在各种情形下,不同交付网络模式的适用性如表8-8所示。

表8-8 针对不同产品/顾客特征的各种交付网络的绩效

	零售商存货加顾客自提	制造商存货加直送	制造商存货加直送和在途并货	分销商存货加由包裹承运人交付	分销商存货加到户交付	制造商或分销商存货加顾客自提
高需求量产品	+2	−2	−1	0	+1	−1
中需求量产品	+1	−1	0	+1	0	0
低需求量产品	−1	+1	0	+1	−1	+1
非常低需求量产品	−2	+2	+1	0	−2	+1
很多产品需求源	+1	−1	−1	+2	+1	0
高产品价值高	−1	+2	+1	+1	0	+2
需快速响应	+2	−2	−2	−1	+1	−2
高产品多样性	−1	+2	0	+1	0	+2
低顾客付出	−2	+1	+2	+2	+2	−1

注:+2=非常适合;+1=较合适;0=中性;−1=较不适合;−2=非常不适合。

一个优秀的混合型网络的例子是 Grainger 公司,在它的物流配送网络中组合了前面提到的所有模式。不过,该网络针对产品特征和顾客需求做了修改。畅销和应急的产品在当地储存,顾客可以自提或者送货上门,主要取决于是否紧急。滞销的产品则储存在一个全国性的物流配送中心,在两天内可送达顾客。非常滞销的产品则通常采用制造商直送的方式。这意味着一个更长的提前期。另一种混合型网络是亚马逊所采用的,即在它自己的仓库里会储存一些产品。其他滞销的产品则可以由分销商或出版公司直送。

二、供应链物流配送网络选择实践

(一) 物流配送网络的选择有着长期的后果

物流配送网络的结构是最难改变的决策之一,其影响通常会持续几十年,这进一步说明了该决策的重要性。例如,在美国,汽车制造商几乎所有的汽车通过一个几十年前建立的独立的经销商网络销售给消费者。因为经销商是消费者与汽车供应链之间的纽带,所以汽车制造商会非常感兴趣地去影响经销商以使它们确信这是一个积极的关系。然而,因为经销商是独立的,所以它们会有一些不同的目标,这些目标不一定与制造商相一致。使问题进一步复杂化的是经销商通常都会与几家制造商有关系,而且它们成功地促进了立法,该立法使制造商想采用其他的物流配送渠道会非常困难。尽管汽车制造商已进行了多年的努力去实施替代的物流配送渠道,但经销商仍然约束着制造商,保留着汽车销售的唯一渠道。

长期后果的另外一个例子是在 PC 行业。早前,制造商都是通过独立的分销商和零售商进行销售的。戴尔公司的出现是一个表明直接模式常常会怎样优于传统模式的鲜明例子。其他的 PC 制造商,如惠普也尝试进行了 PC 的直销。然而,它们现有的物流配送渠道对此给出了非常消极的反应——正如你可能预期的,因为这将毁掉分销商的生意。因为物流分销商通常也卖其他公司的 PC,所以制造商在大举推进直销努力时非常犹豫,因为害怕它们的分销商采取推销竞争对手产品的方式来进行报复。制造商基本上就被它们先前遗留下来的分销商网络束缚着。走向直销的唯一方式是一个彻底的突变——假设它们的分销商拥有与顾客的关系,这一步的代价会非常大。这些例子说明了选择正确的物流配送网络有着长期的意义和影响。

(二) 排他的物流配送策略

另一个重要的选择是物流配送是否应该是排他性的。例如,一个消费电子产品制造商(如索尼)可能选择与很多的分销商(如百思买、电路城和沃尔玛等)建立关系。在这种情形下,索尼感兴趣的是增加其产品的可获性,而不会在意它的分销商在卖索尼产品给顾客时互相竞争。另一种方式是与一个分销商建立一种排他的关系,这对有高品位立体声设备的制造商来说似乎更合理。在这种情形下,顾客只能从单一的零售商那里购买该商标的产品。因为零售商不用与邻近商店进行竞价,所以能获得较高的利润。这对制造商有什么好处呢?因为利润高且没有竞争,所以排他性的分销商将会更有兴趣去营销制造商的产品,这样制造商通常就能显著地增加其销售业绩。

(三)将互联网与现有的实体网络整合

为了从电子商务中获取最大的收益,企业应该将它与其现有的供应链网络整合起来。将这两个网络分开通常会导致供应链中的低效率。电子商务与现有实体网络的这种整合已被人们称为"鼠标加水泥"(Clicks-and-mortar)。

Albertsons 公司利用它的实体资源既满足在线订单,又满足那些想去超市购物的人们,这就是电子商务在一个供应链网络中的一种有效整合。另一个"鼠标加水泥"的有效策略的例子是盖普公司,它允许顾客通过放置在店里的计算机在线下达订单,也可以退回在零售店在线采购的产品。互联网被用来扩大盖普商店可提供给顾客的产品多样性。盖普商店贮备流行的产品,而顾客则可以通过在线订购店里可能没有的颜色和尺寸的产品。这使得盖普公司能够将低需求量的产品集中起来,从而增加产品的多样性,以及获取电子商务与其实体网络整合所带来的最大收益。

案例 8-1　新零售下供应链优化与物流升级的实践

现阶段,中国经济正处于转型升级期,产能过剩、库存积压,经济下行压力大,市场竞争环境愈加激烈,为此政府给出了供给侧改革方针路径,制订了智能制造发展规划,越来越多的企业在经历了高速扩展带来的高库存阵痛后,开始关注供应链及物流管理,大部分企业都期望通过建立快速柔性供应链管理体系,通过建立高效优质的现代物流服务体系,为用户提供高性价比的产品和极致的体验,从而获得更大、更稳固的市场地位。

一、对新零售的理解

用互联网的技术和方法做线下零售,丰富的产品组合具有高品质、高颜值、高性价比的产品特性,带来极致的用户体验(用户参与)和高效率的运作(快速反应)。

目前业界对新零售最有代表性的定义为:企业以互联网为依托,通过运用大数据、人工智能等先进技术手段,对商品的生产、流通与销售过程进行升级改造,进而重塑业态结构与生态圈,并对线上服务、线下体验以及现代物流进行深度融合的零售新模式。

二、新零售带来的影响

与时俱进,紧跟潮流,顺势而为,是每一个企业生存之道,尤其是鞋服行业,具备快时尚、快消品行业的典型零售特征,很多企业都经历了高速发展、快速扩张的成长期,也经历了高库存、低效益甚至巨大亏损的衰退期,笔者长期从事供应链与物流的实战管理和专业研究,对鞋服行业的零售变化有着深刻的体会和感受,今天试着和大家分享和交流。

(一)研发方面

以往更多的是依赖管理者的从业经验和历史销售数据,作出用户需求的预测,带有明显的主观倾向,以自我为中心;现在更强调通过互联网、大数据、人工智能等技术来挖掘用户需求,努力把个性化的用户需求汇总归拢,形成相对规模化的用户需求,趋于理性,以用户为中心。

(二)采购方面

以往几万、几十万的大单越来越少了,更多的是几千、几百、几十的小单;订单变小的同时,商品品类却越来越多,材料、颜色、尺码也越来越多;更为痛苦的是,从拿到订单到交货的时间越来越短,从过往的100多天,逐渐压缩至30天,甚至更短,还要柔性、敏捷,即根据市场变化随时做出快速响应;做到以上几点还不够,最后还要强调优质低价、高性价比,也就是商品质量、功能比竞品要好,但价格要比竞品低。只有做到了以上几点,方能胜出。

(三)物流方面

品规SKU越来越多,仓库越来越大,波峰与波谷差距巨大,人员设备调配、管理难度越来越大;不管是线上,还是线下,发货频次则越来越多,以往一周一发,现在一天一次,甚至一天多次,发货单量则越来越小,整车运输几乎绝迹,更多的是快递、快运;无缝零售的典型特点是,用户下单随时随地,配送的范围从乡村到集镇、从县城到城市、从中国到全球。

(四)销售方面

弱导购、强形象、重场景、更时尚;上新快、周期短、促销频,随时与随地、线上与线下。

二、新零售环境下供应链优化实践

(一)供应链优化——战略层面(推拉选择)

按照供应链的驱动方式来划分,可将供应链划分为推动式供应链和拉动式供应链。推动式供应链是以制造商为核心,根据产品的生产和库存情况,有计划地把商品推销给用户,其驱动力源于供应链上游制造商的生产,在这种运作方式下,供应链上各节点比较松散,追求降低物理功能成本,属卖方市场下供应链的一种表现。由于不能动态掌握用户需求变化,这种运作方式的库存成本高,对市场变化反应迟钝。拉动式供应链是以用户为中心,关注用户需求的变化,并根据用户需求组织生产,在这种运作方式下,供应链各节点集成度较高,有时为了满足用户差异化需求,不惜追加供应链成本,属买方市场下供应链的一种表现,由于动态掌握用户需求变化,这种运作方式的库存成本低,对市场变化反应迅速。

推式以自我为主,拉式以用户为主,理论上后者一定优于前者,更符合新零售环境下个性化、碎片化的消费场景。在实际运用中,我们不能盲目地、机械地选择,不是所有好的东西都适合你,关键还要看你有没有能力驾驭(拖拉机和法拉利不是谁都能驾驶),产品特性是否必须这样做(产品生命周期同供应周期之间的比值、产品时尚程度、批量大小等)或者是否适合这样做(拖拉机走的路法拉利跑不了),毛利率情况是否允许你这样做(沃尔玛毛利率 22.5%,Costco 加价率 1%—14%,就不一定能支持快速响应带来的高成本)。因此,两种供应链策略各有利弊,推式有推式存在的合理性,拉式有拉式存在的合理性,各有成功的案例,企业应该根据自身产品特点,如产品生命周期、产品及原材料供应周期、库存风险、成本要求、产品可得性、用户反馈等,策略性地规划、选择推式或拉式或推拉结合的供应链管理策略,供应链优化的最终目标,就是尽一切可能"让好卖的产品不缺货"(提升销售)、"让不好卖的产品不制造"(降库存)、"用最少的库存实现最大的销售"(高毛利率)。高性价比的产品、极致的用户体验、高效率的运作,是企业供应链管理亘古不变的课题。

(二)供应链优化——方法层面(推拉结合实践)

如何实施推拉相结合的供应链策略,说难并不难,原理很简单,关键是实践运作。笔者从事供应链管理 20 多年,针对不同产品特点设计了众多运作模型。

1. 通过召开传统的订货会,把产品预测风险、产品库存责任转嫁给零售商或代理商(相对品牌商而言,他们是弱势一方,弱势一方承担风险似乎是行业惯用的游戏规则),但不再按传统的销售目标分配订货任务,即不要求 100% 订货,改为按销售目标的 30% 订货,主要用于铺货(25%)和必要的安全库存(5%)。这部分订单,对供应链来讲就是推式订单(首单),按照正常的供应周期,完成相关采购、配送、铺货工作,同时为了快速响应未来补单的需求,协同供应商提前做好 15% 的备料工作(可以是成品,也可以是原材料,关键要看补单要求的响应速度和供应速度)。这样一个小小的改变,可以明显地看到,订货的风险大大下降了,零售商或代理商承担的预测风险由 100% 降为 30%,品牌商和供应商承担的预测风险为 15%,同时还形成了零售商、品牌商、供应商共担风险的机制,更为公平、更为合理。

2. 铺货完成后,根据产品生命周期的三个阶段,设置不同的补货周期,初期补货周期为 14 天,即铺货完成试销后的第 14 天为首次补货窗口,零售商可以根据系统按照设定补货逻辑自动计算的补货数量,或人工根据市场销售情况,结合库存可销天、供应周期计算的补货数量,下达供应链部门第一次补单,供应链部门则按照设定的供应周期组织产品的制造、配送,此为第一个补货循环,以此类推,直至产品生命周期结束。到了产品生命周期的中期,也就是旺销期时,补货周期须调整为7天,以便更快速响应市场需求,减少销售机会损失。到了产品生命周期的末期,补货周期须再次缩短,有条件的情况可以做到每天补货,以最大限度减少供应晚导致的库存增加。产品生命周期末期的控制尤其重要,在实际运行中,每到季末,我们经常会发现爆款高库存的异常情况,实际上就是末期补货不恰当导致的。

3. 用户需求在变化,可控的供应链资源在变化,成本、效率、库存、销售永远是矛盾组合体,因此没有一成不变的供应链运作模型,每个企业都需要因地制宜,过程中不断实践、不断探索、不断完善。同时,为了能够确保拉式供应链的响应速度和有效运行,下面几点尤其重要,否则不仅会导致货品的延迟交货,销售机会的丧失,还会造成更大的库存。

首先,产品的标准化和设计优化。标准化、设计优化程度高的产品,通常其需要的资源可得性会更高,制造也更容易,供应周期会短,更重要的是,标准化的产品库存风险低。

其次,供应链各环节的精益生产。只有高效、优质生产,才能最大限度缩短响应周期,保证响应速度。

最后,做好供应链资源的储备。只有在拥有的供应链资源大于市场需求的情况下,你才能做到快速响应。同时,还要做好供应链资源的搭配工作,低价、高价、快速、低速的有效组合,可以最大限度地降低供应成本,高性价比是用户的选择,是市场的发展趋势,在这方面,供应链责无旁贷。

(三)物流升级的网络化

随着零售精细化管理的不断提升,随着线上线下的不断融合,对物流管理也提出了更高的要求,在传统的快速、优质、低成本基础上,如何合理管控库存显得尤为重要,只有把库存管控好了,才有可能实现供应链管理非常重要的目标之一——"用最少库存实现最大销售"。其中尤为关键的是物流网络的构建,其不仅影响到库存的合理分配,线上线下的融合共享,更关系到能否快速响应市场需求,带给用户更好的体验。

目前鞋服行业普遍采用的物流网络架构大致有三种:

1. 1个中央仓+若干区域仓的方式进行布局,确保库存共享互通的同时,把仓库前置到零售市场,从而更快速地响应市场需求。

2. 1个中央仓,库存管控简单高效、共存共享,这主要得益于国家近年来在交通基础设施上的大量投入，运输时间大幅缩短，为一仓快速配全国创造了条件。

3. 供应商直达零售端，通过端到端服务，减少物流分拨、中转环节，从而更高效地服务市场，但此种网络配置方式，受制于产品结构及供应商能力，一是要求品类单一，二是要求供应商能力超强。在上述基础上还会延伸出很多组合类型，例如，常规或铺货产品因组货、陈列要求，通过中央仓集货、分拨区域仓的方式配送至零售终端，爆款则直接从供应商配送至零售终端，取消所有中间环节，实现端到端服务，最大限度提升快速响应能力。

（四）物流升级的系统化

随着外围 ERP、RETA-IL、POS、O2O 等系统的广泛运用，对物流 WMS 系统也提出了更高的要求，除了传统精准库位、流程管控基础功能外，如何链接无线射频设备、如何驱动大量自动化设备、如何智能化分配安全库存、如何实现流程可视化管控、如何实施货物溯源管理、如何让物流运作更加高效等都变得越来越重要。为此，笔者通过持续多年的努力，通过组建物流 IT 团队，从系统需求调研、技术发展趋势研究，到蓝图规划、技术文件编制、系统开发、单元测试、集成测试、压力测试、封装布版，系统所有功能、接口均实现了自主开发、自主运维，过程中建立迭代机制，持续更新。现代物流高度依赖信息管理系统，只有掌握了核心技术，才能立于不败之地，并且可以更主动、更快速根据市场变化，及时调整系统功能，从而更好地应对新零售带来的各项挑战。

（五）物流升级的自动化

近年来，随着电商兴起，尤其是京东系、阿里系的崛起，线上零售业务连续多年大幅增长，对物流基础设施的需求也越来越大，同时为高效、快速响应市场需求，各企业纷纷投入巨资建设现代化的一流仓储设施，如自动化立体仓库、各种类型的自动分拣机、自动计量设备、自动拆垛码垛机械手，可以代替传统叉车的 AGV 小车、有轨穿梭小车等，还有最近两年兴起的货到人技术，如 KIVA 机器人系统、多层穿梭车系统、MINILOAD 解决方案等，相信不远的将来，无人机配送很快会走入寻常百姓家中。

物流自动化设备的广泛应用，一方面，在大幅提高作业效率、作业精准度的同时，极大地减轻了员工的劳动强度，也缓解了行业对劳动力的需求；另一方面，由于投资比较大，投资回报周期比较长，机器换人后的经济效益不是非常明显，甚至超过了人力成本，导致自动化设备在全社会的推广尚有困难，但机器换人是大势所趋，在人力成本逐步攀升、招工困难、员工管理难度高的情况下，自动化设备的作业优越性会越来越明显，笔者所在企业，近年引入了大量的自动化设备，在业务量成倍增长的情况下，员工数量始终保持不变，人效每年提升幅度在 50% 以上，我们始终坚持一条原则，即能用机器干的绝不用人来干。

（六）物流升级的智能化

谈到智能、智慧物流，很多人感到遥不可及，或者同自动化混淆，也许对第三方物流来讲是这样的，因为其掌握的数据有限，但对品牌商内部的物流部门来讲，其想象和发挥的空间应该更大，我们有条件获取前端零售环节的销售数据，也有办法获得后端供应链的备料数据，加上自身管控的各仓库库存数据，物流部门可以成为品牌商的数据管理中心，一手牵市场、一手牵供应，通过数据分析，完全可以实现更加合理的库存分配、更加精准的配送、更加精准的补单，最大限度地实现库存动态平衡，真正意义上践行最少库存最大销售的供应链目标。

动态有效、精准平衡全链条库存，才是物流的核心价值点，只有让物流变得更智能、更智慧了，能够主动把产品前置到正确的地方，能够主动提出精准补单需求，能够主动承担库存责任的时候，物流的价值才会真正得到体现。

案例分析

零售环境日新月异，创新不断，新概念层出不穷，作为传统的供应链或物流从业者，普遍感到压力山大，一天到晚不是被零售商投诉交货晚了，就是被消费者投诉有质量问题，或者被老总们投诉成本太高、没有市场竞争力，归根结底是我们一直在被动工作，被动地接受各种指令，从没有主动地开展工作，从没有主动承担更多的责任。试想一下，如果有一天，零售缺货了，我们承担缺货损失，零售库存多了，我们承担库存责任，这样的场景可以实现吗？你说能就一定能，关键取决于你的想法、取决于你的行动。

零售回归本质——把货售卖出去；供应链回归本质——高效供应高性价比产品、合理管控库存水平。

案例 8-2　艾尔科(ALKO)公司的供应链物流配送管理

艾尔科公司始建于 1943 年，它是由约翰·威廉斯在其家乡美国克里夫兰创办的一家汽车修配厂发展起来的。约翰一直酷爱修配工作，在 1948 年他发明了一种照明设备获得了专利。他便决定在自己的修配厂生产该产品，并尝试在克里夫兰地区销售。照明设备的销售状况良好，截至 1957 年艾尔科已经发展成为资产达 300 万美元的公司。公司的照明设备以其卓越的质量而著称。那时，艾尔科公司共销售 5 种产品。

1963 年，约翰将公司实行股份制。从此以后，艾尔科公司的经营十分成功，并且开始在全美范围内经销其产品。随着企业之间的竞争在 20 世纪 80 年代增强，艾尔科公司开始引进许多新式照明设备。然而，尽管公司煞费苦心以确保产品质量不断降低，但是公司的利润水平开始下降。问题的关键在于，随着市场竞争加剧，公司可得的边际效益开始下滑。在这种情况下,公司董事会决定要从公司上层入手,对公司进行全面改组。加里·弗雪在此时受聘,负责对公司进行改组和重构。

当弗雪1999年到艾尔科公司上任时,他发现呈现在他面前的是一家因背负荣誉而摇摇欲坠的公司。他一开始先花费几个月的时间,来着手了解公司的业务以及公司的组织方式。弗雪最终发现,公司经营状况不佳的关键在于经营业绩。经管艾尔科公司在研制生产新产品方面出色,但是公司长期以来忽视了产品销售系统的建设。公司内部存在着这样一种错误理念:一旦公司设计并生产出好的产品,那么其他的事情就顺其自然。弗雪设立了一个特别工作组,任务是对公司当前的销售系统进行检查,并拿出相应的解决方案。

公司当前的销售系统

特别工作组发现,艾尔科公司1999年经营有100种产品。所有产品都是通过位于克里夫兰地区的3家工厂生产的。为了促销,公司将美国大陆划分为5个区域,每个区域都设有一个归艾尔科公司所属的独立配送中心。顾客向配送中心订货,配送中心则利用库存,努力为顾客提供所需产品。当任何一种产品的库存量减少时,配送中心又向工厂订货。工厂按照配送中心的订单制订生产计划。由于订单上的订货数量往往很大,公司用满载卡车(TL)把工厂生产出来的货物整车运往配送中心。然而,从配送中心到顾客的货运量通常小于整车运载量(LTL)。艾尔科公司雇用第三方货运公司来承担两条线路的运输任务。1996年,从工厂到配送中心的整车货物的运费平均为0.09美元/件,从配送中心到顾客的非整车运费平均为0.10美元/件。从配送中心向工厂发出订单到该工厂向配送中心发货平均需要14天的时间。

当时的库存策略是在每个配送中心存储每种产品。对生产线的详细研究表明:按照销售量可以将产品分为三大类,即高需求产品、中等需求产品和低需求产品。每类中的代表性产品的市场需求量如表8-9所示。

表8-9 艾尔科公司日需求量分布表

	销售区1	销售区2	销售区3	销售区4	销售区5
产品1均值	35.48	22.61	17.66	11.81	3.36
产品1标准差	6.98	6.48	5.26	3.48	4.49
产品3均值	2.48	4.15	6.15	6.16	7.49
产品3标准差	3.16	6.20	6.39	6.76	3.56
产品7均值	0.48	0.73	0.80	1.94	2.54
产品7标准差	1.98	1.42	2.39	3.76	3.98

产品1、产品3和产品7分别为高需求产品、中等需求产品和低需求产品的代表。在艾尔科公司销售100种产品中,有10种属于高需求产品,有20种属于中等需求产品,有70种属于低需求产品。每种产品的市场需求量分别与它们的代表性产品——产品1、产品3和产品7的市场需求量相等。

特别工作组发现,工厂的生产能力可以保证任何合理的订单在一天之内完成。这样,工厂就可以在接到订单一天后发货。经过4天的运输到达订货的配送中心。配送中心全部采用周期性检查策略,不管产品是在运输过程中还是处于库存状态,每件货物每天的库存成本是0.15美元。所有配送中心保有的安全库存量都能确保补给周期供给水平达到95%。

可供选择的销售系统

特别工作组建议艾尔科公司在芝加哥地区的郊区建立一个全国性的配送中心(NDC),关闭现有的5个配送中心,并将它们的库存转移到全国性配送中心去。仓储容量按照每年经营的产品的品种数来衡量。建造仓库的费用变化如图8-9所示。然而,艾尔科公司预期可从每个关闭的仓库中获得50 000美元的收益。全国性配送中心的补给周期供给水平仍将维持在95%。

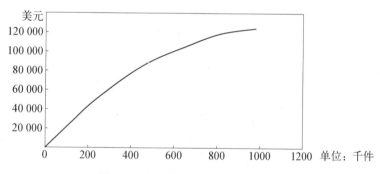

图8-9 全国性配送中心的建设费用

由于芝加哥与克里夫兰地区的距离很近,从工厂运往全国性配送中心的运费降到0.05美元/件。然而,由于平均运距的增加,从全国性配送中心到顾客的运费将增加到0.24美元/件。

经过考虑,特别工作组提出的另一种选择是,在保留区域性配送中心的同时,建立一个全国性配送中心。在这种情况下,一些产品可以存储在区域性配送中心,而另一些产品可以存储在全国性配送中心。

弗雪的决定

加里·弗雪仔细考虑了特别工作组提出的报告。工作组成员没有提供任何支持其结论的详细数据。于是,弗雪决定在得出具体数据之后再作决定。

问题：现有销售系统的年库存成本和配送成本是多少？

分析：

由于案例中的已知条件不够充分，故增加以下说明：

(1) 每次订购的固定成本 $S=200$ 美元；

(2) 采用连续性检查订购策略。

对于三种产品而言，在现有销售系统之下，其补货期 $L=18$ 天，即 14 天＋4 天的运输时间，根据已知条件，总结如表 8-10 至表 8-12 所示。

表 8-10　产品 1 年库存成本、运输成本、配送成本　　　　单位：美元

产品 1	配送中心 1	配送中心 2	配送中心 3	配送中心 4	配送中心 5
每天需求量的均值 R	35.48	22.61	17.66	11.81	3.36
每天需求量的标准差 σR	6.98	6.48	5.26	3.48	4.49
补货期 L（天）	18	18	18	18	18
交付期内需求量的均值 ($RL = R \times L$)	638.64	406.98	317.88	212.58	60.48
交付期内需求量的均值 ($\sigma L = L^{1/2} \times \sigma R$)	29.61	27.49	22.31	14.76	19.04
补给周期供给水平 CSL	95%	95%	95%	95%	95%
安全库存 $ss = F_s^{-1}(CSL) \times \sigma_L$	48.71	45.22	36.70	24.28	31.33
再订货点 ($ROP = ss + RL$)	687.35	452.20	354.58	236.86	91.81
订货批量 $Q = \sqrt{\dfrac{2 \times R \times 360 \times S}{0.15 \times 350}}$	307.59	245.54	217.00	177.46	94.65
平均库存量 ($= ss + Q/2$)	202.50	167.99	145.21	113.01	78.66
年需求量 ($= 360 \times R$)	12 772.8	8 139.6	6 357.6	4 251.6	1 209.6
订购频率（次/年） $n = (360 \times R)/Q$	41.525 028 6	33.148 846 13	29.296 347 9	23.957 587 52	12.778 732 33
补货运输成本 $= (360 \times R) \times 0.09 \times 10$ 种	11 495.52	7 325.64	5 721.84	3 826.44	1 088.64
年订购成本 ($= S \times n \times 10$ 种)	8 305.01	6 629.76	5 859.26	4 791.81	2 555.74

续 表

产品 1	配送中心 1	配送中心 2	配送中心 3	配送中心 4	配送中心 5
年库存成本 $=360\times 0.15\times(ss+Q/2)\times 10$ 种	109 353.50	90 716.93	78 414.49	61 029.21	42 477.58
顾客配送成本 $=360\times R\times 0.10\times 10$ 种	12 772.8	8 139.6	6 357.6	4 251.6	1 209.6

表 8-11　产品 3 年库存成本、运输成本、配送成本　　　　　　　　　　单位：美元

产品 3	配送中心 1	配送中心 2	配送中心 3	配送中心 4	配送中心 5
每天需求量的均值 R	2.48	4.15	6.15	6.16	7.49
每天需求量的标准差 σR	3.16	6.2	6.39	6.76	3.56
补货期 L(天)	18	18	18	18	18
交付期内需求量的均值 ($RL=R\times L$)	44.64	74.7	110.7	110.88	134.82
交付期内需求量的均值 ($\sigma L=L^{1/2}\times \sigma R$)	13.406 744 6	26.304 372 26	27.110 474	28.680 251	15.103 800 8
补给周期供给水平 CSL	95%	95%	95%	95%	95%
安全库存 $ss=F_s^{-1}(CSL)\times \sigma_L$	22.052 130 4	43.266 838 14	44.592 757 4	47.174 810 6	24.843 539 3
再订货点 ($ROP=ss+RL$)	66.692 130 4	117.966 838 1	155.292 757	158.054 811	159.663 539
订货批量 $Q=\sqrt{\dfrac{2\times R\times 360\times S}{0.15\times 350}}$	81.322 403 6	105.198 225 6	128.062 485	128.166 558	141.327 044
平均库存量($=ss+Q/2$)	62.713 332 2	95.865 950 93	108.624	111.258 09	95.507 061 3
年需求量($=360\times R$)	892.8	1 494	2 214	2 217.6	2 696.4
订购频率(次/年) $n=(360\times R)/Q$	10.978 524 5	14.201 760 45	17.288 435 4	17.302 485 4	19.079 150 9
补货运输成本 $=(360\times R)\times 0.09\times 20$ 种	1 607.04	2 689.2	3 985.2	3 991.68	4 853.52
年订购成本($=S\times n\times 20$ 种)	43 914.098	56 807.041 82	69 153.741 8	69 209.941 5	76 316.603 7

续　表

产品3	配送中心1	配送中心2	配送中心3	配送中心4	配送中心5
年库存成本=360×0.15×(ss+Q/2)×20种	67 730.398 8	103 535.227	117 313.92	120 158.737	103 147.626
顾客配送成本=360×R×0.10×20种	1 785.6	2 988	4 428	4 435.2	5 392.8

表8-12　产品7年库存成本、运输成本、配送成本　　　　　　　　　单位：美元

产品7	配送中心1	配送中心2	配送中心3	配送中心4	配送中心5
每天需求量的均值R	0.48	0.73	0.8	1.94	2.54
每天需求量的标准差σR	1.98	1.42	2.39	3.76	3.98
补货期L（天）	18	18	18	18	18
交付期内需求量的均值（$RL=R\times L$）	8.64	13.14	14.4	34.92	45.72
交付期内需求量的均值（$\sigma L=L^{1/2}\times\sigma R$）	8.400 428 56	6.024 549 776	10.139 911 2	15.952 328 98	16.885 709 93
补给周期供给水平CSL	95%	95%	95%	95%	95%
安全库存$ss=F_s^{-1}(CSL)\times\sigma_L$	13.817 474 11	9.909 501 638	16.678 668 2	26.239 243 77	27.774 518 68
再订货点（$ROP=ss+RL$）	22.457 474 11	23.049 501 64	31.078 668 2	61.159 243 77	73.494 518 68
订货批量$Q=\sqrt{\dfrac{2\times R\times 360\times S}{0.15\times 350}}$	35.777 087 64	44.121 045 62	46.188 021 5	71.925 887 78	82.300 263 26
平均库存量（$=ss+Q/2$）	172.8	262.8	288	698.4	914.4
年需求量（$=360\times R$）	4.829 906 831	5.956 341 159	6.235 382 91	9.709 994 851	11.110 535 54
订购频率（次/年）$n=(360\times R)/Q$	15.552	23.652	25.92	62.856	82.296
补货运输成本=（$360\times R$）×0.09×70种	67 618.695 54	83 388.776 22	87 295.360 7	135 939.927 9	155 547.497 6
年订购成本（$=S\times n\times 70$种）	2 219.421 255	2 237.901 711	2 784.087 53	4 354.153 137	4 824.725 522

续 表

产品7	配送中心1	配送中心2	配送中心3	配送中心4	配送中心5
年库存成本＝360×0.15×($ss+Q/2$)×70种	8 389 412.346	8 459 268.469	10 523 850.9	16 458 698.86	18 237 462.47
顾客配送成本＝360×R×0.09×70种	1 209.6	1 839.6	2 016	4 888.8	6 400.8

年库存成本、运输成本、配送成本如表8-10至表8-12所示。

根据上面三个表,可以得到现有销售系统中:

年总库存成本 TCS＝381 991.74＋511 885.91＋886 695.61＝1 780 573(美元)

年总配送成本 TCD＝32 731.2＋17 126.64＋14 719.32＝64 577.16(美元)

案例8-3　京东无界零售下的供应链创新

一、个性化、短链化、智能化,无界零售下供应链发展新态势

新的无界零售的消费商业业态下,供应链出现了三种态势,就是个性化、短链化、智能化。

在新零售业态下,供应链变得越来越短。原来是从原料制造商到生产制造商,然后经过中间商到消费者手里。但是,现在这些中间环节没有了,整个供应链变得越来越短。同时,随着物联网、大数据、人工智能的发生,智能化变成了发展趋势。

从目前经济发展的情况来看,消费者已经从三四十年前的柜台购买,到十几年前的超市购买,到几年前的以京东、阿里为首的电子商务购买,到现在正在经历第四次零售革命,也就是所谓无界零售。京东在线下建了上千家京东家电实体店,在全国建设京东便利店和3C数码体验店。从线上开始往线下走,而很多传统企业开始从线下往线上走。线上往线下走,线下往线上走,这个界限变得越来越模糊,所以第四次的零售革命就是一次无界的零售革命。

二、智慧供应链创新的三大着力点

如何进行供应链优化和创新？要从这三个着力点着手。

(一)以客户为中心

客户永远是上帝,没有客户就没有企业的未来。

1. 打破消费者的购物边界

以前购买商品三天送达,客户就很满意。现在一天送达依然不满意,未来希望随时随地可触达,所见即所得是客户永恒不变的需求。那如何让消费者更快拿到商品？我们目前正在做两件事。一是把库存进行分层,目前京东物流的整个仓库的层

次分为中央仓、前置仓、移动仓等。比如,今年Iphone8首发,利用移动仓,最快花了4.5分钟就把手机送到了客户手中。为什么我们可以做到?因为有大数据支持。在销售Iphone6和Iphone7时,用大数据发掘哪些客户对苹果有兴趣,用这些数据提前把Iphone8布置到最有可能产生购买的配送点。当客户第一时间下单后,信息迅速推送到这个站点。这个站点不仅仅只是一个配送站点,还具备存储和打包功能,打包之后交给配送员,几分钟就可送到消费者手中。还有,农村家用电器等"大件"需求旺盛,但农村消费者体验很差。以前购买"大件",需要请一人开车把"大件"拉回家,费时耗力。现在京东在很多城市设置了前置仓,把适合农村乡镇需求的产品优先布置到前置仓。当农民兄弟在网上下订单后,就由前置仓安排人员送货上门安装,最快可以三个小时送到农民的家里,这给农村市场带来了巨大的机会。二是线上线下的库存共享。沃尔玛在京东开了旗舰店,消费者购买沃尔玛商品,如果该商品在沃尔玛的店里没有,京东就按照标准的211进行配送。如果恰巧距客户较近的沃尔玛超市有顾客购买的商品,这个订单就推送给沃尔玛,他们会有专人把商品从店里取出来,交给我们的配送员。这样就从211配送服务变成3小时达,甚至变成2小时达,顾客感受越来越好。同时,我们和第三方平台商家进行线上线下库存融合,第三方商家在京东开店,把仓库交给京东管理。如果他的库存在门店里,就由门店负责进行拣货,京东物流配送,这样消费者能够越来越快获得他想要的商品。

2. 个性化服务满足多样化需求

在送货上门时,有时会出现客户不在家的情况,这时需要在服务体验和成本间作出抉择。如果牺牲客户体验,就把货物放在小区,节约了成本但是客户体验不好。如果牺牲配送成本,就要把货物重新送回站点,第二天重新约时间配送。但是京东现在做到了京准达,就是客户下单时可以选择收货时间段,不仅改善了服务,还节约了成本。目前,京东在312个城市开通2小时区域京准达,在60个城市开通1小时京准达,在18个城市开通30分钟的京准达。这对京东前期成本会有压力,但是随着消费者越来越接受这种模式,订单量上升和边际成本下降,我们的成本会慢慢趋于正常。同时,京东还提供了京尊达,专门给尊贵客人提供配送服务。京东认为,如果愿意在京东花1—2万块钱甚至10万块钱买东西,这一定是京东尊贵的客户,越是尊贵的客人,越要用尊贵的方法送货。前段时间,有个奢侈品牌新品首发,让京东提供配送服务。还有快递到车,未来有客户不方便接收包裹时,比如他在楼上开会,车停在楼下,京东通过一些方法把货物投在他车里面。现在京东正在研发相关系统,未来很快会投入使用。

3. 一体化服务,全流程绿色通道保障旺季商家体验

京东有六张大网,即中小件网、大件网、B2B网、冷链网、跨境网、众包网。首先讲讲京东在传统中小件网络中的创新。在仓储方面,京东在收货端开通了夜间收

货,同时跟商家进行系统打通,商家可以在京东的系统里提前预约。比如,要送货到京东13号库,可以提前预约13号库哪个时间段是空的,然后直接送货。物流人都知道,集中送货仓库是没有办法收货的,给商家带来了非常大的困扰,所以夜间收货好处很多。每年"双11",京东85%的包裹在11日23点59分之前到了下游的分拣中心,有95%的包裹在第三天就已经到了消费者手中,第四天绝大部分配送点恢复常态运营。这些都基于在物流配送方面的巨大创新。比如,京东有一个智能路径优化系统,商品或包裹到了站点后,派件员会把这些包裹输入到PDA系统里,PDA根据实时路况选择最优路径,告诉配送员第一点送哪儿,第二点送哪儿,这样新入职的配送员可以在很短时间里达到与经验丰富配送员一样的配送效率。

在另外五张大网,京东也在不断做创新。比如,在冷链物流方面,京东的冷链保温箱是第二代保温箱,具有GPS芯片和内置温度监控系统。在出库时,仓库打包人员会对包裹条码和保温箱绑定。客户下了订单,系统就会把这个订单号传到客户手机终端,消费者可以实时监控整个物流过程中商品温度的变化情况。中国食品安全依然是整个社会比较大的问题,也是所有消费者特别关心的问题,智能保温箱可以有效地解决消费者对于商品安全的一些顾虑。京东会在北、上、广、深100%的推广智能保温箱,现在还处于传统保温箱和智能保温箱混合使用阶段。在跨境方面,京东有全链路的跟踪系统。前段时间,大家在网上看到通过跨境电商购买的一些商品,其实是国内小作坊生产的,这个过程中产生了一些虚假物流面单。如果通过京东全球购购买商品,客户可以知道它所有信息,包括这个商品在哪个国家生产,从哪个港口出港,入港是什么时候,由谁打包,整个全链路信息都非常透明的,京东要确保所有消费者花钱能买到正品。另外,京东还有众包达达,今年的"双11"配送终端之所以能够这么快恢复正常,达达贡献了非常大的力量。

(二)协同开放

由于科技的飞速发展,使全社会大规模协同作业变为可能,需要和各行各业共同协作,发展供应链。

京东有两个很神秘的事业部,一个X事业部,一个Y事业部,很快会有Z事业部。X事业部主要是针对智能硬件的研发。Y事业部主要是针对信息系统、库存管理系统优化。这里面有个典型案例,比如京东比制造商要更了解你的客户和商品,为什么?对于一家制造商,只能大概知道在上海卖了多少支笔,白色、蓝色、黑色各卖多少支,但是无法知道更详细的数据。例如,在上海静安区卖了多少支笔,消费者年龄结构是怎样的,住在哪些小区,哪个小区消费者更喜欢白色等。但是,京东基于海量大数据可以把这些信息提取出来,分享给合作伙伴,指导他们如何分布库存,如何缩短供应链,判断现有库存是否健康等。我们的合作伙伴可以基于这些信息制定生产策略、备货策略,帮助企业降低"牛鞭效应"带来的库存成本。

(三)为智慧高效

由于无人技术、大数据、增强现实技术的发展,整个供应链变得越来越智慧、越来越高效、越来越无人化、越来越自动化。

1. 全球首创无人仓、无人分拣

京东无人仓是目前世界上第一个真正意义上的全流程无人仓,商品从供应商卸货到最终变成包裹,全程没有一个人操作人员。机器人把货物从托盘上面一件一件提取出来,通过3D扫描判断这个商品是什么,放到对应的箱子里,由输送线送到高密度存储设备对应的框格。产生订单后,就会有操作机把商品从对应箱子提取出来,送到机器检货台,由机器手臂把这个商品拣出来,送到传输线传输到自动打包台。京东有两种自动打包台,一种是基于纸张的,一种是基于塑料带的,系统会自动判断商品适合哪种。机器手臂自动根据商品的长、宽、高尺寸自动裁减纸箱,然后自动折叠成箱,把发票放进去,贴上面单,送给分拣机器人,最后由分拣机器人送到对应的车里,全程都是无人的。在这个仓库里,有一千个机器人,六轴的机器臂就有六种类型,用了2D和3D的视觉系统。京东无人仓现在最大处理能力为每天处理20万个包裹,远远高于现有人员的操作效率。

2. 不断突破创新,末端无人配送

京东一直在做无人车和无人机。无人机在局部地区已经实现了常态运营,大概已经起飞了1 800多次。无人配送车已经在一些高校投入运营,同时京东还和上汽大通、东风汽车一起研发无人轻型货车,未来将会成为干线的重要载体。从无人仓、无人车、无人机三个角度来说,无人机和无人车技术是最成熟的,无人仓技术还在爬坡阶段。从运用角度来看,无人仓实施更加容易,因为无人机、无人车还受到中国很多法律的限制和国民素质的限制,无人机和无人车大规模运用还需要很长时间。京东会大力推无人仓,目前京东有13个亚洲一号,有不同程度的自动化设备,未来京东会把无人仓里的不同环节应用到不同仓库中。

思考题

1. 供应链典型的物流配送网络的特点各是什么?
2. 哪种类型的分销网络最适合于日用品?
3. 物流配送网络设计方案的选择是怎样由商品决定的?
4. 哪种类型的分销网络最适合于差异化大的产品?
5. 在未来,你认为分销商增加的价值是降低、增大,还是保持原来的水平?

第九章　互联网+物流配送信息管理

学习目标

1. 物流配送的新技术，包括大数据技术、物联网技术、GPS、GIS 技术等
2. 物联网在智慧物流配送体系的应用
3. 智能配送系统的设计、开发以及主要的智能配送信息系统
4. 物流配送可视化的发展及关键技术
5. 易流运输过程透明管理系统以及烟草物流可视化的案例研究

第一节　互联网+物流配送新技术

当前，物流末端配送与互联网技术的关联越来越紧密，呈现出"互联网+"物流配送的快捷、高效等特点。互联网技术在现代物流业中的运用效益凸显，"互联网+"物流配送成为新形势下物流业的重要特点之一。

"互联网+"促进物流业利用互联网资源进行技术创新、流程改造，物流末端配送积极运用互联网技术，实现了物流末端配送交易的便捷、高效，提高了物流末端配送的服务质量与效率。物流配送流程技术含量与信息化水平逐步提高，满足了日益精准、个性化的消费需求。提升了物流末端配送的价值创造能力。

一、物流末端配送中的大数据技术

通过互联网技术在物流末端配送中的有效运用，较好地突破物流末端配送中的时间、空间等限制，增强物流末端配送商与消费者之间的互动，提高物流末端配送的处理效率，有效控制物流末端配送的成本，从而实现物流末端配送价值创造能力的提升。

大数据技术是指从各种各样类型的巨量数据中，快速获得有价值信息的技术。目前所说的"大数据"不仅指数据本身的规模，也包括采集数据的工具、平台

和数据分析系统。大数据研发目的是发展大数据技术并将其应用到相关领域,通过解决巨量数据处理问题促进其突破性发展。因此,大数据时代带来的挑战不仅体现在如何处理巨量数据从中获取有价值的信息,也体现在如何加强大数据技术研发,抢占时代发展的前沿。

物流末端配送应充分发挥大数据优势,将互联网技术与物流技术融合发展,适应与满足"互联网+"物流配送的新要求,把消费体验需求的大数据分析运用到物流末端配送过程中,注重大数据与互联网结合的创新发展,提高物流末端配送的质量,加强信息化建设,优化综合服务水平,从大数据分析中获得物流末端配送价值创造能力的不断提升。

互联网时代,消费者要求实时查询物流末端配送的信息,物流末端配送大数据能够实现消费者与物流末端配送商之间信息沟通无障碍和信息透明化,有效帮助消费者及时了解和掌握物流在途状况,提高信息匹配效率,提升物流末端配送的消费者满意度,帮助物流企业实现更好的价值创造。大数据技术在物流末端配送中的实际应用如图9-1所示。

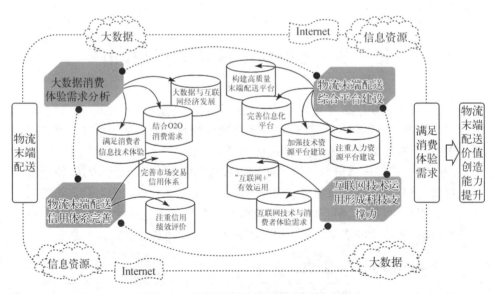

图9-1 大数据在物流末端配送中的应用

适应互联网经济的发展需求,配送企业应该从消费者物流末端配送体验的实际需求出发,注重物流末端配送业与其他产业的融合协同发展,优化其运营环境,加强物流末端配送的大数据分析运用与互联网技术水平的提高。注重消费体验需求的拓展,满足消费者多样化的物流末端配送体验需求,获得更好的物流末端配送效益,实现物流末端配送价值创造能力的提升。

二、RFID在物流信息系统中的解决方案

基于RFID的物流管理信息系统可以帮助制造业实现对各种资源的实时跟踪,及时完成生产用料的补给和生产节拍的调整,从而提高资源的追踪、定位和管理水平,提升制造业自动化水平和整体效率。其构成要素主要包括电子标签、RFID读写器和RFID中间件等。

电子标签:分为主动式电子标签、被动式电子标签和半自动式电子标签。主动式电子标签带有电源可以在读写器范围以外处于休眠状态,进入读写器作用范围内则被激活,也可不间断地发送信号作业范围20—100米。被动式电子标签使用调制散射方式发射数据,它必须利用读写器的载波来调制自己的信号作业,范围从几英寸到30英尺。

RFID读写器:分为固定式读写器和便携式读写器。固定式读写器是最常用的,由于体积、电源、功耗等方面的要求,采用固定式安装,主要用于仓库和车间的门禁来确认入库货物的数量、批号,还有应用在车间,对每个车间的用料情况进行实时监控。便携式读写器是固定式读写器的有力补充,它能满足野外作业、近距离、移动识别、低能耗等要求,主要用于库位的确定和日常库存的盘点。UWB读写器属于固定式读写器,主要用于仓库对内部设备进行定位和追踪。

RFID中间件:目前提供RFID中间件平台的厂商主要有IBM、Microsoft、Oracle、SAP、Sun等。RFID中间件主要包括两层次功能:第一个层次是为后两个层次提供改善RFID在互联网上性能和功效的服务;第二个层次是负责与RFID硬件设备之间的通信,对RFID读写器所提供的数据进行过滤、整理。

RFID技术可以和制造业物流管理信息系统结合起来,利用RFID技术实现数据收集、整理,改进传统制造业的物料补给和仓库管理流程,实现对物流各环节信息的实时监控与跟踪,从而在降低成本的同时提高生产效率,为制造业带来显著收益。

(一)RFID对货物识别和跟踪进行实时监控

生产执行系统MES能通过信息的传递对生产命令下发到产品完成的整个生产过程进行优化管理。当工厂中有实时事件发生时,MES能及时对这些事件做出反应、报告,并用当前的准确数据对它们进行约束和处理。MES以过程数学模型为核心,连接实时数据库或非实时的关系数据库,对生产过程进行实时监视、诊断和控制,完成单元整合和系统优化,在生产过程层进行物料平衡,安排生产计划,实施调度、排产及优化。MES着重动态管理,需要收集生产过程中的大量实时数据,根据现场变动进行调整。然而,RFID恰恰能快速、准确的作完成大量实时数

据的收集工作,通过 RFID 和 MES 的结合,对各个生产环节进行实时控制,保证生产的顺利进行。通过安装在各个车间的固定读写器实时读取各个车间内物料的消耗情况,并把数据传输到数据库中,MES 根据对数据的实时监控,来对各个车间工作地点下达指令,进行调度。

(二) RFID 提高仓库作业能力,简化流程

RFID 可以应用在收货、入库流程图和拣货、出库流程中的三个方面:出入库信息的确认、日常库存的盘点、仓库设备的实时监控。

(1) 把 RFID 门禁系统用于出入库信息的确认,采用固定读写器和手持读写器联合使用,手持读写器用于对货位及托盘信息的读取,固定读写器来实现对货物信息和托盘信息的确认。这两种读写器的应用不仅可以在运动中实现对多目标的识别,提高出入库的效率,还可以实现对货物及托盘容器的状态的监控。

(2) 日常库存的盘点,采用手持读写器,通过对标准化、单元化包装上标签的读取,来完成日常盘点,不仅可以节约人力成本,还可以提高准确率和盘点效率。

(3) 仓库设备的实时监控,采用的是 UWB 读写器。通过 UWB 读写器可以确定设备在仓库的位置和当前的状态,便于对货物进库后货位与搬运工具线路的选取,同样可以提高入库效率,并降低设备的运作成本。

三、基于 RFID 的食品安全溯源平台

将 RFID 技术应用于食品安全,首先是建立完整、准确的食品供应链信息记录。借助 RFID 对物体的唯一标识和数据记录,能对食品供应链全过程中的产品及其属性信息、参与方信息等进行有效的标识和记录。并且,食品跟踪与追溯要求在食品供应链中的每一个加工点,不仅要对自己加工成的产品进行标识,还要采集所加工的食品原料上已有的标识信息,并将其全部信息标识在加工成的产品上,以备下一个加工者或消费者使用。

基于这一覆盖全供应链、全流程的数据记录和数据与物体之间的可靠联系,可确保到达消费者口中的食品来源清晰,并可追溯到具体的动物个体或农场、生产加工企业、人员、储运过程等中间环节。RFID 是一个 100% 追踪食品来源的解决方案,因而可回答消费者有关"食品从哪里来,中间处理环节是否完善"等问题,并给出详尽、可靠的回答。这样,可有效监控解决食品安全问题。

在生产阶段,生产者把产品的名称、品种、产地、批次、施用农药、生产者信息及其他必要的内容存储在 RFID 标签中,利用 RFID 标签对初始产品的信息和生产过程进行记录;在产品收购时,利用标签的内容对产品进行快速分拣,根据产品的不同情况给予不同的收购价格。

在加工阶段,利用 RFID 标签中的信息对产品进行分拣,符合加工条件的产品

才能允许进入下一个加工环节。对进入加工环节的产品,利用RFID标签中记录的信息,对不同的产品进行有针对性的处理,以保证产品质量。加工完成后,由加工者把加工者信息、加工方法、加工日期、产品等级、保质期、存储条件等内容添加到RFID标签中。

在运输和仓储阶段,利用RFID标签和沿途安装的固定读写器跟踪运输车辆的路线和时间。在仓库进口、出口安装固定读写器,对产品的进、出库自动记录。很多农产品对存储条件、存储埋单有较高的要求,利用RFID标签中记录的信息,迅速判断产品是否合适在某仓库存储,还可以存储多久;在出库时,根据存储时间选择优先出库的产品,避免经济损失;同时,利用RFID还可以实现仓库的快速盘点,帮助管理人员随时了解仓库里产品的状况。

在销售阶段,商家利用RFID标签了解购入商品的状况,帮助商家对产品实行准入管理。收款时,利用RFID标签比使用条形码能够更迅速地确认顾客购买商品的价格,减少顾客等待的时间。商家可以把商场的名称、销售时间、销售人员等信息写入RFID标签中,在顾客退货和商品召回时,对商品进行确认。

当产品出现问题时,由于产品的生产、加工、运输、存储、销售等环节的信息都存在RFID标签中,根据RFID标签的内容可以追溯全过程,在帮助确定出现问题的环节和问题产品的范围。利用读写器在仓库中迅速找到尚未销售的问题产品,消费者也能利用RFID技术,确认购买的产品是否是问题产品及是否在召回的范围内。

另外,在把信息加入RFID标签的同时,通过网络把信息传送到公共数据库中,普通消费者或购买产品的单位,通过把商品的RFID标签内容和数据库中的记录进行比对,能够有效地帮助识别假冒产品(如图9-2所示)。

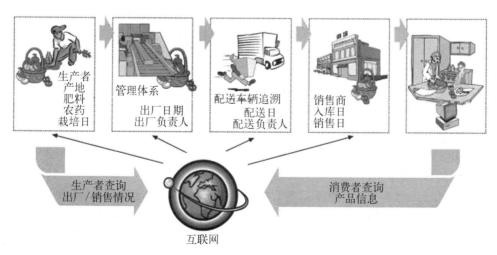

图9-2　RFID食品溯源平台

第二节　物联网在智慧配送体系中的应用

物流行业不仅是国家十大产业振兴规划的其中一个,也是信息化及物联网应用的重要领域。它的信息化和综合化的物流管理、流程监控不仅能为企业带来物流效率提升、物流成本控制等效益,也从整体上提高了企业以及相关领域的信息化水平,从而达到带动整个产业发展的目的。

物流行业是物联网应用的重要行业,早在物联网刚刚提出的时候,物联网的基本技术 RFID 技术就开始了在物流行业的推广与应用,经过多年的推进,也取得了巨大的成绩,有很多成功的案例。

物流行业的信息系统近几年在系统化、可视化等方面也取得了巨大进展,RFID 技术、GPS 技术等物联网技术在物流作业的信息采集、物品追踪、运送监控、可视化管理等方面都取得了很多进展。

在传感技术应用方面,一些先进的物流企业或物流中心也借助于传感网络对食品冷库、药品库等进行在线智能监控与管理。

一、物联网

物联网(Internet of Things,IoT)是新一代信息技术的重要组成部分,物联网就是物物相连的互联网。物联网的核心和基础仍然是互联网,是在互联网基础上延伸和扩展的网络,但其用户端延伸和扩展到了任何物品与物品之间所进行的信息交换和通信。物联网通过智能感知、识别技术与普适计算等通信感知技术,广泛应用于网络的融合中,也因此被称为继计算机、互联网之后世界信息产业发展的第三次浪潮。基于物联网的智能物流关键技术包括物联网感知技术、识别及信息采集技术、物联网通信与网络技术等技术,如图 9-3 所示。

(一)感知层:传感器技术、射频识别技术、微机电系统、GPS 技术

1. 传感器技术

传感技术同计算机技术与通信技术一起被称为信息技术的三大支柱。从仿生学观点,如果把计算机看成处理和识别信息的"大脑",把通信系统看成传递信息的"神经系统"的话,那么传感器就是"感觉器官"。

传感技术是关于从自然信源获取信息,并对之进行处理(变换)和识别的一门多学科交叉的现代科学与工程技术,它涉及传感器(又称换能器)、信息处理和识别的规划设计、开发、制/建造、测试、应用及评价改进等活动。获取信息靠各类传感器,它们有各种物理量、化学量或生物量的传感器。按照信息论的凸性定理,传

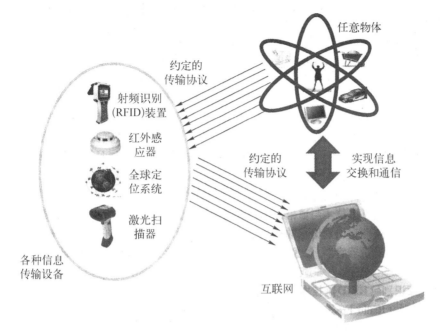

图 9-3 智能物流的关键技术

感器的功能与品质决定了传感系统获取自然信息的信息量和信息质量,是高品质传感技术系统的构造第一个关键。信息处理包括信号的预处理、后置处理、特征提取与选择等。识别的主要任务是对经过处理信息进行辨识与分类。它利用被识别(或诊断)对象与特征信息间的关联关系模型对输入的特征信息集进行辨识、比较、分类和判断。因此,传感技术是遵循信息论和系统论的。它包含了众多的高新技术、被众多的产业广泛采用。它也是现代科学技术发展的基础条件,应该受到足够重视。

微型无线传感技术以及以此组件的传感网是物联网感知层的重要技术手段。

2. 射频识别技术

射频识别(Radio Frequency Identification,简称 RFID)是通过无线电信号识别特定目标并读写相关数据的无线通信技术。其进行识别的基本原理是利用射频信号通过空间耦合实现非接触信息传递,并通过所传递的信息达到目的。

RFID 系统通常由三部分组成,分别是读写器、电子标签、计算机通信网络。在 RFID 系统之中读写器的作用体现在两个方面:一是实现对电子标签之中所包含的信息的识别和修改;二是将自身识别到的各种信息实时传送到控制中心。电子标签之中存储了货物的基本信息,一般被粘贴在对应的货物外包装上,电子标签之中的信息能够被读写器以非接触的方式实现识别和修改。计算机通信网络在整个系统之中的作用主要有两个：一是对系统之中的各类数据进行管理；二是利用硬件设施的接口实现同读写器的连接。

RFID技术具有一系列的优点：体积小，可重复使用，具备多目标识别能力。现阶段RFID技术在实际的生产生活中得到了越来越广泛的运用，其自身也不断地朝着系统网络化、高频化、大数量的方向快速发展。

3. 微机电系统

微机电系统（Micro Electro Mechanical Systems，简称MEMS）是指利用大规模集成电路制造工艺，经过微米级加工，得到的集微型传感器、执行器以及信号处理和控制电路、接口电路、通信和电源于一体的微型机电系统。

MEMS技术近几年的飞速发展，为传感器节点的智能化、小型化、功率的不断降低制造了成熟的条件，目前已经在全球形成百亿美元规模的庞大市场。近年更是出现了集成度更高的纳米机电系统（Nano-electromechanical System，简称NEMS）。具有微型化、智能化、多功能、高集成度和适合大批量生产等特点。MEMS技术属于物联网的信息采集层技术。

4. GPS技术

GPS又称为全球定位系统（Global Positioning System，简称GPS），是具有海、陆、空全方位实时三维导航与定位能力的新一代卫星导航与定位系统。GPS是由空间星座、地面控制和用户设备等三部分构成的。GPS测量技术能够快速、高效、准确地提供点、线、面要素的精确三维坐标以及其他相关信息，具有全天候、高精度、自动化、高效益等显著特点，广泛应用于军事、民用交通（船舶、飞机、汽车等）导航、大地测量、摄影测量、野外考察探险、土地利用调查、精确农业以及日常生活（人员跟踪、休闲娱乐）等不同领域。

GPS作为移动感知技术，是物联网延伸到移动物体采集移动物体信息的重要技术，更是物流智能化、可视化重要技术，是智能交通的重要技术。

（二）信息汇聚层：传感网络技术、局域网技术

1. 无线传感器网络技术

无线传感器网络技术（Wireless Sensor Network，简称WSN）的基本功能是将一系列空间上分散的传感器单元通过自组织的无线网络进行连接，从而将各自采集的数据通过无线网络进行传输汇总，以实现对空间分散范围内的物理或环境状况的协作监控，并根据这些信息进行相应的分析和处理。

WSN技术贯穿物联网的三个层面，是结合了计算、通信、传感器三项技术相的一门新兴技术，具有较大范围、低成本、高密度、灵活布设、实时采集、全天候工作的优势，且对物联网其他产业具有显著带动作用。

2. Wi-Fi

Wi-Fi(Wireless Fidelity,无线保真技术)是一种基于接入点(Access Point)的无线网络结构,目前已有一定规模的布设,在部分应用中与传感器相结合。

Wi-Fi 技术属于物联网的信息汇总层技术。

(三) 传输层: 通信网、5G 网络、GPRS 网络等广域网络

1. 通信网

通信网是一种使用交换设备和传输设备,将地理上分散用户终端设备互连起来实现通信和信息交换的系统。

通信最基本的形式是在点与点之间建立通信系统,但这不能称为通信网,只有将许多的通信系统(传输系统)通过交换系统按一定拓扑结构组合在一起才能称之为通信。也就是说,有了交换系统才能使某一地区内任意两个终端用户相互接续,才能组成通信网。

通信网由用户终端设备、交换设备和传输设备组成。交换设备间的传输设备称为中继线路(简称中继线),用户终端设备至交换设备的传输设备称为用户路线(简称用户线)。

2. 5G 网络

5G 网络是第五代移动通信网络,其峰值理论传输速度可达每秒数 10 Gb,比 4G 网络的传输速度快数百倍。举例来说,一部 1G 大小的电影可在 8 秒之内下载完成。

5G 网络的主要目标是让终端用户始终处于联网状态。5G 网络将来支持的设备远远不止是智能手机——它还要支持智能手表、健身腕带、智能家庭设备,如鸟巢式室内恒温器等。5G 网络将是 4G 网络的真正升级版。

(1) 传输速率。未来 5G 网络的传输速率可达 10 Gbps,这意味着手机用户在不到一秒时间内即可完成一部高清电影的下载。

(2) 网络链接。5G 网络不仅要支持更多的数据,而且要支持更多的使用率。5G 网络改善端到端性能将是另一个重大的课题。端到端性能是指智能手机的无线网络与搜索信息的服务器之间保持连接的状况。在发送短信或浏览网页的时候,在观看网络视频时,如果发现视频播放不流畅甚至停滞,这很可能就是因为端到端网络连接较差的缘故。

3. GPRS 网络

这是一种基于 GSM 系统的无线分组交换技术,提供端到端的、广域的无线 IP 连接。通俗来讲,GPRS 是一项高速数据处理的科技,方法是以"分组"的形式传送资料到用户手上。虽然 GPRS 是作为现有 GSM 网络向第三代移动通信演变的过渡技术,但是它在许多方面都具有显著的优势。

（四）运营层：企业资源计划、专家系统、云计算

1. 企业资源计划（ERP）

企业资源计划（Enterprise Resource Planning，简称ERP）是指建立在信息技术基础上，以系统化的管理思想，为企业决策层及员工提供决策运行手段的管理平台。ERP技术属于物联网的信息处理层技术。

2. 专家系统

专家系统（Expert System）是一个含有大量的某个领域专家水平的知识与经验，能够利用人类专家的知识和经验来处理该领域问题的智能计算机程序系统。这属于信息处理层技术。

3. 云计算

云计算（Cloud Computing）是基于互联网的相关服务的增加、使用和交付模式，通常涉及通过互联网来提供动态易扩展，且经常是虚拟化的资源。

狭义云计算是指IT基础设施的交付和使用模式，指通过网络以按需、易扩展的方式获得所需的资源；广义云计算是指服务的交付和使用模式，指通过网络以按需、易扩展的方式获得所需的服务。这种服务可以是IT和软件、互联网相关的，也可以是任意其他的服务，它具有超大规模、虚拟化、可靠安全等独特功效。

"物流云"技术能够对物流行业的各个层面进行支持，它不仅可以对微观层行支持，如为快递行业提供数据共享，而且对于其他层面也可以提供支持，如在管理层面进行相关的统计、控制。"物流云"的应用范围会随着物流业的发展而不断拓宽。

从快递业应用物流云的实例来看，物流云的作用主要体现在物流信息方面。在实际运作中，快递行业中的某个企业首先搭建一个"行业云"的平台，集中行业中的私有数据，即集中来自全球发货公司的海量货单；其次，对海量货单和货单的目的路径进行整理；再次，指定运输公司发送到快递公司，最后送达收件人。在这一过程中，物流云对快递行业的收货、运输、终端配送的运作模式进行了整合，实现了批量运输，部分解决了我国运输行业长期存在的空驶（或是半载）问题，提高了运输公司的效率，降低了成本。

（五）物联网关键技术分析

从物联网的定义及各类技术所起的作用来看，物联网的关键核心技术应该是无线传感器网络（WSN）技术，主要原因是：WSN技术贯穿物联网的全部三个层次，是其他层面技术的整合应用，对物联网的发展有提纲挈领的作用。WSN技术的发展，能为其他层面的技术提供更明确的发展方向。

WSN技术的应用将极大地带动其他各层技术的发展。在现实应用中，WSN

往往成为系统的核心,物联网技术中其他层面的技术,如 MEMS、RFID 等,都在 WSN 技术中有所应用,WSN 技术和市场的不断发展将给这些技术带来不断扩大的市场。经过调查,我们发现,在 WSN 的组网方面每进行 1 元钱的投资,将拉动 RFID、传感器、集成电路、软件、系统集成等相关产业 10—15 元的投资。

WSN 是物联网中最新鲜、最具增长性的技术,与 RFID、MEMS 等发展周期较长的技术不同,WSN 能产生更新的应用,使产业产生更大的增量。因此,推动 WSN 的发展对促进整个物联网产业的发展具有显著作用。

总之,物联网是一场代表未来计算和交流的技术革命,它的发展取决于一系列重要领域中从无线传感器到纳米技术的不断革新。

二、物联网技术在智慧配送中的应用场景

(一) 产品溯源

这是指通过传感器能够追溯到农产品从种植到运输到交付环节的所有信息,包括种植条件、农药使用、农产品品质、运输温度等,同时通过区块链记录货物从发出到接收过程中的所有步骤,确保了信息的可追溯性,从而避免丢包和错误认领事件的发生。

(二) 冷链控制

这是指通过车辆内部安装的温控装置,对车内的温湿度情况进行实时监控,确保全程冷链不掉链。

(三) 安全运输

这是指通过设备对司机、车辆状态数据进行收集,及时发现司机疲劳驾驶、车辆超载超速等问题,提早警报,预防事故。

(四) 路由优化

这是指通过车辆上安装的信息采集设备,可以采集运输车辆情况、路况、天气等信息,上传给信息中心,分析后对车辆进行调度优化。

(五) 运输监测

这是指实时监测货物运输中的车辆行驶情况以及货物运输情况,提高运输效率。

第三节 智能配送系统

智能物流是利用集成智能化技术使物流系统能模仿人的智能,具有思维、感知、学习、推理判断和自行解决物流中某些问题的能力。人脸识别、路径优

化、商品布局优化、地址识别等场景在深度学习的帮助下得到了大幅提升。智能化的配送管理要有利于准确及时满足客户需要,节约运力、节约运费,提高经济效益。

一、配送系统开发简介

一套完善的配送信息系统是根据客户的需要,采购运力、调度车辆、制定配送计划、派车派司机进行运输与配送,包括运输调度、制定配送计划、运力采购管理、车辆跟踪、出险理赔管理等。

(一) 配送系统开发阶段

物流管理信息系统开发过程主要经历六个阶段:需求分析阶段、系统设计阶段、系统开发阶段、系统测试阶段、系统运行阶段和系统维护阶段。

1. 需求分析

需求分析主要是对开发的软件进行详细的调查和分析,充分理解用户的需求,确定哪些需求是可以满足的,明确这些需求的逻辑结构,并加以确切的描述,得出软件需求说明书或功能说明书及初步的系统用户手册。

2. 系统设计

系统设计是软件工程的技术核心,其基本任务是将用户要求转化成一个具体的软件系统的设计方案,包括数据库设计、窗体与报表设计、运算过程及逻辑功能设计、网络及通信设计。

3. 系统开发

系统开发是通过程序编写实现的,其过程是把系统设计转换成计算机可以接受的程序,即写成某一程序设计语言表示的"源程序清单",写出来的程序应该是结构良好、清晰易读的,且与设计一致。

4. 系统测试

测试是保证软件质量的重要手段,其任务是发现并排除错误。它通常又可分为单元测试或称模块测试、组装测试和确认测试等步骤。测试最好由另一个独立的部门(不参加该件系统的设计和编写的人员)来完成,这样可以提高测试的效率。经过测试修改就得到了可运行的软件系统,可交付用户使用。整个测试过程都要记录在测试分析报告中。

5. 系统运行

已交付的软件投入正式的使用便进入运行阶段。在运行阶段,要对软件系统进行修改,其原因可能是运行中发现了错误需要修正;为了适应变化了的软件工作环境,须做适当的变更;为了增强软件功能也应做变更。每一项维护活动都应该准确地记录下来,作为正式的文资料加以保存。

6. 系统维护

系统维护是指为适应系统的环境和其他因素的各种变化、保证系统正常工作而对系统所进行的修改，包括系统功能的改进和解决系统在运行期间发生的问题。系统维护可分为更正性维护、适应性维护、完善性维护和预防性维护。

（二）配送信息系统的功能模块

1. 车辆调度

车辆调度是指按照配送中心出货订单与自有车辆和外雇车辆状况合理安排车辆。

2. 配载管理

配载管理按一定的算法将轻重不同的货物分配到指定车辆上，以实现车辆较高的利用率。

3. 货物跟踪

货物跟踪是指物品运输和送货过程中信息的反馈与发送，可链接 GPS 装置，实现货物跟踪。

4. 到货交接

到货交接是指物品送达客户时交接相关信息的处理。

5. 费用结算

费用结算是指配送业务相关费用的结算、业务单据和报表的打印与传递。

二、智能配送过程中的主要信息系统

（一）智能交通系统(ITS)

智能交通系统(Intelligent Transport System，ITS)是将先进的信息技术、通信技术、传感技术、控制技术以及计算机技术等有效地集成运用于整个交通运输管理体系而建立起的一种在大范围内、全方位发挥作用的实时、准确、高效的综合的运输和管理系统。

按服务领域，ITS 系统包括先进的交通管理系统、先进的出行者信息系统先进的公共交通系统、先进的车辆控制系统、营运车辆调度管理系统、电子收费系统、应急管理系统等。智能交通系统主要涉及现代通信系统、地理信息系统、车辆自动导航监控系统、交通信号控制系统、智能化停车场管理系统和车辆自动识别系统等子系统。

1. 现代通信子系统

现代通信技术主要包括固定通信（微波通信、光纤通信和卫星通信）、移动通信两种通信技术。大范围、大容量、高速的无线通信是 ITS 中通信系统的发展趋势，所以现有的通信设施和容量是否能满足这些新的要求是一个关键问题。目前来看，可供选择的通信手段有低轨卫星服务、FM 副载波、个人通信服务、无线数据服务、商用流动无线电和组合通信系统等。

2. 地理信息子系统

地理信息系统（Geographic Information System，GIS）是一种特定的十分重要的空间信息系统。它可以对整个或部分地球表层（包括大气层）空间中的有关地理分布数据进行采集、储存、管理、运算、分析、显示和描述，同时 GIS 也可以对车辆、人员、道路、加油站等通过位置坐标相互关联和查询，用户通过地理信息和特定的值对数据库进行查询。GIS 被广泛地应用于公共汽车服务计划编排，行车路线展示及检查路线的服务质量、线路的规划等。

3. 车辆自动导航监控子系统

车辆自动导航监控系统（Automatic Vehicle Location Systems，AVLS）是基于计算机、通信、导航定位技术的车辆跟踪系统。AVLS 系统实时测量车辆的位置，然后将信息传送到监控中心。这一系统在军用和民用领域有着广泛的应用，可用于交通、货运车辆、警车和救护车等。

4. 交通信号控制子系统

现代的交通信号控制系统是 AVLS 系统的一个重要补充部分，它可以对交通流进行合理的指挥和调度，同时对特殊车辆给予优先权。该系统还设有先进的交通流量监控装置和分析技术，以确定交通量的最佳分配方案和实时的交通信息。例如，为保障行人和自行车的交通安全，给予公共汽车和轻轨车辆交通信号优先，可以使它们按计划运行，并避免交通阻塞。

5. 智能化停车场管理子系统

停车场管理系统是指基于现代化电子和信息技术集感应式智能卡技术、计算机网络、视频监控、图像识别与处理和自动控制技术于一体，对停车场内的车辆进行自动化管理，包括车辆身份判断、出入控制、车牌自动识别、车位检索、车位引导、会车提醒、图像显示、车型校对、时间计算、费用收取及核查、语音对讲、自动取（收）卡等系列科学、有效的操作。它可以提高工作效率，减轻工作人员的劳动强度，扩充停车信息的可利用形式以及范围，提高停车泊位的利用率，减轻交通污染，保障车辆安全。

6. 车辆自动识别子系统

车辆自动识别（Automatic Vehicle identification，AVI）是当车辆通过某一特定地点时自动将该车身份识别出来的技术。它是 ITS 的一个重要组成部分，其主要任务是处理、分析摄取的车辆图像，以自动识别车辆身份，在交通流量检测及控制、停车场出入口及小区车辆管理、违章车辆监控、不停车自动收费、道口检查站车辆监控、车辆安全防盗、查堵指定车辆等方面具有重要作用。

7. 浮动车

浮动车(Floating Car Data)技术也称作"探测车"(Probe Car),它是近年来国际智能交通系统(ITS)中所采用的获取道路交通信息的先进技术手段之一。其突出优点是能够通过少量装有基于卫星定位的车载设备的浮动车获得准确、实时的动态交通信息,成本低且效率高,具有实时性强、覆盖范围大的特点。

浮动车信息(FCD)采集技术是目前国际上 ITS 系统中采集道路交通信息的先进技术手段,它利用定位技术、无线通信技术和信息处理技术实现对道路上行驶车辆的瞬时速度、位置、路段旅行时间等交通数据的采集。经过汇总、处理后这些信息生成反映实时道路拥堵情况的交通信息,能够为交通管理部门和公众提供动态、准确的交通控制和诱导信息。FCD 技术采用移动的定位设备测量交通网络中各离散点的交通流信息,数据范围遍布整个地区,能全天候 24 小时进行数据采集;利用无线实时传输、中心式处理大大提高了信息采集效率;通过测量的车辆瞬时状态数据能准确地反映交通流变化;利用 FCD 技术还可以实现多参数测量,包括天气、道路状况和车辆安全等参数;利用现有 GPS 和通信网络资术、声音识别源,采集设备维护和安装成本低。

智能交通系统在世界上应用最为广泛的地区是日本,如日本的 VICS 系统相当完备和成熟,其次在美国、欧洲等地区也普遍应用,在中国的北京、上海和广东等地也已广泛使用,包括机场、车站客流疏导系统,城市交通智能调度系统,高速公路智能调度系统,运营车辆调度管理系统,机动车自动控制系统等。

(1) 车辆控制系统中的应用车辆控制系统指辅助驾驶员驾驶汽车或替代驾驶员自动驾驶汽车的系统。该系统通过安装在汽车前部和旁侧的雷达或红外探测仪可以准确地判断车与障碍物之间的距离,如遇紧急情况,车载计算机能及时发出警报或自动刹车避让,并根据路况自行调节行车速度,人称"智能汽车"。

(2) 交通监控系统中的应用。该系统类似于机场的航空控制器,它将在道路、车辆和驾驶员之间建立快速通信联系。对于哪里发生了交通事故,哪里交通拥挤,哪条路最为畅通,该系统会以最快的速度提供给驾驶员和交通管理人员,以及交通监控值守中心。

(3) 运营车辆调度管理系统中的应用。该系统通过汽车的车载计算机、高调管理中心计算机与全球定位系统卫星联网实现驾驶员与调度管理中心之间的双向通信,以提供商业车辆、公共汽车和出租汽车的运营效率。该系统的通信能力极强,可以对全国乃至更大范围内的车辆实施控制。

(4) 旅行信息系统中的应用。旅行信息系统是为外出旅行人员及时提供各种交通信息的系统。该系统提供信息的媒介是多种多样的,如计算机、电视、电话、路标、无线电和车内显示屏等,任何一种方式都保证用户能从信息系统中获得所需要的信息。有了该系统,外出旅行者就可随时随地查询所等待公交线路的实时位置信息以及距离所在车站的千米数。

(二) 物流运输安全监控系统

物流运输安全,特别是运输途中的监管以及各个环节的责任划分,已经成为物流创新建设中的重要组成部分。物流运输中对安全监控的要求主要体现在以下四个方面。

1. 运输货物安全监控

车辆装载货物后,驶离起运地时,对集装箱箱门上锁锁闭;车辆在运输途中,无法打开锁闭集装箱箱门的电子锁,如剪断锁杆、强拉锁杆或破坏电子锁的事件可实时上报至监控中心;装载货物的车辆只能到达指定的地方卸货,也就是只有达到指定的地方才能打开锁闭集的装箱箱门的电子锁。

2. 车辆行驶轨迹监控

车辆行驶轨迹跟踪时的行驶方向、速度等;在电子地图上回选择指定车辆进行跟踪,在电子地图上显示出它的具体地理位置以及时间,当放车辆曾经行驶的轨迹路线;车辆在指定的路线上行驶,如偏离指定路线则报警。物流运输安全监控可通过 GPS 卫星监控系统和 RFID 的电子标签系统共同组成完整的安全监控系统。GPS 监控系统全程自动记录车辆行驶轨迹数据和电子签封锁状态数据,在运输途中,电子签封锁与车辆的 GPS 车载台进行实时无线通信,锁住箱门的电子签封锁可以将电子签封锁状态信息和感知的信息(如遭遇恶意破坏)实时报警,并通过 GPS 车载台上传到 GPS 监控系统,GPS 监控系统根据事先设定的运输计划,离开起运区域时自动控制电子签封锁的锁闭,到达指定的区域时自动控制电子签封锁的开启。监控中心的人员利用在 GPS 监控系统的客户端软件可以实时监控或查询每一辆车的行驶轨迹及装卸货物的情况。

3. 路桥不停车收费系统

电子不停车收费系统(ETC)是目前世界上最先进的收费系统,是智能交通系统的服务功能之一,过往车辆通过道口时无须停车即能够实现自动收费。其主要采用的技术有红外技术、地磁感应技术、射频识别技术、条码识别技术、视频识别技术、无线通信技术、自动控制技术。

ETC 可以应用到高速公路、桥梁和隧道等车道上实现收取道路通行费。它特别适合在高速公路或交通繁忙的桥隧环境下使用。在车辆上安装载有车辆信息的车载装置,该车辆进入不停车电子收费通道入口时,公路数据采集处理系统的站级装置读取车载装置内的车辆信息,从数据库中调出匹配车辆数据后放行处理,储存记录,上传公路数据采集处理系统的数据管理中心;该车辆通过出口时,公路数据采集处理系统的站级装置读取车辆信息,存储上传到数据管理中心,该数据管理中心进行分析,形成扣费交易事实上传银行,银行完成交易处理后实时返回该数据管理中心。

4. 车联网

车联网是一项新兴技术,可以大幅度提高未来交通系统的安全和效率,并将车辆连接到计算机网络。车联网能够在行驶中的车辆之间建立无线通信,也能够在过路车辆和路边基站之间建立无线通信。利用多跳转发的方式,车载网络能够让两个在信号范围之外的车辆也建立通信连接。车载网络将成为未来智能交通系统的重要组成部分。

车联网是一个巨大的无线传感器网络,每一辆汽车都可以被视为一个超级传感器节点。未来的汽车和车载网络为人们提供了一系列应用,车载网络的应用可分为四个类别。

(1) 安全应用。安全应用包括碰撞预警、电子路牌、红绿灯警告、网上车辆诊断、道路湿滑检测等,通常这类应用利用短距离通信实时性的特点为司机提供即时警告。

(2) 效率应用。效率应用包括城市交通管理、交通拥塞检测、路径规划、公路收费和公共交通管理等,这类应用致力于改善公众和个人的出行效率。

(3) 商业应用。商业应用包括基于位置的服务,将带给人们巨大的商机。这些商业应用的种类繁多,例如最近的餐馆、最便宜的加油站、商场促销信息等,这些可能的商业应用将为服务业带来新的竞争手段。

(4) 信息娱乐应用。信息娱乐应用包括视频和音乐共享、基于某位置的餐厅评论、拼车、社交网络等。

第四节 物流配送可视化

传统的物流配送跟踪服务只提供文字展示,用户下单后追查物流信息的时候看不见货物具体的位置,并且信息显示经常会有延迟。在"互联网+"大背景下,为了提升用户的购物体验,可视化配送服务应运而生。

可视化配送不仅能提升用户体验,也能为电商"最后一公里"优化配送路线、提升配送效率提供大数据支撑。而且,可视化技术还能够提升库存周转、干线运输等各个环节的效率,优化对上游客户的服务。在互联网技术的驱动下,整个供应链的可视化将有效提升各个环节的运作效率,物流服务创新也将借此焕发出更强的活力。

一、可视化物流配送的发展阶段

参考深圳易流科技股份有限公司提出的"物流透明 3.0"理念,将物流可视化大体经历了三个阶段,如图 9-4 所示。从具体内涵上来讲,"物流透明 1.0"包括人的信息透明、车辆状态的信息透明、货物状态的信息透明、仓储的信息透明,是物理信息的透明;"物流透明 2.0"包括物流单据流转过程的信息透明,流程上各个环节的信息透明,以及物流网络节点的信息透明,是逻辑信息的透明;"物流透明 3.0"是供需信息的透明,包括供应链组织过程的信息透明,需求链形成过程的信息透明,以及基于供应链、需求链的产业信息透明。

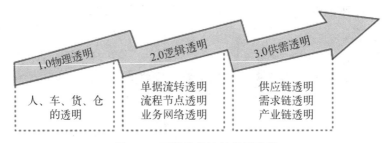

图 9-4 可视化物流的发展阶段

(一) 物流透明 1.0 阶段

人、车、货、仓的信息透明,通过将 GPS、GIS、GPRS 三结合,利用智能终端采集车辆、货物、司机等信息,提出车辆运输过程透明理念。

人的信息透明,是指物流服务交易主体及物流活动参与者的信息透明。通俗地讲,就是指发货人、收货人、司机、装卸人员、收件员、派件员等的信息透明。一方面是为了便于明确相关人员(主体)的责任和义务;另一方面是为了考察相关人员(主体)的信用,建立更为完善的行业信用体系。

车辆的信息透明,即车辆的状态信息透明。车辆的状态信息包括车辆的时空信息、车辆的运行状态信息、车辆所提供的货物存储环境的信息,以及车辆行驶环境的信息。

货的信息透明,即货物的标的及状态信息,是指货物所属的商贸订单以及货物的物理、化学状态信息。这些信息的透明是"物流透明 1.0"的一个重要方面。

仓的信息透明,是指仓库的位置、容积空间、货架、货位等仓储基础设施的信息透明,以及仓储过程的出库、入库、商品护理及商品库存等仓储活动内容的信息透明。物流透明,通过将 GPS、GIS、GPRS 三者结合,利用智能终端采集车辆、货物、司机等信息,提出车辆运输过程透明理念。

（二）物流透明 2.0 阶段

"物流透明 2.0"包括物流单据流转过程的信息透明，流程上各个环节的信息透明，以及物流网络节点的信息透明，其内涵就是逻辑信息的透明。

物流单据的流转需要遵循物流业务的逻辑，从运单的生成环节开始到运单交付（或运费结算）的环节结束，整个过程伴随着货物所有权交接以及责任的交割，而这些需要以单据为凭证。只有单据流转信息透明，才能确保业务链条上各个交接环节的顺利进行。

整个物流过程会经过出库、入库、装车、卸货、分拨、配送等各个环节。"物流透明 2.0"要求能够获取各个环节的信息，通过实现整个流程作业信息的透明，确保物流操作的规范。

物流网络是一个时空网络。收货网点分布、分拨中心分布、仓库分布、线路分布等体现物流网络的空间分布。另外，货物从发货点到收货点的移动，会经过物流网络中一系列的点，并且呈现严格的时间先后顺序，体现了物流网络的时间分布。"物流透明 2.0"要求实现物流网络的空间及时间信息透明，以便为物流组织活动的进一步优化提供可靠的数据支撑。智能终端采集的数据结合业务订单（TMS）和地理位置信息（GIS）实现业务流程透明。其可自动计划、在线协同、自动判断、电子签收等，也可完成在途监控、运输任务在线调度、数据统计、地址库解析、运输路线优化、在途监控及报警，移动终端的运单跟踪等。

（三）物流透明 3.0 阶段

"物流透明 3.0"的内涵是指基于全产业链条的信息透明，实现需求拉动和有效供应，实现物流与各个行业（产业）及各种生产经营活动的高效协同，实现广泛化的社会资源优化配置。全要素透明，在互联网＋背景下，以运力资源优化、客户资源优化、大数据＋供应链金融服务等为主要内容，如运力众包、共同配送及物流数据贷款及支付等，充分利用各种先进信息技术（以各类传感器为代表的数据采集设备、移动通信、互联网、地理信息系统等）将物流全要素进行透明连接，将物流全要素的信息进行采集、整理、存储、处理、流转并通过互联网透明展示给物流操作过程中的各个相关主体，有效地保障物流过程的安全，提高物流业务操作各个主体之间的协同性，进而提高物流的运作效率。在物流要素、物流主体广泛连接透明的基础上，连接制造和消费，最终构建全产业透明生态系统。

对大部分的中国物流企业，要走夯实 1.0，展望 2.0 的发展道路，对极少数有资源掌控力的大型企业，具备开展 3.0 的条件。物流企业透明 3.0 的道路不可能一蹴而就，是个持续改善迭代的过程。

二、物流配送可视化的关键技术

在配送过程中,快递员随身带扫码枪,每把扫码枪内都装有GPS定位装置,每过一段时间定位装置就会发射信号到电商物流的系统里,客户下单后打开物流配送的可视化地图,物流车辆的所在位置、离自己的距离、大概什么时间能够送达等信息便可一目了然,让客户购物更有参与感、掌控感。除此之外,电商企业还可以与一些来电显示软件公司合作,将自己公司的快递员号码进行认证,使客户在接到快递员来电时除了号码还能看到快递员照片,方便消费者比对辨认,杜绝不法分子冒充快递员给消费者带来损害的问题,为客户提供安全保障。

(一)全球定位系统(GPS)

GPS实时性、全天候、连续、快速、高精度的特点运用到物流运输行业能给企业带来一场实质性的转变,并将在物流业的发展中发挥越来越重要的作用。GPS可随时查询运输货物车辆的位置,不但加强了车辆的监控,而且能避免绕行,选择最优路径,减少车辆损耗和运输时间,降低运输成本从而取得明显经济效益。GPS技术在冷链物流中的应用大大提高了运输的质量和有效的保证运输时间,从而确保了冷链产品的质量和及时到达。

1. 车辆跟踪

通过GPS技术能实现对选定车辆进行实时跟踪显示,并以GIS地理信息系统来表现定位的结果,直观反映车辆位置、道路情况、离最近冷库的距离、车辆运行线路的距离数。

2. 运行监控

可实现多窗口、多屏幕同时监控多车辆运行,能准确报告车辆位置(包括地点、时间)及运行状况(包括发动机、温度、速度),能对指定时间内车辆行驶里程、超速等运行信息分析统计,了解货物在途中是否安全,是否能快速有效地到达,以及提供路线分析、路线优化、记录车辆的历史轨迹,以供运行评估,进行指挥调度。当车辆发生事故时,可将事故车辆的位置和状况等信息及时准确地报告给监控中心,迅速做出决策,使事故损失减少到最低。

3. 信息查询

可实时地从GIS地理系统上直观了解运输车辆所处的地理位置,还可查询行车的路线、时间、里程等信息。系统可自动将车辆发送的数据与预设的数据进行比较,对发生较大偏差的进行报告,显示屏能立即显示报警目标,规划出最优援助方案,避免危及人、车、货安全的情况发生。

4. 指挥调度

监控中心可结合车辆的运行状况,对系统内的所有车辆进行动态调度管理,通过实施车辆调度,可提高车辆的实载率,能有效减少车辆的空驶率,降低运输成本,提高运输效率。

5. 路线规划

根据货物的种类、运送地、运输时间的不同,利用GPS技术,可以设计最佳行驶路线,包括最快的路线、最简单的路线、通过高速公路路段次数最少的路线等。路线规划好之后,利用GPS的三维导航功能,通过显示器显示设计路线以及车辆运行路线和运行方法。

GPS定位系统,解决了信息沟通不畅而导致的车辆空驶严重、货物运输安全无保障、车辆资质可靠性差、车辆调度难等突出问题,通过信息化手段最大限度地整合了现有资源,使企业获得良好的经济效益。

(二)地理信息系统(GIS)

交通运输活动离不开特定的地理环境 GIS 提供将地理环境信息可视化的功能,这极大地推动了公路交通运输活动,完善了其后勤保障能力。同时,将GIS中的空间分析功能恰当地应用到公路交通运输活动的各个环节中,为实现信息化条件下公路交通运输精确保障提供了重要的定量基础。GIS目前在运输配送领域的应用主要包括以下五个方面。

1. 电子地图

由于采用空间数据和数据库挂接,地图由传统的静态记录变为信息丰富多样的动态的电子地图,实现了数据的可视化。它使交通主管部门对公路等基础设施的管理变得直观、简单和轻松。例如,通过直接对地图实体进行查询,可以获得公路线路的空间位置和走向、技术标准、交通流量等多方位的信息。通过综合统计和分析各种交通数据以及采用丰富多样的图表显示,可以为决策提供科学的支持。

2. 公路网规划

由于应用GIS能够更好地考虑和评估公路对环境的影响,因此在公路路线的选择和初步设计中GIS将得到广泛应用,可以很好地解决环境分析、公路选址等问题,包括野生动物、森林、水、土壤、植被和土地利用等。

3. 道路设计和养护

GIS为道路工程的计算机辅助设计(CAD)提供了强大的数字化地理平台。GIS还与路面管理系统、桥梁管理系统等公路养护管理系统相关联,借助先进的路面和桥梁检测设备和数据搜集手段,使道路养护管理更加科学合理、经济、高效。例如,加拿大的亚伯达(Alberta)省建立了公路维护地理信息系统,该系统使用专用检测车辆,定期检测路面的平整度和损坏程度等,由车载全球定位仪(GPS)定位装置准确确定道路的位置,检测数据传输到公路养护地理信息系统,养护模块自动生成路段养护报告。

4. 运输企业运营管理

借助 GIS 的运行路径选择功能，运输企业可以对企业的运营线路进行优化，并根据专题地图的统计分析功能，分析客货流量的变化情况，制订行车计划。此外，还可以帮助运输管理部门对特种货物（如长大件货物、危险货物或贵重货物等）运输进行线路选择和监控。

5. 车辆监控

由 GIS、GPS 技术组成的车辆监控系统可分为三大功能模块，即车载终端模块、移动通信系统与监控中心。车载终端通过由 GPS 接收机接收的卫星信号运算出定位数据（经度、纬度、时间、速度、方向）和状态数据等，经过计算打包处理，将数据信息通过无线通信网络发回到中心信息网关，中心信息网关接收来自车载单元回传中心的定位及数据，并判断数据类型，将其中的 GPS 定位数据、状态数据、服务请求等派发给相应的监控客户端，监控客户端软件根据上各车辆 GPS 定位信号中的经纬度坐标，在 GIS 的支持下，利用电子地图匹配在地图上实时显示车辆的位置、状态等信息，从而实现车辆的实时监控。

物流实战 9-1　易流运输过程透明管理系统

深圳易流科技股份有限公司成立于 2009 年 9 月，成立时只有 9 个人，经过公司全体员工的努力，目前有 280 位员工，在全国有 30 个办事机构，服务 2 900 家物流运输企业，监控平台监控大型货运车辆 90 000 台。易流科技的主要物流营业范围包括：（1）接受物流装备代购服务；（2）供应链管理；（3）物流方案设计；（4）物流信息咨询。易流公司于 2010 年 9 月获得国家级高新技术企业认定，是深圳市重点扶持的创新型科技企业，拥有业内人数最多、专业最全、实力最强的研发队伍。

物流运输最难管的是运输过程，但是运输过程恰恰又是物流行业运行的基础环节。把运输过程信息透明给司机以外的第三方，是管好运输过程的前提基础。在运输环节中，承运商与司机是不可或缺的一环，连接了各环节，使货主、承运商、司机、客户能在同一云平台实时更新与互动，实现全程跟踪与监控以提升客户满意度，可实现运输执行过程全透明，从发货、接单、在途跟踪、节点到货到客户签收的全程监控，使货主可以实时了解货物配送情况，及时解决突发状况，客户可以自助查询或接收信息提醒。

易流科技很自然地就想到 GPS 和 GPRS 通信结合，通过互联网来实现对运输过程的透明监控，于 2007 年明确提出"运输过程透明管理"理念，并在中国香港注册成立了"香港物流运输透明管理研究院"专门负责该理念体系的研究和完善。

针对物流可视化发展的不同阶段,易流科技提出了各有侧重点物流透明过程,并提供了相应的产品和服务形态。

物流透明1.0,即物理信息透明,这个也会随着各类传感器的进步,不断进步,但是只要是采集实际物理信息并透明展现,就是物流透明1.0阶段。易流科技提供的产品和服务形态是"易流云"。也就是说,易流云的版本可以不断迭代进步,但是从理论角度看,易流云是物流透明1.0的具体产品。

物流透明2.0,是指物流业务各个主体之间业务流转信息等逻辑信息透明,这个也会随着具体物流业务的发展不断进步,但是只要流转的是物流各个业务主体之间的业务信息,就是物流透明2.0阶段。易流科技提供的产品和服务形态是"e-TMS"。同样的,"e-TMS"的版本可以不断迭代进步,但是从理论角度看,"e-TMS"是物流透明2.0的具体产品。

物流透明3.0,指产业信息透明,是站在更宏观,更长远的角度看问题,一定程度上,物流透明3.0描绘的是社会经济发展的终极形态。在产业信息透明阶段,整个社会经济结构就是制造—物流—消费三个环节,三个环节的信息透明起来,实现整个产业生态的透明。

"运输过程透明管理理念"是指监控运输过程中的每一个温度细节,特别是对特殊区域和特定线路实施全程监控,最大限度地保障运输质量。车辆运行过程信息一旦放在网络上,可以在电子地图上清楚地看到,便于把车辆管理的一些需求和车辆运输过程信息整合在一起,这样,从管理的角度来讲,运输过程就完全透明。

运输过程透明管理其实有两个层次的问题要解决。第一个层次是借助GPS(将来可以用我国的北斗)、GPRS(可以演进到3G甚至4G)各种传感器,将车辆的运行信息完全透明监控起来。第二个层次是将运输过程和企业的供应链集成起来,实现ERP系统和运输过程管理系统的互动。这套设备的关键部件包括:GPS定位模块、GPRS通信模块、嵌入式计算机、电源模块构成。

要实现车辆运输过程透明监控,需要在被监控车辆上安装一套自主研发的具有独立知识产权的车载监控终端。GPS定位模块不断定位,取得车辆的位置信息;这个位置信息通过嵌入式计算机计算,提取有用数据,把这些数据通过GPRS通信模块发送到www.e9gps.com监控平台的服务器上,服务器再进行计算,将车辆的位置、速度信息标注在电子地图上,这样就可以通过网络实现对车辆运输过程的透明监控。此外,该平台还有效应用Google卫星地图、地形图等电子地图,实现行驶路线与里程的精细统计、运输路线自动跟踪与对比等,可以有效减少车辆在运输中途违规停车、违规路线行驶及超速等现象,因而在运费核算、路线规划方面更精细合理,进一步提高了运输效率,突出了冷链运输的时效性。

易流冷链运输过程透明管理系统是一个应用现代信息技术(GPS 全球定位技术、GPRS 无线网络传输技术、GIS 地理位置信息技术)监控货运车辆运输过程的信息化系统,该系统在冷链运输行业(整个运输过程必须在一定的低温条件下进行的运输)应用方面,通过全程控制运输过程中车厢内温度保障货物运输质量。该系统应用"运输过程透明化管理"思路,依托现代信息技术,严格控制运输过程温度,把保护产品品质和客户信誉作为最高目标,真正促进冷链运输行业发展。

一方面,系统通过安装温度检测器及温度探头,获取车内的实时温度。温度传感器获取车内不同温区的实时温度数据,把这些温度数据传回 GPS 主机后,GPS 主机会同车辆位置数据、速度数据及车载显示屏上发的货物状态数据通过 GPRS 无线网络发送到后台管理系统用以后台数据处理,使整个运输过程中,车辆的任何行驶信息均处在监控之下,杜绝了司机由于私人原因,在车辆行驶途中,关闭冷机,等到达目的地再开冷机的欺诈行为,从真正意义上杜绝冷链运输变成"冷端运输"(只有两端制冷,中间关冷机)的现象。另一方面,系统应用关键区域控制、行驶历史追踪和当前状态监控功能来监控运输过程,把这些运输过程中的车辆状态数据发送到系统后台用于数据逻辑处理和状态判断,再把这些状态数据按照客户请求显示在页面上,供客户浏览车辆信息。

(1)关键区域控制:系统通过把常用装卸货区域(仓库和网点)的经纬度数据和温度限制信息展现在地图上,并且设置温度超限报警,强制司机经过这些区域时关注温度数据,加强区域温度管理和监控。

(2)行驶历史追踪:系统通过查询车辆历史行驶轨迹,掌握车辆在一段时间内的行驶状况,规范司机的驾驶行为的方式来约束司机,规避司机的不法行为(比如中途关冷机现象)。

(3)当前状态监控:系统通过当前状态监控功能,获取车辆的实时行驶状态信息,使货主方能及时地了解到货物的当前温度状态和地理位置,追踪货物的运输品质,真正地做到运输过程透明,使客户真正的放心和满意。

(4)在途监控包括车辆监控、温度监控、运单监控和轨迹回放。具体来看,车辆监控包括在线实时监控行驶车辆状态,如行驶速度、位置、线路等;温度监控包括实时监控在途车辆温度变化情况,对超温车辆进行报警提示;运单监控包括提供订单监控功能,对订单各类节点状态进行跟踪反馈;轨迹回放包括对车辆历史运行轨迹进行回放,实现由源头、可追溯的事故责任机制。在数据统计方面,其可结合城市配送管理实际需求定制,由系统自动获取、加工基础数据,形成各类统计报表或分析图,为运营管理决策做分析支撑。如运输商及时到仓率、按时到店率、温度合格率统计等。

与此同时,在运输过程中,系统记录下司机的每一次冷机开关信息,包括冷机关闭时间、关闭时常、关闭位置、再把这些信息导出形成报表以供月末绩效考核,从制度上约束司机的驾驶行为,杜绝司机在驾驶途中意外关闭冷机,造成货物品质下降甚至损坏的现象。

系统应用"运输过程透明化管理"理念在冷链运输行业已经取得一定成绩,在控制运输温度、保障货物质量、提高运输时效性、促进冷链行业信息化发展方面做出了贡献。相信随着信息化手段在冷链运输行业的不断应用,关注运输过程必将成为冷链运输行业的趋势,运输过程透明也必将成为行业发展的必然。

易流不断研究前沿信息技术在物流行业的应用,最近提出了一个云运力概念,并开发出了云运力搜索平台。依托易流已经服务的 90 000 多台车,发展出一种新的网上车源、货源交易服务平台。物流 SAAS 服务经过近两年厮杀成为一片红海,市场竞争趋于白热化,利润空间开始收窄。作为物流 SAAS 服务商,易流科技积累了大量的客户资源,而也正是与这些客户相互了解,相互支持,才有了易流科技构筑透明化管理之路,才使得易流科技拥有了自身成熟的产品体系。据了解,易流云系列产品可提供供应链 SAAS 服务,自主研发的追货宝、GPS 电子锁、无线甩挂以及各种数据采集设备等填补了多项技术空白。易流科技现阶段的主要服务是通过 www.e9gps.com 平台给客户提供不限时间、不限地点的网上货运车辆运输过程监控服务。也就是说,任何一个有监控权限的人,只要登录 www.e9gps.com,就可以在网络上清楚地看到所监控车辆的行驶状态,包括速度、走哪条路、在地图上的位置、停车状态、货舱门开启状态、货舱图像等。

易流科技致力于打造成一个国内领先的公路运输产业互联网平台,强化"易流云连接平台、大数据连接平台、协同产业链平台"协作发展。易流科技通过"云链接平台、大数据支撑平台、货车后服务平台"三个平台之间相辅相成、相互促进的协同发展,最终打造出一个领先的公路运输产业链互联网平台企业。

案例 9-1 智慧物流可视化在烟草行业的应用

一、我国烟草供应链现状

我国烟草行业实行国家专卖制度,农、工、贸,产、供、销,人、财、物等,统一领导,垂直管理,专卖专营。当前,烟草行业在卷烟供应链条上采用的是推式供应链的运作方式,国家局通过计划指标严格控制供应链运作。烟草行业的供应链由工业生产、商业配送及零售三大环节组成。其物流活动的主要特点:物流流向稳定,物流流量稳定,物流流量与流向具有可调控性。

生产环节的核心是各卷烟生产企业(即工业企业),各商业公司为配送环节的主要组织单位。从整个供应链来看,它是以卷烟生产为中心,工业企业和国家局计划指标对整个供应链条起主导的作用,是卷烟供应链上的核心,而行业商业企业则处于被动的地位(见图 9-5)。

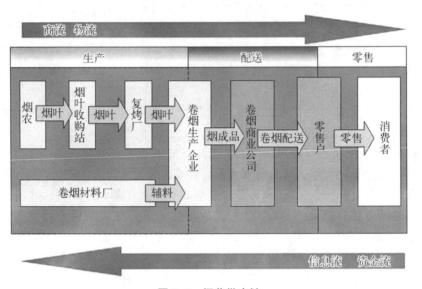

图 9-5　烟草供应链

虽然烟草供应链的核心在工业企业,但行业卷烟营销渠道的核心却在商业企业。烟草行业营销渠道采用宽营销渠道,工业企业是通过大量地市级公司将卷烟推销到广大地区和广大消费者手中,商业企业掌握大量的零售客户资源,是将来与外烟争夺的焦点。

因此,商业企业进行的卷烟物流是烟草供应链重要的组成部分。

商业企业的卷烟物流是以按照零售户的订单和各品牌烟的市场销售信息来从工业企业组织货源、维护商业库存量和进行配送的。这种以客户需求为引导的运作方式是现代物流拉动式的表现(见图 9-6)。

随着近两年来商业企业的物流建设和网络建设的不断推进,在订单采集、呼叫周期、物流响应时间上有很大的改进和进步。同时,卷烟物流的管理有以下主要问题:

(1) 片面强调物流设施的先进性,忽视实用性;

(2) 偏重新建设施,忽视对现有物流资源的整合、开发和应用;

(3) 物流信息化建设过于侧重某一环节的功能,忽略了对物流整体过程控制和可视化的支持;

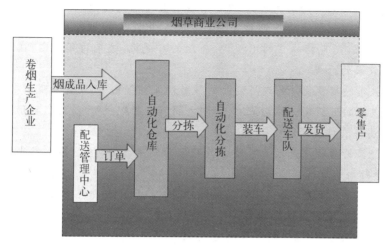

图 9-6　卷烟供应链

（4）目前的可视化监控系统往往是简单的提供物流业务的实景图或者地理态势图，缺乏与物流业务各个环节紧密结合的流程表示与规划；

（5）缺少对物流质量的把握和相应数据的统计，不利于持续改进；

（6）物流数据分散于多个系统或统计不完全，缺乏对物流数据进行全面的记录、统计和呈现，不利于经营决策。

现代物流建设不仅体现在现代化的物流装备上，最主要还是体现在精益的物流作业方法上。精益物流的核心是消除浪费和持续改进，要想做到消除浪费和持续改进首先要做到物流过程可视化管理。

二、烟草物流可视化管理

物流可视化管理以物流过程监控为基础，通过监控系统收集物流业务过程状态信息和货运物品信息，为企业物流管理提供更为实时准确的数据来源。可视化管理使物流系统的管理者以直观的可视化方式，方便、简捷、清楚地把握物流业务运作过程，实时调整物流业务的管理。

（一）可视化管理的内涵

可视化管理被称为"用眼睛去看的管理"。实现管理的可视化，能够及时发现发生的问题、异常、浪费现象等，从而能够及时解决或预防存在的问题，提高运作效率和准确率，提高顾客度，提升企业经济效益和核心竞争力。

（二）卷烟物流可视化管理的四个方面

1. 问题可视化

可视管理的第一个原则，就是要使问题曝光。现场的问题要让它能看得出来。如果无法检测出异常的话，就无法管理好整个供销过程。

问题的可视化就是指将烟草企业日常活动中发生的种种异常情况与问题及时置于可见状态，包括异常的可视化、差距的可视化、迹象的可视化、真正原因的可视化和效果的可视化。

(1) 异常的可视化是将现场发生的异常现象捕捉出来，使其显现出来。

(2) 差距的可视化是指与基准、计划之间有差距就说明有问题，利用图表等视觉表现手法将这种差距表现出来。

(3) 迹象的可视化是在异常或者差距显示出来之前，抓住异常发生的蛛丝马迹，才能进行事前改进。

(4) 真正原因的可视化，在明确目标的同时找到更多的详细数据和事实，通常情况下就可以发现问题发生的真正原因。

(5) 效果的可视化，进行效果测定，将其结果可视化。

2. 状况可视化

状况的可视化是指卷烟企业经营活动的动态可视化。状况的可视化包括基准的可视化和阶段的可视化两个方面。基准的可视化明确了现在业务应该达到的标准，制定业务标准、具体步骤、指导方针与规定，这些都是发现和解决问题的第一步。阶段的可视化是指企业的经营活动存在哪些资源，构建起能将这些有关运营的阶段及时共享的机制是企业管理的基础之一。

3. 需求的可视化

需求的可视化是指烟草企业能够明确了解顾客的特点及需求。需求的可视化包括顾客需求的可视化和对顾客而言的可视化。顾客需求的可视化是指不论是现有的还是潜在的顾客，企业都应积极倾听顾客声音，把握其需求。对顾客而言的可视化是企业要经常向顾客发出顾客想要了解的商品信息。

4. 管理的可视化

管理的可视化即烟草企业要对自身的经营各环节有充分的把握和了解，在运营这个层面的可视化之上，还要将监督管理运营全体执行情况的层面可视化。

(三) 卷烟物流可视化管理的三个指标

目前卷烟物流的可视化多应用于物流局部的操作和管理，比如仓储管理、配送过程监控、配送线路展现等。由于缺乏处于物流全过程角度的规划，可视化管理还未应用到整个物流过程。

对物流体系发展水平进行衡量的方法有很多，现提出三种可量化的重要指标：(1) 物流时间；(2) 物流绩效；(3) 物流成本。

物流时间是指物流具有一般运动的空间和时间的基本属性，需要占据一定的空间和在空间上的移动，需要消耗时间表现为时间上的延续。

物流绩效是对物流各项功能业绩和效率的一种事后评估与度量以及事前的控制与指导,从而判断是否完成了预定的任务、完成的水平、取得效益和所付出的代价。

物流成本是物流活动中所消耗的物化劳动和活劳动的货币表现,是指在企业物流活动中,物品在空间位移(包括静止)过程中和时间上所耗费的各种资源的物化劳动和活劳动的货币表现总和。

主要基于以上三种指标的物流业务过程的可视化,可以减少物流业务环节的浪费,提升物流服务质量水平,推进供应链精益管理的实现。

1. 物流时间

现代物流中的精益理论、JIT观念、敏捷理论、同步供应链等理论中,着重强调服务中与时间有关的属性。一般来讲,物流时间可以分成物流的运动时间与静止时间。物流的运动时间,主要包括在途运输时间、内部搬移时间和产品加工时间等。物流的静止时间主要包括库存时间和等待时间等。每个时间段都产生不同的信息。物流过程可视化的作用就是对各种信息的集成处理和加工,通过过滤无效信息,提高整体运作效率。

2. 物流绩效

应用现代信息技术、通过信息及时准确的传递,物流绩效评价是一个可以不断控制和修正物流各个节点的动态过程。在物流全过程中,物流绩效反映了各环节操作顺畅与否、合作成功与否。物流绩效指标大致可分为三类:第一类是操作指标,如库存周转率等;第二类是服务水平指标,如客户投诉率等;第三类是财务指标,如利润率等。通过动态可视化,物流绩效可以衡量并优化整个物流业务过程。

3. 物流成本

根据经济学概念和物流理论,物流成本包括运输成本、库存成本、持有成本和管理成本。通过可视化的展现,可以直观地了解整个物流过程中的成本结构。深入分析物流成本构成,可以有效降低不合理成本,提高整条供应链的效益。

4. 相互影响

物流时间、物流绩效、物流成本三个指标不仅各自对物流业务过程产生影响,而且相互之间存在着不同程度的联系和作用。

物流时间影响着客户对于服务质量的判断,时间成本已作为客户选择商品的重要决策因素。另外,物流时间的延长,如运输时间增加、库存时间延长等,直接导致物流成本的增加。因此,物流时间对物流成本有着直接或间接的影响。

物流绩效与物流成本之间也存在相关性。物流绩效可以衡量物流服务的质量,而物流服务水平的高低往往与价格成正比。因此,物流绩效考核关注于物流成本的大小。物流绩效管理的最终目标也是降低物流成本。

以上三个可视化指标之间彼此作用、相互影响。物流时间的减少可以降低物流成本,提高物流收益,提高客户满意度,降低风险,从而提升整个物流绩效指标。

三、物流可视化管理的信息化实现

随着烟草行业的快速发展,烟草的分拣、配送量会越来越大,与之相关的物流生产过程越来越庞杂,生产过程涉及的人、物与设备很多,物流环节作业的软件多而分散,如何解决这些问题,需要建立一个统一的可视化物流综合指挥管理信息平台,协调各个子系统的协同作业,来实现统一管理、统一分配、统一调度,实现物流全过程可视管理。

(一)系统的定位与特点

1. 可视化物流综合管理平台的定位

(1)实现烟草配售供应链全过程管理;

(2)不影响现有系统应用;

(3)系统的管理思路清晰;

(4)确保各个物流业务环节数据的透明化;

(5)要突出管理和控制;

(6)统一管理和协调各个现有系统的资源。

2. 物流可视化管理平台在功能上的特点

(1)物流配送业务的统一协调与管理。平台从接收订单开始,收集各个物流操作部门的系统数据,并根据业务的实际情况,实现手工或者自动化制定物流计划,然后交付执行系统进行处理,最后将执行的结果接收回来,从而实现了对配送物流业务的各个环节的统一协调与管理。系统收集的数据,也是分析配送物流环节数据的基础。

(2)物流配送业务的全过程监控。平台涵盖配送业务的各个环节,为各种物流活动提供了有力的系统保障。从订单到计划,从计划分析到业务处理,从运费成本管理到实际结算,从业务节点监控到质量分析,系统全方位管理物流活动。

(3)强大的数据交换能力。数据交换平台,通过EAI或平台文件的方式可以实现了的系统间的数据交互,保证了系统与外部软件系统的平滑数据交换。各个系统交互的基础是通用代码管理平台,该平台的建立保障了数据交换平台的正常运行。

(4)严格的节点控制。通过系统KPI节点的设定,可以实现对各个业务环节的业务预警和报警,进而提醒管理人员对可能发生的业务故障或者已经发生的业务问题进行及时的处理和分析。

(5)成本费用的集中管理。成本费用数据的汇总管理,使费用管理集中化,便于对费用统一管理和监控。

多方式的、多媒介的信息展示使管理变得容易。GIS、监控显示屏不仅是各种物流业务数据显示的媒介,也是管理的平台,管理者可以随时监测到物流各个环节的业务状态信息,从而实现即时管理。

(二)系统的总体架构

现代物流管理已经从单纯的物流作业转变为有组织、有计划的运作方式,从接受订单开始,围绕订单,组织合理的资源,做出相应的计划安排,然后才进入实施阶段,即订单—计划—实施模式,其目的是尽可能降低物流的总成本,为客户提供最好的服务(见图9-7)。

因此,可视化物流综合管理平台将遵循订单—计划—实施管理模式,负责管理发生在各个物流环节的数据及状态。

订单是整个平台系统的源头,综合库存、分拣系统以及车辆资源等信息做出拣货计划和运输计划,然后通过对计划的实施,来完成整个物流配送业务,而过程监控将实时检测物流各个环节的状态信息。

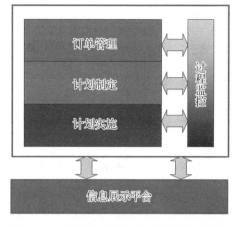

图9-7 可视化物流综合指挥管理平台架构

(三)可视化物流综合指挥管理平台与其他系统的关系(见图9-8)

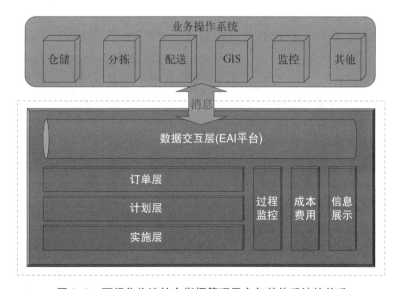

图9-8 可视化物流综合指挥管理平台与其他系统的关系

（四）可视化物流综合指挥管理平台工作流程

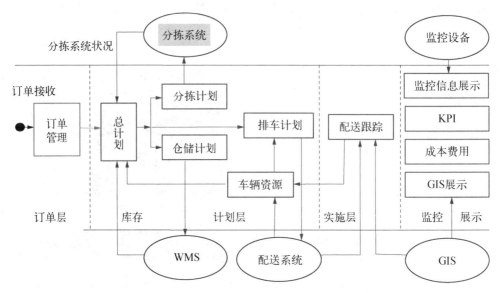

图 9-9　可视化物流综合指挥管理平台的工作流程图

1. 平台系统接收订单

这里的订单是指物流订单，从销售系统接收到销售订单后，平台系统转换成物流订单，统一管理订单，可以对订单进行查询、修改、存档、终止等操作。

2. 根据订单制订计划

计划指的是物流作业计划，可以分为总计划和分计划，总计划是根据总体资源情况（如库存情况、分拣系统能力等）而制作的综合性业务计划，该计划最终演变为实际的分拣计划、仓储计划和排车计划。分拣计划要发送给分拣系统进行实际分拣处理，仓储计划要发送给WMS系统以便WMS仓管员安排出库计划，排车计划是根据车辆资源情况和出库安排制定的，同样也要发给配送系统进行处理，配送系统需要根据实际发车情况信息更新车辆资源信息。

3. 计划执行

分拣计划、仓储计划和排车计划的执行是在外部的分拣系统、WMS和配送系统。当外部系统执行计划的时候，要把执行的信息反馈到平台系统，以便于平台系统可以监控到库存信息和配送明细等。

4. 业务流程的监控与展示

平台系统对业务流程的监控是全程的，从接收到订单开始，到制订计划以及计划的执行，所有的订单状态信息、库存信息、资源、货物状态信息等都被平台系统实时监控,当出现问题后,平台系统可以实现报警、预警等工作,并通过各种媒介(GIS、LED等)将以上各种信息展示出来。

(五)可视化物流综合指挥管理平台的功能

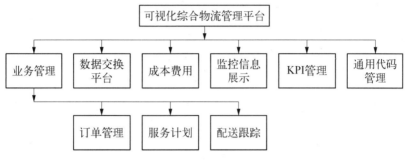

图 9-10 可视化物流综合指挥管理平台功能

1. 业务管理

业务管理是物流配送各个环节的统一管理平台,各个外部系统的数据汇集到业务管理平台,平台再根据业务的实际情况做出判断,做出计划并执行。业务管理平台是调度中心,它不仅是一个以立体化、透视化的方式显示各个物流环节的业务数据的平台,也是一个物流业务数据进行跟踪、分析管理平台。

主要功能:
- 订单管理
  - 订单的录入与接收
  - 订单终止
  - 订单查询
- 服务计划
  - 拣货计划
  - 排车计划
  - 锁定库存查询
  - 仓库运营能力
  - 库存查询
  - 仓库出入库明细
  - 车辆调度时间安排
  - 车辆调度查询
  - 运输动态管理
  - 制作配送单

- 配送跟踪
  - 到货查询
  - 回单处理
  - 每日发货查询
  - 订单动态报表

2. 数据交换平台

数据交换平台是可视化物流综合指挥管理平台和外部系统进行数据交换的管理平台，该数据交换平台从外部系统接收到数据后，根据业务的需要进行处理和分析；同样，统一物流管理平台也将订单等数据传递给外部系统，外部系统将处理的结果再反馈回平台。

3. 成本费用

成本费用管理系统负责收集各个外部系统产生的各种费用，并对收集的各种成本进行展示。

- 支持多层复杂的结算方式
  - 仓储：支持面积、流量、库存量计费方式
  - 装卸：支持件，体积、重量计费方式
  - 运输：支持件、零担、车、重量、体积等
- 支持仓储、装卸、调拨、转仓、配送等业务费用的结算
- 应收、应付费用数据管理

4. 监控信息展示

监控信息展示平台主要是利用各种可视化强的媒介来显示业务系统各个物流环节发生的各种状态数据。

- GIS
- 卷烟状态数据
- 基本业务数据

5. KPI 管理

KPI(Key Performance Indicators)是一种可量化的、被事先认可的、用来反映物流目标实现程度的重要指标体系，是绩效管理的有效手段，也是推动企业价值创造的驱动因素。根据平台系统 KPI 的设置，可以提供预警、报警的功能(见图 9-11)。

KPI 的类别很多，主要有：

第一类：客户反应

- 客户指令正确性
- 紧急任务

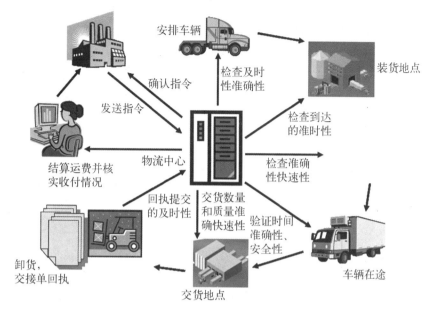

图 9-11　可视化物流综合指挥管理平台 KPI 考核物流全过程

- 订单输入准确性
- 指令输入及时性
- 订单处理时间
- 订单履行时间
- 客户回单时间

第二类：起始地（发出货物仓库等）

- 托盘/容器/包装/货柜问题
- 装货计划准确性
- 仓库装货时间
- 车辆在起运仓库逗留时间
- 仓库装车作业规范性
- 仓库发错 SKU 属性（型号、批号、等级、颜色等）
- 仓库发错数量
- 仓库出库录单准确性
- 仓库出库录单及时性

……

第三类：运输

- 超载
- 车辆抵达仓库及时性
- 送错货
- 货损/货差
- 包装破损
- 送错地方
- 车辆在途时间
- 车队回单时间
- 输入收录单的准确性
- 输入收录单的及时性

……

第四类：终点
- 卸货计划准确性
- 仓库卸货时间
- 车辆在终点仓库逗留时间
- 仓库卸车作业规范性
- 仓库入库录单准确性
- 仓库入库录单及时性

……

第五类：收货人
- 收货人原因导致的产品质量问题
- 卸货时间
- 合格产品拒收
- 签收单问题

……

第六类：客户的产品自身
- 包装标识错误
- 产品不合格

……

6. 通用代码管理

（1）系统管理：进行用户、权限的设置及操作日志等的记录。

（2）通用代码管理平台

通用代码平台系统主要用于一个公司内部的不同系统之间实现共享相同的基本代码的任务。一个系统一旦注册到可视化物流综合指挥管理平台，它既可以从可视化物流综合指挥管理平台抽取数据,也可以向可视化物流综合指挥管理平台的其他注册系统推送数据,实现注册系统之间的代码数据的通讯,从而保证了不同系统之间的平滑数据交换。

四、正确实施物流可视化的意义

（一）整合物流资源,合理调度,更加有效

围绕订单,整合现有的物流资源(人、物、设备、软件等),统一管理、统一分配、统一调度,实现企业内部各环节的协同,由执行—计划的工作方式转为订单—计划—实施模式,提高工作效率和质量,为客户提供最好的服务,降低物流的总成本,实时物流监控和精细任务调度已经成为提升企业竞争力的重要保证。

（二）发现问题,持续改进,为经营决策提供有力依据

正确了解和实施物流可视化管理,掌握全面和关键的物流数据(物流时间、物流绩效和物流成本),为优化物流体系提供有力和准确的依据。充分利用物流业务数据库和其他相关数据库的信息,提供可视化的辅助决策支持。逐步从物流基础建设到建设与管理并行,最终提升到精益管理。

（三）提高整体供应链收益率

物流是供应链的重要组成部分,卷烟的物流在整个烟草行业的供应链同样占着非常重要的位置,在未实施供应链协同之前,先实施卷烟的物流可视化,对今后实施烟草行业的供应链的可视化打下了坚实的基础,提供了有力的保障。

通过卷烟物流的可视化管理,逐步打造烟草供应链的协同可视化管理,使原来的局部优化行为转为整体利益最大化,最终提升我国烟草行业的核心竞争力。

思考题

1. 如何应用大数据技术改进物流末端配送?
2. 如何基于 RFID 技术完善冷链配送,以保证食品安全?
3. 试述物联网技术在智慧物流配送体系中的应用场景。
4. 智能交通系统中的关键技术有哪些?
5. 如何实现物流配送的可视化?

第十章　物流配送成本管理与绩效考核

学习目标

1. 物流配送成本的含义
2. 物流配送成本的构成
3. 建立物流配送绩效评价体系的原则
4. 物流配送绩效评价体系的设计要求
5. 物流配送的评价要素
6. 物流配送绩效评估的内容
7. 物流配送绩效评估KPI方法

第一节　物流配送成本概述

配送是与市场经济相适应的一种先进物流方式，是物流企业按用户订单或配送协议进行配货，经过科学统筹规划，在用户指定的时间，将货物送达用户指定地点的一种供应方式。

配送是物流企业重要的作业环节，通过配送，物流活动才得以最终实现，但完成配送活动是需要付出代价的，即需配送成本。

一、物流配送成本的定义

物流配送成本是物流配送过程中所支付的费用总和。根据物流配送流程及配送环节，物流配送成本实际上是含配送运输费用、分拣费用、配装及流通加工费用等全过程。

物流配送成本费用的核算是多环节的核算，是各个物流配送环节或活动的集成。物流配送各个环节的成本费用核算都具有各自的特点，如流通加工的费用核算与配送运输费用的核算具有明显的区别，其成本计算的对象及计算单位都不同。

二、物流配送成本管理的含义

物流配送成本管理是物流配送组织及物流配送服务需求方重要的关注点之一。

本书所定义的物流配送成本管理,是指在满足既定服务品质的前提下,通过对物流配送成本进行精确的计量、记录,对于物流配送成本产生的各个环节进行分解、分析,对物流配送成本产生的各个环节之间的链接进行梳理、优化,进而达成在不降低服务品质,甚至是提高服务品质的前提下,降低物流配送成本,改善物流配送环节财务表现,使物流配送企业在市场竞争中处于成本领先优势。

第二节 物流配送成本的构成

从整个物流系统来讲,配送几乎包括了所有的物流功能要素,是物流活动的一个缩影或在某小范围中物流全部活动的体现。一般的配送集装卸搬运、包装、保管、运输于一体,通过一系列物流活动将货物送达目的地。特殊的配送则还要以流通加工活动为支撑,严格来讲,整个物流活动,没有配送环节就不能成为完整的物流活动。

配送的主体活动是配送运输、分拣、配货及配载。分拣配货是配送的独特要求,也是配送中有特点的活动。以送货为目的的配送运输是最后实现配送的主要手段,从这一点出发,常常将配送简化看成运输中的一种。物流配送成本主要由以下七个方面构成。

一、配送运输费用

(一)物流配送车辆运营成本

物流配送车辆运营成本可以分为车辆固定成本、车辆变动成本、员工成本三类,每一类的具体明细如表10-1所示。

(二)车辆营运间接费用

这是指营运过程中发生的不能直接计入各成本计算对象的站、队经费,包括站、队人员的工资及福利费、办公费、水电费、折旧费等内容,但不包括管理费用。

二、分拣费用

(一)分拣人工费用

这是指从事分拣工作的作业人员及有关人员工资、奖金、补贴等费用的总和。

表 10-1 物流配送车辆运营成本构成

序号	一级分类	二级分类	参数	金额 费率	单位	面包车 (车厢尺寸 L(m)*W(m)*H(m))		金杯车 (车厢尺寸 L(m)*W(m)*H(m))		依维柯 (车厢尺寸 L(m)*W(m)*H(m))		4.2 M (车厢尺寸 L(m)*W(m)*H(m))		6.2 M (车厢尺寸 L(m)*W(m)*H(m))		7.6 M (车厢尺寸 L(m)*W(m)*H(m))		9.6 M (车厢尺寸 L(m)*W(m)*H(m))	
						月均成本	日均成本	月均成本	日均成本	月均成本	日均成本	月均成本	日均成本	月均成本	日均成本	月均成本	日均成本	月均成本	日均成本
1	车辆固定费用	设备价值			整车费用														
2		折旧费用	按照72个月折旧		月														
3		综合检测	按国家标准：元/年		年														
4		二级维护	按国家标准：元/季度		季度														
5		年检费	按国家标准：元/(次·年)		年														
6		交强险	按国家标准 1946		年														
7		商业险	按国家标准 6430		年														
8	车辆变动费用	维修	元/月																
9		日行驶里程(千米)																		

续表

序号	一级分类	二级分类	参数	费率		面包车 (车厢尺寸 L(m)*W(m)*H(m))		金杯车 (车厢尺寸 L(m)*W(m)*H(m))		依维柯 (车厢尺寸 L(m)*W(m)*H(m))		4.2M (车厢尺寸 L(m)*W(m)*H(m))		6.2M (车厢尺寸 L(m)*W(m)*H(m))		7.6M (车厢尺寸 L(m)*W(m)*H(m))		9.6M (车厢尺寸 L(m)*W(m)*H(m))	
				金额	单位	月均成本	日均成本	月均成本	日均成本	月均成本	日均成本	月均成本	日均成本	月均成本	日均成本	月均成本	日均成本	月均成本	日均成本
10		月行驶里程(千米)																	
11	车辆变动费用	轮胎更换数量/月	平均每100 000千米换1套轮胎(钢丝胎),每车		元/千米														
12		维护&保养费率/月	平均每10 000千米更换机油&三滤		元/千米														
13		油耗/100千米(L)	当前0#柴油油价CNY/升,一个波次按照110千米																
14	人工费用	司机人数:	工资+保险+福利	1															
15	费用合计	成本合计																	
16		税率(11%)																	
17		利润(税前8%)																	

（二）分拣设备费用

这是指分拣机械设备的折旧费用及修理费用。

三、装卸成本

装卸成本首先要考虑装卸方式。装卸方式受客户订单及收货点条件影响较大：由客户订单而产生的单一卸货地点卸货数量的多寡对于装卸方式直接产生影响。在一般情况下，单一卸货地点卸货数量的多寡有如下三种场景。

（1）大批量：单一卸货点每次能够以一个车次为单位进行卸货，此类典型案例为进仓或者送经销商。

（2）中、小批量：单个卸货点卸货数量几件/几十件不等，往往一个车次装载的商品需要分别在多个卸货点进行卸货。此类典型场景为商超、便利、快消零售、服装店等订货行为。

（3）单件流：一个卸货点仅卸一件商品，典型的就是快递。

与以上三种订单场景对应的装卸方式主要有以下四种。

（1）托盘装卸：将货物以托盘为单位进行包装、以叉车为主进行机械式装、卸车。这种方式的优点是装车效率高、装车速度快，装车成本低。缺点是车辆的装载率会受影响。托盘装卸比较适合品种少、数量大、有一定卸货设备（叉车）的商品装卸；

（2）人工散装散卸：用工人人工将货物在车厢内进行码放。这种方式的优点是适应性好，车辆装载率高。缺点是装卸费用一般较高、装卸用时较长，对装卸过程要求也较高（如果装不好则容易造成商品在运输过程中的破损增加）。比较适合商品比较复杂、对于车辆装载率要求高的商品装卸。典型场景就是快递与快消品/服装门店/零售店补货。

（3）笼车装卸：以笼车为装卸单位，将一个卸货点的商品集中在一个或几个笼车中，利用笼车来进行装卸。这种方式的优点是每个卸货点的商品区分较为清晰、装卸效率高、劳动强度较低。缺点是对于装卸硬件条件要求较高，如需要车辆装有升降尾板、卸货地要平坦可以走车等。由于使用笼车装卸的外部条件要求较多，现在使用得比较少。更多的使用场景是在工厂内物流周转环节。

（4）物流周转箱装卸：使用物流箱作为容器、将商品放置在物流箱中进行装卸。物流周转箱优点在于对商品的防护较好，装卸速度快、且便于交接。缺点是周转箱一般较小，每个周转箱中可装载的商品体积有限。加上周转箱本身就有一定的重量和体积，所以对于车辆的装载率也有一定的影响。物流周转箱比较适用于订单 SKU 较多、单 SKU 订单量较少的物品、贵重物品以及其他需要特别防护或者需要与其他商品进行隔离的商品。

四、流通加工成本

这主要包括三个方面的内容。

（1）流通加工设备费用。流通加工设备因流通加工形式不同而不同，购置这些设备所支出的费用，以流通加工费用的形式转移到被加工产品中去。

（2）流通加工材料费用。在流通加工过程中，投入到加工过程中的一些材料消耗所需要的费用，即流通加工材料费用。

（3）人力费用。在流通加工过程中从事加工活动的管理人员、工人及有关人员工资、奖金等费用的总和。

在实际应用中，应该根据配送的具体流程归集成本，不同的配送模式其成本构成差异较大。在相同的配送模式下，由于配送物品的性质不同，其成本构成差异也很大。

五、交接成本

（一）与仓库/配送中心交接

一般而言，仓库/配送中心与配送车辆往往属于不同的业务组织，或者是同一业务组织的不同业务单元。这就使得仓库/配送中心与配送实施企业/组织相互之间存在着一条天然的权责界限，物流配送企业一旦将货物装车，甚至还没有装车，只是和仓库/配送中心在交接单签字后，货物的短少丢失破损差异等损失，就要由物流配送企业/组织来承担。因此，这就会存在着仓库/配送中心与物流配送企业/组织的商品交接环节。这种交接基本上要从商品的数量、品相上进行清点确认，往往会耗时较多。

在交接环节往往还存在在另一种成本：仓库/配送中心生产备货的逻辑与配送车辆装载/配送的逻辑并不见得是完全一致的，这就意味着物流配送车辆完成商品的清点确认后，往往需要将商品按照自己的装车逻辑、配送顺序等将商品再次进行组合排列，这时不仅仅需要一定的场地，更需要一定的时间。

（二）与客户交接

与客户交接时往往也有大量的清点确认工作，这一块也极大地影响配送效率。

（三）交接等待

交接等待主要产生在两个环节：与仓库/配送中心交接时的等待、与客户（收货点）交接时的等待。等待在时间上会影响配送的运营效率，进而影响物流配送成本。

六、调度、客服等辅助成本

在物流配送运营环节,会存在调度、客服等非直接配送功能,但是又是不可或缺的岗位与职能。

调度的主要职能为将客户的订单转化为配送的运单,并负责进行落实。

客服的职能相对比较综合一些,既要负责客户回单、代收款的管理,还要负责订单的打印、异常跟进与处理、结算等客户需求的满足。受到当前客户企业的一些财务政策限制,如回单只接受手工回单,而不承认电子回单等,以及客户收货方的非一致性,导致很多信息化手段在回单管理等方面还是不能有效应用,只能靠人工登记、快递原始单据等方式来进行处理。这就造成了回单管理的成本。受各地员工的薪资水平以及处理回单的能力有所差异,导致回单处理成本差异较大,一般的评判标准是一天人均处理回单在 100 份左右,如果一地员工的薪资、福利、社保等综合用工成本在 5 000 元/月,按照平均 22 个工日/月计算,则回单的人工成本不低于 2.27 元/单。

七、物流配送信息系统成本

得益于社会信息化水平的普及以及物流配送服务需求的迫切需要,城配企业对于信息化的需求,主要分为被动与主动两块。被动主要表现为配送客户普遍都是信息化的先行者,从配送订单的导出与传递、订单的配送计划、订单的配送执行情况等,都要求在信息化系统中予以体现。物流企业的信息系统主要体现在如下五个体系中,而每一个系统后面都包含着一系列的模块:

(1) 订单管理信息系统(OMS):主要包括客户与城配企业的订单交互方式、订单的审核、确认、生效、异常订单的反馈等;

(2) 配送中心管理系统(WMS):主要包括收、发、存、盘、汇单规则与逻辑、拣货规则与逻辑、库存对账等功能模块;

(3) 配送运输管理系统(TMS):主要功能包括基本信息模块、智能调度模块、实施签收模块、回单管理模块、配送车辆管理模块等,TMS 与 WMS 共同构成了配送信息管理系统的核心功能;

(4) 结算系统(BMS):支持不同逻辑的与客户收费、承运单车车辆成本管理、运费结算等功能;

(5) 配送全程可视化:主要基于配送关键节点的设计、信息数据的抓取,将一个订单的生命周期(订单下发、订单生效、订单汇单、订单拣货、订单装车、订单派送、订单回单完成等)以不同的形式(短信、信息大屏、App 异常上报等)进行展现。

如此一个庞大而复杂的信息系统,无论是前期开发费用,还是后续的日常使用、维护费用,都比较高昂。这也构成了配送成本的重要一环。

第三节　物流配送成本核算方法

一、物流配送成本核算的目的

物流配送成本核算的目的有六个:
(1) 以时序观点来看为了正确地观察成本的变化情况或与其他公司、其他行业进行比较;
(2) 为了制订物流活动计划,为了进行调控或评估;
(3) 为了更好地进行物流管理,向高层管理干部提供物流情况,在公司内部提供员工对物流重要性的认识;
(4) 为了指出应由销售或生产部门负责的不合理的物流活动;
(5) 为了了解并评估物流部门对企业效益的贡献程序;
(6) 使用物流成本建立物流变化或改善物流状况的模型,应根据这些目的考虑物流成本的核算方式。

二、物流配送成本的核算方法

(一) 按支付形态计算物流成本

这是把物流配送成本分别按运费、保管费、包装材料费、自家配送费(企业内部配送费)、人事费、物流管理费、物流利息等支付形态记账。从中可以了解物流成本总额,也可以了解什么经费项目花费最多。这对认识物流成本合理化的重要性,以及考虑在物流成本管理上应以什么为重点,十分有效。

(二) 按功能计算物流配送成本

这是分别按包装、配送、保管、搬运、信息、物流管理等功能计算物流费用。从这种方法可以看出哪种功能更耗费成本,比按形态计算成本的方法能更进一步找出实现物流合理化的症结。而且,可以计算出标准物流成本(单位个数、重量、容器的成本),进行作业管理,设定合理化目标。

按功能计算物流成本,可以从功能的角度掌握;按形态计算出来的物流成本,在将物流部门费用按不同的功能详细划分的时候,其分配基准比例由于行业和企业情况的不同而不同。因此,根据本企业的实际情况找出分配基准是很重要的。

(三）按适用对象计算物流配送成本

按适用对象计算物流成本，可以分析出物流成本都用在哪一种对象上。如可以分别把商品、地区、顾客或营业单位作为适用对象来进行计算。

按支店或营业所计算物流成本，就是要算出各营业单位物流成本与销售金额或毛收入的对比，用来了解各营业单位物流成本中存在的问题，以加强管理。

按顾客计算物流成本的方法，又可分按标准单价计算和按实际单价计算两种计算方式。按顾客计算物流成本，可用来作为选定顾客、确定物流服务水平等制订顾客战略的参考。

按商品计算物流成本是指通过把按功能计算出来的物流费，以各自不同的基准分配各类商品的办法计算出来的物流成本。这种方法可以用来分析各类商品的盈亏，在实际运用时要考虑进货和出货差额的毛收入与商品周转率之积的交叉比率。

三、ABC物流成本法

（一）ABC成本法概述

20世纪美国埃里克·科勒教授首次提出了作业、作业账户、作业会计等概念。1971年乔治·斯托布斯教授对这些概念作了全面系统的讨论。1987年芝加哥大学库伯教授和哈佛大学教授开普兰针对美国企业的产品成本与现实脱节，发展了斯托布斯的思想，提出了以作业为基础的成本计算法 ABC(Activity Based Costing)法。在我国，作业成本计算法几乎未被企业应用，有意识的作业成本管理理论指导下的运用几乎没有，作业管理及类似经验大多产生于局部性或专门性的管理当中，如产品、工艺设计、质量管理等，而非全局性的、贯穿于各个方面的管理当中。

1. 作业成本法概念

作业成本计算法是一种以作业为基础，对各种作业的间接费用采用不同的间接费用率进行分配的成本计算方法。作业是工作的各个单位。例如，顾客服务部门作业包括处理顾客订单、解决产品问题、提供顾客报告；成本动因是分配作业到产品或服务的标准，反映了作业成本与产品之间的相关性，作业的成本分配必须符合相关性的要求，如产品装车和搬运作业的成本均与货物的托盘直接相关，均可选择托盘数作为成本动因；作业成本库指可以用一项共同的成本动因进行间接费用的归集和分配的单位。

2. 作业成本法计算

作业成本法所遵循的原则：作业消耗资源，产品消耗作业；生产导致作业的产生,作业导致成本的发生。ABC法首先将间接计入成本按作业(或活动)进行归集,然后按不同作业的不同成本动因率将各作业成本库中的成本分配到产品或服务中去。

首先间接计入费用计入作业基础的成本归集库中;其次得出和使用一系列成本动因基础的比率,将归集的成本分配到产品服务中去。作业成本法的设计和采用取决于三个因素:成本归集库选择;将间接计入成本归属到成本库的中介标准;为每个成本库选择相应的成本动因。

第一步:归属成本。

作业成本法第一步要求建立间接成本归集库,这些成本在库内性质应该是同一的。所谓"同一"是指归集在相同成本库中的不同成本是由相同的成本动因引起的。例如,为保证产品质量,对A产品所花费的质量监督成本与对产品B所花费的质量监督成本虽然不同,但他们都是由监督所消耗的时间引起的,性质是同一的,均可归属到质量监督作业成本库中。

为确保有效的信息系统要对作业量做必要的筛选,必须了解:第一,每项作业的有关成本的重要性,以便评价它们是否值得单独列为一个独立的成本归集库;第二,影响每项作业成本的因素,以便评价个别作业的成本形态是否同质,考虑它们是否可能被合并为一个成本归集库。

第二步:分配成本。

在确定各个成本归集库并把间接计入成本归属到相应的成本库之后,就可进行第二步,即根据一定的标准把库内的成本分配到各产品或服务中去,包括两方面:首先,确认各作业的成本动因并统计其总数,分别计算出各作业的单位成本动因率。为不同的成本库选取相对应的成本动因,选择成本动因时要考虑:第一,选取那些信息容易获得的成本动因,不会增加信息成本;第二,成本动因和实际成本消耗之间的关联程度,在不歪曲反映成本库信息性质的情况下,为降低取得成本动因所需的成本,可用对成本的实际消耗非直接关联的成本动因代替与成本的实际消耗直接关联的成本动因。其次,统计各产品所耗成本动因数,并且将制造费用分摊到各个产品中。

(二)作业成本计算与传统成本计算的区别

作业成本计算和传统成本计算最大的不同,在于它从以产品为中心转移到以作业为中心上来,通过对作业成本的确认、计量,尽可能消除不增值作业,提高可增值作业,及时提供有用信息,从而促使有关的损失、浪费减少到最低限度。它不是对最终产品进行控制,就成本论成本,而是把着眼点放在成本发生的前因后果上。

从前因看,成本是由作业引起,形成一个作业的必要性如何,要追踪到产品的设计环节。因为索本求源,正是在产品的设计环节,决定产品生产的作业组成和每一作业预期的资源消耗水平以及通过作业的逐步积累而形成的产品,最终可对顾客提供的价值大小和由此可取得的顾客意愿支付的代价。

从后果看,作业的执行和完成实际耗费了多少资源?这些资源的耗费可对产品的最终提供给顾客的价值作多大贡献?对所有这些问题进行动态分析,可以提供有效信息,促进企业改进产品设计,提高作业完成的效率和质量水平,在所有环节上减少浪费并尽可能降低资源消耗,寻求最有利的产品生产以及相应的最有利的投资方向。

由此可以看到,作业成本管理以作业为核心,以资源流动为线索,以成本动因为媒介,通过对所有作业活动进行动态跟踪,对最终产品的形成过程中所发生的作业成本进行有效控制。因此,作业成本管理法与其说是一个先进的成本会计方法,不如说是一种实行目标成本前馈控制与反馈控制相结合,成本计算与成本目标管理相结合的"全面成本经营系统"。

(三) 作业成本法的适用条件

具备下列条件的企业应用 ABC 较为有利:

(1) 间接费用占全部制造成本的比重较高;
(2) 管理当局对传统成本计算系统提供信息的准确程度不满意;
(3) 生产经营活动十分复杂;
(4) 产品品种结构十分复杂;
(5) 产品生产工艺复杂多变,经常发生调整准备成本;
(6) 经常调整生产作业,但很少相应调整会计核算系统;
(7) 企业拥有现代化的计算机技术和自动化生产设备;
(8) 较好地实施了适时生产系统(JIT)和全面质量管理体系(TQM)。
(9) 企业有同时具备生产工艺流程知识和会计知识的高素质的管理人员。

作业成本计算法的优点是能提供准确的成本信息;缺点是实施成本高昂,因为要处理大量的数据,如确立作业动因、资源动因、归集作业成本库等。这些都需要高素质的管理人员。

(四) 作业成本法在配送中心的应用模式

作业成本法在配送中心成本管理中的应用模式有三个层面。

第一个层面,配送中心产品成本计算。这是该应用模式的核心,即应用作业成本法中的独特计算方法准确地计算配送中心产品的成本。其他观点和思路的应用都是基于或来源于这个核心。

第二个层面,配送中心的产品定价。这是在获得正确的产品成本信息的基础上,将作业分析和资源分析的观点应用于物流产品的定价决策。配送中心可以有两种产品定价方式,即分步定价方式和综合定价方式,两种定价方式的应用基础都是利用作业成本计算法准确算出的产品成本信息。

第三个层面,配送中心的成本控制。在正确计算出物流服务产品的成本,并采用适当的定价方式决定产品价格之后,利用成本动因分析发现配送中心中的无效作业,选择合适的方法进行作业改善,以实现成本管理的最终目的:降低成本、提高效率。

应用模式的核心是物流服务产品的作业成本计算,外围是物流产品定价决策和物流企业的成本控制(如图10-1所示)。

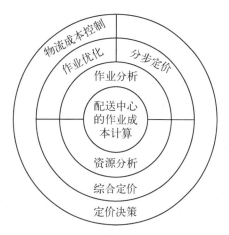

图 10-1 作业成本法在配送中心的应用模式

第四节 影响物流配送成本的因素

配送是一个较为复杂的体系。影响物流配送成本的因素也非常多,既有客户的服务品质需要、客户配送订单的特点,也有外部环境的制约因素,同样各物流配送企业自身管理水平的参差不齐,都是影响配送成本的重要方面。总体来说,物流配送成本主要受以下四个方面因素的影响。

一、服务品质水平

在没有结构性调整与结构优势的前提下,服务的高品质必然产生高成本,低的服务品质虽然可能会使成本维持在一个较低的水准上运行,但是很可能会丢失业务,影响企业的健康发展。因此,在一个合理的服务品质水平上开展物流配送相关工作,是控制物流配送运营成本的一个重要方向。

服务品质主要分为如下三个维度。

(一)订单响应时间

订单响应时间越短,则对于配送服务的要求越高。目前主流的配送对于订单的响应时间为:同城:1天(即第一天下单、第二天配送送达);核心城市周边城市(如核心城市武汉周围的黄石、天门、潜江、仙桃、孝感、咸宁等,上海周边的昆山市、太仓市;广州周边的佛山等)也是1天;一般城市跨城:2天及以上(根据配送距离的长短)。

(二)配送收货时间窗口

配送时间窗口要求越严格,则配送成本会越高。目前主要的配送时间窗口主要有如下几类:24小时均可收货、工作时间段收货、夜间收货、指定时间段(一般分为指定上下午、指定几点之前、指定几点至几点三种模式)收货。从配送效率着眼,配送效率最高的配送收货时间窗口是24小时均可收货,其次是夜间收货,再其次是工作时间段收货,配送效率最低的是指定时间段收货。

(三)配送准确率

配送准确率主要是指配送企业/组织给到收货方应配送商品的准确程度以及配送时间的准确程度。配送商品准确率的考核细节比较多,一般有商品是否准确、商品的批号是否准确、商品数量是否准确等。配送准确率不仅是客户满意度的一个重要关注点,也是配送企业/组织额外成本的一个重要组成部分。

针对配送准确率造成的成本主要有如下四点:

(1)由于配送不准确导致客户拒收商品、配送失败,这种情况下客户一般是不会支付配送运费、由此产生的配送成本只能由配送企业/组织自行承担;

(2)由于配送过程中造成的配送短缺部分,会由配送企业/组织来承担该短缺部分商品的费用;

(3)客户往往会和配送企业/组织制定一些法则/罚则,如果配送准确率低于某一个约定的值,或者是配送每出现差错一单/笔,客户会要求配送企业/组织提供一定金额的罚款或者运费扣除;

(4)退换货:退换货某种意义上也可以归属于逆向物流。退换货处面临的风险是效率低下,尤其是零散商品的退货。理解这一点,需要从退货产生的原因以及客户与其销售渠道的关系两个维度加以分析。

退货的产生原因主要有如下五点。

(1)销售不佳退货:销售不佳退货是指商品已经进入了销售系统,但是在一段时间内销售表现欠佳,需要将已经在销售系统内、甚至已经上销售货架的商品予以退回客户处,这样的退货一般而言比较整齐,零散的部分会比较少,退货的难度会小一些。

(2)季节性退货:一些季节性商品由于换季的原因,要暂时从市场上缩小销售规模甚至是撤离,如一些热饮需要在夏天来临之际从销售渠道中撤出,而冷饮需要在冬天来临之际从销售渠道中撤出等。由于涉及商品类别的调整,这种类型的退货一般会比较复杂一些。

(3)品质原因退货:一些商品由于品质原因需要退货,这样的退货由于涉及的商品种类一般比较有限,且对于此类退货商品的批号、生产日期等有比较明确和严格的要求,退货相对比较简单一些。

(4) 有效期原因退货：因保质期的原因、不再适合在渠道类进行销售。这类退货由于有明确的日期限定，一般也会比较简单一些。

(5) 商品整体下架：整体下架的原因较多，既有客户与销售渠道不再合作、也有客户产品整体升级换代更新等，商品整体下架原因造成的退货一般较为复杂，涉及的商品品种、规格较多，而且包装和数量往往会比较复杂一些。

二、车型选择

由于不同车型的成本结构、装载能力、运营效率往往区别较大。对于同一批订单，采用不同的车型结构，会产生完全不相等的物流配送成本。

一般而言，车辆越大，装载率越高，分摊的折旧就会越低，平均每件商品的配送费用就越低，也即物流配送成本会越低。要注意，在城市配送环节，车辆越大，在城市内配送所受的制约就越多：禁行、限行、道路高度、宽度不足、桥梁隧道涵洞等都是影响物流配送车辆大小的制约因素。再加之客户收货的时间窗口约束，大车固然能装载较多货物，但是大车装载的货物能否在客户收货的时间约束窗口之内完成配送，这就要在选择车型时，要对收货点的单量、收货点的收货时间、出发地至收货点的在途交通用时等信息进行详尽的把握并进行组合，尽可能做到车型与送货能力相匹配。

三、仓配衔接环节、配与收交接环节

衔接环节不仅仅产生直接的人工成本、车辆等待成本，也会影响后续的配送效率，导致单车配送效率降低，进而提高配送运营成本。

(一) 仓配交接环节

从价值链角度考虑，仓配交接属于无效劳动，这一块用时、用工越少越好。在实际运营场景下，仓配交接由于涉及仓库/配送中心和车辆两个不同的作业单元，往往也分属于两个不同的责任单位/部门。

交接过程也是界定双方责权利的过程，所以这一块往往会存在大量的清点（数量是否准确）、商品品质的确认（是否有破损、实际商品与交接清单不符等现象）。

由于仓库/配送中心和配送车辆往往属于不同的作业单位，甚至是不同的法人主体，这就会造成仓/配送中心按照自己最优的方式进行货物交接，而这样的最优往往会导致下一环节（也即配送）不能实现清点、装货最优，造成大量的人员/时间浪费。

表 10-2 与表 10-3 是两种不同的交接模式。表 10-2 所代表的 B 企业不仅比表 10-3 所代表的 A 企业提高 12.5% 的效率（也即意味着直接成本会降低 12.5%），而且整个运营时间会缩短半个小时，更加有效地以人为本。

表 10-2　A 配送企业配送甘特图

序号	操作环节	工序名称	时间 7:00	7:30	8:00	8:30	9:00	9:30	10:00	10:30	11:00	11:30	12:00	12:30	13:00	13:30	14:00	14:30	15:00	15:30	16:00	16:30	17:00	17:30	18:00	18:30	19:00
	仓/配交接	数量清点	■																								
		重新排序		■																							
		装车			■																						
	配送	点1在途行驶				■																					
		点1卸货					■																				
		点1交接					■																				
		点2在途行驶						■																			
		点2卸货							■																		
		点2交接								■																	
		点3在途行驶									■																
		点3卸货										■															
		点3交接											■														
		点4在途行驶											■														
		点4卸货												■													
		点4交接												■													
		午休													■												
		点5在途行驶														■											
		点5卸货															■										
		点5交接																■									
		点6在途行驶																	■								
		点6卸货																		■							
		点6交接																			■						
		点7在途行驶																				■					
		点7卸货																					■				
		点7交接																					■				
		点8在途行驶																						■			
		点8卸货																							■		
		点8交接																								■	
	返场	返场行驶																									■
		返场交接																									■

表 10-3　无仓配交接关节物流配送甘特图

操作环节	工序名称	时间段（起止）
仓/配交接	点1 在途行驶	7:00–7:30
仓/配交接	点1 卸货	7:30–8:00
仓/配交接	点1 交接	8:00–8:30
配送	点2 在途行驶	8:30–9:00
配送	点2 卸货	9:00–9:30
配送	点2 交接	9:30–10:00
配送	点3 在途行驶	10:00–10:30
配送	点3 卸货	10:30–11:00
配送	点3 交接	11:00–11:30
配送	点4 在途行驶	11:30–12:00
配送	点4 卸货	12:00–12:30
配送	点4 交接	12:30–13:00
配送	午休	13:00–13:30
配送	点5 在途行驶	13:30–14:00
配送	点5 卸货	14:00–14:30
配送	点5 交接	14:30–15:00
配送	点6 在途行驶	15:00–15:30
配送	点6 卸货	15:30–16:00
配送	点6 交接	16:00–16:30
配送	点7 在途行驶	16:30–17:00
配送	点7 卸货	17:00–17:30
配送	点7 交接	17:30–18:00
配送	点8 在途行驶	18:00–18:30
配送	点8 卸货	—
配送	点8 交接	—
配送	点9 在途行驶	—
配送	点9 卸货	—
配送	点9 交接	—
返场	返场行驶	—
返场	返场交接	—

(二）配送与客户交接环节

物流配送企业/组织将商品按照指定要求放置至约定最便于交接和存放的位置，即可离开，这样在交接环节的效率会高、用时会少，可以节约时间去从事下一个点的配送。有的收货点会提出各种奇怪的要求，如将交接商品摆放至楼上/地下室或者其他的指定位置、要求将商品拆除包装并摆放至货架等，这些都会造成配送效率的低下与配送成本的上升。

四、调度能力

调度对成本的影响主要体现在以下三个方面。

（一）单车满载量/率

单车要尽可能满载，避免装载率较低、车厢较空的现象存在，同时要注意重货与泡货的搭配，做到车辆在装载吨位与装载容积两个维度上都能做到满载。这样的安排是比较理想的，也是最佳的配载。

（二）配送线路

配送线路的设计与安排尽量以线性和环形或 U 形为主，尽量不要"之"字形，要避免车辆绕路行驶。

（三）日配送波次

尽可能安排车辆做一日两波次、一日三波次。在波次协调上，要做到远、近（配送距离上）结合、难易（装卸简单与复杂）结合，提高一日多波次配送成功率。

五、订单的波动性

一般而言，由于客户行业、生产商品的不同，从时间维度上来看，订单基本上会存在三类波动周期。

（一）年度波动周期

会存在淡旺季。典型的如饮用水类、碳酸饮料类等，一般旺季在每年的 4、5、6、7、8、9、10 月，淡季在 1、2、3、11、12 月；而饼干类、瓜子类、食用油类又恰恰相反，每年的 1、2、3、11、12 月为旺季，而 4、5、6、7、8、9 月又是淡季。

（二）月度波动周期

一个月内，每天的出货量也是不平衡的，会存在出货的高低峰期。一般而言，销售团队受到业绩、收入以及后续销售任务增长的压力，很多销售人员都会紧贴着销售指标来指导自己当月的销售业绩。常用的操作办法就是人为控单：在每个月的前半个月、甚至前 20 天的销量出来后，销售人员会计算与自己月度计划的差距，如果与本月的月度计划差距较大，则会在最后的 10 天或者一个月的最后一周通过鼓励、压货、促销等多种手段来设法达成自己的计划；这样就会导致每个月的后个半月/下旬的单量大幅超过前半个月/前20天。同样,如果一个月的前半个月、前20天的销量已经基本达成本月的销量,销售人员的做法一般就是控单,尽可能将一些销售需求压到下一个月进行释放。这样的情况,就会导致前半个月/20天的订单较多,而每个月的下半月/下旬订单很少,进而导致月度的订单波动性。

(三)周度波动周期

一周7天,客户下单的频率和日均规模也是存在显著差异的。一般而言,周六、周日是不下单的。这也就意味着周日、周一基本上没有配送任务。周一补货、周四、周五备货(周末销售)这三天是下单高峰,对应的配送日期:周二、周五、周六也是单量高峰。周二、周三单量较为正常,对应的配送日期周三、周四配送单量也处于正常状态。

第五节 物流配送成本的定价方式

物流配送服务如何定价也是一个重要的话题。不同的定价模式对物流配送成本均有一定的影响,目前主要的配送计价模式有五类。

一、包车计价

包仓/包车计价是指配送以车为单位,根据指派的不同车型,按照一定的固定费率双方进行结算。这是最受配送企业欢迎的结费方式。此种结费方式对于物流配送企业而言,具有以下三个优点:

(1)收入较为稳定、利润有保障;

(2)不用承担配送过程中由于货量波动而导致的运费波动风险;

(3)对于调度以及配送车辆的排程等要求较低,一般都是服从客户的指令即可。

此种结费方式的缺点主要是由于固定结费,导致配送企业对于改善和优化的动力较少,同时由费率相对固定,利润率一般不会很高。随着客户越来越"聪明",越来越不愿意承担波动的风险与辛苦的车辆排程工作,所以客户也越来越少采用此种结费方式了。

二、按照货值的百分比结算

这是指按照配送企业/组织所配载货物价格的百分比来进行配送费用结算。这也是目前比较流行的结费方式之一。这种结费方式比较流行的主要原因,是客户方比较便于核算成本,能够很清楚地了解到所销售商品的配送费用占比。尤其是在流通领域的客户,诸如麦德龙等,都是按照这样的方式予以结算运费。

按照货值百分比进行结算的计费方式,对于配送企业而言,会存在两个方面的风险。

(一) 货值变化

由于基于货值百分比进行结算的数据,一般是以上一周期段内所产生的历史货值数据为基准,加上对于未来的预测经过修正后预估出来的。这样会由于本期与上一周期所销售商品的差别、预计流量上的差别、货值价格上的差别等而造成实际货值与预估货值存在较大差异。一旦配送总量不变,而配送货值总体水平降低的现象出现,则会导致配送组织/企业的收入减少(前提是成本没有发生任何的变化)。

(二) 收货点单次收货量的变化

这也会影响到配送组织/企业的收入。例如,目前快消品的销售趋势愈加的多频次小批量,即原先一个销售点,可能一周订一次货、每次订货 700 件,而现在可能每天订一次货,每次订货 100 件,于是同样的 700 件商品,原先只要一个车次送达即可,而现在需要分成 7 次送达,必然会影响配送成本。

针对以上两点,最稳妥的办法是设定货值的下限,即货值均值不能低于某个水准,如果低于这个水准,则以水准线的货值数值作为结费的依据。

三、按照流量结费

这里所谓的按照流量结费,主要是指按照货物流转的量(而不是金额)来进行结费。按照流量结费,一般流量的结费单位有吨、方、件、箱等几种方式。此种结费方式由于财务上统计口径便于操作,目前也比较流行,在实行按照流量结费的模式时,要注意以下三点。

(1) 注意吨(重量)与方(体积)的转换关系。由于货物的多样性,有的体积较大而重量确比较轻(泡货),有的重量很重而体积确比较小。如果以吨(重量)为单位计费,则在泡货上存在明显的劣势;如果以方(体积)为单位计费,则在重货上存在明显的劣势。因此,要建立重货与泡货之间的换算关系,目前行业内多采取 1∶3 的共识进行换算,即泡货按照 3 立方米等于 1 吨(如果 3 立方米大于 1 吨,则按照实际计量的结果来计费);重货按照 1 吨等于 3 立方米(如果 1 吨大于 3 立方米,则按照实际计量的结果来结费)的公式来进行折算。

(2) 按箱/件计费时同样需要规定箱/件的规格,超出规格部分要按照一定的比例予以折算成 N 个标准箱/件。

(3) 按照流量计费也与按照货值计费一样,要设定最低的流量数量。如果月配送量低于双方设定的最低流量数量,则要按照最低流量进行结费;如果高出,则按照实际产生的流量数量进行结费。

四、按照配送点数进行结算

按照配送点数进行结算也是一种比较常用的结算方式,在便利店等行业比较常见。这种结算方式比较适用于点多,但是单点的配送量比较少的业务场景。通过点费结算方式来鼓励配送企业/组织多跑点数。在这种计费模式下,要注意特别约定单点的最大送货量。如果超出单点的最大送货量,则要加收一定费用的超箱/件费用,以避免由于单点货量暴增造成的配送营收损失。

五、基础价＋点费进行结算

这种结算模式是结合了包车价和按点结算两种方式的优点而来,对于配送企业/组织而言是一种比较有保障的计价模式、承担的风险较少,而客户采用这种模式后,通过点费的激励,也能刺激配送企业/组织的单车多拉商品,这样随着单车配送的商品数量增加,所配送的每件商品的分摊费用就会变少。

第六节　降低物流配送成本的策略

对配送的管理就是在配送的目标即满足一定的顾客服务水平与配送成本之间寻求平衡:在一定的配送成本下尽量提高顾客服务水平,或在一定的顾客服务水平下使配送成本最小。

一、混合策略

混合策略是指配送业务一部分由企业自身完成,另一部分外包给第三方物流完成的配送。这种策略的基本思想是,尽管采用纯策略(即配送活动要么全部由企业自身完成,要么完全外包给第三方物流完成)易形成一定的规模经济,并使管理简化,但由于产品品种多变、规格不一、销量不等情况,采用纯策略的配送方式超出一定程度不仅不能取得规模效益,反而还会造成规模不经济。采用混合策略,合理安排企业自身完成的配送和外包给第三方物流完成的配送,能使配送成本最低。例如,美国一家干货生产企业为满足遍及全美的1 000家连锁店的配送需要,建造了6座仓库,并拥有自己的车队。随着经营的发展,企业决定扩大配送系统,计划在芝加哥投资7 000万美元再建一座新仓库,并配以新型的物料处理系统。该计划提交董事会讨论时,却发现这样不仅成本较高,而且就算仓库建起来也还是满足不了需要。于是,企业把目光投向租赁公共仓库,结果发现,如果企业在附近租用公共仓库,增加一些必要的设备,再加上原有的仓储设施,企业所需的仓储空间就足够了,但总投资只需20万美元的设备购置费,10万美元的外包运费,加上租金,也远没有7 000万美元之多。

二、差异化策略

差异化策略的指导思想是:产品特征不同,顾客服务水平也不同。

当企业拥有多种产品线时,不能对所有产品都按同一标准的顾客服务水平来配送,而应按产品的特点、销售水平来设置不同的库存、不同的运输方式以及不同的储存地点。忽视产品的差异性会增加不必要的配送成本。例如,一家生产化学品添加剂的公司,为降低成本,按各种产品的销售量比重进行分类:A类产品的销售量占总销售量的70%以上,B类产品占20%左右,C类产品则为10%左右。对A类产品,公司在各销售网点都备有库存,B类产品只在地区分销中心备有库存而在各销售网点不备有库存,C类产品连地区分销中心都不设库存,仅在工厂的仓库才有存货。经过一段时间的运行,事实证明这种方法是成功的,企业总的配送成本下降了20%。

三、合并策略

合并策略包含两个层次:一是配送方法上的合并;另一个则是共同配送。

(一)配送方法上的合并

企业在安排车辆完成配送任务时,充分利用车辆的容积和载重量,做到满载满装,是降低成本的重要途径。由于产品品种繁多,不仅包装形态、储运性能不一,在容重方面也往往相差甚远。一车上如果只装容重大的货物,往往是达到了载重量,但容积空余很多;只装容重小的货物则相反,看起来车装得满,实际上并未达到车辆载重量。这两种情况实际上都造成了浪费。实行合理的轻重配装,容积大小不同的货物搭配装车,就可以不但在载重方面达到满载,而且也充分利用车辆的有效容积,取得最优效果。最好是借助电脑计算货物配车的最优解。

(二)共同配送

共同配送是一种产权层次上的共享,也称集中协作配送。它是几个企业联合集小量为大量共同利用同一配送设施的配送方式,其标准运作形式是:在中心机构的统一指挥和调度下,各配送主体以经营活动联合行动,在较大的地域内协调运作,共同对某一个或某几个客户提供系列化的配送服务。这种配送有两种情况:

(1) 中小生产、零售企业之间分工合作实行共同配送;

(2) 几个中小型配送中心之间的联合,针对某一地区的用户,由于各配送中心所配物资数量少,车辆利用率低等原因,几个配送中心将用户所需物资集中起来,共同配送。

四、延迟策略

传统的配送计划安排中,大多数的库存是按照对未来市场需求的预测量设置的,这样就存在着预测风险,当预测量与实际需求量不符时,就出现库存过多或过少的情况,从而增加配送成本。

延迟策略的基本思想就是对产品的外观、形状及其生产、组装、配送应尽可能推迟到接到顾客订单后再确定。一旦接到订单就要快速反应,因此采用延迟策略的一个基本前提是信息传递要非常快。

(一) 实施延迟策略应具备的基本条件

1. 产品特征

模块化程度高,产品价值密度大,有特定的外形,产品特征易于表述,定制后可改变产品的容积或重量。

2. 生产技术特征

模块化产品设计,设备智能化程度高,定制工艺与基本工艺差别不大。

3. 市场特征

产品生命周期短,销售波动性大,价格竞争激烈,市场变化大,产品的提前期短。

(二) 实施延迟策略的方式

配送中往往存在着加工活动,所以实施配送延迟策略既可采用形成延迟方式,也可采用时间延迟方式。具体操作时,常常发生在诸如贴标签(形成延迟)、包装(形成延迟)、装配(形成延迟)和发送(时间延迟)等领域。美国一家生产金枪鱼罐头的企业就通过采用延迟策略改变配送方式,降低了库存水平。历史上这家企业为提高市场占有率曾针对不同的市场设计了几种标签,产品生产出来后运到各地的分销仓库储存起来。由于顾客偏好不一,几种品牌的同一产品经常出现某种品牌的畅销而缺货,而另一些品牌却滞销压仓。为了解这个问题,该企业改变以往的做法,在产品出厂时都不贴标签就运到各分销中心储存,当接到各销售网点的具体订货要求后,才按各网点指定的品牌标志贴上相应的标签,这样就有效地解决了此缺彼涨的矛盾,从而降低了库存。

五、标准化策略

标准化策略就是尽量减少因品种多变而导致附加配送成本,尽可能多地采用标准零部件、模块化产品。例如,服装制造商按统一规格生产服装,直到顾客购买时才按顾客的身材调整尺寸大小。采用标准化策略要求厂家从产品设计开始就要站在消费者的立场去考虑怎样节省配送成本,而不要等到产品定型生产出来了才考虑采用什么技巧降低配送成本。

六、物流配送成本优化策略

如何降低配送运营成本,主要存在以下五种途径。

(一) 配送计划活动优化

在配送活动中,临时配送、紧急配送或无计划的随时配送都会大幅度增加配送成本。临时配送由于事先计划不善,未能考虑正确的装配方式和恰当的运输路线,到了临近配送截止时期时,不得不安排专车,单线进行配送,造成车辆不满载,里程多。紧急配送往往只要求按时送货,来不及认真安排车辆配装及配送路线,从而造成载重和里程的浪费。为了保持服务水平,又不能拒绝紧急配送。但是,如果认真核查并有调剂准备的余地,紧急配送也可纳入计划。随时配送对订货要求不做计划安排,有一笔送一次。这样虽然能保证服务质量,但是不能保证配装与路线的合理性,也会造成很大浪费。

为了加强配送的计划性,要制定配送申报制度。所谓配送申报制度,就是零售商店订货申请制度。解决这个问题的基本原则是:在尽量减少零售店存货、尽量减少缺货损失的前提下,相对集中各零售店的订货。应针对商品的特性,制定相应的配送申报制度。

对鲜活商品,应实行定时定量申报、定时定量配送为保证商品的鲜活,零售店一般一天申报一次,商品的量应控制在当天全部销售完为度。实行定时定量申报的商品,在商品量确定以后,分店除特殊情况外,不必再进行申报。由配送中心根据零售店的定量,每天送货。

对普通商品,应实行定期申报、定期配送。定期申报是指零售店定期向配送中心订货,订货量为两次订货之间的预计需求量。实行定期申报的优点是:(1) 各零售店的要货相对集中。零售店同时发出订货申请,配送中心将订货单按商品分类、汇总,统一完成配送;(2) 零售店不必经常清点每种产品的盘存量,减少了工作量;(3) 零售店是向众多单个消费者销售商品,不确定因素多。实行定期申报,零售店只须预测订货周期较短时间内的需求量,降低了经营风险。零售店定期发出订货申请,配送中心定期送货。送货的时间间隔与订货的时间间隔一致,如每 7 天订一次、每 7 天送一次货。问题的关键是如何确定合理的时间间隔。时间太长,每次的发货量必定很多,这无疑将配送中心的存货分散到零售店储备;时间太短,每次发的货太零星,既增加了配送难度,也增加了配送次数。一个合理的时间间隔应该使零售店保持较少的库存而又不缺货的前提下,集中零售店的订货。在实际操作中,应通过数据来分析并根据经验来确定。

(二) 线路优化

通过电子地图、线路流量监控等技术与手段,使配送线路尽可能最短化,进而减少变动成本的损耗,同时节约在途时间,将更多的时间分配到配送交接上。

配送路线合理与否对配送速度、成本、效益影响很大,因此采用科学方法确定合理的配送路线是配送的一项重要工作。确定配送路线可以采用各种数学方法和在数学方法基础上发展和演变出来的经验方法。无论采用何种方法都必须满足一定的约束条件。

一般的配送,约束条件有:

(1) 满足所有零售店对商品品种、规格、数量的要求;

(2) 满足零售店对货物到达时间范围的要求;

(3) 在交通管理部门允许通行的时间内进行配送;

(4) 各配送路线的商品量不超过车辆容积及载重量的限制;

(5) 在配送中心现有的运力允许的范围之内配送。

(三) 结构优化

1. 车型结构

车型结构能大则大。同样多的货物,要用尽可能少的车辆来完成配送任务。因为车辆越多,所涉及的固定成本也会越多,进而总成本会提高。

2. 配送服务客户结构

尽量开发互补性客户,弱化配送量周期性波动所带来的结构性成本上升。如以饮料为主要客户的配送企业/组织,其业务旺季在4—9月、业务淡季在1、2、3、10、11、12月,这种场景可以开发一些休闲食品/食用油等业务淡季在4—9月、业务旺季在1、10、11、12月的客户,做到全年配送业务量相对比较均衡。

3. 人员结构

要注意保持辅助作业人员(调度、客服等)与一线作业人员(配送驾驶员、配送装卸工)的比例关系,尽可能减少辅助作业人员的数量,或者配备更多的一线作业人员。

(四) 配送车辆组织方式优化

对于配送车辆的组织方式,主要有以下三种。

1. 物流配送车辆全部自营

车辆全部自营模式虽然有一些好处:诸如配送形象容易把握,对于一些难配送点的服务会好一些等,但是也面临着成本较高、管理难度大、车辆行驶安全隐患等问题,现在采用配送车辆全部自营模式的企业越来越少,甚至第三方物流也都逐渐远离这种模式。

2. 物流配送车辆全部外包

这是指物流配送业务的总体外包。

3.部分自营、部分外包

目前在组织方式优化上比较成熟的方法为：车辆由驾驶员和运营单位共同出资购买，驾驶员作为一个独立的承包人承包车辆的运营，优先负责运营单位的配送业务。运营单位在给予驾驶员购车金融解决方案的同时，也承诺要给到承包车辆的驾驶员一定的物流配送业务。这样的优势有：毕竟车辆属于驾驶员自己的财产，驾驶员对于车辆日常使用会比较爱惜，会造成车辆的使用寿命较长，日常维修成本降低，同时由于和驾驶员资产的强绑定，驾驶员会比较重视业务，对于客户的服务品质容易得到保障；驾驶员作为一个独立的成本中心，会出于经济角度尽可能地降低日常运营成本，如油耗。

（五）资源组织方式优化

采取互联网方式革新配送资源的组织方式。优化逻辑为：将社会上的闲散运力、效率较低的运力进行整合，与较多不同类别的客户进行交互，如利用回程车辆、对作业时间有空余的车辆、订单波动造成的偶尔没有作业任务的车辆等和客户需求进行匹配，做到精准化的配送高效率与低成本。

第七节　物流配送绩效评估

一、物流配送绩效评估的作用

在今天竞争日益激烈的情况下，企业不得不将精力集中于高效率、高效益地开发第三利润源泉——物流。为了有效地对资源监督和配置，就要不断地衡量公司的物流绩效，对物流使用的资源、物流作业的效果与物流目标进行比较，从而为更好地实施物流战略提供数据基础。

二、物流配送绩效评估的目的

通过物流绩效评估，可实现以下三个目的。

第一，以各部门或各作业员为单位来评估营运作业的实绩，以促进其责任意识及目标达成意识，有利于提高公司整体的业绩。典型的指标是由服务水平指标和物流成本指标构成的。通过这样的衡量可以使管理者了解物流工作的实际情况。如果结果显示实际工作情况与所规定的标准只有很小的偏差，说明物流工作的目标达到了；如果偏差很大，管理者就应该利用这一信息制定新计划使其更加有效。其次，这种评估方法可以增强员工的积极性。因为人们希望获得关于对他们的评价信息，而评估正好能提供这样的信息。

第二,实施评估,可以衡量各部门员工的贡献程度,可以提高成本及利益意识,以便达到精兵简政的目的。控制主要是在活动进行之中进行考查和衡量。在工作进行之中予以控制,管理者可以在发生重大损失之前纠正错误,改进物流程序,在它偏离正轨时把带入正常状态。例如,在运输过程中,发现某种商品常有损坏的情况,物流管理人员就应该去查明原因,并根据需要调整包装或装货程序。

第三,通过公正的评估,可以整合公司目标与员工个人的目标,以便提高员工的干劲。例如,如果按绩效支付报酬,就可以激励仓库工作人员和运输人员去达到更高的生产率。要注意在衡量时,不但要衡量生产率还要衡量工作的质量。如负责拣选的工人,在低于标准的时间内完成了任务,但是在工作中有很多错误和货损,这样的员工是不应该得到奖励的。

三、物流配送评价指标体系的建立

运用系统观点把物流配送中影响合理化的主要因素相结合,形成一个具有层次性和综合性的评价指标体系。

(一) 总库存

库存是判断配送合理与否的重要标志。具体指标为库存总量和库存周转。库存总量在一个配送系统中,从分散于各个用户转移给配送中心,配送中心库存数量加上各用户在实行配送后库存量之和应低于实行配送前各用户库存量之和。库存周转,由于配送企业的调剂作用,以低库存保持高的供应能力,库存周转一般总是快于原来各企业的库存周转。

(二) 资金利用

实行配送应有利于降低资金占用及资金运用的科学化。合理的资金利用可以提高资金利用率和企业资金周转率,提高企业运营效率,二级评价指标为资金总量、资金周转、资金投向的改变。

(三) 成本和效益

总效益、宏观效益、微观效益、资源筹措成本都是判断配送合理化的重要标志。由于总效益及宏观效益难以计量,在实际判断时常以按国家政策进行经营,完成国家税收,以及配送企业和用户的微观效益来判断。所以,二级评价指标为完成国家税收额、微观效益、资源筹措成本。

(四) 物流配送运作能力

物流配送是一个系统化的工作,可以向终端消费者或顾客提供及时优质、高效便捷的配送服务。物流配送运作能力具体指标可以分解为物流配送投资额、物流配送服务企业数量、物流配送节点数量、从事物流配送人员数量、配送路线优化程度。

(五)供应保证

实行配送,各用户的最大担心是害怕供应保证程度降低,这是个心态问题,也是承担风险的实际问题。配送的重要一点是必须提高而不是降低对用户的供应保证能力,才算实现了合理。所以,二级评价指标包含以下三个方面:缺货次数、配送企业集中库存量、即时配送的能力与速度。

(六)社会运力节约

末端运输是目前运能、运力使用不合理,浪费较大的领域,因而人们寄希望于配送来解决这个问题,这也成了配送合理化的重要标志。运力使用的合理化是依靠送货运力的规划和整个配送系统的合理流程及社会运输系统合理衔接实现的。二级评价指标主要包括社会车辆总数减少、空驶减少、一家一户自提自运减少。

(七)物流合理化

配送必须有利于物流合理运输。二级评价指标包括物流费用、物流损失、物流速度、有效衔接干线运输和末端运输、实际物流中转次数。

(八)用户企业节约

配送的重要观念是以配送代劳用户,因此实行配送后,各用户库存量、用户仓库管理人员、用户订货接货的人员减少。

(九)服务水平

当物流供应商与顾客接触时,其服务质量必然会影响顾客的满意度。服务水平含六个二级指标:客户满意度、配送人员的应变能力、驾驶员技术水平、客户问题处理率、人员素质、用户需求信息。

(十)物流配送基础设施

物流配送的基础设施是推动城市配送发展的重要保证,城市配送过程中所需要的平台都由基础设施支持,主要包含物流企业五方面指标:配送工具数量、物流配送节点总面积、配送工具种类、城市基础设施建设和信息化水平。

(十一)绿色配送

为了更好地体现城市物流配送,详细了解物流配送过程对于环境带来的影响,尤其是物流配送过程中的装卸搬运和运输等环境带来的负面影响,所以绿色配送是物流配送中的中一个重要指标,具体又包括四个方面:配送造成的废气排放量、交通噪声达标率、配送引发的配送事故或者交通事故数量,以及先进物流技术使用率。如今国家对物流企业的发展大力支持,并且出现了更多更环保和优质的物流技术,这些技术的应用可以在较大程度降低配送对环境的一些不利影响。

(十二)物流配送相关政策

目前国家相关的政策制度层出不穷,极大地推动了我国物流企业的进步,在物流配送上更是如此。相关政策的支持对物流配送的发展具有举足轻重的作用,相关政策主要包括四个方面的指标：配送相关政策数量、物流科研与咨询机构数量、城市配送规划完善程度，以及物流人才引进力度。

四、物流配送评估系统的层次

不同层次的管理者对评估内容的要求是不一样的，在物流配送绩效评估系统中存在几个不同的层次。一般而言，管理层的层次越高，数据和报告应越具选择性，因为高层管理者不会有很多时间去看大量的基础数据报告，他需要的是经过提炼的、重要的报告。

（一）作业评估层

在作业评估层次，主要是评估具体的作业操作程序是否符合标准。在评估系统中，定义了各个流程的顺序。评估系统的任务，就是检查工作人员是否按照规定先后顺序进行操作。例如，在单据流程中收到订单时，首先检查客户信用，然后将订单分配到相应的配送中心，在那里依次执行拣货、出货和配送的操作。在配送后，根据合同规定，收取货款。在整个作业活动中，所有的作业和有关单据都被记录在状态报告中。这个状态报告就总结了参与作业的员工完成任务的情况。

作业评估层具有两个特征。

第一，信息来源于每天的物流作业活动，并根据事先规定的程序对数据或操作状态进行检验。换句话说，在这个层次上的信息流是按照事先规定的程序执行的。

第二个特征是通过积累记录，对其他的控制层形成一个基础数据库。数据库中的数据主要是记录的基础数据、发展趋势以及对异常情况的考察。虽然在作业层，员工可执行的处理权力是有限的，但是这一阶段的信息是其他评估层的基础。它的功能主要是判断操作是否符合规定要求，录入的数据是否准确，并对所有的作业数据进行记录。

（二）功能评估层

对物流功能的评估是指对实际工作相对于计划偏离程度的衡量。就像前面所指出的那样，功能评估的目的在于识别隐患。然而，功能执行时的变化可能首先发生在基础数据的层次上，作为异常出现的。

在工作中，首先经理必须确定发现的问题不是一般的问题，而是一个会带来严重后果的问题。其次，经理必须确定他是否有权处理该问题，是否需要获得其他方面的帮助。最后，经理就可以根据判断，或者自己做出正确的指令来指导物流作业，或者要求更高层的经理来解决问题。

（三）决策评估层

决策评估是有关于物流计划修正的，当评估结果表明运作效果不好，管理层就要对原运作计划进行重新评价。决策层所看到的信息是在前两层评估结果的基础上经过分类和有选择的物流报告。

物流计划修正常会涉及对资源的重新分配。但是,此时决策的内容不包括改变系统目标。也就是说,如果物流效果有缺陷,在决策层是不能修正顾客服务标准的,只能会授权增加更多的费用以达到物流系统的目标。决策层的管理活动主要是对总的物流系统效果进行评价。

(四) 政策评估层

政策的评估涉及改变服务目标。在这个层次上评估的是整个企业,包括了所有的管理层。在对物流系统的总成本做出评价的基础上才能形成新的物流政策。改变物流政策的原因是多方面的,有的是因为原来的物流计划不完善在执行中有困难引起的,也有可能是由于其他部门要求物流部门提高服务水平而引起的。

图 10-2 显示了物流管理的四个评估层次。在每一个层次旁边列出了负责该绩效考核的组织等级。图形是金字塔形,反映出每一个评估层次所需的信息是不同的,越往上,信息越具有选择性。每一个层次主要是提供异常情况的评估报告,当评估信息从作业层到政策层时,评估内容在量上减少了,但是信息的重要性却增加了。

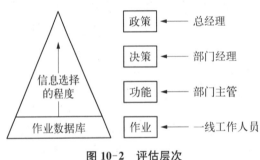

图 10-2 评估层次

第八节 物流配送绩效评估的内容

物流配送绩效评估主要从三个方面来进行:内部绩效评估、外部绩效评估和供应链绩效评估。现在分别讨论如下。

一、内部绩效评估

内部绩效评估对企业内部物流绩效进行评价,主要将现在的物流作业结果与以前的作业结果或是本期的作业目标进行比较。例如,运送错误率可以与上一期的实绩比较,也可以与本期的目标比较。内部评估的数据比较容易收集,所以大多数配送中心企业都进行内部绩效评估。评估的内容一般包括以下方面:成本、顾客服务、生产率、管理、质量。具体内容如表 10-4 所示。

表 10-4　物流配送内部绩效衡量内容

物流成本	物流顾客服务	物流生产率	物流资产管理	物流质量
总成本分析 单位成本 销售量百分比 仓储费用 采购运输费用 配送运输费用 行政管理费用 订货处理费用 劳动力成本 实绩与预算的比较 成本趋势分析 商品的直接利润率	填写单据速度 是否有现货 运送错误 及时发送 订货完成时间 顾客反馈 销售部门反馈 顾客调查	每个雇员发送的单位与以往的数据对比 目标实现的情况 生产率指标	存货周转率 库存成本 存货水平,日供应量 过时存货 投资报酬率 净资产收益率	损坏频率 损坏的金额 顾客退货数 退货费用

（一）物流配送成本评估

物流绩效最直接的反应就是完成特定物流运作目标所发生的真实成本。物流成本绩效的代表性指标是以总金额表示的销售量的百分比或每个单位数量的成本。

（二）物流配送顾客服务

衡量物流顾客服务可以考察公司满足顾客需求的相对能力。

（三）物流配送生产率评估

生产率是系统用于配送该商品而投入的资源与产出服务之间的相对关系。通常用比率或指数表示。如果一个系统能清楚地评估产出和相应的投入,生产率的衡量就很简单。但是,在下列情况下评估生产率就会变得很困难:产出很难评估,且使用的投入难以与所定的时间段相匹配;投入与产出相混或类型经常变化;难以取得数据或数据不适用。

生产率指标有三种类型:静态的、动态的和替代性的。

静态的指标是指计算一个特定时期内的生产率,例如 1996 年的产出与投入之比就是静态指标。

动态的指标是指将一个时期的生产率与另一个时期的生产率相比较,结果就是动态的生产率指标。例如,1997 年的静态生产率与 1996 年的生产率相比就是动态指标。

替代指标是指用与生产率相关的指标来替代生产率,如顾客满意度、利润、质量、效率等。

（四）物流资产评估

物流资产评估的主要内容是为评估实现物流目标而投入的设施和设备的资

本以及用于存货的流动资金的使用情况。资产评估着重对存货等流动资本周转，以及固定资产的投资报酬率等方面进行评估。

（五）物流质量评估

物流质量评估是指面向全过程的最重要的评估内容，它用来确定一系列活动的效率而不是个别的活动。由于质量的范围很广，所以很难评估。

当今在物流中最高质量就是"零缺陷服务"。它关注的是总体的整个物流的绩效，而非单个功能。它要求从订单进入、检查库存、拣选、装货、送货、开票、支付整个过程的每一个环节都不能出错。

二、外部绩效评估

虽然内部评估对改进企业物流绩效，激励员工很重要的，但是从外部，从顾客、从优秀企业的角度对物流绩效评估也是非常重要的，它能使企业获得更多的新信息。外部绩效评估包括两部分内容。

（一）从顾客的角度，来评估本公司物流物流完成的情况

这种评估可以通过调研或订货系统追踪获得。评估的主要内容有库存可得性、订货完成时间、提供的信息程度、问题解决的情况等。

（二）确定标杆与其他优秀的企业进行比较

现在越来越多的企业应用标杆，将它作为企业运作与相关行业中的竞争对手或顶尖的企业相比较的一种技术。而且，一些企业在重要的战略决策中将标杆作为物流运作的工具。定基的领域有资产管理、成本、顾客服务、生产率、质量、战略、技术、运输、仓储、订货处理等。

1. 物流标杆法

标杆法是建立在过程概念之下，通过对先进的组织或者企业进行对比分析，了解竞争对手的长处和具体的行事方式，在此基础上对比自己的行事方式，然后制定出有效的赶超对策来改进自己的产品服务以及系统的一种有效的改进方式或改进活动。

简而言之，标杆法就是：（1）研究竞争对手的物流战略战术；（2）学习竞争对手先进的物流模式；（3）改进企业的物流流程及各种操作模式。

物流标杆法就是找一个企业作为参照系，这个参照系与自己企业的水平不能相差太多，否则就没有意义了，所以要特别注意寻找比较合适的参照企业。

2. 物流标杆的实施步骤

绩效标杆法一般由如下四个阶段组成。

第一阶段：识别什么可成为标杆，识别可作为对照或对比的企业，数据的收集。

第二阶段：确定当今的绩效水平，制定未来绩效水平计划，标杆的确认。

第三阶段：建立改进目标，制订行动计划。

第四阶段：执行行动计划和监督进程，修正绩效标杆。

一个绩效标杆作业往往需要 6—9 个月的实践，才能达到目标。需要这么长时间，是因为绩效标杆既需要战略的，也包括战术或运作的因素。从战略上讲，绩效标杆涉及企业的经营战略和核心竞争力问题；从战术上讲，一个企业必须对其内部运作有充分的了解和洞察，才能将之与外部诸因素相对比。

3. 绩效标杆的实践运作

绩效标杆的实践运作主要包括以下三种类型。

第一种类型是工作任务标杆。比如，搬运装车、成组发运、排货出车的时间表等单个物流活动。

第二种类型是广泛的功能标杆。就是要同时评估物流功能中的所有任务，如改进仓储绩效的标杆（从储存、堆放、订货、挑选到运送等每一个作业）。

第三种类型是管理过程的标杆。把物流的各个功能综合起来，共同关注诸如物流的服务质量、配送中心的运作、库存管理系统、物流信息系统及物流操作人员的培训与薪酬制度等，这种类型的标杆更为复杂，因为它跨越了物流的各项功能。

运用绩效标杆法实际上可打破根深蒂固的不愿改进的传统思考模式，而将企业的经营目标与外部市场有机地联系起来，从而使企业的经营目标得到市场的确认而更趋合理化。例如，它建立了物流顾客服务标准，鼓励员工进行创造性和竞争性的思维，并时常提高员工物流运作成本和物流服务绩效的意识。

缺乏准备是绩效标杆法失败的最大原因。对别的企业做现场视察，首先要求物流经理能完全理解本企业内部的物流运行程序，这种理解有助于识别哪些是他们要去完成的，哪些是要从绩效标杆中寻求的信息。

第九节　物流配送绩效评估 KPI 方法

关键业绩指标即 KPI(Key Process Indication)，是通过对组织内部流程的输入端、输出端的关键参数进行设置、取样、计算、分析，衡量流程绩效的一种目标式量化管理指标，是把企业的战略目标分解为可操作的工作目标的工具，是企业绩效管理的基础。KPI 可以使部门主管明确部门的主要责任，并以此为基础，明确部门人员的业绩衡量指标。

确定 KPI 指标系统的一个重要原则是 SMART 原则。SMART 是五个英文单词首字母的缩写：S 代表具体(Specific)，指绩效考核要切中特定的工作指标，不能笼统；M代表可度量(Measurable)，指绩效指标是数量化或者行为化的，验证这些绩效指标的数据或者信息是可以获得的；A代表可实现(Attainable)，指绩效指标在付出努力的情况下可以实现，避免设立过高或过低的目标；R代表现实性(Realistic)，指绩效指标是实实在在的，可以证明和观察；T代表有时限(Time Bound)，注重完成绩效指标的特定期限。

一、仓储管理 KPI 指标

(一) 建立仓储管理 KPI 指标体系的原则

1. 科学性

要求企业首先对关键流程进行识别，然后在此基础上设定相应的绩效指标。指标体系应该能够客观、准确、全面地反映仓储管理实际水平。指标宜精不宜多，应该符合"二八原则"，不然会使实施者无所适从，抓不住重点。

2. 可行性

要求指标简单易行，数据容易获取，便于统计分析比较。在指标值设定时应该适度，不宜过高和过低。过高难以完成，会打消工作积极性；过低没有挑战性，无法提升企业管理水平。

3. 综合性

全面、系统的指标体系才能使各指标相互联系、综合反映，指标之间应该相互协调，避免相互矛盾和重复。

4. 可比性

在指标评判和分析过程中，要对指标进行横向和纵向比较。横向应该做到企业内部部门之间可以比较，企业与行业单位之间可以比较；纵向要做到不同时期的指标可以比较。因此，这也要求企业的指标在一定的时间内应该保持相对稳定，不宜经常变动。

(二) 主要的仓储经济技术指标

仓储部门经济技术指标分为货物储存的效益、货物储存的质量、货物储存的效率、货物储存的经济性和货物储存的安全性指标。这里主要介绍货物储存的效益、质量和效率指标。

1. 货物储存的效益指标

它是反映仓库容量、能力及货物储存数量的指标，是仓储部门最基本的经济指标。

(1) 期间货物吞吐量。货物吞吐量也叫货物周转量，期间货物吞吐量的统计常以年、季度或月为周期。计算公式为：

$$\begin{aligned}\text{期间货物} \\ \text{吞吐量}\end{aligned} = \begin{aligned}\text{期间货物} \\ \text{总进库量}\end{aligned} + \begin{aligned}\text{期间货物} \\ \text{总出库量}\end{aligned} + \begin{aligned}\text{期间货物} \\ \text{直拨量}\end{aligned}$$

其中,直拨量是指没有办理出入库手续就直接出入库的货物数量。

(2)单位面积平均储存量。它反映的是仓库平面的平均利用效率。计算公式为:

$$\begin{aligned}\text{单位面积} \\ \text{平均储存量}\end{aligned} = \begin{aligned}\text{统计期间日} \\ \text{平均储存量}\end{aligned} \Big/ \begin{aligned}\text{库房或者货场的} \\ \text{平均使用面积}\end{aligned}$$

(3)期间平均库存量。期间平均库存量是仓储企业的基本指标之一,能够从整体上反映仓储企业的工作绩效。计算公式为:

$$\text{期间平均库存量} = \text{期间每日库存量累计数} / \text{累计天数}$$

2. 货物储存的质量指标

它是一类用来反映存储工作质量、货物损耗、费用高低和经济效益的指标。

(1)收发货差错率。该指标是仓库管理中的重要工作质量考核指标,能反映仓库保管人员收发货的准确性,可作为竞争上岗、考核奖金的依据。计算公式为:

$$\text{收发货差错率} = (\text{收发货差错累计笔数} / \text{收发货累计总笔数}) \times 100\%$$

(2)货物的损耗率。该指标主要用于那些易干燥、风化、挥发、失重或破碎商品保管工作的考核。计算公式为:

$$\text{货物损耗率} = (\text{货物损耗数量} / \text{货物保管总数量}) \times 100\%$$

其中,数量可以是件数、重量,也可以用金额表示。为了核定商品在保管过程中的损耗是否合理,一般对不同的商品规定相应的损耗率标准,又称为标准损耗率。若仓库的实际商品损耗率低于该标准损耗率,则为合理损耗;反之,为不合理损耗。

(3)平均保管损失。该指标是按货物储存量中平均每单位货物的保管损失金额来计算的。计算公式为:

$$\text{平均保管损失} = \text{保管损失金额} / \text{平均储存量}$$

其中,保管损失的计算范围是因保管养护不当而造成商品的霉变残损、丢失短缺、超定额损耗及不按规定验收和错收错付而发生的损失等。有保管期的货物,经仓库预先催办调拨,但货主部门未及时调拨出库而导致的损失,不计入仓库的保管损失。

(4)平均收发货时间。制定和考核该指标的目的是缩短仓库的收发货时间,提高服务质量,加速在库商品与资金的周转,促进购销,提高经济效益。计算公式为:

$$平均收发时间 = 收发时间总额 / 收发货总笔数$$

其中,收货时间自单货到齐开始计算,到商品经验收入库后,把入库单据送交保管会计登账为止。发货时间自仓库接到发货单开始,经备货、包装、填制装运清单等,直到办妥出入库手续为止,一般不把在库待运的时间列为发货时间计算。

(5) 货物及时验收率。该指标主要用于货物验收工作质量或效率的考核,计算公式为:

$$货物及时验收率 = (期内及时验收笔数 / 期内收货总笔数) \times 100\%$$

此指标要对是否"及时"进行科学的时间界定,并给予量化的判断标准。

3. 货物储存的效率指标

它是一类反映仓储设施、设备及资金利用效果的指标。

(1) 仓库利用率。

它是衡量和考核仓库利用程度的指标,可以用仓库面积利用率和仓库容积利用率两个指标来表示,计算公式分别为:

$$仓库面积利用率 = (仓库的有效堆放面积 / 仓库总面积) \times 100\%$$
$$仓库容积利用率 = (报告期平均库存量 / 库房总容量) \times 100\%$$

仓库面积利用率是反映仓库管理工作水平的主要经济指标之一。

(2) 仓库劳动生产率。它是以平均每人每天完成的出入库货物量来表示的指标。计算公式为:

$$仓库劳动生产率(吨/工日) = 全年货物出入库总量(吨) / 仓库全员年工日总数$$

要指出的是,该指标也可以用仓库员工日平均收发货物笔数、员工平均保管面积或保管货物吨位数等指标来考核评价。

(3) 货物周转速度。它是用来反映仓储运作效率水平的一项指标,可用周转次数和周转天数两个指标来表示,计算公式分别为:

$$期间货物周转次数 = 期间货物出库总量 / 期间货物平均储存量$$
$$期间货物周转天数 = 期间天数 / 期间货物周转次数$$

货物周转次数越少,则周转天数越多,表明货物的周转速度越慢,周转效率越低。

二、配送管理 KPI 绩效指标

物流配送 KPI 绩效考核是评估供应链活动的重要方法,进行物流配送绩效考核的最终目的是从中找出物流配送所有环节中最为薄弱的部分并加以改善。这是提高物流配送效率、降低物流配送总成本的必要手段。

配送绩效考核的指标可分为配送营运绩效 KPI 考核指标、配送服务 KPI 指标、驾驶员 KPI 考核指标等。

（一）配送营运绩效 KPI 考核指标

配送营运绩效 KPI 指标主要包括及时到货率、到货完好率、到货准确率、签单返回率、急单满足率以及关键事件，如货物丢失和重大投诉等。

及时到货率是指每月及时发货总数与月发货总数之比，主要考核配送部门的送货及时率，其中不可抗因素如天气原因等不计入延迟订单数。

到货完好率是指每月货物总票数减去月破损数与月发货总数之比，是一个非常重要的指标，要求配送团队在配送过程中必须注意如易碎品等物料的安全配送问题。

到货准确率是指月到货准确数与月发货总票数之比，这项指标也许按实际情况记录，如拣货环节出现问题或配送过程出现问题。

签单返回率是指每月签单返回总数与月发货总数之比，签收单必须保证每票返回，如企业有收货章等需加盖企业有效章。

急单满足率是指每月急单完成总数与月急单总票数之比，急单满足率越高，一般客户的满意度也就越高。

关键事件一般包括货物丢失、重大投诉和虚假信息。货物丢失、重大投诉和虚假信息问题都较为严重，必须确保万无一失。

配送营运绩效指标的建立可以反映出整个配送团队的运作情况，包括在配送时间上的控制，和对货物安全性的保障等。但是，在考核的同时也应注意各种突发事件或不可控因素的发生，如遭遇长时间的堵车、重大雨雪天气以及客户方面要求更改送货时间等情况，均应考核其状况的真实性，如确属实，则无须计入不合格指标数值，只在备注中写明何种特殊情况导致即可。配送营运绩效 KPI 考核如表 10-5 所示。

表 10-5　配送营运绩效考核表

指　标	定　义	现值	目标值
及时到货率	（月发货总票数－月延误总票数）×100%/月发货总票数	90%	98%
到货完好率	（月发货总票数－月破损总票数）×100%/月发货总票数	91%	99.5%
到货准确率	（月发货总票数－月错发总票数）×100%/月发货总票数	90%	99%
签单返回率	签单返回总数量×100%/月发货总票数	95%	100%

续表

指　标	定　　义	现值	目标值
急单满足率	月急单完成总票数×100%/月急单需求总票数	85%	95%
关键事件	货物丢失(票)	3	0
	重大投诉(次)	2	0
	错误或虚假信息(包括更改发运和签收时间,伪造签字等)	1	0

(二) 配送服务KPI绩效考核指标

配送服务KPI指标包括运输时限、人员配备、客户服务满意度、客户投诉率、投诉处理及时率等。

配送时限的要求是一般物资3个工作日,特殊物质6个工作日,应急物资24小时到分公司库房。

人员配备指提供充足的能胜任基本配送业务需求的人员负责协同运输任务,定期对人员培训、考核,满足相关业务需求。

客户满意度是指对客户服务总体满意的程度,客户的满意是企业的重要目标。

客户投诉率即为客户投诉的次数与总的订单次数的比率,确保货物的完好和服务的满意率。

投诉处理及时率是指及时处理投诉数量/投诉总数量,收到投诉需及时处理,尽量降低客户的负面情绪。

表10-6所示即为配送服务KPI考核表。

表10-6 配送服务KPI考核表

指　标	定　　义	现值	目标值
运输时限	一般物资3个工作日,特殊物质6个工作日,应急物资24小时到分公司库房	不定	如定义
人员配备	提供充足的能胜任基本运输业务需求的人员负责协同物流任务,定期对人员培训、考核,满足相关业务需求	较缺乏	如定义
客户服务满意度	对客户服务总体满意的程度	97%	99%
客户投诉率	客户投诉的次数与总的订单次数的比率	<3%	<0.5%
投诉处理及时率	及时处理投诉数量/投诉总数量	>97%	100%

（三）驾驶员绩效考核 KPI 体系

考核阶段为分月度考核、季度考核、半年考核和年度考核。

考核内容包括五个方面：安全管理、出勤情况、成本费用、服务质量和组织纪律。

此外，还应建立驾驶员合理的薪酬结构。驾驶员试用期间工资（试用期三个月）为：基本工资和加班费。基本工资包括：全勤奖＋公司补贴＋其他奖惩（各种补贴按公司规定的标准执行）；试用期工资有最低限额。驾驶员转正之后工资为：基本工资＋提成＋加班费。基本工资包括：全勤奖＋公司补贴＋其他奖惩（各种补贴按公司规定的标准执行）。

主要考核项目如表 10-7 所示。

表 10-7 驾驶员绩效考核项目

序号	考核项目	主要内容	权重（参考）
（1）	安全项目	主要包括对事故次数、事故等级、事故责任损失、违章次数进行考核	30%
（2）	出勤情况	建立公司驾驶员的出勤标准奖励，包括月度全勤奖、季度全勤奖、半年全勤奖、年度全勤奖励等	15%
（3）	成本费用	根据各车辆的具体情况制定耗油费用、修理费用、货物破损费用等各项标准，并通知到各车辆的司机	20%
（4）	品质服务	根据公司相关规定制定出考核标准并执行，强调客户的服务满意度	20%
（5）	组织纪律	根据公司的《员工手册》和车管部的相关规定执行	15%

没有转正的驾驶员不参与考核评比。驾驶员在报销路桥费、油料费和修理费时弄虚作假的，除不予报销外，给予辞退处理；司机未经许可擅自在外维修车辆的，其产生的费用自付，如发现为谋私利而私自更换车辆零配件的行为，除承担公司损失外，给予辞退处理；司机出车时为谋取私利挟带私货的追回其非法所得并予以辞退；行车途中发现饮酒的，予以辞退，如造成事故，追究一切经济法律责任。

三、配送中心运营绩效 KPI 指标

配送中心绩效指配送中心依据客户订单在组织配送运营过程中的劳动消耗和劳动占用与所创造的物流价值的对比关系。

配送中心绩效评估就是对物流价值的事情计划与控制，以及事后的分析与评估，以衡量配送中心配送系统与配送活动全过程的投入与产出状况的分析技术与方法（见表 10-8）。

表 10-8 配送中心运营绩效 KPI 指标

考核指标		指标计算公式或解释	现值	目标值(参考)
仓储	库损率	仓库内当期损毁或损坏物资总价值/当期入库总额	0.04‰	0.01‰
	收入面积比率(平方米/万元)	单位业务收入所耗仓储面积	5.6	2.88
	盘点周期(天)	两次盘点之间的间隔时间	月抽盘15%,半年全盘	月抽盘15%,半年全盘
	空库位统计	该指标通常只可以评估上架的优化程度,不过取决于现场制定的上架规则		
	仓库使用率	使用容量/仓库总容量		
	空闲库位率	空闲库位数/总库位数		
配送	配送准确率	配送到的符合需求的商品数/提出配送需求的总商品数	>98%	>99.5%
	及时签收回单返回率	及时将签收回单返回给需求提出部门的比率	99%	100%
	物资配送费率	物资配送费用/配送物资总金额	1.5%	1.3%
	配送及时率	准时送达指定地点的配送批次比率	>97%	>99%
	商品配送损耗率	配送过程中损毁的物资价值与配送物资总价值之比	<0.04‰	<0.02‰
	退货比率	退货商品数/配送总商品数	5%	1.5%
库存	库存准确率	账务与实物能匹配的物资价值之比	99.98%	99.99%
	库存占收比	年平均库存余额/年收入	1.42%	<0.8%
	库存周转率	单位时间内库存周转量/当期平均库存余额	116%	>200%
	流通加工成本率	流通加工成本/商品总成本	8%	5%
订单处理	订单处理正确率	无差错处理订单数/订单总数	99%	99.9%
	订单处理及时率	统计周期内订单及时响应的总量与总订单数之比	99%	99.5%

续 表

	考核指标	指标计算公式或解释	现值	目标值(参考)
订单处理	平均订单处理时间			
	订单满足率	可由完全满足的订单行占总订单行的比例计算		
出库	订单行出货率	一定时间段内日成功出货的订单行数/总订单行数		
	订单出货率	一定时间段内日成功出货的订单数/总订单数		
	按时出货率	对于订单有按日期装运控制的:在装运日期之内发货的订单数/总订单数		
	订单周转率	订单从创建到发货(订单创建时间和发货时间)平均周期		
	日出货量	一定时间段内出货的件数/总天数		
	发票日重新打印率	分析短货导致的发票重新打印次数		
	发票日打印率	分析一段时间内打印发票数,以此判断发票打印时间点能否放到拣货后		
	日补货率	分析一定时间段内补货的次数,流向,通过A,B,C分类优化存储位置		
拣货	拣货速率	日平均拣货件数		
	平均每小时拣货数量	可分箱拣/零拣/整托盘		
运营	加班时间	加班时间/每日		
	平均装车时间			
收货	日平均收货LPN数量	一定时间段内收货的LPN数/总收货天数		
	日平均收货件数	一定时间段内收货的件数/总收货天数		

续 表

	考核指标	指标计算公式或解释	现值	目标值(参考)
退货	日平均收货LPN数量	一定时间段内收货的LPN数/总收货天数		
	日平均收货件数	一定时间段内收货的件数/总收货天数		

注释：LPN(License Plate Number)注册容器编码，是一个WMS(仓库管理系统Warehouse Management System)系统内部使用的编码，主要用于标注仓库内的物流容器。一种货物可以有很多个个LPN编码，但一个LPN只能对应一种货物。

四、物流供应商评估指标

如何在众多物流供应商中选择最佳合作伙伴？这已成为企业界关注的热点问题。

(一) 第三方物流供应商的含义

第三方物流是指由第三方专业企业来承担企业物流活动的一种物流形态。第三方物流供应商为顾客提供以合同为约束、以结盟为基础的，系列化、个性化、信息化的物流代理服务。

(二) 第三方物流的特征

第三方物流在发展中已逐渐形成鲜明特征，突出表现在五个方面。

1. 关系合同化

首先，第三方物流是通过契约形式来规范物流经营者与物流消费者之间关系的。

其次，第三方物流发展物流联盟也是通过契约的形式来明确各物流联盟参加者之间权责利相互关系的。

2. 服务个性化

不同的物流消费者存在不同的物流服务要求，第三方物流需要根据不同物流消费者在企业形象、业务流程、产品特征、顾客需求特征、竞争需要等方面的不同要求，提供针对性强的个性化物流服务和增值服务。

3. 功能专业化

第三方物流所提供的是专业的物流服务。从物流设计、物流操作过程、物流技术工具、物流设施到物流管理必须体现专门化和专业水平，这既是物流消费者的需要，也是第三方物流自身发展的基本要求。

4. 管理系统化

第三方物流应具有系统的物流功能，是第三方物流产生和发展的基本要求，第三方物流需要建立现代管理系统才能满足运行和发展的基本要求。

5. 信息网络化

信息技术是第三方物流发展的基础。物流服务过程中，信息技术发展实现了信息实时共享，促进了物流管理的科学化，极大地提高了物流效率和物流效益。

（三）物流供应商评价体系的设计原则

1. 目的性原则

评价指标体系与评价目的存在内在有机联系，是评价目的的具体化与数量化。因而，建立评价指标体系应依据评价目的确定的总目标及各层次的子目标，确定用什么指标确切地反映与描述各目标的具体特征。

2. 可行性原则

评价指标体系的设计应当考虑到操作时的成本与可行性，因而构建指标体系时大小必须适宜。因此，要充分结合我国第三方物流企业的实际特点，在国内现有的评价体系与国际先进体系之间找到一个均衡点。

3. 全面性原则

评价指标体系应能全面、准确地反映第三方物流供应商的各个方面情况，并且能将各个评价指标与系统的总体目标有机地联系起来，组成一个层次分明的整体，以便全面反映评价对象的优劣。

4. 客观、可比性原则

指标筛选过程中应尽可能不受主观因素的影响，定性指标受主观影响较大，易产生理解偏差，而定量指标易于量化和度量，所以应尽可能选用可量化的指标。指标体系中的数据来源要真实可靠以保证评价结果的真实性和可比性。

5. 可重构、可扩充性的原则

评价指标体系不仅要有数量上的变化，而且还要有指标内容上的变化，用户可以根据不同的要求对指标体系进行修改、增加和删除，并根据具体情况将评价指标体系进一步具体化。

6. 定量与定性相结合原则

在选取指标时以定量指标为主，能定量的尽量采用定量计算，不能定量或不宜定量的，则采用定性分析，不要勉强定量。

7. 独立性原则

在选取各个模块的指标时，有时会出现几个指标相互重复或者是指标之间存在密切联系的现象,因此在选择时要尽量避免指标的交叉性。

表 10-9 物流供应商选择评估指标

评估指标		级 别				
		AAAAA 级	AAAA 级	AAA 级	AA 级	A 级
经营状况	1. 年货运总营业收入/元*	10 亿元以上	3 亿元以上	6 000 万元以上	1 000 万元以上	300 万元以上
	2. 营业时间*	5 年以上	3 年以上		1 年以上	
资产	3. 资产总额*	10 亿元以上	2 亿元以上	4 000 万元以上	800 万元以上	300 万元以上
	4. 资产负债率*	不高于 60%				
设备设施	5. 自有运输车辆(辆)*(或总载重量/t)*	1 500 以上(7500 以上)	400 以上(2 000 以上)	180 以上(900 以上)	80 以上(400 以上)	30 以上(150 以上)
	6. 运营网点(个)	50 以上	30 以上	15 以上	10 以上	5 以上
管理及服务	7. 管理制度	有健全的经营、财务、统计、安全、技术等机构和相应的管理制度				
	8. 质量管理*	通过 ISO9001—2000 质量管理体系认证				
	9. 业务辐射面*	国际范围	全国范围	跨省区	省内范围	
	10. 顾客投诉率(或顾客满意度)	≤0.05%(≥98%)	≤0.1%(≥95%)		≤0.5%(≥90%)	
人员素质	11. 中高层管理人员*	80% 以上具有大专以上学历或行业组织物流师认证	60% 以上具有大专以上学历或行业组织物流师认证		30% 以上具有大专以上学历或行业组织物流师认证	
	12. 业务人员	60% 以上具有中等以上学历或专业资格	50% 以上具有中等以上学历或专业资格		30% 以上具有中等以上学历或专业资格	

续 表

评估指标		级别				
		AAAAA级	AAAA级	AAA级	AA级	A级
信息化水平	13. 网络系统*	货运经营业务信息全部网络化管理			物流经营业务信息部分网络化管理	
	14. 电子单证管理	90%以上	70%以上		50%以上	
	15. 货物跟踪*	90%以上	70%以上		50%以上	
	16 客户查询*	建立自动查询和人工查询系统			建立人工查询系统	

注1. 标注*的指标为企业达到评估等级的必备指标项目,其他为参考指标项目。
注2. 货运营业收入包括货物运输收入、运输代理收入、货物快递收入。
注3. 运营网点是指在经营覆盖范围内,由本企业自行设立、可以承接并完成企业基本业务的分支机构。
注4. 顾客投诉率是指在年度周期内客户对不满意业务的投诉总量与企业业务总量的比率。
注5. 顾客满意度是指在年度周期内企业对顾客满意情况的调查统计。

案例 10-1　某连锁企业对第三方物流服务商的管理和考核制度

第三方物流服务商是公司的战略合作伙伴,物流服务商运作效率的高低影响着公司的整体服务水平和物流运输成本,因此要加强对第三方物流服务商的综合管理和绩效考核,具体来说,应从以下三个方面进行完善。

一、通过招标选择物流服务商

竞争招标是选择物流服务商的最佳途径之一,因此公司应建立一套良好的投标、招标管理体系。

公司应成立一个物流服务商选择和管理团队。该团队负责公司物流、运输工作的协调和管理以及物流服务商的选择和管理。

公司每年年底可安排一次全球性的物流服务商招标会,选择合适的第三方物流服务商。

公司招标选择第三方物流服务商的基本原则是,根据公司全球总的物流运输量,按一个统一的标准进行招标,统筹考虑,最终按照"6+4"的方式来确定,即6家国际货运代理企业、4家国内物流快递服务商,这样做,既可以减少物流服务商的数量,以更加集中的货物量获得具有竞争力的服务价格,也便于对物流服务商进行日常管理。

通过招标方式,一方面可以使公司获得优秀的第三方物流服务商提供的优质物流运输服务;另一方面,这种招标方式也在第三方物流服务商之间形成一种潜在的良性竞争机制。例如,假如某个第三方物流服务商不能够为公司提供良好的物流服务,就将被淘汰,从而使其他第三方物流服务商也有机会入围,这样,在整个物流行业就会形成一种竞争向上的氛围,促进物流服务质量的提高。

二、对第三方物流服务商实行全球运输管理——百分考核制

连锁企业每天的商品的物流量非常大,在运输过程中,因此第三方物流服务商的招标选择以及管理工作非常重要。为此,公司应建立完善的物流服务商考核体系,对进入招标初选合格的物流服务商,先外包少部分物流量委托其运输,然后进行综合考核,考核时间可以分月度考核、季度考核和年度考核,考核方法可以选择百分考核制,考核项目可以设置得全面一点,如应包括运输能力、运输速度、运输成本、信息处理能力、单证资料准确率、货物质量安全、特殊情况处理能力以及客户投诉情况等。考核标准设置满分百分制,按照各项指标的完成率加权,最后计算每个物流服务商的年度总得分,对得分较高的前三名物流服务商,第二年增加其物流运输量,得分后三名的物流服务商,判定为不合格物流服务商,对不合格者,则取消其继续服务资格;重新进行招标选择,再选择优秀服务商进行补充。

每年的物流服务商考核分数,是公司分析第三方物流服务商服务质量、评定优秀物流服务商的重要依据,这些分数还可以与合同以及业务量挂钩:如果分数值在98分以上,属于优秀服务商,增加其业务量;如果分数值在94—98分之间,属于合格服务商,需进一步改进;如果分数值在93分以下,自动解除合同。

三、运输业务量分配实行"80/20"原则

公司的运输业务量首先按全球大区进行划分,每个区域的运输业务量按80%和20%合同量分配,即在招标中服务与价格比较好的物流公司可以得到80%的业务量,位于其次的物流服务公司得到20%的业务量。"80/20"原则包含有两层含义:一是那些优秀的物流服务公司可以获得更多的业务量,从而确保对公司的物流服务及时到位;二是如果80%的货物由于某些原因不能及时到达生产线,还有20%的货物来补充,有效地避免生产线因缺货而停滞,确保生产的顺利进行。同时,也创造了一个公平竞争的环境,如果处理80%业务量的货代公司服务考核不达标,按照合同就会减少以后的业务量,而处理20%业务量的货代公司如果服务质量不错也有机会去获取更多的业务合同。同时,保持某些重要线路上有两家服务商同时操作,可以避免因某种原因某一家服务商不能提供服务时,另外一家可以迅速接管整个业务,从而避免风险。

案例 10-2　配送车辆成本控制与绩效考核

一、车辆的固定成本管理

车辆的固定成本中,主要是车辆折旧、年审费、养路费、年票、车船税、营运费、营运证季审费、保险费。在这些成本费用里面,能够节省的,或者说是能够合理规划的,主要是车辆的折旧,那么,我们在车辆采购前要进行分析,什么价位、什么品牌、什么车型的车才适合公司的业务需要,合适的才是好的,这样可以兼顾到成本和使用。另一方面是保险,要通过集团规模化进行统一的采购招标来节约保险费用。当然,保险费用也和商业险的保额有关系,正常情况下市内运行的车辆,购50万元的商险就可以了,而不必购更高的保额。干线车或者是从事高危产品运输的车辆可以考虑购买更高的保额。

同时,要节约固定成本,那么对于车辆的采购预算也是很关键的一项,在进行车辆采购前,先要进行预算,根据业务量、线路规划、车型大小,进行车辆采购前的综合需求分析。不要采购不必要的车辆,造成浪费,从而产生过多的固定成本。

二、车辆的变动费用管理

车辆的变动费用中,主要有油料费、修理费、路桥停车费、轮胎费等。

1. 油料费

在正常情况下,物流公司的油耗成本,占所有的变动费用的65%—70%。具体怎样管理油耗,从选车型、定油耗标准、聘用合适的司机、选好加油站、油卡管理、加辅助工具、分车型监控、车速管控等方面入手。

2. 修理费

车辆维修保养费用,在一般情况下占到车辆变动成本的8%—10%。管理好维修保养费,同样会为公司节约费用。要管理好维修保养,主要从选好修理厂、自建修理厂、建立修理流程和制度、旧件回收等方面入手。

3. 路桥停车费

一般综合型的物流公司,路桥停车费在变动费用中所占的比例是18%—20%。具体怎样规范路桥停车费,主要从合理的线路规划、市内市外停车标准等方面入手。

4. 怎样管理好轮胎费

一般综合型的物流公司,轮胎费在变动费用中所占的比例是3%—5%。主要从以下三个方面进行:选购好性价比高的轮胎;合理使用轮胎;要做好轮胎保养。

三、物流公司车管部司机绩效考核

1. 考核具体方案

考核内容包括四个方面：安全管理、成本费用、服务质量和组织纪律。

2. 无提成的司机薪酬结构

试用期司机人员工资（试用期两个月）为：基本工资和加班费。全勤奖＋公司补贴＋其他奖惩（各种补贴按公司规定的各地区标准执行）；试用期工资有最低限额。

转正后司机人员工资为：基本工资和加班费。全勤奖＋公司补贴＋其他奖惩（各种补贴按公司规定的各地区标准执行）。司机人员的通讯补贴和其他补贴按公司规定的各区域标准执行。

3. 有提成的司机薪酬结构

试用期司机人员工资（试用期二个月）为：基本工资和加班费。全勤奖＋公司补贴＋其他奖惩（各种补贴按公司规定的各地区标准执行）；试用期两个月，第一个月不参与提成，第二个月才开始提成。转正后司机人员工资为：基本工资和提成（此部分进行考核）＋全勤奖＋公司补贴＋其他奖惩（各种补贴按公司规定的各地区标准执行）。

4. 司机提成方案

市内取派货驾驶员每日计件的方法：由票数、件数、千克数、千米数构成；按以下计费方法：××元/票,××元/件,××元/千克,××元/千米,由以上4个数据总和为驾驶员每日绩效数,按月计算提成总数并进行考核。此提成是指同车带有搬运工的情况下的计算方案,如不带搬运工,则计算提成时在此基础上加××％。

支线班车驾驶员每月计件的方法：由千米数进行计算：××元/千米,按月计算提成总数并进行考核。此部分提成计件各分公司先按此标准进行两个月,两个月后再调整和完善。

上述考核数据由各车管部负责人负责基础数据的记录,考核计算由财务负责。

所有的司机试用期工资不低于××元,转正后的司机每月最低工资加绩效提成的总数不低于××元（不违反公司的相关规章制度,在正常出满勤的前提情况下）。

5. 主要考核项目

安全项目：对事故次数、事故责任损失、违章次数进行考核,权重占××％;成本费用：根据各车辆的具体情况制定油费、修理费等各项标准,并通知到各车辆的司机,权重占××％;品质服务：根据公司相关规定制定出考核标准并执行,服务满意度方面权重占××％。

组织纪律：根据公司的《员工手册》和车管部的相关规定执行。

6. 考核说明

没有转正的司机不参与考核评比。司机在报销路桥费、油料费和修理费时弄虚假的，除不予报销外，给予辞退处理；司机未经许可擅自在外维修车辆的，其产生的费用自付，如发现为谋私利而私自更换车辆零配件的行为，除承担公司损失外，给予辞退处理；司机出车时为谋取私利挟带私货的，追回其非法所得并予以辞退；行车途中发现饮酒的，予以辞退，如造成事故，追究一切经济法律责任。

四、建立油耗 KPI 绩效考核体系

该考核体系的考核对象是运输车辆驾驶员和内燃机叉车驾驶员。

具体方法是将燃油消耗准确落实到每辆车辆、每位驾驶员，便于燃油定额考核，这项工作的关键环节主要有以下三个方面。

（1）采取满箱油制，即临时换车时的满箱油的交接制度，每辆车辆配备一个燃油卡，每次车辆交接时要求驾驶员们做好燃油卡的记录工作。

所谓满油箱制，就是当班驾驶员作业完成后，将本车油箱加满油，所加油量即是本工班实耗油量。交班驾驶员没加满油，每次扣 20 分，接班驾驶员如发现交班驾驶员不执行满油箱制，及时向带班车队队长汇报，如不汇报，上一班的燃油消耗由接班驾驶员承担。

（2）每个驾驶员必须持"加油卡"加油，由油槽车驾驶员在"加油卡"上注明加油数量，并签名确认。本队车辆驾驶员必须在油槽车驾驶员的"加油本"上签字确认加油数量。

（3）队内根据每月的单人单机消耗燃油，以及个人完成的操作吨，对省油的进行加分，对燃油使用超标的进行扣分。

思考题

1. 物流配送成本的构成有哪些？
2. 物流配送成本核算的目的有哪些？
3. ABC 作业成本计算与传统成本计算的区别有哪些？
4. 试分析在物流配送业务中关键业绩指标应包括哪几个方面？
5. 供应链管理的绩效考核指标应包括哪些重要内容？

图书在版编目(CIP)数据

互联网+物流配送/殷延海,焦刚主编.—上海:复旦大学出版社,2019.8
(复旦卓越·连锁经营管理系列)
ISBN 978-7-309-14414-7

Ⅰ.①互… Ⅱ.①殷…②焦… Ⅲ.①互联网络-应用-物资配送-高等学校-教材 Ⅳ.①F252.14-39

中国版本图书馆 CIP 数据核字(2019)第 125691 号

互联网+物流配送
殷延海　焦　刚　主编
责任编辑/鲍雯妍

复旦大学出版社有限公司出版发行
上海市国权路 579 号　邮编:200433
网址:fupnet@fudanpress.com　http://www.fudanpress.com
门市零售:86-21-65642857　　团体订购:86-21-65118853
外埠邮购:86-21-65109143　　出版部电话:86-21-65642845
杭州日报报业集团盛元印务有限公司

开本 787×960　1/16　印张 25　字数 439 千
2019 年 8 月第 1 版第 1 次印刷

ISBN 978-7-309-14414-7/F·2592
定价:52.00 元

如有印装质量问题,请向复旦大学出版社有限公司出版部调换。
版权所有　侵权必究